ENGLISH EPISCOPAL ACTA

19

SALISBURY 1217–1228

ENGLISH EPISCOPAL ACTA

ENGLISH
EPISCOPAL ACTA
19

SALISBURY 1217–1228

EDITED BY

B. R. KEMP

Published for THE BRITISH ACADEMY
by OXFORD UNIVERSITY PRESS

Oxford University Press, Great Clarendon Street, Oxford OX2 6DP

Oxford   New York
Athens   Auckland   Bangkok   Bogota   Bombay
Buenos Aires   Calcutta   Cape Town   Dar es Salaam
Delhi   Florence   Hong Kong   Istanbul   Karachi
Kuala Lumpur   Madras   Madrid   Melbourne
Mexico City   Nairobi   Paris   Singapore
Taipei   Tokyo   Toronto   Warsaw

and associated companies in
Berlin   Ibadan

Published in the United States by
Oxford University Press Inc., New York

British Library Cataloguing in Publication Data
Data available

ISBN 0-19-726199-X

Typeset by Wyvern 21 Ltd, Bristol
Printed in Great Britain
on acid-free paper by
The Cromwell Press Limited
Trowbridge, Wilts

CONTENTS OF VOLUMES 18 & 19

LIST OF PLATES

(between page xciv *and page* xcv *of Volume 18)*

PREFACE

In the preparation of this edition many debts of gratitude have been incurred. I am particularly grateful to all owners or custodians of manuscripts for their kind permission to publish material in their collections, and in some cases to reproduce it in photographic form, namely, the Duke of Devonshire and the Chatsworth Settlement Trustees; the Marquess of Bath, Longleat House, Warminster; Sir Euan A-G-Calthorpe, Bt; Mr J. R. Thistlethwayte; the Trustees of the British Library; the Bodleian Library, Oxford; the Cambridge University Library; the Guildhall Library, Corporation of London; the Huntington Library, San Marino, California; the Deans and Chapters of the Cathedrals of Canterbury, Gloucester, Hereford, Lichfield, Lincoln, Peterborough, St Paul's, Salisbury, Wells, and Winchester; the Dean and Chapter of Westminster; the Dean and Canons of Windsor; the Master and Fellows of Trinity College, Cambridge; the Master and Fellows of Balliol College, Oxford, the Governing Body of Christ Church, Oxford, the President and Fellows of Corpus Christi College, Oxford, the Warden and Fellows of New College, Oxford, the Provost and Fellows of The Queen's College, Oxford, the President and Fellows of St John's College, Oxford; the Warden and Fellows of Winchester College; the Provost and Fellows of Eton College; the Masters of the Bench of the Inner Temple; the College of Arms; the County Archivists of Berkshire, Dorset, Hampshire, Hertfordshire, Kent, Somerset, and Wiltshire and Swindon. Transcripts or photographs of Crown-copyright records in the Public Record Office appear by permission of the Controller of Her Majesty's Stationery Office. I am equally grateful for access to materials held by the Bibliothèque nationale, Paris; the Bibliothèque municipale, Rouen; the Archives départmentales of Evreux and Rouen; and the Archives diocésaines of Coutances. I am in addition very grateful to Professor Diana Greenway and the Syndics of the Cambridge University Press for allowing me to print her text of Osmund's 'foundation charter' to the cathedral of Old Sarum (no. 3). I am also greatly indebted to the many librarians, curators and county archivists who have afforded me such generous assistance in consulting the archives in their care, to all of whom I offer my warmest thanks, and among whom I would name especially Miss Suzanne Eward, librarian and archivist of Salisbury cathedral, who has been unstintingly helpful to me on my numerous visits to the cathedral muniments.

I have benefited enormously from the kindness of many friends and fellow scholars to whom I have turned for advice and guidance on individual points, all of whom have given generously of their knowledge and expertise, including Dr Martin Allen, Professor Malcolm Barber, Dr Julia Barrow, Professor David Bates, Dr Debra Birch, Dr Julia Boorman, Dr Martin Brett, Dr David Carpenter, Mrs Mary Cheney, Dr Anne Curry, Dr Robert Dunning, Dr Michael Franklin, Professor Diana Greenway, Sir James Holt, Dr David Johnson, Professor Donald Matthew, Dr Nigel Ramsay, Professor Jane Sayers, Mr Martin Snape and Dr Nicholas Vincent, the last of whom, along with Dr Falco Neininger, also kindly drew my attention to Salisbury acta I might have missed in France. I am chiefly indebted, however, to two scholars who have each read the edition in draft more than once and made many very valuable and helpful suggestions for its improvement, namely, Professor Christopher Brooke, formerly Chairman of the British Academy Episcopal Acta Committee, who has been a constant spring of inspiration, kindly encouragement and constructive criticism, and Professor David Smith, General Editor of the series and the doyen among editors of episcopal acta, whose friendly advice and guidance on all awkward points has been invaluable. Their contribution to the appearance of these volumes and to any virtues they may possess is incalculable, but I alone am responsible for all errors, blemishes and infelicities that remain.

I first undertook this task at the invitation of the late Christopher Cheney, whose benevolent interest in my early work on the medieval English church made him a much valued friend and mentor. It would be nice to think that, had he lived, he would not have felt his expectations wholly disappointed by these volumes.

MANUSCRIPT SOURCES CITED

Caen, Archives dép. Calvados: H 1884: *53*
—Musée des Beaux Arts, Collection Mancel,
   vol. 300: *197, 277*
Cambridge,
—Corpus Christi Coll.: ms 111: *170*
—Trinity College Lib.: ms R. 5. 33: *66, 286,
   287*
—University Lib.: mss: Ll. 1. 10: *54, 55*; Mm.
   iv. 19: *22*
Canterbury, D. & C. Archives & Lib.: Ch.
   Ant.: C 115/12: *4*; 115/54: *156*; C 117: *1, 4,
   41*
—Register A: *1, 4, 41, 156*
—Christ Church Letters, II/225: *249*
Chatsworth House Lib.: ms 71E: *42–4, 157–8,
   191, 255*
Coutances, Archives diocésaines: M27: *197,
   277*; M28: *197, 277*; M40: *197, 277*
Dorchester, Dorset Record Office: D/SHA: CH
   10: *382*; D/SHA: CH 11: *382*
Eton Coll. Muniments: ECR: 2/578A: *223,
   344*; 18/2: *70*; 18/3: *172*
Evreux, Archives dép. Eure: F/H 711: *103*; H
   10: *160*; H 353: *173*
Gloucester Cathedral Lib.: Register A: *64*
Great Chalfield (National Trust): Tropenell
   cartulary: *379*
Hereford Cathedral, D. & C. Archives: 1914:
   206
Hertford, Herts Record Office: D/E AS 2: *233*;
   D/ELw/Q1: *392*; D/ELw/Z 21: *392*
Lichfield Cathedral Lib., Magnum Registrum
   Album: *310–17*
Lincoln, Lincolnshire Archives: D. & C.
   Muniments: A/1/5: *28*; Dij/83/1/48: *353*
London, BL, Additional Charters: 8071: *15,
   117*; 19575: *37*; 19611: *179*; 37664: *126*;
   37665: *102*; 37666: *359*; 47425: *95*
—Additional mss: 12269: *116, 133, 210, 234,
   238, 305, 329, 352, 381*; 15314: *137*; 15667:
   325; 18461: *169*; 22934: *66, 286, 287*;
   29436: *153*; 37665: *150, 189, 391*; 46487:
   18–19, 134–5; 50121: *205*; 70510: *282*
—Cotton mss: Appx. xxi: *265*; Claud. B iii:

40, 155; Claud. B vi: *2, 5*; Claud. C ix: *2, 5,
157, 191, 255*; Cleop. A vii: *20, 144–5,
243–4*; Cleop. C vii: *327*; Cleop. E i: *1, 4,
41*; Domit. A xiv: *398*; Faust. A iii: *393,
396*; Faust. A iv: *354*; Julius D ii: *23–4,
272*; Nero A xii: *282*; Nero E vi: *143*; Otho
B xiv: *80, 201, 216–17, 295, 333*; Otho D
iii: *353*; Tib. C ix: *150, 189, 388–91*; Tib. D
vi (part l): *57, 167–8, 195, 274–5*; Titus A
viii: *396*; Vesp. E v: *181, 227, 231*; Vesp. E
xxiii: *171*; Vesp. E xxv: *13, 37–8, 104–5,
112–14, 179–81, 228–30, 350*; Vesp. F xv:
27, 77–8; Vit. A xi: *164–6*; Vit. E xv: *10–
11, 177, 219, 335–6*
—Egerton mss: 2014A: *151, 251–2, 397*;
   3031: *13–14, 37, 104–10, 112–14, 179–81,
   226–8, 230, 350*; 3316: *128, 286*; 3667: *79,
   206, 316*; 3772: *194, 268*
—Harley mss: 391: *150, 189, 390*; 742: *39*;
   1616: *154, 190*; 1708: *13–14, 37–8, 104–5,
   112–14, 179–81, 228–30, 348–50*; 1761:
   398; 3739: *150, 189, 391*; 6716: *384–5*
—Lansdowne mss: 417: *320–5*; 442: *279*; 447:
   170
—Stowe ms 925: *164–6*
—Wolley Charter xi. 25: *309*
London, College of Arms: Arundel ms 59:
   246, 387
London, Corporation of London Record Office:
   Liber Custumarum: *3*
London, Guildhall Lib.: ms 25121/1351: *8*
London, Inner Temple: Petyt ms 511.18: *3,
   60–1, 97–9, 102, 126–7, 131–2, 134, 182,
   188, 237, 245, 285, 304, 328, 339, 345, 355,
   357, 379*
London, Public Record Office (PRO): C 66/
   311: *382*; C 66/312: *3*; C 115/K2/6683: *81–
   2, 87, 207–8*; C 115/L1/6689: *81*; C 148/18:
   202; C 150/1: *67–9, 289*; CP 25/1/7/6/5:
   290a; CP 25/1/47/7/86: *338*; DL 25/2: *25*;
   DL 25/ 3394: *174, 215, 332*; E 40/8890:
   142; E 135/19/13: *330*; E 164/24: *320–5*; E
   164/27: *23*; E 164/28: *32–6*; E 210/382: *204*;
   E 210/3439: *114*; E 212/69: *319*; E 315/61:

xii MANUSCRIPT SOURCES CITED

340–1; E 326/11667: *88*; E 326/11830: *163*;
E 328/144: *18*; KB 26/20: *115*; KB 26/48:
200; KB 26/72: *256, 305*; KB 26/79: *284,
296*; KB 26/112: *239*; LR 14/38: *89*; PRO
31/8/140A: *100, 117–18, 221–2, 236, 343*;
PRO 31/8/140B, part 1: *197, 277*; SC1/1/
192: *Appx. 11*; SC1/2/20: *Appx. 6*
Longleat, mss: 38B: *7, 58*; 39: *286*; 39A: *288*
Maidstone, Centre for Kentish Studies: DRb/
Ar2: *232*
Oxford, Balliol Coll. Lib., ms 271: *26, 298*
Oxford, Bodleian Lib., mss: Ashmole 790: *66,
287–8*; Dep. C. 392: *51–2, 58, 196*; Dep. C.
393: *51, 58*; Dodsworth 63: *18*; James 23:
31; Lyell 15: *42, 44, 253–4*; Twyne 24:
386a; Wood Empt. 1: *286*; Wood Empt. 10:
242;
—charters: Berks. charters: a. 1, no. 3: *147*; c.
20, no. 1211: *383*; Oxon. charters: a. 3, no.
147: *177*; a. 10, no. 79: *337*; Deposited
deeds (DD): Christ Church, c. 28, F 138: *96*;
Christ Church, o. 994: *336*; Queen's, 14: *86*;
21: *235*; 25: *85*
Oxford, Brasenose Coll., muniments:
Wheathampstead 1: *392*
Oxford, Christ Church, Archives, Notley
Charter Roll: *92–4, 175–6, 218*;
— D. & C. Lib., St Frideswide's Cartulary: *9,
29–30, 96*; Osney Cartulary: *335–6*
Oxford, Corpus Christi Coll., Archives: B.
Cap. 1: Ev. 6: *248*; Ev. 7: *148*; Ev. 10: *248*
Oxford, New College, Archives: 9744: *83,
208a, 209*; 11954: *209*; 13235: *83*
Oxford, St John's Coll., Muniments, III. 1: *199*
Paris, BN: mss Lat.: 5425: *117*; 10087: *212,
214*; mss Nouv. acq. Lat.: 1018: *197, 277*;
1929: *103*; 2433: *213–14*
Peterborough, D. & C. Lib., ms 1: *220a*; ms 5:
220a
Reading, Berks Record Office: D/EWp/T3: *84*;
D/EWp/T9: *211*; D/EWp/T10: *211*
Rouen, Archives dép. Seine-Maritime: ms 16
H 14: *117–18, 236*; 16 H 391/1: *117*
—Bibl. municipale: ms Y 100: *12, 100, 221–2,
343*
Saint-Lô, Archives dép. Manche: Loders
cartulary (destroyed): *213–14*
Salisbury, D. & C. Lib.: ms 189: *3, 358*
—D. & C. Muniments: Liber Evid. C: *3, 17,
60–1, 65, 71–2, 90–1, 97–9, 102, 111, 122–
31, 134, 136, 178, 182–5, 198, 220, 225,
237, 245, 261, 266–7, 270–1, 276, 283,*

*290–2, 299, 300, 303–4, 325–6, 328, 330–1,
333, 339, 342, 345, 355–7, 359–62, 364–5;*
Reg. in causa canon. Osm.: *3, 378*
—Press I: 38/un-numbered: *124*; 4, A-C/1: *129*
—Press II: 5/1142–84: *74*; 5/1220 x 1228: *363*;
5/3 Sept. 1227: *330*
—Press IV: C2: 'Royal Charters'/32: *119*;
'Royal Charters'/36: *119*; C3: Chardstock/2:
99; Chardstock/3: *97–8*; Lavington/7: *339*;
Lavington/10: *73*; Potterne/9: *101*; Potterne/
10: *345*; Potterne/12: *102*; Ramsbury/2: *271*;
Ramsbury/3: *271*; Royal grants to Bishop/
24: *75*; Sonning/11: *60*; Sonning/12: *61*; C4:
5: *223, 344*; 16: *304*; 29: *325*; E1: Britford/
2: *183*; Britford/3: *123*; 'Mixed'/1: *122*; E3:
Powerstock & Fleet/2: *91*; Powerstock &
Fleet/3: *90*; Whitchurch & Sorestan/3: *15,
117*; Whitchurch & Sorestan/5: *292*; E4:
Calne/9: *364*; E5: Lyme & Halstock/3: *184*;
Prebend of Horton/3: *357*; Prebend of
Lyme & Halstock/1: *App. II, 2*; Prebend of
Teynton/9: *365*; Box 'Litere'/1220 x 1229:
363; Box M x 3: *363*
San Marino, California, Huntington Lib.: Battle
Abbey Papers, vol. 30: *262*
Taunton, Somerset Record Office: DD/TB,
Box 20/4: *192*; DD/WO 37/20/1: *App. II,
no. 1*
Trowbridge, Wilts Record Office: Acc. no.:
192/54: *88, 330*; 1672/46: *330*
—D1/1/1: *3, 6, 15–17, 56, 61, 117, 119–30,
132, 134, 146, 183–5, 187, 193, 214, 257–8,
271, 277–8, 280, 294, 297, 306–8, 339, 351,
356, 364–75, 378, 380, 394–5*
—D1/1/2: *3, 17, 60–1, 65, 71–2, 90–1, 97–9,
102, 111, 122–32, 134, 136, 178, 182–5,
188, 198, 220, 225, 237, 245, 261, 266–7,
270–1, 276, 283, 290–2, 303–4, 325–6, 328,
330–1, 333–4, 339, 342, 345, 355–7, 360,
364–5, 369, 375–7*
—D1/1/3: *3, 17, 60–1, 65, 71–2, 90–1, 97–9,
102, 111, 122–31; 134, 136, 182–5, 188,
198, 220, 225, 237, 245, 261, 266–7, 270–1,
276, 283, 290–2, 299, 303–4, 325–6, 328,
330–1, 333, 339, 342, 345, 355–7, 360,
364–5, 369*
—D1/1/4: *3, 358*
—D1/1/5: *3, 60–1, 63, 73–4, 97–9, 102, 132,
186, 188, 245, 260–1, 269, 271, 285, 306–7,
339, 345, 355, 379, 382, 395*
—D1/2/3, vol. 1: *202*; D1/2/6: *141*; D1/2/9:
273

—D5/1/1: *383*
—deeds: 9/15/7: *386*; 473/35: *241*; 1672/46: *330*
Wells, Cathedral Lib.: DC/CART: Liber Albus I: *302*; Liber Albus II: *250, 281, 286, 292–3*; DC/CH/Series I: 27: *292*; 28: *293*
Westminster Abbey, Muniments: 2254: *203*; 2258: *301*; 2268: *301*; 2269: *301*; 5683*: *396*; 5683***: *396*; 7113: *224*; 7114: *224*; 7132: *224*; 7137: *224, 347*; 7138: *346A*; 7139: *346B*
—ms Book 11: *392–3, 395–6*
Winchester, Hampshire Record Office: 1M54/1: *138–40, 240*; 1M54/3: *139–40, 240*; 26M62/T1/2: *62*
Winchester Cathedral, Archives & Lib.: Cartulary, vol. 1: *153*; ms XXB: *170*
Winchester College, Muniments: 2764: *45–6*; 4271: *47*; 4272: *48*; 4273: *47–8*; Reg. H: *45–8, 141, 259*; Reg. X: *47–8, 259*
Windsor, St George's Chapel, Archives: IV. B. 1: *49, 159–60, 193, 263–4*; XI. G. 11: *50, 159–61*; XI. G. 21: *193*
Worcester, D. & C. Muniments, Register 1 (A4): *21*
York Minster Lib., L2/1: *40, 155*

PRINTED BOOKS AND ARTICLES CITED, WITH ABBREVIATED REFERENCES

Abingdon Chronicle	*Chronicon Monasterii de Abingdon*, ed. J. Stevenson, 2 vols., RS, 1858.
Acta Chichester	*The Acta of the Bishops of Chichester 1075–1207*, ed. H. Mayr-Harting, CYS 56 (1964).
Acta of the Legate Guala	*The Letters and Charters of Cardinal Guala Bicchieri, papal legate in England 1216–1218*, ed. N. Vincent, CYS 83 (1996).
Acta Stephani Langton	*Acta Stephani Langton, Cantuariensis Archiepiscopi, A.D. 1207–1228*, ed. K. Major, CYS 50 (1950).
Adam de Domerham	*Historia de Rebus Gestis Glastoniensibus*, ed. T. Hearne, 2 vols., Oxford 1727.
Ancient Charters	*Ancient Charters, royal and private, prior to A.D. 1200*, ed. J. H. Round, PRS, 10 (1888).
Anderson, F.	'The Tournai marble tomb-slabs in Salisbury Cathedral', in *Medieval Art and Architecture at Salisbury Cathedral*, ed. L. Keen and T. Cocke, British Archaeological Association Conference Transactions XVII (1996), 85–89.
Andrew, W. J.	*A Numismatic History of the Reign of Henry I* (Numismatic Chronicle, 1901).
Anglo-Saxon Charters III	*Charters of Sherborne*, ed. M. A. O'Donovan, British Academy 1988.
Ann. Mon.	*Annales Monastici*, ed. H. R. Luard, 5 vols., RS, 1864–9.
'Annales Radingenses'	F. Liebermann, ed., in *Ungedruckte anglo-normannische Geschichtsquellen*, Strassburg 1879.
'Annales Radingenses posteriores'	'Annales Radingenses Posteriores, 1135–1264', ed. C. W. Previté-Orton, *EHR* 37 (1922), 400–3.
ASC	*The Anglo-Saxon Chronicle*, revised transl., D. Whitelock, London 1965.
Athelney Cartulary	*Two cartularies of the Benedictine abbeys of Muchelney and Athelney in the county of Somerset*, ed. E.H. Bates, Somerset Record Society, xiv, 1899.
Baddeley, W. St Clair	*A History of Cirencester*, Cirencester 1924.
Bannister, A. T.	*A History of Ewias Harold*, Hereford 1902.
Barfield, *Thatcham*	S. Barfield, *Thatcham, Berks, and its Manors*, 2 vols., London and Oxford, 1901.
Barlow, F.	*Edward the Confessor*, London 1970.
Barlow, F.	*The English Church 1000–1066*, 2nd edn, London 1979.
Barlow, F.	*The English Church 1066–1154*, London 1979.
Barlow, F.	*Thomas Becket*, London 1986.
Barlow, F.	*William Rufus*, London 1983.
Barrow, J.	'From the lease to the certificate: the evolution of episcopal acts in England and Wales (c. 700–c. 1250)', in *Die Diplomatik der Bischofsurkunden vor 1250/ La diplomatique épiscopale avant 1250*, ed. J. C. Haidacher and W. Köfler (Innsbruck 1995), 529–42.
Basset Charters	*Basset Charters c.1120 to 1250*, ed. W. T. Reedy, PRS, new ser. 50 (1995).
Battle Chronicle	*The Chronicle of Battle Abbey*, ed. E. Searle, OMT, Oxford 1980.
Bayeux Cartulary	*Antiquus Cartularius Ecclesiae Baiocensis*, ed. V. Bourrienne, 2 vols., Société de l'Histoire de Normandie, 1902–3.

Beaulieu Cartulary   *The Beaulieu Cartulary*, ed. S.F. Hockey, Southampton Records Series, 1974.

Bec Documents   *Select Documents of the English Lands of the Abbey of Bec*, ed. M. Chibnall, Camden 3rd ser. 73 (1951).

Beresford, M., and Finberg, H. P. R.   *English Medieval Boroughs: a Hand-list*, Newton Abbot 1973.

Berks Place-Names   M. Gelling, *The Place-Names of Berkshire*, 3 vols., EPNS 49–51 (1973–6).

Berry, N.   'The Estates and Privileges of Malmesbury Abbey in the Thirteenth Century', unpublished Ph.D. thesis, University of Reading, 1989.

Bigelow, M. M.   *Placita Anglo-Normannica*, Boston 1881.

BIHR   *Bulletin of the Institute of Historical Research.*

Binns, A.   *Dedications of Monastic Houses in England and Wales, 1066–1216*, Woodbridge 1989.

Birch, W. de G.   'Collections towards the History of the Cistercian Abbey of Stanley', *Wiltshire Archaeological and Natural History Magazine* 15 (1875), 239–307.

Blair, J.   *Early Medieval Surrey*, Stroud 1991.

Blair, J.   'St Frideswide's Monastery: Problems and Possibilities', *Oxoniensia* 53 (1988), 221–258.

Blunt, C. E.   'Ecclesiastical Coinage in England (Part II. After the Norman Conquest)', *Numismatic Chronicle*, 7th ser. 1 (1961), i–xxi.

BM Cat. Seals   W. de G. Birch, *Catalogue of Seals in the Department of Manuscripts in the British Museum*, 6 vols., London 1887–1900.

Book of Fees   *Liber Feodorum. The Book of Fees commonly called Testa de Nevill*, 2 vols. in 3, HMSO, 1920–31.

Bowles, W. L.   *The Parochial History of Bremhill in the County of Wilts*, London 1828.

Bracton's Note Book   F. W. Maitland, ed., 3 vols., London 1887.

Bradenstoke Cartulary   *The Cartulary of Bradenstoke Priory*, ed. V. C. M. London, Wiltshire Record Society, 1979.

Brett, M.   *The English Church under Henry I*, Oxford 1975.

British Atlas of Historic Towns   M. D. Lobel, gen. ed.; vols. cited: i, *Historic Towns* (London 1969); iii, *The British Atlas of Historic Towns: The City of London from Prehistoric Times to c. 1520* (Oxford 1989).

British Borough Charters 1216–1307   A. Ballard and J. Tait, ed., Cambridge 1923.

Brooke, C. N. L.   'Gregorian Reform in Action: Clerical Marriage in England, 1050–1200', *Cambridge Historical Journal* 12 (1956), 1–21; repr. in idem, *Medieval Church and Society*, London 1971, 69–99.

Brooke, C. N. L.   'The archdeacon and the Norman Conquest', in *Tradition and Change: Essays in honour of Marjorie Chibnall . . .*, ed. D. Greenway, C. Holdsworth and J. Sayers, Cambridge 1985, 1–19.

Brooke, C. N. L.   *The Medieval Idea of Marriage*, Oxford 1989.

Brooke, G. C.   *A Catalogue of English Coins in the British Museum: the Norman Kings*, i (London 1916).

Bruton and Montacute Cartularies   *Two Cartularies of the Augustinian Priory of Bruton and the Cluniac Priory of Montacute*, ed. Anon., Somerset Record Society, 8 (1894).

Cal. Liberate R.   *Calendar of the Liberate Rolls preserved in the Public Record Office* (Henry III), 6 vols., HMSO, 1916–64.

Calendar of Papal Letters   *Calendar of entries in the papal registers relating to Great Britain and Ireland: Papal Letters* (1198–1492), 14 vols. in 15, HMSO, 1893–1960; series continued for the Irish Manuscripts Commission, in progress, 1978–.

Cal. Pat. R.   *Calendar of the Patent Rolls preserved in the Public Record Office* (1232–1509), 52 vols., HMSO, 1891–1916.

Canonization of St Osmund, The   A. R. Malden, ed., Wiltshire Record Society, 1901.

Canterbury Professions   M. Richter, ed., Canterbury & York Society 67 (1973).
Carisbrooke Cartulary   *The Cartulary of Carisbrooke Priory*, ed. S.F. Hockey, Isle of Wight Records Series, 2 (1981).
Carpenter, D. A.   *The Minority of Henry III*, London 1990.
Cartulaire de Loders   *Cartulaire de Loders: prieuré dépendant de l'abbaye de Montebourg*, ed. L. Guilloreau, Evreux 1908.
Cartulary of St Nicholas' Hospital, Salisbury   *The Fifteenth Century Cartulary of St Nicholas' Hospital, Salisbury with other records*, ed. C. Wordsworth, Wiltshire Record Society, 1903.
Cat. Anc. D.   *A Descriptive Catalogue of Ancient Deeds in the Public Record Office*, 6 vols., HMSO, 1890–1915.
C. Ch. R.   *Calendar of the Charter Rolls preserved in the Public Record Office* (1226–1516), 6 vols., HMSO, 1903–27.
CDF   *Calendar of Documents preserved in France, illustrative of the History of Great Britain and Ireland, I, A.D. 918–1206*, ed. J. H. Round, HMSO 1899.
'Cerne Cartulary'   'The Cartulary of Cerne Abbey', ed. B.F. Lock, 2 parts, *Proc. Dorset Nat. Hist. & Antiq. Field Club* 28 (1907), 65–95; 29 (1908), 195–224.
Chaplais, P., ed.   'The original charters of Herbert and Gervase, abbots of Westminster (1121–1157)', in *A Medieval Miscellany for Doris Mary Stenton*, ed. P. M. Barnes and C. F. Slade, PRS, new ser. 36 (1962), 89–110.
Charters and Records of Hereford Cathedral   W. W. Capes, ed., Hereford 1908.
Chartularium Universitatis Parisiensis   ed, H. Denifle and A. Chatelain, 4 vols., Paris 1889–97.
Cheney, *BIHR* 44   C. R. and M. G. Cheney, 'Letters of Innocent III: additions and corrections', *BIHR* 44 (1971), 98–115.
Cheney, C. R.   *English Bishops' Chanceries 1100–1250*, Manchester 1950.
Cheney, C. R.   *English Synodalia of the Thirteenth Century*, Oxford 1941.
Cheney, C. R.   *From Becket to Langton*, Manchester 1956.
Cheney, C. R.   *Hubert Walter*, London 1967.
Cheney, C. R.   'Levies on the English clergy for the poor and for the king, 1203', *EHR* 96 (1981), 577–84.
Cheney, C. R.   'Master Philip the notary and the fortieth of 1199', *EHR* 63 (1948), 342–50.
Cheney, C. R.   'The deaths of popes and the expiry of legations in twelfth-century England', *Revue de droit canonique*, 28 (1978), 84–96.
Cheney, M. G.   *Roger, Bishop of Worcester 1164–1179*, Oxford 1980.
Chronicle of Holyrood   *A Scottish Chronicle known as the Chronicle of Holyrood*, ed. M. O. Anderson, Scottish Historical Society, 3rd ser. 30 (1938).
Chronicle of Richard of Devizes   J. T. Appleby, ed., NMT, London 1963.
Chron. Melrose   *The Chronicle of Melrose*, facsimile ed. A. O. and M. O. Anderson, London 1936.
Church, C. M.   *Chapters in the Early History of the Church of Wells*, London 1894.
Cirencester Cartulary   *The Cartulary of Cirencester Abbey, Gloucestershire*, ed. C. D. Ross and M. Devine, 3 vols., Oxford 1964, 1977.
Clanchy, M. T.   *From Memory to Written Record*, 2nd edn, Oxford 1993.
Colvin, *White Canons*   H. M. Colvin, *The White Canons in England*, Oxford 1951.
Complete Peerage   G. E. C(ockayne), *The Complete Peerage*, revised edn. V. Gibbs, H. A. Doubleday, Lord Howard de Warden, G. H. White and R. S. Lea, 13 vols. in 14, London 1910–59.
Constable, G.   'An Unpublished Letter by Abbot Hugh II of Reading concerning Archbishop Hubert Walter', in *Essays in Medieval History presented to Bertie Wilkinson*, ed. T. A. Sandquist and M. R. Powicke, Toronto 1969, 17–31.

Constable, G.   *Monastic Tithes from their Origins to the Twelfth Century*, Cambridge 1964.

Conway Davies, *Episcopal Acts*   *Episcopal Acts and Cognate Documents relating to the Welsh Dioceses, 1066–1272*, ed. J. Conway Davies, 2 vols., Cardiff 1946–8.

Coulstock, P. H.   *The Collegiate Church of Wimborne Minster*, Woodbridge 1993.

Councils & Synods   *Councils and Synods, with other Documents relating to the English Church*; vols. cited: I, part ii, *1066–1204*, ed. D. Whitelock, M. Brett and C. N. L. Brooke, Oxford 1981; II, part i, *1205–1265*, ed. F. M. Powicke and C. R. Cheney, Oxford 1964.

Crosby, E. V.   *Bishop and Chapter in Twelfth-Century England*, Cambridge 1994.

Crick, J.   'The Marshalling of Antiquity: Glastonbury's Historical Dossier', in *The Archaeology and History of Glastonbury Abbey*, ed. L. Abrams and J. P. Carley, Woodbridge 1991, 217–43.

Crouch, D.   *The Beaumont Twins*, Cambridge 1986.

Crouch, D.   *William Marshal*, London 1990.

CRR   *Curia Regis Rolls . . . preserved in the Public Record Office* (Richard I–Henry III), in progress, HMSO, 1922–.

CYS   *Canterbury and York Society.*

Danelaw Charters   *Documents Illustrative of the Social and Economic History of the Danelaw*, ed. F. M. Stenton, British Academy, 1920.

Davis, G. R. C.   *Medieval Cartularies of Great Britain*, London 1958.

DB   *Domesday Book: Liber censualis vocatus Domesday-Book*, 4 vols., RC, 1783–1816.

Decrees   *Decrees of the Ecumenical Councils*, ed. and transl. N. P. Tanner, 2 vols., Georgetown 1990; from original texts, ed. G. Alberigo et al., 3rd edn., Bologna 1973.

Denton, J. H.   *English Royal Free Chapels 1100–1300*, Manchester 1970.

Devon Place-Names   J. E. B. Gover, A. Mawer and F. M. Stenton, *The Place-Names of Devon*, 2 vols., EPNS 8–9 (1931–2).

Dialogus de Scaccario   C. Johnson, ed., 2nd edn with corrections by F. E. L. Carter and D. E. Greenway, NMT, Oxford 1983.

Dickinson, *Austin Canons*   J. C. Dickinson, *The Origins of the Austin Canons and their Introduction into England*, London 1950.

DNB   *Dictionary of National Biography.*

Dorset Feet of Fines   *Full Abstracts of the Feet of Fines relating to the County of Dorset . . . 1195–1485*, ed. E. A and G. S. Fry, 2 vols., Dorset Records 5, 10 (1896, 1910).

Dorset Place-Names   A. D. Mills, *The Place-Names of Dorset*, 3 vols. (in progress), EPNS 52–3, 59/60 (1989–77).

Douglas, D. C., ed.   *Feudal Documents from the Abbey of Bury St Edmunds*, British Academy, 1932.

Draper, P.   'Salisbury Cathedral: Paradigm or Maverick?', in *Medieval Art and Arhitecture at Salisbury Cathedral*, ed. L. Keen and T. Cocke, British Archaeological Association Conference Transactions XVII (1996), 21–31.

Dugdale, *Monasticon Anglicanum*   W. Dugdale and R. Dodsworth, *Monasticon Anglicanum*, 3 vols., London 1655–73. Revised edn: see *Mon. Ang.*

Duggan, C.   'Richard of Ilchester, royal servant and bishop', *TRHS*, 5th ser. 16 (1966), 1–21.

Eadmer, *Historia Novorum (HN)*   Eadmer, *Historia novorum in Anglia. . .*, ed. M. Rule, RS, 1884.

Early Yorkshire Charters   vols. 1–3, ed. W. Farrer (1914–16); vols. 4–12, ed. C. T. Clay, and index to vols. 1–3 by C. T. and E. Clay, Yorkshire Archaeological Society Record Series, extra ser. (1935–65).

Edington Cartulary   *The Edington Cartulary*, ed. J. H. Stevenson, Wiltshire Record Society 42 (1987).

Edwards, K.   *The English Secular Cathedrals in the Middle Ages*, 2nd edn., Manchester 1967.

EEA   *English Episcopal Acta*, published by the British Academy; vols. cited:
                             I *Lincoln 1067–1185* and IV *Lincoln 1186–206*, ed. D. M. Smith
                             (1980, 1986); II *Canterbury 1162–1190* and III *Canterbury 1193–*
                             1205, ed. C. R. Cheney with E. John and B. Jones (1986); VI *Norwich*
                             1070–1214, ed. C. Harper-Bill (1990); VII *Hereford 1079–1234*, ed.
                             J. Barrow (1993); VIII *Winchester 1070–1204*, ed. M. J. Franklin
                             (1993); IX *Winchester 1205–1238*, ed. N. Vincent (1994); X *Bath and*
                             Wells 1061–1205, ed. F. Ramsay (1995); XI *Exeter 1046–1184* and
                             XII *Exeter 1186–1257*, ed. F. Barlow (1996); 14 *Coventry and Lich-*
                             field 1072–1159 and 16 *Coventry and Lichfield 1160–1182*, ed. M. J.
                             Franklin (1997, 1998).
EHR   *The English Historical Review.*
Emden, *Biog. Reg.*   A. B. Emden, *A Biographical Register of the University of Oxford to*
    Oxford   *1500*, 3 vols., Oxford 1957–9.
English Kalendars before   F. Wormald, ed., Henry Bradshaw Society 72 (1934).
    AD 1100
Epistolae Cantuarienses   W. Stubbs, ed., RS, 1865.
Epistolae Pontificum   S. Loewenfeld, ed., Leipzig 1885.
    Romanorum ineditae
EPNS   English Place-Name Society.
Evesham Chronicle   *Chronicon abbatiae de Evesham. . .*, ed. W. D. Macray, RS, 1863.
EYC   *Early Yorkshire Charters.*
Eyton   R. W. Eyton, *Court, Household and Itinerary of King Henry II*,
                             London 1878.
Facsimiles of Royal Writs T. A. M. Bishop and P. Chaplais, eds., Oxford 1957.
    to A.D. 1000
Farrer, *Honors and*   W. Farrer, *Honors and Knights' Fees*, 3 vols., London 1923–5.
    Knights' Fees
Fasti   John le Neve, *Fasti Ecclesiae Anglicanae 1066–1300*, compiled by D.
                             E. Greenway, in progress, London 1968–: I, *St Paul's, London* (1968);
                             II, *Monastic Cathedrals* (1971); III, *Lincoln* (1977); IV, *Salisbury*
                             (1991); V, *Chichester* (1996).
Feet of Fines 9 Richard I *Feet of Fines of the ninth year of King Richard I, A.D. 1197 to A.D.*
                             1198, PRS, 23 (1898).
Fletcher (Canon)   'Tarrant Crawford, and the Founder of Salisbury Cathedral', *Proc.*
                             Dorset Nat. Hist. and Antiq. Field Club, 49 (1928), 1–24.
Flores Hist.   *Flores Historiarum*, ed. H. R. Luard, 3 vols., RS, 1890.
Foedera   *Foedera, Conventiones, Litterae et cujuscumque generis Acta Publica*,
                             ed. T. Rymer, new edn., vol. I, part i, ed. A. Clark and F. Holbrooke,
                             RC, 1816.
Foreign Accounts   F.A. Cazel, ed., PRS, new ser. 44 (1982 for 1974–5).
Fowler, J.   *Mediaeval Sherborne*, Dorchester 1951.
Gallia Christiana   16 vols., Paris 1715–1865.
Gem, R. D. H.   'The first Romanesque cathedral of Old Salisbury', in *Medieval Archi-*
                             tecture and its Intellectual Context: Studies in Honour of Peter Kidson,
                             ed. E. Fernie and P. Crossley, London 1990, 9–18.
General Eyre   D. Crook, *Records of the General Eyre*, PRO Handbooks 20, London
                             1982.
Gerv. Canterbury   *The Historical Works of Gervase of Canterbury*, ed. W. Stubbs, 2 vols.,
                             RS, 1879–80.
Gesta Hen. II   *Gesta regis Henrici secundi Benedicti abbatis. . .*, ed. W. Stubbs, 2
                             vols., RS, 1867.
GF   See Morey, A., and Brooke, C. N. L.
GFL   *The Letters and Charters of Gilbert Foliot*, ed. A. Morey and C. N. L.
                             Brooke, Cambridge 1967.
Gibb, J. H. P.   'The Anglo-Saxon Cathedral at Sherborne', with an appendix on the
                             documentary evidence by R. D. H. Gem, *The Archaeological Journal*
                             132 (1975), 71–110.

Gibbs and Lang, *Bishops and Reform*   M. Gibbs and J. Lang, *Bishops and Reform 1215–1272*, Oxford 1934.

Glastonbury Cartulary   *The Great Chartulary of Glastonbury*, ed. A. Watkin, 3 vols., Somerset Record Society 59, 63, 64 (1947–56).

Gloucester Cartulary   *Historia et cartularium monasterii sancti Petri Gloucestriae*, ed. W. H. Hart, 3 vols., RS, 1863–7.

Gorham, G. C.   *The History and Antiquities of Eynesbury and St Neot's*, 2 vols. in 1, London 1824.

Goring and Streatley Charters   *A collection of charters relating to Goring, Streatley and the neighbourhood, 1181–1546, preserved in the Bodleian Library, with a supplement*, ed. T.R. Gambier-Parry, 2 vols., Oxfordshire Record Society, 13–14 (1931–2).

Graham, R.   'An Appeal for the Church and Building of Kingsmead Priory, circa 1218', *The Antiquaries Journal* 11 (1931), 51–4.

Green, J. A.   *The Government of England under Henry I*, Cambridge 1988.

Green, *Sheriffs*   J. A. Green, *English Sheriffs to 1154*, PRO Handbooks 24, London 1990.

Greenway, D.   'Orders and Rank in the Cathedral of Old Sarum', in *Studies in Church History* 26 (1989), 55–63.

Greenway, D.   'The false *Institutio* of St Osmund', in *Tradition and Change: Essays in honour of Marjorie Chibnall*, ed. D. Greenway, C. Holdsworth and J. Sayers, Cambridge 1985, 77–101.

Gunner, W. H.   'An account of the alien priory of Andwell, or Edenwell, in Hampshire, a cell of the abbey of Tyrone...', *The Archaeological Journal* 9 (1852), 246–61.

Hallam, E. M.   *Domesday Book through Nine Centuries*, London 1986.

Handbk. Brit. Chron.   *Handbook of British Chronology*, 3rd edn., ed. E. B. Fryde, D. E. Greenway, S. Porter and I. Roy, London 1986.

Harper-Bill, C.   'The Struggle for Benefices in twelfth-century East Anglia', *Anglo-Norman Studies* 11 (1989), 113–32.

Harper-Bill, C.   'The diocese of Norwich in the early thirteenth century: sources and themes', in *Counties and Communities: Essays on East Anglian History presented to Hassell Smith*, ed. C. Rawcliffe, R. Virgoe and R. Wilson, Norwich 1996.

Harvey, B. F., ed.   *Documents illustrating the rule of Walter de Wenlok, abbot of Westminster, 1283–1307*, Camden 4th ser. 2 (1965).

Harvey, J.   *English Medieval Architects*, 2nd edn., Gloucester 1984.

Harvey, P. D. A., and McGuiness, A.   *A Guide to British Medieval Seals*, London 1996.

Hase, P. H.   'The Mother Churches of Hampshire', in *Minsters and Parish Churches: the Local Church in Transition 950–1200*, ed. J. Blair, Oxford University Committee for Archaeology (1988), 45–66.

Hastings, A.   *Elias of Dereham, Architect of Salisbury Cathedral*, Salisbury 1997.

Heads   *The Heads of Religious Houses England and Wales 940–1216*, ed. D. Knowles, C. N. L. Brooke and V. C. M. London, Cambridge 1972.

Heales, A, ed.   *Records of Merton Priory*, London, 1898.

Hearne, T.   *Remarks and Collections*, ed. C.E. Doble, 3 vols., Oxford 1885–9.

Henry Archdeacon of Huntingdon   *Historia Anglorum*, ed. D. Greenway, OMT, 1996.

Herefordshire Domesday   *Herefordshire Domesday* circa 1160–1170, ed. V. H. Galbraith and J. Tait, PRS new ser. 25 (1950).

Historiae Dunelmensis Scriptores Tres   J. Raine, ed., Surtees Society 9 (1893).

History of the King's Works   R. Allen Brown, H. M. Colvin and A. J. Taylor, *The History of the King's Works*, Vols. I–II, The Middle Ages, HMSO 1963.

HMCR   *Royal Commission on Historical Manuscripts, Reports*, HMSO, 1870–.

HMCR Middleton   *Report on the manuscripts of Lord Middleton [formerly] preserved at Wollaton Hall, Nottinghamshire*, 1911.

HMCR, Various Collections	*Reports on Manuscripts in Various Collections*: i, including Deans and Chapters of Chichester, Canterbury and Salisbury (1901); vii, including St George's Chapel, Windsor (1914).
HMCR Wells	*Calendar of the Manuscripts of the Dean and Chapter of Wells*, 2 vols., 1907–14.
Hoare, *History of Modern Wiltshire*	R. Colt Hoare et al., *The History of Modern Wiltshire*, 6 vols., the 6th vol. ed. R. Benson and H. Hatcher, London 1822–43.
Holt and Mortimer	*Acta of Henry II and Richard I*, ed. J. C. Holt and R. Mortimer, List & Index Society, 1986.
Holt, J. C.	'1086', in *Domesday Studies*, ed. J. C. Holt, Woodbridge 1987.
Honeybourne, M. B.	'The Fleet and its neighbourhood in early and medieval times', *London Topographical Record* 19 (1947), 13–87.
Hudson, J.	*Land, Law, and Lordship in Anglo-Norman England*, Oxford 1994.
Hugh the Chanter	*The History of the Church of York, 1066–1127*, ed. C. Johnson, rev. M. Brett, C. N. L. Brooke and M. Winterbottom, OMT, London 1991.
Humphreys, A.	*Bucklebury: a Berkshire Parish*, Reading 1932.
Hunter, *Pedes sive Pedes Finium*	*Pedes sive Pedes Finium sive Finales Concordiae in Curia Domini Regis, 7 Richard I-16 John, 1195–1214*, ed. J. Hunter, 2 vols., RC, 1835, 1844.
Hunter, J., ed.	'Charters relating to ecclesiastical affairs, formerly in the Library of Dr C. Macro', in *Ecclesiastical Documents*, Camden Society (1840), 43–100.
Hurnard, N. D.	'The Anglo-Norman franchises', *EHR* 64 (1949), 289–323, 433–60.
Hurry, *Reading Abbey*	J. B. Hurry, *Reading Abbey*, London 1901.
Hutchins, *History of Dorset*	J. Hutchins, *The history and antiquities of the county of Dorset* (1774), 3rd edn. by W. Shipp and J. W. Hodson, 4 vols., Westminster 1861–70.
Innocent III's Letters	*The Letters of Pope Innocent III concerning England and Wales*, ed. C. R. and M. G. Cheney, Oxford 1967.
Interdict Documents	P. M. Barnes and W. R. Powell, eds., PRS, new ser. 34 (1960 for 1958).
Jackson, J. E.	'Kington St Michael', *Wiltshire Archaeological and Natural History Magazine* 4 (1858), 36–128.
Jenkins, J. G.	'The Lost Cartulary of Nutley Abbey', *Huntington Library Quarterly* 17 (1953–4), 379–96.
Joh. Worcester	*The Chronicle of John of Worcester*, iii, ed. P. McGurk, OMT (1998).
John of Salisbury's Letters	*The Letters of John of Salisbury*, ed. W. J. Millor, H. E. Butler and C. N. L. Brooke, 2 vols.: NMT (London 1955; corr. repr., OMT 1986); OMT (1979).
Johnson in *Essays in Honour of Tait*	C. Johnson, 'Some Charters of Henry I', in *Historical Essays in Honour of James Tait*, ed. J. G. Edwards, V. H. Galbraith and E. F. Jacob, Manchester 1933, 137–142.
Kealey, *Roger of Salisbury*	E. J. Kealey, *Roger of Salisbury Viceroy of England*, Berkeley, Los Angeles and London 1972.
Kehr, P. F.	*Italia Pontificia*, 3 vols., Berlin 1908.
Kemp, B. R.	'Archdeacons and parish churches in England in the twelfth century', in *Law and Government in Medieval England and Normandy: Essays in honour of Sir James Holt*, ed. G. Garnett and J. Hudson, Cambridge 1994, 341–364.
Kemp, B. R.	'Exchequer and Bench in the later twelfth century—separate or identical tribunals?', *EHR* 88 (1973), 559–573.
Kemp, B. R.	'Informing the Archdeacon on Ecclesiasrical Matters in Twelfth-Century England', in *Medieval Ecclesiastical Studies in honour of Dorothy M. Owen*, ed. M. J. Franklin and C. Harper-Bill, Woodbridge 1995, 131–149.
Kemp, B. R.	'Maiden Bradley priory, Wiltshire, and Kidderminster church, Worcestershire', *East Anglian and Other Studies presented to Barbara Dodwell (Reading Medieval Studies 11)*, ed. M. Barber, P. McNulty

	and P. Noble (1985), 87–120.
Kemp, B. R.	'Monastic Possession of Parish Churches in England in the Twelfth Century', *Journal of Ecclesiastical History* 31 (1980), 133–160.
Kemp, B. R.	'The Foundation of Reading Abbey and the Growth of its Possessions and Privileges in England in the Twelfth Century', unpublished Ph. D. thesis, University of Reading, 1966.
Kemp, B. R.	'The Miracles of the Hand of St. James', *Berkshire Archaeological Journal* 65 (1970), 1–19.
Kemp, B. R.	'The seals of Reading Abbey', *Reading Medieval Studies* 14 (1988), 139–162.
Kemp, B. R.	'Towards admission and institution: English episcopal formulae for the appointment of parochial incumbents in the twelfth century', *Anglo-Norman Studies* 16 (1994), 155–176.
Kennett's Parochial Antiquities	W. Kennett, *Parochial Antiquities attempted in the history of Ambrosden, Burcester, and other adjacent parts in the Counties of Oxford and Bucks.*, new edn., 2 vols., Oxford 1818.
Ker, N. R.	*English Manuscripts in the Century after the Norman Conquest*, Oxford 1960.
Keynes, S.	'George Harbin's transcript of the lost cartulary of Athelney Abbey', *Somerset Archaeology and Natural History* 136 (1992), 149–159.
Knowles and Hadcock	D. Knowles and R. N. Hadcock, *Medieval Religious Houses, England and Wales*, 2nd edn., London 1971.
Knowles, *Episcopal Colleagues*	D. Knowles, *The Episcopal Colleagues of Archbishop Thomas Becket*, Cambridge 1951.
Knowles, 'Growth of Exemption'	D. Knowles, 'Essays in Monastic History, IV. The Growth of Exemption', *Downside Review* 50 (1932), 201–31, 396–436.
Landon, L.	*The Itinerary of King Richard I*, PRS, new ser. 13 (1935).
Lawrence, C. H.	*St Edmund of Abingdon*, Oxford 1960.
Leach, A. F.	*Educational Charters and Documents 598–1909*, Cambridge 1911.
Lees, B. A., ed.	*Records of the Templars in England in the Twelfth Century*, London 1935.
Letters of Arnulf of Lisieux, The	F. Barlow, ed., Camden 3rd ser. 61 (1939).
Levien, E.	'Wareham and its Religious Houses', *Journal of the British Archaeological Association* 28 (1882), 154–70, 244–58.
Lewes Cartulary, i, ii	*The chartulary of the priory of St Pancras of Lewes*, ed. L. F. Salzman, 2 vols., Sussex Record Society, 38, 40 (1933–5).
Lewes Cartulary, iii	*The chartulary of Lewes priory. The portions relating to counties other than Sussex*, ed. W. Budgen and L. F. Salzman, Sussex Record Society, Additional volume, 1943.
Lib. Mon. de Hyda	*Liber Monasterii de Hyda. A Chronicle and Chartulary of Hyde Abbey, Winchester, 455–1023*, ed. E. Edwards, RS, 1866.
Lichfield, Magnum Registrum Album	*The Great Register of Lichfield Cathedral, known as Magnum Registrum Album*, ed. H.E. Savage, SHC, 3rd ser. 14 (1926 for 1924).
Life of Anselm	*The Life of Anselm Archbishop of Canterbury by Eadmer*, ed. R. W. Southern, NMT, London 1962.
Lilleshall Cartulary	*The Cartulary of Lilleshall Abbey*, ed. U. Rees, Shropshire Archaeological and Historical Society (1997).
'Lincoln Cathedral Charters',	W. O. Massingberd, ed., 2 parts, *Associated Architectural Societies Reports & Papers*, 26 (1901–2), 18–96; 27 (1903–4), 1–91.
Lincoln Statutes	*Statutes of Lincoln Cathedral*, ed. H. Bradshaw and C. Wordsworth, 2 vols. in 3, Cambridge 1892–7.
Llandaff Acta	*Llandaff Episcopal Acta 1140–1287*, ed. D. Crouch, South Wales Record Society 5 (1988).
Lot, F.	*Études critiques sur l'abbaye de Saint-Wandrille*, Bibliothèque de l'Ecole des Hautes-Etudes, 204 (Paris 1913).
Loyd, L. C.	*The Origins of some Anglo-Norman Families*, ed. C. T. Clay and D. C. Douglas, Harleian Society 103 (1951).

Lunt, W. E.　　　　　　*Financial Relations of the Papacy with England to 1307*, Cambridge, Mass. 1939.

Madox, *Formulare*　　*Formulare Anglicanum*, ed. T. Madox, London 1702.

Magna Vita S. Hugonis　D. L. Douie and H. Farmer, eds., 2 vols, NMT, London 1961–2.

Major, K.　　　　　　'The "Familia" of Archbishop Stephen Langton', *EHR* 48 (1933), 529–53.

Materials　　　　　　*Materials for the History of Archbishop Thomas Becket...*, ed. J. C. Robertson and J. B. Sheppard, 7 vols., RS, 1875–85.

Matthew Paris, *Chron.*　*Matthaei Parisiensis Chronica Majora*, ed. H. R. Luard, 7 vols., RS, *Majora*　　　　　　1872–84.

Memoranda de　　　　F. W. Maitland, ed., RS, 1893.
Parliamento, 1305

Mesmin, S. C.　　　　'The Leper Hospital of Saint-Gilles de Pont-Audemer: an edition of its Cartulary and an examination of the problem of leprosy in the twelfth and early thirteenth century', unpublished Ph. D. thesis, 2 vols., University of Reading, 1978.

Migne, *Patrologia Latina*　*Patrologiae cursus completus, series Latina*, ed. J. P. Migne, 221 vols., Paris 1844–64.

Milne, J. G.　　　　　'Muniments of Holy Trinity Priory, Wallingford', *Oxoniensia* 5 (1940), 50–77.

Missenden Cartulary　*The Cartulary of Missenden Abbey*, ed. J. G. Jenkins, 3 vols., Buckinghamshire Record Society, 2, 10, 12 (1938–62).

Mon. Ang.　　　　　W. Dugdale, *Monasticon Anglicanum*, rev. edn., J. Caley, H. Ellis and B. Bandinel, 6 vols. in 8, London 1817–30.

Morey, A., and Brooke,　*Gilbert Foliot and his Letters*, Cambridge 1965. (*GF*)
C. N. L.

Morgan, M.　　　　　*The English Lands of the Abbey of Bec*, Oxford 1946.

Munimenta Gildhallae　H. T. Riley, ed., 3 vols. in 4, RS, 1849–62.
Londoniensis

Newington Longeville　H. E. Salter, ed., Oxfordshire Record Society, 3 (1921).
Charters

NMT　　　　　　　Nelson's Medieval Texts.

Nicholl, D.　　　　　*Thurstan, Archbishop of York, 1114–1140*, York 1964.

OMT　　　　　　　Oxford Medieval Texts.

Orderic Vitalis (Ord. Vit.)　*The Ecclesiastical History of Orderic Vitalis*, ed. M. Chibnall, 6 vols., OMT, 1968–80.

Oseney Cartulary　　*Cartulary of Oseney Abbey*, ed. H. E. Salter, 6 vols., Oxford Historical Society, 89–91, 97–8, 101 (1929–36).

Oxford Charters　　　*Facsimiles of Early Charters in Oxford Muniment Rooms*, ed. H.E. Salter, Oxford 1929.

Papsturkunden in　　H. Meinert and J. Ramackers, eds., 6 vols., Berlin 1932 (vol. 1); Göt-
Frankreich　　　　tingen 1937–58 (vols. 2–6).

Patent Rolls (Pat. R.)　*Patent Rolls of the Reign of Henry III preserved in the Public Record Office* (1216–1232), 2 vols., HMSO, 1901–3.

Patterson, *Earldom of*　*Earldom of Gloucester Charters*, ed. R. B. Patterson, Oxford 1973.
Gloucester Charters

Penn, K. J.　　　　　*Historic Towns in Dorset*, Dorset Nat. Hist. and Arch. Soc. monograph 1 (1980).

Pipe Rolls (PR)　　　cited by the regnal year, ed. in PRS.

Pleas before King　　*Pleas before the King or his Justices, 1198–1202*, ed. D. M. Stenton, 3 vols., Selden Society 67–8, 83 (1953–67).

Poole, A. L.　　　　　*From Domesday Book to Magna Carta 1087–1216*, 2nd edn., Oxford 1955.

Poole, R. L.　　　　　*The Exchequer in the Twelfth Century*, Oxford 1912.

Powicke, F. M.　　　　*The Thirteenth Century*, Oxford 1953.

PRS　　　　　　　Pipe Roll Society.

PUE　　　　　　　*Papsturkunden in England*, ed. W. Holtzmann, 3 vols., Berlin (1930–36), Göttingen (1952).

Ralph de Diceto   *Radulfi de Diceto decani Londoniensis opera historica*, ed. W. Stubbs, 2 vols., RS, 1876.

Ramsey Cartulary   *Cartularium monasterii de Rameseia*, ed. W. H. Hart and P. A. Lyons, 3 vols., RS, 1884–93.

RC   Record Commission.

RCHM   *Royal Commission on Historical Monuments (England)*: Dorset, iii, 2 parts, HMSO 1970; Salisbury, i, HMSO 1980.

Reading Cartularies   *Reading Abbey Cartularies*, ed. B. R. Kemp, 2 vols., Camden 4th ser. 31, 33 (1986–7).

Red Bk. Exch.   *The Red Book of the Exchequer*, ed. H. Hall, 3 vols., RS, 1896.

Redvers Charters   *Charters of the Redvers Family and the Earldom of Devon, 1090–1217*, ed. R. Bearman, Devon & Cornwall Record Society, new ser. 37 (1994).

Reg. Gandavo   *Registrum Simonis de Gandavo episcopi Saresberiensis A.D. 1297–1315*, ed. C. T. Flower and M. C. B. Davies, 2 vols., CYS 40-1 (1934).

Reg. Hallum   *The Register of Robert Hallum, Bishop of Salisbury 1407–17*, ed. J. M. Horn, CYS 72 (1982).

Reg. Malmesburiense   *Registrum Malmesburiense*, ed. J. S. Brewer and C. T. Martin, 2 vols., RS, 1879–80.

Reg. Martival   *Registrum Rogeri Martival episcopi Saresberiensis A.D. 1315–1330*, ed. K. Edwards, C. R. Elrington, S. Reynolds and D. M. Owen, 4 vols. in 5, CYS 55, 57–9, 68 (1959–75).

Reg. Orleton   *Registrum Ade de Orleton episcopi Herefordensis A.D. 1317–1327*, ed. A. T. Bannister, CYS 5 (1908).

Reg. Roffense   *Registrum Roffense*, ed. J. Thorpe, London 1769.

Reg. S. Osm.   *Vetus registrum Sarisberiense alias dictum registrum S. Osmundi episcopi*, ed. W. H. R. Jones, 2 vols., RS, 1883–4.

Reg. Waltham   *The Register of John Waltham, Bishop of Salisbury, 1388–1395*, ed. T. C. B. Timmins, CYS 80 (1994).

Reg. Winchelsey   *Registrum Roberti Winchelsey, Archiepiscopi Cantuariensis*, ed. R. Graham, 2 vols., CYS 51-2 (1952–6).

Regesta   *Regesta Regum Anglo-Normannorum, 1066–1154*: i, 1066–1100, ed. H. W. C. Davis, Oxford 1913; ii, 1100–35, ed. C. Johnson and H. A. Cronne, Oxford 1956; iii, iv, 1135–54, ed. H. A. Cronne and R. H. C. Davis, Oxford 1968–9.

Regestum Clementis Papae V,   ed. monachi Ordinis S. Benedicti, 9 pontifical years in 8 vols., Rome 1885–92.

'Register of Gloucester Churches'   'A Register of the Churches of the Monastery of S Peter's, Gloucester', ed. D. Walker, in *An Ecclesiastical Miscellany*, Bristol and Gloucestershire Archaeological Society, Records Section, 9 (1976), 1–58.

Registrum Antiquissimum   *The Registrum Antiquissimum of the Cathedral Church of Lincoln*, ed. C. W. Foster and K. Major, 10 vols. and 2 vols. of facsimiles, Lincoln Record Society 27–9, 32, 34, 41–2, 46, 51, 62, 67–8 (1931–73).

Reynolds, S.   'The rulers of London in the twelfth century', *History* 57 (1972), 337–57.

Richardson and Sayles   H. G. Richardson and G. O. Sayles, *The Governance of Mediaeval England from the Conquest to Magna Carta*, Edinburgh 1963.

Richardson, H. G.   'Letters of the Legate Guala', *EHR* 48 (1933), 250–9.

RLC   *Rot. Lit. Claus.*

Rob. Torigny   'The Chronicle of Robert of Torigny' in *Chronicles of the Reigns of Stephen, Henry II and Richard I*, ed. R. Howlett, iv, RS, 1889.

Robinson, J. A.   *Somerset Historical Essays*, British Academy, London 1921.

Rog. Howden   *Chronicon Rogeri de Houedene*, ed. W. Stubbs, 4 vols., RS, 1868–71.

Rog. Wendover   Roger of Wendover, *Chronica*, ed. H. G. Hewlett, 3 vols., RS, 1886–9.

Rolls of the King's Court, Richard I   *The Rolls of the King's Court in the Reign of King Richard the First, A.D. 1194–1195*, with an introduction and notes by F. W. Maitland, PRS, 14 (1891).

Rot. Chart.	*Rotuli Chartarum in Turri Londinensi asservati*, (1199–1216), ed. T. D. Hardy, RC, 1837.
Rot. Lit. Claus. (RLC)	*Rotuli Litterarum Clausarum in Turri Londinensi asservati (1204–27)*, ed. T. D. Hardy, 2 vols., RC, 1833–44.
Round, J. H.	*Geoffrey de Mandeville. A Study of the Anarchy*, London 1892.
RS	Rolls Series
Russell, J. C.	*Dictionary of Writers of Thirteenth Century England*, (*BIHR* Supplement 3) 1936.
Russell, J. C.	'The Many-sided Career of Master Elias of Dereham', *Speculum* 5 (1930), 378–87.
St Davids Acta	*St Davids Episcopal Acta 1085–1280*, ed. J. Barrow, South Wales Record Society 13 (1998).
St Denys Cartulary	*The Cartulary of the Priory of St Denys near Southampton*, ed. E. O. Blake, 2 vols., Southampton Record Series, 24–5 (1981).
St Frideswide's Cartulary	*Cartulary of the monastery of St Frideswide at Oxford*, ed. S. R. Wigram, 2 vols., Oxford Historical Society 28, 31 (1895–6).
St Paul's Charters	*Early Charters of the Cathedral Church of St Paul, London*, ed. M. Gibbs, Camden 3rd ser. 58 (1939).
Salisbury Charters	*Charters and Documents illustrating the history of the cathedral, city and diocese of Salisbury in the twelfth and thirteenth centuries*, ed. W. (H.) R. Jones and W. D. Macray, RS, 1891.
Saltman, Theobald	A. Saltman, *Theobald, Archbishop of Canterbury*, London 1956.
Sandford Cartulary	*The Sandford Cartulary*, ed. A. M. Leys, 2 vols., Oxfordshire Record Society 19, 22 (1938–41).
Sayers, J. E.	*Papal Government and England during the pontificate of Honorius III (1216–1227)*, Cambridge 1984.
Sayers, J. E.	*Papal Judges Delegate in the Province of Canterbury 1198–1254*, Oxford 1971.
Scott, J., ed.	*The Early History of Glastonbury. An Edition, Translation and Study of William of Malmesbury's* De Antiquitate Glastonie Ecclesie, Woodbridge 1981.
Shaw, S.	*The History and Antiquities of Staffordshire*, 2 vols., London 1789–1901.
SHC	*Staffordshire Historical Collections* (publications of the William Salt Archaeological Society, now Staffordshire Record Society)
'Sherborne "Chartulary"'	F. Wormald, 'The Sherborne "Chartulary"', in *Fritz Saxl Memorial Essays*, ed. D.J. Gordon, London 1957, 101–19.
Smith, D. M.	'The "Officialis" of the Bishop in Twelfth- and Thirteenth-Century England: Problems of Terminology', in *Medieval Ecclesiastical Studies in honour of Dorothy M. Owen*, ed. M. J. Franklin and C. Harper-Bill, Woodbridge 1995, 201–220.
Southwick Cartularies	*The Cartularies of Southwick Priory*, ed. K. A. Hanna, 2 parts, Hampshire Record Series 9–10 (1988–9).
Statuta et Consuetudines, ed. Dayman and Jones	*Statuta et Consuetudines Ecclesiae Cathedralis Sarisberiensis: Statutes of the Cathedral Church of Sarum*, ed. E. A. Dayman and W. H. R. Jones, Bath 1883.
Statuta et Consuetudines, ed. Wordsworth and Macleane	*Statuta et Consuetudines Ecclesiae Cathedralis Beatae Mariae Virginis Sarisberiensis: Statutes and Customs of the Cathedral Church of the Blessed Virgin Mary of Salisbury*, ed. C. Wordsworth and D. Macleane, London 1915.
Stenton, D. M.	*English Justice between the Norman Conquest and the Great Charter*, London 1965.
Stenton, D. M.	'Roger of Salisbury, *Regni Angliae Procurator*', *EHR* 39 (1924), 79–80.
Stenton, F. M.	'Acta episcoporum', *Cambridge Historical Journal* 3 (1929–31), 1–14.
Stenton, F. M.	*Anglo-Saxon England*, 3rd edn., Oxford 1971.
Stenton, F. M.	*The Early History of Abingdon Abbey*, Reading 1913.
Stringer, K. J.	'Some documents concerning a Berkshire family and Monk Sherborne

priory, Hampshire', *Berkshire Archaeological Journal* 63 (1967–8), 23–37.

Stroud, D. E.   'A 12th-Century Effigy in Salisbury Cathedral', *Wiltshire Archaeolo-gical and Natural History Magazine* 86 (1993), 113–17.

Stubbs, *Reg. Sacrum*   W. Stubbs, *Registrum Sacrum Anglicanum*, 2nd edn., London 1897.

Sym. Durham   *Symeonis monachi opera omnia*, ed. T. Arnold, 2 vols., RS, 1882–5.

Tait, J.   *The Medieval English Borough*, Manchester 1936.

Tanner, J.   *Notitia Monastica . . .*, London 1744; reprinted with additions by J. Nasmith, Cambridge 1787.

Thompson, A. Hamilton   'Master Elias of Dereham and the King's Works', *The Archaeological Journal* 98 (1941), 1–35.

Thompson, S.   *Women Religious: the founding of English Nunneries after the Norman Conquest*, Oxford 1991.

Timmins, T. C. B., ed.   *The Register of John Chandler, Dean of Salisbury 1404–17*, Wiltshire Record Society 39 (1984).

TRHS   *Transactions of the Royal Historical Society.*

Tropenell Cartulary, The   J. S. Davies, ed., 2 vols. Wiltshire Archaeological and Natural History Society (1908).

Tutbury Cartulary   *The Cartulary of Tutbury Priory*, ed. A. Saltman, SHC 4th ser. 4 (1962).

Two Abingdon   *Two Cartularies of Abingdon Abbey*, ed. C. F. Slade and G. Lambrick,
  Cartularies   Oxford Historical Society, new ser. 32-33 (1990, 1992, for 1988–91).

Use of Sarum   W. H. Frere, ed., 2 vols., Cambridge 1898.

van Caenegem, R. C.   *Royal Writs in England from the Conquest to Glanvill*, Selden Society 77 (1959).

van Caenegem, R. C., ed.   *English Lawsuits from William I to Richard I*, 2 vols., Selden Society 106–7 (1990–1).

VCH   *The Victoria History of the Counties of England*, (counties cited: *Berk-shire, Dorset, Durham, Gloucestershire, Hampshire, Hertfordshire, Oxfordshire, Staffordshire, Surrey, Wiltshire*).

Vincent, N.   'A prebend in the making: the churches of Hurstbourne and Burbage 1100–1250', *The Wiltshire Archaeological and Natural History Maga-zine* 90 (1997), 91–100.

Vincent, N.   'Elias of Dereham', in *The Dictionary of National Biography: Missing Persons*, ed. C. S. Nicholls (Oxford 1993), 205–6.

Voss, L.   *Heinrich von Blois, Bischof von Winchester 1129–71*, Berlin 1932.

Walker, 'Earldom of   'Charters of the Earldom of Hereford, 1095–1201', in *Camden Miscel-
  Hereford Charters'   lany XII*, Camden 4th ser. 1 (1964), 1–75.

Walt. Coventry   *Memoriale fratris Walteri de Coventria. The historical collections of Walter of Coventry*, ed. W. Stubbs, 2 vols., RS, 1872–3.

Waltham Charters   *The Early Charters of Waltham Abbey, 1062–1230*, ed. R. Ransford, Woodbridge 1989.

Warren, W. L.   *Henry II*, London 1973.

Webber, T.   *Scribes and Scholars at Salisbury Cathedral c.1075–c.1125*, Oxford 1992.

West, F. J.   *The Justiciarship in England 1066–1232*, Cambridge 1966.

Westminster Abbey   E, Mason, ed., London Record Society 25 (1988).
  Charters 1066–c.1214

Wethered, F. T.   *Lands and Tythes of Hurley Priory, 1086–1535*, Reading 1909.

Wethered, F. T.   *St Mary's, Hurley, in the Middle Ages: based on Hurley Charters and Deeds*, London 1898.

Wharton, H.   *Historia de episcopis et decanis Londoniensibus. . .*, London 1675.

Wilkins, Concilia   D. Wilkins, *Concilia Magnae Britanniae et Hiberniae . . .*, 4 vols., London 1737.

Will. of Malmesbury,   Willelmi Malmesbiriensis, *De Gestis Pontificum Anglorum*, ed. N. E.
  Gesta Pontificum (GP)   S. A. Hamilton, RS, 1870.

Will. of Malmesbury,   Willelmi Malmesbiriensis, *De Gestis Regum*, ed. W. Stubbs, 2 vols.,
  Gesta Regum (GR)   RS 1887–9.

Will. of Malmesbury, Willelmi Malmesbiriensis, *Historia Novella*, ed. K. R. Potter, NMT,
  Historia Novella (HN) London 1955.
Will. of Newburgh William of Newburgh, *Historia Rerum Anglicarum*, ed. R. Howlett, in
  Chronicles of the Reigns of Stephen, Henry II and Richard I, vols. 1–
  2, RS, 1884–5.
'Willelmi Chronica I. Heller, ed., in *Monumenta Germaniae Historica: Scriptores* 24
  Ardrensis' (Hanover 1879), 684–773.
Wilts Feet of Fines *A Calendar of the Feet of Fines relating to the County of
  Wiltshire. . .from. . .1195 to. . .1272*, compiled by E. A. Fry, Wiltshire
  Archaeological and Nat. Hist. Society, 1930.
Wilts Feet of Fines, *Abstracts of feet of fines relating to Wiltshire for the reigns of Edward
  Abstracts*, i *I and Edward II*, ed. R. B. Pugh, Wiltshire Record Society 1 (1939).
Wiltshire Place-Names J. E. B. Gover, A. Mawer and F. M. Stenton, *The Place-Names of
  Wiltshire*, EPNS 16 (1939).
Winchester Chartulary *Chartulary of Winchester Cathedral*, ed. A. W. Goodman, Winchester
  1927.
Winchester College *A Descriptive List*, compiled by S. Himsworth with P. Gwyn, W.
  Muniments: Graham and J. Harvey, 3 vols., Chichester 1976–84.
Worcester Cartulary *The Cartulary of Worcester Cathedral Priory*, ed. R. R. Darlington,
  PRS, new ser. 38 (1968 for 1962–3).
Worcestershire A. Mawer and F. M. Stenton, *The Place-Names of Worcestershire*,
  Place-Names EPNS 4 (1927).
Wordsworth, J. 'On the Seals of the Bishops of Salisbury', *The Archaeological
  Journal* 45 (1888), 22–42.
Yorke, B. *Wessex in the Early Middle Ages*, Leicester 1995.

OTHER ABBREVIATIONS

A-D	Archives départementales
Add.	Additional
App.	Appendix
archbp	archbishop
archdn	archdeacon
archdnry	archdeaconry
BL	British Library
BN	Bibliothèque Nationale, Paris
Bodl.	Bodleian Library, Oxford
bp	bishop
cal.	calendar, calendared
Ch.	Charter
Ch. Ant.	Charta Antiqua
D. & C.	Dean and Chapter
fo(s).	folio(s)
Lib.	Library
m.	membrane
misc.	miscellaneous
ms(s)	manuscript(s)
n. d.	not dated
om.	omitted
pd	printed
pl.	plate
PRO	Public Record Office, London
R.O.	Record Office
s.	century
s. -ex.	late-century
s. -in.	early-century
s. -med.	mid-century
ser.	series
transl.	translated, translation

RICHARD POORE

253. Abingdon abbey

Ordinance, in chirograph form, settling the disputes between the abbot and convent of Abingdon and William de Riparia over the patronage of Beedon chapel and the right to have a monk in Abingdon abbey, which disputes the parties have submitted to the bishop's ordination: namely, that the abbey shall, at the presentation of William and his heirs, make a suitable man a monk, and after his death receive another in his place, and so successively in perpetuity; and William and his heirs shall not be able to claim any right in the advowson or right of patronage of Beedon chapel. Also ratification of the abbey's sometime concession to Walter de Riparia and his heirs that Beedon chapel shall have a graveyard, and that the parson of Chieveley shall, with the reasonable consent of the said knight and his heirs, constitute a vicar there in perpetuity, who will have the virgate of land belonging to the chapel, all obventions of the altar and all lesser tithes of Beedon, paying thence half a mark annually to the parson of Chieveley, who will have bequests as formerly.

[June 1217 × 21 July 1228]

B = Bodl. ms Lyell 15 (Abingdon cartulary), fos. 55v-56r. s. xiv med.
Pd (calendar), *Two Abingdon Cartularies*, i, 100–1, no. L163.

Universis Cristi fidelibus ad quos presens pagina pervenerit Ricardus divina permissione Sar' ecclesie minister humilis salutem in domino eternam. Noverit universitas vestra dilectos in Cristo filios abbatem et conventum de Abbend' ex una parte et Willelmum de Riparia ex altera de querelis et controversiis*a* omnibus que inter eos fuerunt super iure patronatus capelle de Bedene et iure habendi perpetuis temporibus unum monachum in monasterio*b* Abbend' in nos compromisisse et nostre ordinationi quicquid iuris partes se habere dicebant omnino [fo. 56r] reliquisse. Nos igitur auctoritate pontificali ita ordinamus: videlicet quod ad presentationem predicti Willelmi de Riparia et heredum suorum dicti abbas et monachi unum monachum qui idoneus fuerit et honeste conversationis caritative faciant, et cum ille defunctus fuerit alium loco eius idoneum*c* recipiant et sic successive in perpetuum per presentationem predicti Willelmi et heredum suorum. Prefatus vero Willelmus et heredes sui de cetero non poterunt vendicare aliquid iuris in advocatione vel iure patronatus capelle memorate. Ratam etiam habemus concessionem quam aliquando sepedicti abbas et monachi fecerunt Waltero de Riparia et heredibus suis, videlicet quod capella de Bedene*d* habeat cimiterium, et persona de Chivele rationabili consensu predictorum militis et heredum suorum in perpetuum vicarium ibi constituat. Qui vicarius ad sustentationem suam habebit virgatam terre que pertinet ad capellam et omnes obventiones altaris et omnes minutas decimas ville de Bedene, et exinde reddet*e* annuatim ad festum sancti Andree persone de Chivele dimidiam marcam. Legata vero habebit persona de Chivele, sicut habere solebat. In huius autem nostre ordinationis ac ratihabitionis testimonium huic cirographo, cuius una pars penes dictum monasterium, altera penes dictum militem et heredes suos, permanebit, sigillum nostrum apponi fecimus.

a Ms controversis   *b Ms* monasterium   *c Ms* ydoneum   *d Ms* Bede   *e Followed in ms by* inde *marked for deletion*

Richard Poore's pontifical years at Salisbury were calculated from a date between 28 June and 2 July 1217, but, though still called bp of Chichester on 28 May 1217, he was probably in possession of the Salisbury temporalities and was called bp of Salisbury on or by *c.* 27 June (see above, p. lvii; *Fasti Salisbury*, 4 and n. 2); though elected bp of Durham before 9 May 1228, with papal confirmation on 14 May, he was not formally released from the care of Salisbury diocese until 21 July 1228 and did not receive the royal assent and temporalities of Durham until 22 July (*Fasti Monastic Cathedrals*, 31; *Reg. S. Osm.*, ii, 100–1).

254. Abingdon abbey

Constitution, at the precept of Pandulf, bishop-elect of Norwich, papal chamberlain and legate of the apostolic see, and with the common assent of Abbot Hugh and the convent of Abingdon, concerning the reform of the number, status and rank of the servants of the obedientiaries of Abingdon.

Abingdon, 23 Nov. 1219

B = Bodl. ms Lyell 15 (Abingdon cartulary), fos. 57r–59v. s. xiv med.
Pd (transl.), *Two Abingdon Cartularies*, i, 106–113, no. L 167.

Anno ab incarnatione domini M.CC.xix. in die sancti*a* Clementis pape ego Ricardus dei gratia Sar' episcopus pontificatus mei anno iii.° iuxta officii mei debitum necnon ad districtum preceptum domini P.*b* Norwic(ensis) electi, domini pape camerarii et apostolice sedis legati, de communi assensu dilectorum filiorum H. abbatis et conventus Abbend', ad honorem dei et confirmationem eiusdem monasterii, subscriptam correctionem super numero, statu et ordinatione servientium*c* ab omnibus approbatam sigillo meo munitam, omnibus fratribus eiusdem monasterii presentibus una cum abbate suo assensum inpartientibus, [fo. 57v] in dicta ecclesia reliqui, revolutis diligenter antiquis consuetudinibus approbatis super numero servientium et stipendiis eorum in antiquis libris repertis.

[d] Quoniam exteriora hominis enuntiant de interioribus illius, precepimus auctoritate domini legati qua fungimur et auctoritate pontificali ut tam abbas quam conventus servientes habeant uxoratos vel continentes vel saltem tales quorum incontinentia non sit notoria. Servientibus etiam eorundem stipendia dentur sufficienter ne bona domus que tractant penuria cogente fraudulenter dissipent vel inutiliter. Sub eadem districtione etiam prohibemus ne pecunia[e] interveniente officia servientium[e] a quoquam vendantur, nec ad tempus nec in perpetuum sigillo capituli alicui persone confirmentur, et si aliter fiat irritum sit et[f] inane. Et quoniam in omnium correctione discrete facienda precipuum est ut superflua resecentur et ea que necessaria sunt reserventur, facta diligenti inquisitione de singulis ministeriis et ministris singularum obedientiarum et de stipendiis eorundem, primo circa obedientiam elemosinar' de communi consilio statuimus quod elemosinarius amotis superfluis servientibus contentus sit v. ministrantibus in elemos(inaria), quorum officium est colligere elemosinam in refectorio, in infirmitorio, et sic de aliis domibus infra parvam portam, et ipsi ministrabunt eam distribuendam pauperibus secundum dispositionem elemosinarii; unus autem eorum custodiet, ibit per villam et diligenter inquiret et fideliter egenos, languidos, apporiatos et tales qui certissime indigeant. Isti percipient victum et stipendia de elemos(inario) sicut percipere consueverunt et, eo contenti, si convicti fuerint fraudem facere de elemosina secundum dispositionem prioris et elemosinarii, per consilium abbatis iuxta quantitatem delicti puniantur. Et quoniam elemosina pauperibus precipue debetur, statuentes ut elemosinarius integre recipiat reliquias abbatis et conventus et omnium camerar(um), districte prohibemus ne alii obedientiarii servientes suos in victu vel in stipendiis de elemosina remunerent. Sub eadem districtione etiam prohibemus ne monachi parentibus vel notis aliquid conferant de elemosina sine conscientia et assensu presidentis vel elemosinarii. Quod si fecisse quis convictus fuerit, in crastino ieiuniet[g] in pane et aqua sine aliqua dispensatione. Post cenam vero monachorum vel post potum quando non cenat conventus elemosinarius statim recolligat cervisiam in vase mundo et sub sera claudat, ita tamen quod si aliquis monachorum maluerit bibere de illa cervisia quam de potu collationis liberaliter ipsi tribuat, vel etiam, si indiguerit propter supervenientem amicum, quod necesse fuerit ipsi prompta manu concedat. Videat tamen ne aliquis consuetudinarius in hoc fiat. Tria vero mandata non dentur de cetero nisi peregrinis, pauperibus vel laicis debilitatis et precipue transeuntibus. Et quoniam de indumentis monachorum in regula beati Benedicti precipitur quod accipientes nova reddant vetera, [fo. 58r] sub eadem districtione precipimus quod monachi recipientes nova indumenta cam-

erario integre et sine fraude vetera restituant in usus pauperum per ipsius manum cum providentia elemosinarum convertenda. Extrinsecos autem servientes quos habet elemosinarius, velud molendinar(ium) et agricolam, pascat et stipendiat de proventibus molendini et agriculture, et nichil omnino recipiant de elemosina. Intrinsecos autem servientes stipendiet de denar(iis) liberi hundredi secundum portionem quam recipit.

Camerarius habebit quinque servientes preter illum de lavenderia. Unum qui implebit officium incisoris et parmentarie, iste habebit quinque ambras de granario abbatis et xii. solidos per manum camerarii et unum porcum vel xii. denarios et unum arietem vel iiii. d' contra Natale domini. Habebit etiam unum qui implebit officium corversar(ii) et inveniet fenum in dormitorio et habebit quod pertinet ad officium illud et recipiet v. ambras de granario abbatis et x. solidos in solidatis per annum. Camerarius item habebit ii., quorum uterque recipiet duos parvos panes in aula et cervisiam et tres obolos qualibet ebdomada pro companagio de abbate et unum arietem vel iiii. d' contra Natale, et unus recipiet dimidiam marcam et alius dimidiam per manum camerarii per annum. Quintum habebit cui providebit post mortem R. Rascun; servitium ipsius complebit corvesarius et sufficiet ei quod percipere consuevit. Camerarius recipiet schipingas quas predicti servientes percipere consueverunt, scilicet x. acras, iiii. apud Berton' et vi. apud Mericham et Gareford, et xxxviii. s' et iiii. d' de libero hundredo, et ex hiis inveniet servientibus suis stipendia. Serviens de lavenderia serviet in propria persona et habebit v. ambras de granario abbatis et ii. arietes contra Natale vel viii. d', et iii. d' ad oblationem et ii. corredia in aula tribus vicibus per tres ebdomadas in anno. Camerarius autem recipiet iiii. acras apud Sutton' et dabit ei xv. solidos et v. denarios ad stipendia sua et ad coadiutorum suorum. Iste etiam habebit in collationibus potum assuetum. Habebit etiam camerarius unctum de xxv. porcis nutritis in curia ad[h] unguenda calciamenta monachorum.

Coquinarius habebit tres servientes in coquina, ita quod unus presit ceteris, et quartum in infirmaria; et facient quicquid eis preceperit[i] coquinarius et intendant servienti qui eis preest. Coquinarius recipiet schipingas eorum, scilicet xiiii. acras in Wachenefeld et v. in Sutton' et iiii. ad Berthon' et unam et dimidiam apud Draiton', et ex hiis inveniet eis stipendia, scilicet magistro servienti viii. s' et cuilibet trium vii. s'. Quilibet autem istorum trium recipiet annuatim v. ambras de granario abbatis et unum arietem vel iiii. d' contra Natale de abbate. Quartus habebit singulis diebus duos parvos panes in aula, cervisiam et iii. ob'[j] qualibet ebdomada pro companagio suo de camera abbatis et in oblatione ii. d' et ob'. Preterea coquinarius recipiet v. ambras de granario abbatis ad solidatas subservientium suorum servientium.[c] Provideat [fo. 58v] coquinarius quod nullus non necessarius coquinam ingrediatur. Hab-

ebit etiam coquinarius unum ortolanum cum orto iuxta Tamisiam, et recipiet
coquinarius v. ambras de granario abbatis ad schipingas quas percipere consuevit idem ortolanus et stipendiabit eum, et habebit ortolanus contra Natale
unum arietem vel iiii. d'. Recipiet etiam coquinarius consuetas gallinas de
maneriis ad opus conventus.

In infirmaria erunt iii. servientes et ibidem refectionem percipient per
manum infirmarii, et nichil omnino de pane, carne vel pisce, caseo vel fructu,
cervisia vel vino vel aliquo alimento ibidem de iure deportando asportabunt
vel dabunt, quod ut libentius faciant recipient annuatim duo maiores servientes
uterque x. solidos per manus infirmarii pro stipendiis. Infirmarius autem habebit duas acras de Berthon' et iii. solidos de camera abbatis que[k] duo servientes consueverunt annuatim percipere, et xi. solidos de libero hundredo, et
de pitanciar(io) xii. d', et de suo apponet xii. d'. Recipiet etiam xii. d' de
camera abbatis, quos dabit tertio servienti annuatim, et providebit ei in vestitu
de pannis suis veteribus, quos camerarius consuevit percipere.

Gardinarius recipiet de abbate duas acras in Witune et vii. s' et viii. d' de
libero hundredo ad stipendum servientes suos, et ii. parvos panes et cervisiam
in aula et iii. ob' qualibet ebdomada pro conpanagio et [ad][l] pasturam canum
suorum panes furfureos xiiii. Habebit etiam quicquid iuris habere consuevit
in refectorio et in aula, et apponet tales servientes qui sciant et velint inserere,
plantare et fodere et omnia facere quecumque pertinent ad illud officium, et
amovebit illos[m] si necesse fuerit.

Sacrista habebit iiii. servientes; ii. ex ipsis recipient panem et cervisiam in
aula, uterque eorum ii. parvos panes et iii. ob' qualibet ebdomada pro conpanagio de camera abbatis, et recipient annuatim de sacrista x. solidos ad stipendia. Tertius recipiet v. ambras de granario abbatis et i. arietem vel iiii. d'
contra Natale, et recipiet sacrista ii. acras apud Wachenefeld ad eius stipendia.
Quarto providebit sacrista. Recipiet etiam quinque coria boum contra festum
sancti Martini ad tintinabula corrigenda.

Magister operum recipiet iiii. acras et dimidiam in Dreiton' de terra rus-
ticorum ad electionem, et solidabit Willelmum carpentarium, et ille habebit
corrodium in curia [n]quando operatur in curia[n] et unum porcum ad Natale. Item
magister operum recipiet uno anno v. acras et in alio iiii. in Appelford, et
solidabit Walterum carpentarium, et ille habebit unum panem in aula pro
gutters[o] reparandis et mundandis et unum porcum ad Natale, et habebit corrodium in curia quando operatur in curia. Isti duo quando operantur in offic-
inis monachorum habebunt in yeme iii. ob' in ebdomada [fo. 59r] et in estate
iiii.

Refectorarius habebit unum servientem, et percipiet dimidium panem singulis diebus et unum frustum casei sicut unus monachus, et ii. iustas cervisie

de cellario, et nichil amplius accipiet de refectorio vel de elemos(inaria). Recipiet autem de granario v. ambras et ad Natale unum arietem vel iiii. d'. Refectorarius autem habebit ii. acras apud Sutton' et stipendiabit servientem suum.

Celerarius habebit unum servientem, qui bene custodiat hostium celarii. Iste percipiet de granario abbatis v. ambras et ii. iustas cervisie qualibet die et unum arietem ad Natale vel iiii. d'. Quando facit medonem habebit panem et cervisiam de celario, et coadiutores sui panem in aula et cervisiam*p* de celario, et conpanagium de lardario. Celerarius singulis noctibus ponet in refectorio ollam plenam cervisia propter necessitates nocturnas, et mane residuum recipiet. Sit etiam civilis*q* et benignus erga fratres suos in donationibus.

Statuimus etiam ut nullus de cetero pretio in aliquod ministerium totius abbatie recipiatur, set tales ibi preficiantur qui sciant et possunt fideliter et honeste ipsum officium implere. Quod si forte malefactores inventi fuerint, et post primam vel secundam admonitionem errata non correxerint et monacho cui subsunt non satisfecerint, sine omni contradictione ab officiis expellantur, sublata*r* omni spe redeundi ad idem officium nisi forte ita idoneus sit quod conventus ipsum readmittendum iudicaverit. In locum autem ipsius alius honestus et fidelis per eundem monachum succedat.

Cantor habebit scriptorem, qui recipiet panem monachalem de curia et cervisiam et unum ferculum.

Camerarius ad opus servientis sui habebit dimidium panem et coronatum cervisie et ferculum, fenum et prebendam ad unum equum.

Sacrista tantumdem.

Magister operum tantumdem, et habebit unam mensuram cervisie de celario monachorum.

Coquinarius habebit duos parvos panes et cervisiam in aula, fenum et prebendam ad unum equum ubicumque fuerit.

Lignarius habebit duos parvos panes et cervisiam in aula et iii. ob' qualibet ebdomada ad conpanagium, fenum et prebendam ad unum equum ubicumque fuerit.

Statuimus ut duo monachi constituantur, unus procurator totius abbatie cum senesch(allo), alter custos curie, qui pondus diei et estus pro domino abbate portent[1] in exterioribus, ut dominus abbas vacare possit et videre quam suavis est dominus.[2] Procurator cum senesch(allo) recipiat redditus et proventus totius*s* abbatie, et per ipsos cum consilio et providentia domini abbatis expensarum fiat distributio, et omnes causas exteriores et domus negotia pertractent, et maneria frequenter visitent et que corrigenda invenerint cum consilio domini abbatis corrigant.

Curtarius per providentiam domini abbatis custodiam totius curie habeat. Habeatque sub se servientem [fo. 59v] prudentem pariter et affabilem, qui vice eius cum ipse non poterit interesse hospites honeste admittat eisque necessaria secundum quantitatem personarum procuret. Et ut hoc commodius fiet, pincerna, dispensator, lardinarius et omnes alii ministrantes in curia eis de precepto domini abbatis studiose intendant, et omnes de receptis et liberatis curario cotidie reddant rationes. Precipue autem statuimus ut curtarius honorifice recipiat parentes et familiares monachorum cum venerint. Statuimus ut servientes coquine monachorum, pistrini, bracini, infirmarie, refectorii,' celarii, sacristar(ie), si in ministeriis suis culpabiles inveniantur, fiat de ipsis correctio in capitulo sicud fieret de monacho delinquente, quod si renuerint expellantur ab officiis usque ad congruam satisfactionem. Ad petitionem et instantiam conventus, propter ipsorum tranquillitatem et evidentem domini abbatis et conventus utilitatem, concessit dominus abbas ut brasium de cetero non molitum deportetur in granarium monachorum. Quod si deprehensi fuerint in compositione brasii, servientes monachorum necgligentes puniantur" iuxta voluntatem domini abbatis. Et ut hec nostra constitutio pia deliberatione ordinata futuris temporibus perpetuum robur optineat, eandem sigillo nostro una cum sigill(is) abbatis et conventus corroboramus.

a Ms repeats sancti   *b Followed in ms by* W. *marked for deletion*   *c Ms* servientum
d All paragraphs are indicated by paragraph symbols in ms   *e Ms* peccunia
f Interlined   *g Ms* ieuniet *followed by* sine *marked for deletion*   *h Interlined*
i Ms repeats eis   *j Followed in ms by* d' *marked for deletion*   *k Sic*   *l Conjecturally supplied*   *m Corrected in ms from* illud   *n-n Inserted in margin*   *o Sic*   *p Followed in ms by* in *marked for deletion*   *q Reading uncertain; ms* civial'   *r Ms* sulata
s Ms repeats totius   *t Corrected in ms from* rectorio   *u Ms* puniatur

The highly unusual form of this act is explained by the fact that it represents in effect an agreement between the abbot and the convent, drawn up before and ratified by the bp (see the description of it in the later settlement between the parties in 1234 x 41, *Two Abingdon Cartularies*, i, no. L 168). It confirmed and amplified an earlier, but incomplete, agreement made in the presence of Bp Herbert Poore (ibid., no. L 166). (For an unusually full list of the abbey's obedientiaries and servants in *c*. 1185, see *Abingdon Chronicle*, ii, 237–43, and for a 13th-century treatise on the offices of the abbot and obedientiaries, see ibid., App. iv, 335–417.) Probably on the same occasion Bp Richard arranged a settlement between the abbot and the convent on a number of other contentious matters, including the manor of Cuddesdon (Oxon), the resulting grant of which by the abbot to the monks was confirmed by Honorius III on 17 June 1220 (*Two Abingdon Cartularies*, i, no. L 33; ii, no. C 262).

[1] 'pondus diei et estus . . . portent': cf. Matt. 20: 12.
[2] 'videre quam suavis est dominus': Ps. 33: 9.

255. Abingdon abbey

Inspeximus and confirmation of Bishop Hubert's confirmation of Abingdon abbey's ecclesiastical pensions and tithes in Salisbury diocese [above, no.

157], and of Bishop Herbert's grant to the abbey's infirmary of one hundred shillings annually from Boxford church [no. 191], both of which charters the bishop has caused to be written in full in his register; and further grant to the infirmary of the tithes of John son of Robert's land in Kennington.

Abingdon, 26 Oct. 1220

B = Chatsworth House Lib., ms 71E (Abingdon register), fo. 14r-v. s. xiv med. C = Ibid., fos. 14v-15r (in inspeximus by Bp Robert Bingham, 1230). s. xiv med. D = BL, Cotton ms Claudius C ix (Abingdon chronicle), fo. 184r-v (in inspeximus of Bp Robert by the D. & C. of Salisbury, 1232). s. xiii med. E = Chatsworth House Lib., ms 71E, fos. 15v-16v (in same inspeximus by the D. & C. of Salisbury). s. xiv med.

Pd (excl. inspected charters) from B, *Two Abingdon Cartularies*, ii, 32–3, no. C12.

Omnibus sancte matris ecclesie filiis ad quos presens carta pervenerit Ricardus dei permissione Sar' ecclesie minister humilis salutem in domino. Scire volumus universos quod cartas felicis recordationis Huberti necnon et Herberti[a] predecessorum nostrorum oculis inspeximus et manibus contractavimus[b] et eas in registro nostro verbo ad verbum scribi[c] fecimus, quarum tenor talis est. [*There follow the texts of Hubert's confirmation and Herbert's grant, nos. 157 and 191, the second following the first without a break.*] Has autem supradictas concessiones ratas et gratas habentes, eas episcopali auctoritate[d] confirmamus. Et ad maiorem securitatem presenti scripto sigillum nostrum apponi fecimus. Preterea ex dono nostro concedimus eisdem decimas de terra Iohannis filii Roberti in Kenigton'[e] ad opus fratrum infirmorum, salvis tamen[f] in omnibus iure, auctoritate et dignitate ecclesie nostre et nostra et successorum nostrorum. Dat' apud Abendon'[g] per manum Iohannis capellani septimo kal' Novembris pontificatus nostri anno quarto. Hiis testibus: magistro Luca, magistro Henrico de Bisschopeston',[h] canonicis Sar', Roberto decano Abendon', magistro Roberto officiali Berk', magistro Iacobo persona de Wytham, magistro Roberto persona de Chyvel(e), Valentino diacono nostro, Galfrido[i] et Willelmo de Leycestr', clericis nostris, Andrea camerario nostro,[j] et multis aliis.

[a] Hereberti D   [b] contractamus C; contrectavimus D   [c] scripbi D   [d] autoritate D
[e] Kenyngton' C; Kenninton' D   [f] *Interlined in B*   [g] Abbendon' D   [h] Bissepeston' D
[i] Gausfrido D   [j] *Om. in D,E*

For a discussion of the reference to the bp's 'register', which appears to imply the existence of an episcopal register of some kind (and not simply a *matricula*) at Salisbury at this very early date, see Kemp, 'Informing the archdeacon', 146, n. 64.

* 256.   Thomas de Albo Monasterio

Testimony that the first-born brother of Thomas de Albo Monasterio became a monk at Bindon abbey on the feast of All Saints [? 1219].

[1220, before 21 June]

> Mentioned only, as having been produced in a case in the king's court between Thomas de Albo Monasterio and William de Thorn' over two hides of land in 'Esse' (? Ashbrittle, Somerset), transferred from the Somerset county court in Easter term, 1220: PRO, KB26/72, m. 29; pd, *CRR*, viii, 388–90, at 390).

. . . Ad diem illum [*sc.* in one month from Trinity] tulit Thomas literas domini episcopi Sarr' patentes et literas abbatis de Binedon' testantes quod frater ipsius Thome comam deposuit die Omnium Sanctorum et habitum religionis suscepit, et quod usque in hunc diem bene custodivit ordinem suum. . . .

> The bp's letters and those of the abbot of Bindon were produced in support of Thomas's case, but how much of the stated evidence was contained in the bp's testimony is unclear.

* 257.   Alfred, clerk

Confirmation, sealed with the Salisbury chapter's seal, of master E(lias) of Dereham's grant at farm for life to Alfred, clerk, of the demesne tithes of Thomas Rufus and the corn tithes of his men of Imber, belonging to the prebend of Lavington, for two marks of silver [annually].

[23 Aug. 1220 × *c.* 1226]

> Abstracted in Trowbridge, Wiltshire R.O., D1/1/1 (Register of St Osmund), fo. 65v (p.130). s. xiii in; pd, *Reg. S. Osm.*, ii, 30.

Alvredus clericus habet cartam domini R. Sar' episcopi, cui appensum est sigillum capituli Sar', de confirmatione decimarum de dominico Thome Rufi et decimarum bladi hominum suorum de Himmemere, ad prebendam de Lavinton' spectantium, quas magister E. de Deram concessit eidem Alfredo ad firmam toto tempore vite eiusdem pro duabus marcis argenti.

> After the death of Elias of Dereham's predecessor in the prebend of Lavington (or Potterne), Adam, dean of Salisbury (*Fasti Salisbury*, 89), and before the probable date of the abstract in the Register of St Osmund (ibid.).

258.   Altopascio hospital, near Lucca

Order by papal mandate to the archdeacons of Dorset, Berkshire, Salisbury and Wiltshire to require their subject clergy to receive the brethren of the hospital of St James of Altopascio or their envoys, preach on their behalf in their churches if desired, and deliver the alms they may receive to their envoy, if present, or otherwise to the [rural] dean for payment to them; and to inform

their flock of the papal indulgence releasing those making gifts to the brethren
from one seventh of the penance enjoined upon them, and also of the twenty
days' indulgence for the bridge of Fucecchio.   [1219, before ? 24 Dec.]

B = Trowbridge, Wiltshire R.O., D1/1/1 (Register of St Osmund), fo. 59r (p. 117). s. xiii in.
Pd, *Reg. S. Osm.*, i, 387–8.

R. miseratione divina Sar' ecclesie minister humilis dilectis in Cristo filiis
Dorset', Berkes', Sar' et Wiltesir' archidiaconis salutem, gratiam et dei benedictionem. Iuxta quod a domino papa suscepimus in mandatis vobis mandamus,
iniungentes quatinus, cum littere iste presentes ad vos pervenerint, negotia
dilectorum nobis in Cristo fratrum hospitalis Sancti Iacobi de Alto Passu clero
vobis subdito nuntietis, mandantes ut, cum ipsi vel eorum nuntii ad eos acces-
serint ad commissa sibi negotia exequenda, illos benigne admittant et, si ab
eisdem fuerint requisiti, fideles pro eis in ecclesiis suis predicatores existant,
elemosinas quas receperint eorum nuntio si affuerit, alioquin decano loci, tut-
ius*a* committendo, qui eas fratribus supradictis vel eorum nuntiis ad plenum
restituat. Relaxationes autem, quas in domini pape rescriptis perspeximus con-
tineri, plebi sibi subdite curent fideliter nuntiare, videlicet quod quicumque de
bonis sibi a domino collatis dictis fratribus aliquid devote contulerint septi-
mam partem noverint de iniuncta sibi penitentia relaxatam; insuper et xx. dies
de imposita sibi penitentia pro ponte Fiscecli relaxatos cognoscant.

a Possibly altered in ms from totius

The ms states that these letters, with the papal letters, were brought to the dean and chapter
of Salisbury by the brethren of the hospital in the year '1219' on the vigil of a feast which
is now uncertain, since the ms is torn at this point, although *Reg. S. Osm.* reads: in *vigilia*
domini; if the editor was able to see the word *domini* in the 1880s, it is possible that the date
was *in vigilia Natalis domini*. On the hospital of Altopascio, see P. F. Kehr, *Italia Pontificia*,
iii, Berlin 1908, 470–2. The papal indulgence is unknown, but is presumably that of Honorius
[III] listed by Clement V in 1314 (*Regestum Clementis Papae V*, annus nonus, 96, no. 10300;
see also nos. 10293–9, 10301, 10311–2, 10316, all issued on the same day). In 1265 and
1266 the hospital, called a direct dependency of the Holy See, obtained from Clement IV two
bulls concerning indulgences granted by him and his predecessors and referring to a great
bridge over the Arno; quoted in letters of Archbp Winchelsey in 1303 requiring bps and
others to assist the hospital's proctors in this regard (*Reg. Winchelsey*, ii, 783–7; cf. the bp
of Salisbury's mandates of 1302 and 1303 concerning the same: *Reg. Gandavo*, i, 97, 133–
4). The bridge over the Arno was the bridge at Fucecchio, where there was a hospital (near
the monastery of S. Salvatore), apparently dependent on Altopascio, which received indulgences from Alexander III and other popes *ad refectionem pontis super fluvium Arni in loco*
quod dicitur Ficecelum (Kehr, *Italia Pontificia*, iii, 481; *Regestum Clementis Papae V*, annus
nonus, 96; the latter refers to the frequent sweeping away of the bridge through flooding). I
am grateful to Dr Debra Birch for help in identifying the bridge and hospital at Fucecchio.
The present act is a valuable early indication of how papal indulgences for foreign houses
might be promoted and advertised in England.

259. Andwell priory

Admission and institution, at the presentation of the abbot and convent of Tiron, of Geoffrey, clerk, as parson of Bradford Peverell church, receiving two shillings annually from Mr Walter of Wells, vicar of the church.

New Salisbury, 1 March 1224

A = Winchester College Muniments, no. 4279. Endorsed: none. Size 149 x 65 + 11 mm. Seal and tag missing (method 1).

B = Ibid., Register H (Winchester College cartulary), fo. 194r. s. xv. C = Ibid., Register X (Winchester College cartulary, composed of loose quires and sheets), fo. 309r-v. s. xv.

Pd (calendar) from A, *Winchester College Muniments*, ii, 209.

Omnibus sancte matris ecclesie filiis ad quos presens scriptum pervenerit Ric(ardus) divina permissione Sar' ecclesie minister humilis salutem in domino. Noverit universitas vestra nos divine pietatis intuitu, ad presentationem dilectorum filiorum abbatis et conventus de Tyrun*ᵃ* admisisse dilectum filium Galfr(idum) clericum ad personatum*ᵇ* ecclesie de Bradeford Peverel, ipsumque in eadem instituisse personam, statuentes ut duos solidos annuos per manum magistri Walteri de Welles, eiusdem ecclesie vicarii, percipiat in perpetuum, salvis in omnibus iure, auctoritate et dignitate Sar' ecclesie et nostra et successorum nostrorum. Quod ut perpetue firmitatis robur optineat,*ᶜ* presens scriptum sigilli nostri munimine roboravimus in testimonium. Dat' apud Novas Sar' per manum Valentini clerici nostri kl' Marcii pontificatus nostri anno septimo. Hiis testibus: domino Ricardo de Mapudr', Galfr(ido) et Willelmo capellanis, Gileberto de Hospitali, Andrea camerar(io), magistro Rogero, et multis aliis.

ᵃ Tiron' *B,C*   *ᵇ* personam *B,C*   *ᶜ* obtineat *B*

The dating depends upon the assumption that the bp's pontifical years did not begin until after 28 June (see *Fasti Salisbury*, 4, n. 2; cf. above, p. lvii n. 141). For acts by Bp Jocelin concerning Tiron's priory at Andwell, see above, nos. 45–8.

260. Alexander de Baldemashale

Grant to Alexander de Baldemashale, the bishop's usher, and his heirs, with the assent of Dean W(illiam) and the chapter of Salisbury, of the half-virgate of land in the bishop's manor of Ramsbury which Hawise de la Grene held and which has escheated to the bishop by default of heirs, to be held for the term of 100 years for eighteen pence annually.

Ramsbury, 7 June 1227

B = Trowbridge, Wiltshire R.O., D1/1/5 (Liber Niger Episcopi), fo. 84r (79r). s. xvi in.

Omnibus sancte matris ecclesie filiis ad quos presens scriptum pervenerit Ricardus divina permissione Sar' ecclesie minister humilis salutem eternam in domino. Scire volumus universos nos, de unanimi assensu et voluntate dilectorum in Cristo filiorum W. decani et capituli Sar', dedisse et presenti carta confirmasse Alexandro^a de Baldemeshale ostiario nostro et heredibus suis pro servitio suo dimidiam virgatam terre in manerio nostro de Remmesbury^b quam Hawys de la Grene tenuit cum omnibus ad eam pertinentibus, que dimidia virgata terre fuit escaeta nostra per defectum heredum; habendam et tenendam dicto Alexandro et heredibus suis de nobis et successoribus nostris quiete, plene et integre ad terminum C. annorum, reddendo inde nobis et successoribus nostris singulis annis durante termino predicto decem et octo denarios pro omni servitio et exactione ad quatuor anni terminos, scilicet ad Natale domini iiii. denarios et obolum, ad Pascha iiii. denarios et obolum, ad festum Nativitatis sancti Johannis Baptiste iiii. denarios et obolum, et ad festum sancti Michaelis iiii. denarios et obolum; ita quod post^c predictum terminum C. annorum dicta dimidia virgata terre cum omnibus ad eam pertinentibus ad nos et successores nostros revertatur. Ut autem hec nostra donatio firma permaneat et stabilis, presentem cartam sigilli nostri munimine roboravimus in testimonium. Dat' apud Remmesbury per manum Valentini clerici nostri vii. idus Iunii pontificatus nostri anno decimo, et c'.

^{a} Ms Allexandro *(and later)* ^{b} *Sic in ms* ^{c} *Interlined*

For Alexander the usher and Alexander de Baldam(ashale), see below, nos. 271, 299.

* 261.   Baldwin, son of Walter 'dispensator' the younger

Gift by the bishop and the chapter of Salisbury to Baldwin, son of Walter dispensator *the younger, and his heirs of all the bishop's land in Over Lillington, for an annual rent to the bishop and his successors of twenty shillings plus the [doing of] royal service; and confirmation to Baldwin and his heirs of one virgate of land in* Wichonk'*, for the doing of royal service.*

[*c.* 10 Apr. 1228]

Mentioned only, in Baldwin's quitclaim to the bp and his successors of all his right in the land of [North] Wootton, in return for which he has received this grant and confirmation: (B) Salisbury, D. & C. Muniments, Liber Evidentiarum C, p. 221, no. 306. s. xiii ex; (C) Trowbridge, Wiltshire R.O., D1/1/2 (Liber Evidentiarum B), fo. 77r-v, no. 305. s. xiv in; (D) Ibid., D1/1/3 (Registrum Rubrum), fo. 67r, no. 305. s. xiv; (E) Ibid., D1/1/5 (Liber Niger Episcopi), fo. 60v (55v). s. xv med; pd from B, C, D, *Salisbury Charters*, 194–5, no. 169.

. . . Et pro hac remissione^a et quieta clamantia idem Ricardus episcopus dedit m(ich)i et heredibus meis^b totam terram quam habuit in Huplington'^{c} cum pertinentiis suis, reddendo eidem^d episcopo et successoribus suis annuatim xx. solidos et regale servitium, et preterea, pro una virgata terre apud Wichonk',^{e} quam idem episcopus pro se et successoribus suis m(ich)i et heredibus meis confirmavit, faciendo inde^f regale servitium, sicut in carta quam inde habeo a predicto episcopo et capitulo Sar' plenius continetur. . . .

^{a} concessione *C,D* ^{b} *Om. in B* ^{c} Hupli'lington' *C*; Huplibyngton' *E* ^{d} idem *B*
^{e} Wichombe *D*; Wicholr *(?) E* ^{f} *Om. in B*

The exchange recorded here fulfilled the terms of the final concord between the parties in the king's court at Westminster in the quindene of Easter, 12 Henry III (*Salisbury Charters*, no.168, where the place is spelt *Heurelingt'*). For Over Lillington, in Lillington, see *Dorset Place-Names*, iii, 343. For charters to the elder Walter *dispensator* by Bps Jocelin and Hubert, see above, nos. 149, 188. Baldwin was the grandson of Walter (see *CRR*, xii, no. 2182) and son of a (presumably) predeceased Walter, rightly therefore describing himself in his own charter as 'filius Walteri dispensatoris minoris' *or* 'iunioris' (Salisbury, Lib. Evid. C, no. 306; Trowbridge, Lib. Evid. B, no. 305; pd., *Salisbury Charters*, no.169). For a related quitclaim and exchange by his uncle, Philip, see below, no. 342.

262.   Battle abbey

Inspeximus and confirmation of a charter by Abbot Richard and the convent of Battle, granting and demising to Moses, rector of Bromham church, and his successors all the tithes belonging to the sacristy of Battle abbey in Bromham [specified] for fifty shillings annually payable to the sacrist of the abbey.

London, 29 Apr. 1221

B = San Marino, Huntington Library, Battle Abbey Papers, vol. 30 (Battle cartulary), fos. 105v-106r. s. xv in. C = ibid., fo. 96r-v. s. xv in.

Omnibus Cristi fidelibus ad quos presens scriptum pervenerit Ricardus permissione divina Sar' ecclesie minister humilis salutem in domino. Cartam dilectorum filiorum abbatis et conventus de Bello inspeximus in hac forma. Universis Cristi fidelibus ad quos presens scriptum pervenerit Ricardus dei gratia abbas de Bello et eiusdem loci conventus eternam in domino salutem. Noverit universitas vestra nos concessisse et dimisisse dilecto clerico nostro Moysi rectori ecclesie de Bromham et eius successoribus omnes decimas pertinentes ad sacristariam ecclesie nostre de Bello in parochia de Bromham, scilicet omnes decimas provenientes de terris Roberti de la Roche et Osmundi heredis et Rogeri Blundi, hominum nostrorum de Bromham, pro quinquaginta solidis annuatim solvendis, quos idem M. et successores sui rectores ecclesie de Bromham sacriste nostro qui pro tempore fuerit prestito corporaliter sacramento sine fraude et dolo persolvent apud Bellum in duobus anni terminis, scilicet in Nativitate sancti Johannis Baptiste xxv. solidos et in media Quadragesima xxv. solidos. Et sciendum quod, si Moyses predictus vel successores sui rectores ecclesie [de]^a Bromham a^b solutione prefata terminis statutis cessaverint, expensas ob defectum solutionis illius factas et secundum formam iuris a nobis taxandas^c nobis resarcire teneantur,^{d} et licebit sacriste nostro qui pro tempore fuerit sine contradictione qualibet ad talem decimarum predictarum possessionem reverti, quam ante tempus compositionis huius habebat. Quod ut ratum et inconcussum permaneat, presenti scripto et sigillorum nostrorum appositione roboravimus. His testibus: magistris Th(oma) de Frakeh' et magistro Luca canonico Sar', Aaron persona ecclesie de Wimendon', Gervasio capellano de Malling', magistro Ricardo rectore ecclesie sancte Marie de Bello, Stephano ^{e}rectore ecclesie^e de Brictwalton', Adam de Bromlegh', et multis aliis. Nos igitur, dictam compositionem ratam et gratam habentes, eam presenti scripto et sigilli nostri appositione duximus roborandam, salvis in omnibus iure, auctoritate et dignitate ecclesie Sar' [fo. 106r] et nostra et successorum nostrorum. Dat' per manum I. capellani nostri apud London' tertio kalend' Maii pontificatus nostri anno quarto. His testibus: magistris Th(oma) de Fracham officiali Cant(uariensi), W. de Mereton'^{f} officiali Sar', ^{g}Luca canonico Sar',^{g} Valentino canonico Sar', R. Dissche,^{h} Willelmo et Galfrido capellanis, Gilleberto de Stapelebrigg', Roberto filio Galfridi, et multis aliis.

^{a} *Supplied; om. in both copies* ^{b} de *C* ^{c} exhibendas *C* ^{d} tenentur *C* $^{e-e}$ ecclesie rectore *C* ^{f} Merton' *C* $^{g-g}$ *Om. in C* ^{h} Dyth' *C*

263. Bec abbey

Inspeximus [? and confirmation] of Bishop Jocelin's confirmation of Bec abbey's possessions in Salisbury diocese [above, no. 49].

[June 1217 × 21 July 1228]

B = Windsor, St George's Chapel, Archives, IV. B. 1 (Arundel White Book), fo. 106r. s. xv med.

Universis sancte matris ecclesie filiis ad quos presens scriptum pervenerit Ricardus permissione divina Sar' ecclesie minister humilis eternam in domino salutem. Noverit universitas vestra nos inspexisse cartam pie memorie predecessoris nostri Iocelini quondam Sar' episcopi in hec verba. [*There follows the text of Jocelin's confirmation, above, no. 49 with no additional confirming or sealing clauses, date or witnesses.*]

Date as for no. 253. The copyist has clearly omitted the remainder of Richard's inspeximus, which no doubt included a confirmation of the inspected text.

264. Bec abbey

Settlement in quadruplicate, by arbitration at the will of the parties, of the dispute between the abbot and convent of Bec and Geoffrey, archdeacon of Berkshire, over archidiaconal rights in the abbey's [prebendal] churches of Wantage, Hungerford and Shalbourne, formerly committed to papal judges-delegate, and of all disputes between the abbey and the archdeacon of Berkshire or the [rural] dean of Newbury; namely, that the churches and their rectors are exempted from archidiaconal jurisdiction, save for the payment of Peter's Pence, and that in consequence the annual pension due from the archdeacon to the bishop is reduced from twenty to fifteen marks; the deficit, reduced by further remissions to forty-four shillings and fourpence, is to be made up by the abbot and convent, who will assign a specific rent to the bishop in this amount. The bishop further ordains, with the consent of the archdeacon of Wiltshire, that the churches of the two Ogbournes, which are also annexed to the abbey's prebend, shall enjoy the same liberty as the aforesaid churches, the archdeacon's annual pension to the bishop being reduced by one mark, which amount the abbot and convent will assign in specific rent to the bishop. The bishop reserves his own jurisdiction in all the said churches and their parishioners, except as regards the abbey's proctor and his colleague, who shall be under the jurisdiction of the dean of Salisbury.

[June 1217 × 15 Apr. 1224]

B = Windsor, St George's Chapel, Archives, IV. B. 1 (Arundel White Book), fo. 105r-v. s. xv med.

Omnibus Cristi fidelibus ad quos presens scriptum pervenerit Ricardus divina permissione Sar' ecclesie minister humilis eternam in domino salutem. Noverit universitas vestra quod, cum auctoritate literarum domini pape controversia verteretur inter abbatem et conventum de Becco ex una parte et Galfr(idu)m archidiaconum Berk' ex altera super visitationibus,[a] procurationibus et cognitionibus[b] causarum que idem archidiaconus petebat a predictis abbate et conventu in ecclesiis de Wantyng', Hungerford' et Saudiborne, necnon super omnibus querelis et controversiis mutuisve petitionibus inter predictos abbatem et conventum et archidiaconum Berk' vel decanum Niewbir' coram priore de Merton' et coniudicibus suis vel aliis quibuscumque iudicibus motis vel in iudicium hactenus deductis, tandem de communi assensu iudicum et partium compromissione in nos facta et sub pena centum marcarum hinc inde vallata lis mota imperpetuum sub hac forma finem accepit. Videlicet quod nos, cuius iurisdictioni et ordinationi partes se submiserunt, habito consilio cum viris prudentibus, discretis et in iure peritis et deum timentibus, in primis absolvimus predictas ecclesias et ipsarum rectores imperpetuum ab omni prorsus iurisdictione predicti archidiaconi et omnium successorum eius, decernentes quod nichil omnino a predictis abbate et conventu vel eorum ecclesiis prefatis exigere possint per se vel per suos preter denar' sancti Petri, sicut fit in aliis prebendis. Et ne dictus archidiaconus et successores sui hac de causa gravamen incurrant vel iacturam, ipsos a solita pensione qua nobis et successoribus [fo. 105v] nostris annuatim tenebantur duximus relevandos de quinque marcis, ut qui antea xx. marcas annuas nobis solvere consueverant decetero xv. marcas annuatim nobis et successoribus nostris solvant ad terminos antiquitus statutos. Et ne per hoc quod causa reformande pacis inter partes predictas providimus nobis et successoribus nostris proveniat detrimentum vel antiquorum reddituum fiat diminutio, statuimus ut dicti abbas et conventus v. marcas annuas nobis et successoribus nostris persolvant. Verumptamen pro sinodalibus que nobis et successoribus nostris futuris temporibus et a dictarum ecclesiarum vicariis sunt solvenda ix. s' de predictis quinque marcis relaxamus. Pro causarum etiam cognitione, quam nobis et successoribus nostris reservamus, unam marcam similiter de predictis quinque marcis dictis abbati et conventui duximus remittendam. Ita quod solummodo ad solutionem trium marcarum quatuor solidorum quatuor denariorum[c] loco certo et ydoneo nobis et successoribus nostris a predictis abbate et conventu in recompensatione dictarum trium marcarum iiii. s' iiii d' assignetur. Ita quod, postquam ipsius redditus plenam et pacificam nacti fuerimus possessionem, dicti abbas et conventus a solutione dictarum trium marcarum iiii. s' iiii d' impune cessabunt et a prestatione ipsius pecunie omnino erunt immunes imperpetuum. Et quia ecclesie de utraque Okeborne prebende dictorum abbatis et conventus sunt annexe, de voluntate archidiaconi Wiltes' in cuius archidiaconatu sunt site, volumus et sic ordinamus ut in omnibus et per omnia eadem gaudeant libertate qua et predicte ecclesie de Wantyngg, Hungerford' et Saudiborne ut predictum est gaudere noscuntur. Sinodalium tamen et denar' sancti Petri a vicariis dictarum ecclesiarum sibi et successoribus suis reservamus exactionem. Ipsi etiam archidiacono[d] et successoribus suis[e] unam marcam a pensione qua nobis et successoribus nostris annuatim tenebantur remittimus. Pro qua remissione redditum certum unius marce nobis et successoribus nostris loco certo et ydoneo dicti abbas et conventus asignabunt, reservata nichilominus nobis et successoribus nostris in omnibus prenominatis ecclesiis et earum parrochianis causarum cognitione et delictorum cohercione in omni iurisdictione extra personam[f] procur(atoris) dictorum abbatis et conventus quem[g] pro tempore ad custodiam dictarum ecclesiarum deputaverint, que scilicet persona et ipsius collega decani Sar' iurisdictioni immediate subiacebant. Expensas hinc inde factas statuimus remittendas. Ut autem hec ordinatio firmam et inconcussam imperpetuum

optineat stabilitatem, quatuor sub eisdem verbis et tenore confecta sunt instrumenta quibus sigillum nostrum una cum sigillo capituli nostri fecimus apponi,
quorum unum remanebit penes nos et successores nostros, alterum penes predictos abbatem et conventum, et [? tertium et]^h quartum penes predictos archidiaconos Berk' et Wiltes' et suos successores.

^{a} *Followed in ms by* et *marked for deletion* ^{b} *Ms* communitacionibus
^{c} *Ms* denarios ^{d} *Ms* arch'i ^{e} *Ms* sui ^{f} *Ms* persona ^{g} *Ms* que
^{h} *Supplied conjecturally*

After the beginning of the bp's Salisbury pontificate (above, no. 253 n.) and before the date
by which William of Merton, Geoffrey's successor as archdn of Berkshire, was in office
(*Fasti Salisbury*, 30, reading 15 Apr. 1224; see below, no. 303). The present settlement did
not endure in full, since Bec appealed against certain aspects of it to Pope Gregory IX , who
in 1235 committed the case to the prior of Dunstable and other delegates; a new arrangement
was eventually agreed between the archdn of Berkshire and the abbey in 1241, by which in
compensation for the lost jurisdiction the archdn acquired the advowson of Henry Basset's
church of North Moreton (Windsor, St George's Chapel, Muniments, XI. G. 21; Salisbury,
D. & C. Muniments, Press IV, E5: Archdeacon of Berks/1; *Basset Charters*, no. 153).

265.   Bec abbey

Inspeximus by Stephen [Langton], archbishop of Canterbury, and bishops
R(ichard) of Salisbury and B(enedict) of Rochester of a privilege of Pope
Honorius [III] to the abbot and convent of Bec, dated 24 Dec.1220, allowing
them to receive tithes of lands henceforth brought into cultivation in the par-
ishes in which they have all or part of the old tithes, and to the same extent
as the old tithes.   [end Jan. 1221 × 18 Dec. 1226]

B = BL, Cotton ms App. xxi (Stoke by Clare cartulary), fos. 62v-63r (61v-62r). s. xiii ex.
Pd, *Acta Stephani Langton*, 115, no. 97; *Stoke by Clare Cartulary*, i, 105, no.131.

Stephanus dei gratia Cant(uariensis) archiepiscopus totius Anglie primas et
sancte Romane ecclesie cardinalis, R. et B. divina miseratione Sar' et Rof-
fensis ecclesiarum ministri humiles omnibus Cristi fidelibus ad quos presens
scriptum pervenerit eternam salutem in domino. Noverit universitas vestra nos
inspexisse privilegium a sede Romana impetratum in hec verba. Honorius
episcopus servus servorum dei dilectis filiis abbati et conventui Beccen(sibus)
salutem et apostolicam benedictionem. Nec novum est nec insolitum aut indi-
gnum Romanam ecclesiam hiis exhibere gratiam specialem quos conspicit
religione florere. Cum igitur monasterium vestrum per dei gratiam sic pollere
religione noscatur ut merito debeat penes apostolicam sedem gratiam invenire,
vobis auctoritate presentium indulgemus ut, in parochiis in quibus habetis
veteres decimas totaliter seu partialiter ab antiquo, tantam partem percipiatis
de decimis quoque terrarum quas de cetero deduci contigerit^a ad [fo. 63r]

culturam quantam*b* in veteribus decimis*c* noscimini optinere. Nulli ergo hominum liceat hanc paginam nostre concessionis infringere vel ei ausu temerario
contraire. Si quis autem hoc attemptare presumpserit, indignationem omnipo-
tentis dei et beatorum Petri et Pauli apostolorum eius se noverit incursurum.
Dat' Lateran' ix. kl'*d* Ianuarii pontificatus nostri anno quinto. Nos vero ad
instantiam et petitionem predictorum abbatis et conventus in huius rei testimonium presenti scripto sigilla nostra duximus apponenda. Bene valeat universitas vestra in domino.

a Corrected in ms from contingerit   *b Corrected in ms from* quamtam
c Ms deciminis   *d Ms* k'

Certainly after the date of the papal bull and not earlier than the end of Jan. 1221, to allow
time for the inspeximus to be made, and before the death of Bp Benedict of Rochester (*Fasti
Monastic Cathedrals*, 77).

266. Ralph Belet

*Grant in triplicate to Ralph Belet, knight, with the assent of N., parson of
Frome [?Whitfield] church, within whose parish Ralph's chapel at [West]
Woodsford is situated, that he may have at his own expense a chaplain to
serve in his chapel, who shall receive no more from divine service than one
penny at mass, all remaining emoluments going to the rector of Frome. The
chaplain will be presented by Ralph or his successors to the rector of Frome,
and by him to the archdeacon in the [rural] chapter of Dorchester. Ralph has
recognized before the bishop that the mother church of Frome is in no way
obliged to provide divine service in the chapel at Woodsford, and that all
demesne tithes of Woodsford and all obventions and oblations belong by parochial right to Frome church. He has also granted to Frome church twelve
virgates of land and all his hay tithes.*

Dorchester, 25 March 1221 × 24 March 1222

B = Salisbury, D. & C. Muniments, Liber Evidentiarum C, pp. 241–2, no. 340. s. xiii ex. C =
      Trowbridge, Wiltshire R.O., D1/1/2 (Liber Evidentiarum B), fo. 86r, no. 338. s. xiv in.
      D = Ibid., D1/1/3 (Registrum Rubrum), fo. 76v, no. 338. s. xiv.
Pd from B, C, D, *Salisbury Charters*, 115–6, no. 133.

Universis Cristi fidelibus R. divina permissione Sar' ecclesie*a* minister humilis
salutem eternam in domino. Noverit universitas vestra quod,*b* constitutus in
presentia nostra, Rad(ulfus) Belet miles nobis cum devotione magna instanter
supplicavit quod liceret ei et heredibus suis capellanum habere ad mensam
suam et*c* ad sumptus suos, qui futuris et perpetuis temporibus in capella sua
de Wardeford'*d* divina celebraret, recognoscens coram nobis ecclesiam de

From',^{c} infra cuius limites sita est capella memorata, in nullo esse obligatam ad aliquod servitium in predicta capella faciendum, neque ipsum nec heredes suos debere vel posse petere aliquo iure a personis de From' qui pro tempore fuerint quod predicte capelle per matricem ecclesiam deserviatur. Idem etiam recognovit pro se et heredibus suis omnes decimas que per^f annum renovantur de toto dominico de Wardeford', item omnes obventiones et oblationes,^{g} iure parochiali ad ecclesiam de From' pertinere. Concessit etiam idem R. intuitu dei per [gap]^h matris sue duodecim virgatas terre et omnes decimas feni sui^i imperpetuum ecclesie de From'. Nos ergo, attendentes affectionem et devotionem quam habet dictus miles ut divinus cultus amplietur, de unanimi^j assensu et voluntate eiusdem militis et N. persone de From' concessimus et statuimus quod memoratus miles capellanum habeat ad mensam suam et ad sumptus suos in predicta capella futuris et perpetuis temporibus divina celebraturum et nullum omnino emolumentorum de predictis vel aliis ad predictam ecclesiam pertinentibus percepturum, nisi unicum denarium misse ad manum suam venientem, toto residuo rectori ecclesie de From' qui pro tempore fuerit remanente. Dictus autem capellanus a predicto milite vel eius successoribus rectori ecclesie de From', et ab eo archidiacono in capitulo Dorcestr', presentabitur, ibidem ^{k}persone ecclesie^l de From' fidelitatem facturus, et quod in nullo iura dicte ecclesie, vel audiendo confessionem parochianorum^k ecclesie de From' vel divina eis celebrando vel in^m alio, sub^n religione iurisiurandi promissurus diminuet^o vel sibi usurpabit,^{p} solo denario misse contentus. Statuimus etiam quod, si dictus capellanus contra predictum fidelitatis sacramentum in aliquo venerit et super hoc iudicialiter in capitulo convictus fuerit vel diffamatus et purgare se non possit, ex tunc licebit dicte ecclesie rectori auctoritate episcopali interveniente capellanum illum sine contradictione omnino amovere,^{q} alio ydoneo secundum formam prescriptam ipsi substituendo. Et ut hec nostra ordinatio rata et firma perpetuis temporibus perseveret, eam sigilli nostri munimine duximus roborandam, tribus instrumentis sub tenore eodem et verbis omnino conceptis appensi,^{r} quorum unum penes ecclesiam de From', aliud penes dictum militem et eiusdem heredes, tertium in thesauraria [p. 242] ecclesie Sar', remanebit custodiendum. Dat' apud Dorcestr' anno ab incarnatione domini M. CC. xxi,^{s} et c'. T'.

---

^{a} episcopus C,D ^{b} Interlined in B ^{c} Om. in B ^{d} Wardeforde D ^{e} Frome D
^{f} Om. in B ^{g} obligationes B ^{h} Sic in all texts ^{i} Om. in B ^{j} hunanimi B
$^{k-k}$ Om. in D ^{l} Om. in C ^{m} Om. in B ^{n} Om. in B ^{o} diminuat B ^{p} usurpebit B
^{q} ammovere C,D ^{r} apensi B ^{s} D ends

The dating assumes that the year was held to begin on 25 March. The manor of West Woodsford, in Woodsford parish, had been held by the Belets since Henry II's time (Hutchins, *History of Dorset*, i, 447). Frome was probably Frome Whitfield, since in the early 13th century Robert Belet and his son, Ralph, witnessed a settlement over that church between W. de Whitfield and his wife and Dean Richard [Poore] of Salisbury, who had claimed it as appurtenant to his prebend of Charminster (*Reg. S. Osm.*, i, 254–6; *Fasti Salisbury*, 60; Hutchins, *History of Dorset*, ii, 417). The church had decayed before 1549, and the parish was annexed to Holy Trinity, Dorchester, in 1610 (Hutchins, ii, 392, 416–7).

267. Breamore priory

Ordinance in chirograph form concerning the church of Ebbesborne Wake, their right in which the prior and convent of Breamore have committed to the bishop's ordination, namely, that the prior and convent will receive as a benefice in perpetuity half the corn tithes of the parish, the other half and all other tithes being received by the church's parson to be appointed by the bishop of Salisbury as patron and bishop; and grant to the canons of a plot of ground from the land of the church in which to collect their tithes. The bishop further grants that, if the canons and the rector find it more convenient, a fixed portion of corn tithes in a specified place may be assigned to the canons instead of the half from the [whole] parish. All burdens are to be borne proportionally by the priory and the rector.   Salisbury, 15 Apr. 1224

B = Salisbury, D. & C. Muniments, Liber Evidentiarum C, p. 244, no. 344. s. xiii ex. C = Trowbridge, Wiltshire R.O., D1/1/2 (Liber Evidentiarum B), fo. 87r-v, no. 341. s. xiv in. D = Ibid., D1/1/3 (Registrum Rubrum), fo. 77r, no. 341. s. xiv.
Pd from B, C, D, *Salisbury Charters*, 164–5, no. 143.

Omnibus Cristi fidelibus ad quos presens scriptum pervenerit R. dei permissione Sar' ecclesie minister humilis salutem in domino eternam. Noverit universitas vestra quod, cum prior et conventus de Brommore*a* ordinationi et dispositioni nostre commississent quicquid iuris habuerunt in ecclesia de Enebeburn'*b* Wake, nos, cum tam per*c* instrumenta quam per eorum*d* possessionem de ipsorum iure nobis constaret, de predicta ecclesia ordinavimus in hunc modum. Videlicet quod dicti prior et conventus futuris et*e* perpetuis temporibus percipient nomine beneficii medietatem garbarum de decimis de predicta parochia provenientibus, aliam medietatem predictarum garbarum cum omnibus aliis decimis percipiente memorate ecclesie persona, qui pro tempore fuerit ab episcopo Sar' tamquam patrono illius ecclesie et episcopo in perpetuum promovendus.*f* Aream etiam in qua dicti canonici*g* possint bladum quod in prefata ecclesia percipient collocare eisdem concessimus de terra predicte ecclesie ipsis assignandam. Concedimus etiam, si in hoc commode*h* concordare possint dicti canonici et rector illius ecclesie, quod dictis canonicis assignetur*i* in loco certo certa et limitata*j* portio garbarum nomine medietatis garbarum parochie prefate percipienda, ut utriusque partis tranquillitati uberius possit provideri. Onera etiam moderna ordinaria[k] et extraordinaria inter se pro rata partiantur[l] dicti prior et conventus et rector memoratus. Et ut hec ordinatio nostra rata permaneat, ad maiorem securitatem huic scripto in modum cyrographi[m] confecto, cuius una pars penes ecclesiam Sar', altera pars penes monasterium de Brommor,[n] remanebit, appositum est signum[o] nostrum una cum sigillo capituli Sar' et sigillo predictorum prioris et conventus de Brommora.[n] Actum apud Sar' anno ab incarnatione domini M.CC.xxiiii., xvii.[p] kal' Maii. Hiis testibus: dominis W. decano, G. cantore,[q] R. cancellario, [r] E. thesaurario Sar'[r] et aliis.[s]

[a] Bremmore *C,D*   [b] Eleburn' *C,D*   [c] tam per; per tam *B,C,D*   [d] *Insert* instrumenta (sic) *B*   [e] *Om. in* B   [f] promovendis *C,D*   [g] *Followed by* episcopi *marked for deletion* B
[b] *Om. in* D   [i] assigne *C*   [j] firmata *B*   [k] *Om. in* B   [l] percipiantur *B*
[m] cyrograffi *D*   [n] Bremmor' *C*; Bremmore *D*   [o] sigillum *D*   [p] *Om. in* B
[q] cantatore *B*   [r-r] *Om. in* B   [s] et aliis *om. in C,D*

Compare below, no. 303, which also concerns Breamore priory and passed on the same day.

268. Bruton priory

Inspeximus and confirmation of the gift in perpetual alms by Abbess Mary and the convent of Shaftesbury to the canons of Bruton of three sesters of winnowed wheat annually, to be paid by Thomas Janitor, their farmer of [Abbas] Combe, and his heirs between St Andrew's day [30 Nov.] and Christmas out of the bushel of wheat which they owed the donors annually. Also confirmation to the canons of the contents of Bishop Herbert's charter [above, no. 194].   Amesbury, 18 Aug. 1219

B = BL, Egerton ms 3772 (Bruton cartulary), fo. 94r (90r). s. xiii ex.
Pd (calendar), *Bruton and Montacute Cartularies*, 61, no. 250.

Omnibus sancte matris ecclesie filiis ad quos presens scriptum pervenerit Ricardus divina permissione Sar' ecclesie minister humilis salutem in domino. Noveritis nos inspexisse et manibus nostris contrectasse cartam dilectarum nobis filiarum Marie abbatisse et conventus Sancti Edwardi in hec verba. Omnibus Cristi fidelibus [a][ad quos presens scriptum pervenerit Maria dei gratia abbatissa ecclesie Sancti Edwardi eiusdemque loci conventus salutem in domino. Noverit universitas vestra nos divine pietatis intuitu, interveniente etiam capellanorum nostrorum assensu, dedisse et concessisse in puram et perpetuam elemosinam ecclesie beate Marie de Briwton' et canonicis ibidem deo servientibus tria sextercia frumenti vanati que Thomas Janitor, firmarius noster de Comba, et heredes sui eisdem canonicis singulis annis in perpetuum solvent infra festum sancti Andree et Natale domini de uno modio frumenti quod nobis annuatim solvere tenebantur. Predictus vero Thomas et heredes sui vehiculo suo singulis annis predictum bladum predicto termino portare facient ad granarium predictorum canonicorum et tale bladum illis*b* liberabunt quale pacare nobis solent in granario nostro de Sancto Edwardo. Ut autem hec nostra donatio ac concessio perpetue firmitatis robur optineat nullaque pravorum machinatione valeat in posterum infirmari, eam presenti scripto sigillorum nostrorum appositione roborato communivimus. Hiis testibus: Iohanne de Essemere, magistro Gregorio, W. Lent', capellanis ecclesie nostre, Guidonec de Osteili, Henrico de Culmeton', Samsone, Galfr(ido), Roberto, clericis, Ingerando coco, R. camerario, R. de Teukebur', et c'.]*a* Quam cartam episcopali qua domino permittente fungimur auctoritate in perpetuam elemosinam eisdem canonicis confirmamus. Et preter hoc confirmamus eis et presenti scripto sigilli nostri appositione roborato communimus ea que in carta venerabilis predecessoris nostri Hereberti continentur. Hiis testibus: magistro W. precentore Sar', magistro W. de Meret(on') et magistro W. et Luca, canonicis Sar', Iohanne et Galfr(ido), capellanis, Valentino et Roberto et Gileberto, clericis, et multis aliis. Dat' apud Amrebur' per manum Iohannis capellani xv. kl' Septembris pontificatus nostri anno tertio.

a-a *Ms:* et c' sicut in precedenti carta dicte Marie abbatisse continetur. Et in fine. *The remainder of the charter is supplied from ibid., fos 93v–94r*   *b* *Altered in ms from* illos   *c* *Ms* Guuidone

Abbess Mary, whose charter is calendared, *Bruton and Montacute Cartularies*, 60–1, no. 248, had died by 5 Sept. 1216 (*Heads*, 219). Her charter was also inspected by Abbess Amicia, after 29 Sept. 1225 (witnessed by Humphrey, archdn of Dorset -*Fasti Salisbury*, 26), who altered the date for payment of the three sesters to between Ash Wednesday and Palm Sunday (BL, Egerton ms 3772, fos. 94r, 94r-v; *Bruton and Montacute Cartularies*, 61, no. 249). Abbas Combe (Somerset), held by the abbess of Shaftesbury in 1086, 1284 × 5, etc. (*Feudal Aids*, iv, 289), was adjacent to Templecombe, held by the Templars (ibid.). By some time after 1 Sept. 1218 Shaftesbury abbey was withholding the payment, leading Bruton to complain to Pandulf, elect of Norwich and papal legate, who delegated the case to the abbot and prior of Sherborne, before whom Shaftesbury acknowledged its obligation (*Bruton and Montacute Cartularies*, 61, no.252; BL, Harley ms 61, fo. 106r-v). The reason for the bp of Salisbury's confirmation, which may have followed that settlement, was perhaps that the gift diminished the income of the chaplains of Shaftesbury abbey, whose assent is specially mentioned in Abbess Mary's charter.

269. Richard Bullok

Confirmation to Richard Bullok and his heirs, with the assent of Dean W(illiam) and the chapter of Salisbury, of the ancient tenement which he and his ancestors held of the bishop and his predecessors at Arborfield, namely, three hides of land, for sixty shillings annually, saving the royal service per-

*taining to one and a half hides of land; and confirmation of seventeen acres
of new purpresture in Bear [Wood] for five shillings and eightpence annually.
Also grant to Richard and his heirs and men of quittance from all park-works
in the park of Sonning, from the customary service of reaping in autumn, and
from suit of scot-ales belonging to the bishop and his successors, for which
works Richard and his heirs will pay two shillings annually. Also grant to
Richard and his heirs of quittance of pannage in Bear Wood for their own
reared pigs, and grant that their men shall not pay pannage unless Bear
Wood is agisted, except that three tenants [named] of Richard and his heirs
at Arborfield shall pay pannage like the bishop's tenants in the manor of
Sonning. For this grant and quitclaim Richard has given the bishop forty
shillings.*   Sonning, 31 March 1228

B = Trowbridge, Wiltshire R.O., D1/1/5 (Liber Niger Episcopi), fo.73r (68r). s. xv ex.

Omnibus Cristi fidelibus ad quos presens carta pervenerit Ricardus divina
permissione Sar' ecclesie minister humilis salutem in domino. Noverit universitas vestra nos, de assensu W. decani et capituli nostri, hac carta nostra confirmasse Ricardo Bullok et heredibus suis antiquum tenementum quod ipse et
antecessores sui de nobis et predecessoribus nostris tenuerunt apud Hereburghefeld', scilicet tres hidas terre cum omnibus pertinentiis suis, reddendo
inde nobis et successoribus nostris ipse et heredes sui annuatim sexaginta
solidos ad duos anni terminos, videlicet in Annuntiatione domini triginta
solidos et in festo sancti Michaelis triginta solidos, pro omni servitio et exactione, salvo nobis et successoribus nostris regali servitio quantum pertinet
ad unam hidam terre et dimidiam. Preterea confirmavimus eidem Ricardo et
heredibus suis decem et septem acras nove purpresture in la Bere, reddendo
inde nobis et successoribus nostris ipse et heredes sui annuatim quinque
solidos et octo denarios in predictis terminis, scilicet in Annuntiatione domini
duos solidos et decem denarios et in festo sancti Michaelis duos solidos et
decem denarios, pro omni servitio et exactione. Concessimus etiam sepedicto
Ricardo et heredibus suis et omnibus hominibus suis quod sint quieti de omnibus operibus de parco parci de Sonnyng et de consuetudine metendi in aut-
umpno et de sect(a) scotallarum ad nos et successores nostros pertinentium;
et pro istis operibus predictis idem Ricardus et heredes sui solvent nobis et
successoribus nostris annuatim duos solidos in predictis duobus terminis, scilicet in Annuntiatione domini duodecim denarios et in festo sancti Michaelis
duodecim denarios. Concessimus etiam prefato Ricardo et heredibus suis et
confirmavimus pro nobis et successoribus nostris quod habeant omnes porcos
suos de nutrimento suo quietos de pannagio quamdiu pessona duraverit in
bosco de la Bere, et quod omnes homines sui non dent pannagium nisi quando

boscus de la Bere est agistatus. Tres tamen homines et successores sui de prefato Ricardo vel heredibus suis tres terras apud Hereburghefeld tenentes, quarum Ricardus de Bosco tenet unam terram, Bernardus secundam et Stephanus filius Sewali tertiam, semper pannagiabunt, sicut faciunt tenentes nostri in manerio de Sonnyng'. Et pro hac predicta concessione et quieta clamantia idem Ricardus dedit nobis pre manibus quadraginta solidos. Quare volumus et concedimus pro nobis et successoribus nostris quod predictus Ricardus et heredes sui et homines sui habeant et teneant imperpetuum libere et quiete, integre et honorifice, omnes predictas terras et liberas consuetudines per predictum servitium, sicut predictum est. Et ut hec nostra concessio et confirmatio rata et stabilis imperpetuum permaneat, huic carte sigillum nostrum una cum sigillo capituli nostri apponi fecimus. Hiis testibus: magistro E. de Derham tunc senescallo, magistro Thoma de Eblesburn', magistro Rogero de Worth, domino Willelmo de Leicestr', canonicis Sar', Thoma de Erle, Waltero le Waleis, militibus, Roberto de Sidlesham, Willelmo de Banhestr', Henrico fratre eius, Iacobo de Yvedon', Ricardo filio Elene, Iohanne filio Iohannis, Sampsone tunc serviente de Sunnyng', Ricardo de Geldeford' clerico, et multis aliis. Dat' per manum Valentini clerici nostri apud Sonnyng' pridie kln' Aprilis pontificatus nostri anno undecimo.

The beneficiary occurs in 1222 and is presumably the Richard Bullock who held one quarter and one twentieth of a knight's fee of the bp of Salisbury in 1242 × 3 (*Reg. S. Osm.*, i, 306; *Book of Fees*, ii, 852, 861). The family had been tenants of the bps at Arborfield since before 1194 at least, for Osmund Bulloc presented a clerk for Arborfield chapel, dependent on Sonning church, to Dean Jordan of Salisbury, who instituted him (impersonasse) (*Reg. S. Osm.*, i, 284, 307; *Fasti Salisbury*, 10).

270. Calne church

Arbitration in the dispute, formerly committed to papal judges-delegate and submitted by the parties to the bishop's decision, between Fulk Basset, rector of Winterbourne [Bassett] church, and Mr Richard Grosseteste, archdeacon of Wiltshire and rector of the prebendal church of Calne, concerning the tithes and obventions of the vill of Berwick [Bassett], except the demesne tithes, and the chapel erected there, all of which the parties claimed as appurtenant to their respective churches, Fulk asserting that until the time of Alexander the chaplain they were received by the rectors of Winterbourne for a payment of two shillings annually to Calne church, and accusing Mr Richard and B. the clerk of withholding them and the chapel subsequently erected. The bishop, finding that Fulk has not proved his case, absolves Mr

Richard of the charge and awards him peaceful possession of all the items at
issue.   New Salisbury, St Mary's chapel, 18 Aug. 1221

B = Salisbury, D. & C. Muniments, Liber Evidentiarum C, pp. 90–91, no. 115. s. xiii ex. C =
    Trowbridge, Wiltshire R.O., D1/1/2 (Liber Evidentiarum B), fos. 20v-21r, no. 78. s. xiv
    in. D = Ibid., D1/1/3 (Registrum Rubrum), fo. 16r-v, no. 78. s. xiv.
Pd from B, C, D, *Salisbury Charters*, 111–3, no. 131.

Universis Cristi fidelibus ad quos presens scriptum pervenerit R. divina permissione Sar'[a] ecclesie minister humilis salutem in domino sempiternam.
Noverit universitas vestra in nos compromissum fuisse inter Fulconem, rectorem ecclesie de Winterburn',[b] actorem, et magistrum Ricardum Grossetest',
rectorem ecclesie de Calna, reum, secundum quod in forma compromissi plenius continetur, que talis est. Sciant presentes et futuri quod ego Ricardus archidiaconus Wilthesyr',[c] rector ecclesie de Caln', et ego Fulco Bassett, rector
ecclesie de Winterburn', compromisimus in venerabilem patrem nostrum
Ricardum Sar' episcopum super omnibus que coram viris venerabilibus de
Syreburn[d] et de Enedewell' prioribus et domino Philippo de Luci, iudicibus a
domino papa delegatis, inter nos deducta erant in iudicium tam super possessione quam super proprietate decimarum et obventionum ville de Berewich[e]
et capelle ibidem erecte, exceptis decimis de dominico. Sub hac forma compromisimus in dictum episcopum, videlicet quod facta coram eo litis con-
testatione sine subterfugio, testibus utriusque partis tam super possessorio
quam super petitorio [f]diligenter examinatis, et publicatis[g] attestationibus, quicquid dictus episcopus super predictis statuerit nos ratum habebimus et gratum,
ita quod F. super possessorio, R. archidiaconus super petitorio,[f] actor constitu-
atur. Pars vero que ab arbitrio resilierit xl. marcas nomine pene parti adverse
persolvet, reservata iudicibus de consensu nostro potestate compellendi per
excommunicationis sententiam partem recedentem ad solutionem dicte pene,
retenta quoque iudicibus potestate confirmandi quod fuit arbitratum, et proce-
dendi in causa cum pena fuerit commissa et soluta. Et ad maiorem compro-
missionis nostre firmitatem sigilla nostra huic scripto apposuimus. Valete.
    [h] Porro partes in nostra constitute presentia litem in hunc modum sunt con-
testate. Fulco Basset, rector ecclesie de Winterburn', dicit quod, cum rectores
eiusdem ecclesie usque ad tempus Alexandri capellani in eadem ecclesia
decimas et obventiones ville de Berewich percepissent, exceptis decimis de
dominico, easque pacifice et[i] successive possedissent ut ad ecclesiam de Winterburn' de iure spectantes, reddendo ecclesie de Caln' annuatim duos solidos,
et [p. 91] parochiani de Berewych spiritualia perciperent ab ecclesia de Winterburn' veluti a sua matrice[j] ecclesia, rector ecclesie de Caln'[k] et quidam
alii dictam ecclesiam de Winterburn' de predictis decimis et obventionibus
spoliarunt et magister R. Grossetest', nunc rector ecclesie de Caln', et B.

clericus sepedictas decimas et obventiones et quandam capellam, post dictam spoliationem in Berewich' constructam, detinent occupatas. Petit itaque dictus F. a dicto magistro R. ut que percepit ratione dictarum decimarum et obventionum ei restituat, ipsumque de cetero non impediat quominus prefatas decimas et obventiones libere percipiat, salva eidem magistro R. pensione duorum solidorum suprascripta.

Ex adverso dicit[f] magister R. Grossetest' dictas decimas et obventiones petitas per possessorium ad prebendam de Caln' de iure spectare tanquam ad matricem ecclesiam infra cuius limites site sunt, et si alii[m] rectores ecclesie de Winterburn' eas perceperunt, illas nomine dicte ecclesie de Caln' perceperunt, auctoritate episcopi vel capituli Sar' non interveniente, et si pensio ii. solidorum annua soluta fuit, ut dicit F., nomine dictarum decimarum, pro hoc dicit dictus R. dictam ecclesiam de Caln' etiam tunc fuisse in possessione earum et ita eam esse potiorem tam in iure quam in possessione de iure communi. Dicit etiam capellam erectam in dominico, de quo nullum ius sibi vendicare [? potest][n] F., unde nec etiam potest in capella vel[o] in pertinentibus ad eandem, que a tempore sue dedicationis usque nunc habuit et habet. Dicit etiam[p] idem R. quod, si aliquando interesset[q] conventio super duobus solidis, personalis fuit et in nullo potest ei preiudicare,[r] cum non intervenerit consensus episcopi vel capituli Sar', unde potius videtur firma quam ius.

Verum ei quod dicit magister R. dictas decimas et obventiones ad prebendam de Caln' de iure spectare, respondet dictus F. quod ad eam non spectant de iure et, si aliquando spectarent, adquisivit sibi ius de eisdem ecclesia de Winterburn' per longissimi temporis prescriptionem bona fide et inconcusse eas possidendo.

[s] Lite igitur sic coram nobis contestata,[t] testes utriusque partis super hiis que in arbitrium sunt deducta coram nobis admisimus, diligenter ac fideliter examinavimus ac[u] demum, publicatis[v] attestationibus et inspectis, habitaque super hiis prolixiori disputatione, auditis utriusque partis rationibus et allegationibus et diligenter pensatis, communicato bonorum virorum deum timentium ac in utroque iure peritorum nobis assidentium consilio, deficiente F. actore in probatione sue intentionis, tam super iure quam super possessione, nominatum magistrum Ricardum reum per sententiam diffinitivam absolvimus ab impetitione F. actoris et absolutum sententialiter pronuntiamus, dicto F. perpetuum super hiis que coram nobis a partibus memoratis deducta sunt in arbitrium imponentes silentium, adiudicantes nichilominus eidem R. pacificam possessionem omnium eorum que a partibus eisdem deducta erant in arbitrium. Acta apud Novas[w] Sar' in capella beate Virginis die sancti Agapiti pontificatus nostri anno v., assidentibus nobis magistris Hugone de Wilton' archidiacono Tanton', Ysaac canonico Exoniensi, Henrico de Cicestr'

canonico Well', Ricardo de Cnolla persona de Deverel, Roberto de Ambiavis[x] persona de Chisleya,[y] Rand'[z] persona de Peretenia,[aa] Helya[bb] de Isci persona de Awelton', Alda persona de Sceningefeld'.[cc] Ad perpetuam autem late sententie memoriam presenti scripto sigillum nostrum duximus apponendum. Valete.

[a] Sarr' *B*   [b] Wynterbourn' *D*   [c] Wilt' *C,D*   [d] Schireburn' *C,D*   [e] Berewyke / Berewyk' *C,D*   [ff] *Repeated in B*   [g] pupplicatis *C,D*   [h] *Paragraphs indicated by marks in ms*   [i] *Om. in C,D*   [j] matre *C,D*   [k] Calne *D*   [l] *Insert* dictus *C,D*   [m] aliquando *C,D*   [n] *Conjecturally supplied*   [o] nec *C,D*   [p] *Om. in B*   [q] intercessit *(sic) C,D*   [r] predidicar' *(sic) C,D*   [s] *No paragraph mark in B*   [t] attestata *C,D*   [u] et *C,D*   [v] pupplicatis *C,D*   [w] Novam *C,D*   [x] Ambravis *C,D*   [y] Chiseleya *D*   [z] Rad' *C,D*   [aa] Paratenia *C*; Paten' *D*   [bb] Elya *C,D*   [cc] Schenynngefeld *C,D*

The feast of St Agapitus (in some places 6 Aug.) was celebrated in Salisbury diocese on 18 Aug. (see *English Kalendars before AD 1000*, ed. F. Wormald, Henry Bradshaw Soc. 72 (1934), 23, 191). The place date was presumably the wooden chapel at New Salisbury first used by the bp on 2 June 1219 (*Reg. S. Osm.*, ii, 10). For the prebend of Calne, see *Fasti Salisbury*, 57–9. Winterbourne Bassett church belonged to Lewes priory (see above, nos. 77–8, and *Lewes Cartulary*, iii, nos. 41–50), but before 1221 Alan Basset successfully requested the priory to exercise its advowson in favour of his son, Fulk (ibid., nos. 8, 50; *Basset Charters*, no. 240). The manor of Berwick Bassett was granted to Alan and his heirs at fee-farm by King John in 1206 (ibid., no. 219). Those named at the end of the present act were not witnesses, but the men skilled in both laws who assisted the bp in the hearing (for Mr Hugh of Wilton and Mr Isaac, both canons of Exeter, see *EEA* XI, lxix–lxxi, lxxiii). The resolution of the dispute was clearly very difficult, partly perhaps because Berwick lies so much closer to Winterbourne than to Calne.

271. Peter de Camera

Grant in chirograph form, with the assent of the chapter of Salisbury, to Peter de Camera for life, on account of his long service to Bishop Herbert, of the tenement at Baydon in the bishop's manor of Ramsbury which Warin the cook sometime held, for half a mark annually payable to the bishop and his successors. If by a marriage or in another way the bishop should make him an exchange to the same value as this land, Peter shall surrender the tenement, saving his corn and cattle (or chattels) on it.   [c. 9 May × 19 Dec. 1227]

A = Salisbury, D. & C. Muniments, Press IV, C3: Ramsbury/2. Endorsed: De Petro de Camera ad vitam suam in manerio de Ramesbur' in villa de Beydon' (ss. xiii ex.–xiv in.); Tangit Episcopum in Remmesbur' (s. xiv). Size 177 × 134 + 18 mm. Seal and tag missing (method 1).

B = Ibid., Press IV, C3: Ramsbury/3 (in original inspeximus by Dean William and the chapter of Salisbury, n. d.). s. xiii in. C = Trowbridge, Wiltshire R.O., D1/1/1 (Register of St Osmund), fo. 45r (p. 89) (in same inspeximus). s. xiii in. D = Salisbury, D. & C. Muniments, Liber Evidentiarum C, p. 224, no. 314. s. xiii ex. E = Trowbridge, Wiltshire R.O., D1/1/2 (Liber Evidentiarum B), fos. 78v-79r, no. 312. s. xiv in. F = Ibid., D1/1/3

(Registrum Rubrum), fo. 68r-v, no. 312. s. xiv. G = Ibid., D1/1/5 (Liber Niger Episcopi),
fo. 82r (77r) (in inspeximus, as B, C). s. xv med.
Pd from C, *Reg. S. Osm.*, i, 317–8.

CIROGRAPHVM

Omnibus ad quos presens scriptum pervenerit R. divina permissione Sarr'
ecclesie minister humilis salutem in domino. Noverit universitas vestra nos
de communi assensu capituli nostri dedisse et concessisse Petro de Camera
pro diurno[a] servicio[b] quod exhibuit Hereberto bone memorie antecessori
nostro Sarr' episcopo totum tenementum illud cum omnibus pertinenciis suis
in manerio nostro de Ramesbir'[c] apud Beydon' quod Warinus[d] cocus tenuit
quondam, habendum et tenendum de nobis et successoribus nostris [e]toto
tempore vite sue cum omnibus libertatibus suis, sicut umquam dictus Warinus[d] illud melius et liberius tenuit, reddendo inde nobis et successoribus nostris[e] annuatim dimidiam marcam argenti in festo sancti Michaelis pro omni
servicio ad nos vel successores nostros pertinente. Et si forte per maritagium
vel alio modo exscambium[f] ad valenciam illius terre eidem fecerimus, tenetur[g]
Petrus restituere nobis vel successoribus nostris illud tenementum cum omnibus pertinenciis suis, salvis sibi bladis et catallis suis que[h] in eodem tenemento
fuerint. Et si forte ei[i] exscambium[f] non fecerimus, post decessum ipsius Petri
illud tenementum in dominicum[j] nostrum vel successorum nostrorum absque
omni contradictione revertetur. Et ut hec nostra donacio et concessio robur
obtineat, presens scriptum sigilli nostri munimine corroboravimus.[k] [l] Hiis testibus: domino Ricardo de Mapodr',[m] Bartholomeo de Cames'[n] tunc
senescall(o), domino Iohanne capellano, Roberto Choterel,[o] et Valentino,
canonicis Sarr', Hugone Malet,[p] Radulfo de Gussel', militibus,[q] Girardo[r] de
Munbir',[s] Michaele de Worton', [t] Picot' de Baldamashal',[u] [t] Waltero[v] de
Mere,[w] Waltero[v] Lof, Henrico de Baldam(ashal'),[x] Alexandro de
Baldam(ashal'),[y] et multis aliis.[l]

[a] diuturno *B,C,D,E,F,G*   [b] *Insert* suo *C*   [c] Remmesbir' *F*; Remesbury *G*   [d] Garinus
B,C,G   [e-e] *Om. in E;* illud tenementum cum omnibus pertinentiis suis, reddendo inde *F*
[f] excambium *B,C,D,G*; escambium *E,F*   [g] *Insert* predictus *B,C,G*   [h] qui *D*
[i] *Placed after* exscambium *C; om. in G*   [j] dominium *C,G*   [k] roboravimus *E,F*   [l-l] Hiis
testibus R. R. P. I. H. R. G. M. et aliis *D*; T. R. H. B. I. R. H. R. G. G. M. et aliis *E,F*
[m] Mapoldr' *B,C,G*   [n] Kemes' *C*   [o] Coterel *B,C*; Coterell' *G*   [p] Hugone Malet *placed
after* Radulfo de Gussel' *B,C,G*   [q] *Om. in B,C,G*   [r] Gerardo *B,C,G*   [s] Munbr' *G*
[t-t] *Om. in G*   [u] Baldemash' *C*   [v] Galtero *B,C*   [w] Mera *B,C*   [x] Baldamesh' *B*; Baldemash' *C*   [y] Baldemash' *B,C*

After the date of the relevant final concord in the Wiltshire eyre at Wilton (PRO, CP25/1/
250/7/87; pd (cal.), *Wilts Feet of Fines*, i, 19, no. 87) and before the death or resignation of
Bartholomew de Kemesey (*Fasti Salisbury*, 69). In *c.* 1200 × 1215 Bishop Herbert had
granted to one Nicholas of Letcombe, for his maintenance, a messuage and fifty-seven and a
half acres of land formerly held by Warin the cook in Baydon, as recorded in a deed of

Nicholas (Salisbury, D. & C. Muniments, Press IV, C3: Ramsbury/19); this may be the holding now acquired by Peter de Camera.

* 272. Canterbury, St Augustine's abbey

Grant of an indulgence of fifteen days.

[June 1217 × 21 July 1228; ? after Apr. 1221]

Listed only, in BL, Cotton ms Julius D ii (misc. St Augustine's register, incl. cartulary), fo. 68r (61r). s. xiii med.

Indulgentia R. dei gratia Sarr' episcopi quindecim dierum.

Though not certainly so, this is most probably an act of Richard Poore, rather than of his successor Robert Bingham, since it appears after the text of an indulgence of Honorius [III], dated 30 Apr. 1221, in a list of indulgences granted by English, Irish, Scottish and other bishops, most of whom were contemporaries more of Richard than of Robert.

273. Chilton Foliat church

Ordinance, at the request of Henry Foliot, knight, patron of Chilton [Foliat] church, establishing that there shall be three priests in that church, one of whom, instituted in the personatus *by the diocesan bishop at the patron's presentation, shall present the other two with the patron's consent, whom being admitted he shall maintain in his residence and at his table, giving them for their clothing six marks annually shared equally between them; the three shall live communally together and all shall attend three masses daily, namely, of the day, of the Blessed Virgin, and for the souls of the bishops of Salisbury and of Henry Foliot and others. Also confirmation of Henry's gift of half a virgate of land to provide five candles at the mass of the Virgin, along with the collation of the church; and, with the patron's consent, establishment of the testamentary right of the parson.*

Ramsbury [June 1217 × 21 July 1228; ? × c. 1225]

B = Trowbridge, Wiltshire R.O., D1/2/9 (Register of Robert Nevill, bishop of Salisbury, 1427–38), 2nd series fo. 83r-v. s. xv med.

Universis Cristi fidelibus ad quos presens scriptum pervenerit Ricardus divina permissione Sar'[a] ecclesie minister humilis salutem in domino. Attendentes devotionem et laudabile propositum dilecti filii Henrici Foliot militis, patroni ecclesie de Chylton', decorem dei diligentis et quo magis cultus divinus in ecclesia dei augmentetur ex tota voluntate studiose desiderantis, ad instantiam et petitionem ipsius de predicta ecclesia de Chylton' vacante ita ordinavimus. Videlicet quod decetero futuris et perpetuis temporibus in eadem ecclesia tres

erunt sacerdotes divina celebraturi, quorum unus ab eo qui pro tempore dicte
ecclesie fuerit patronus episcopo diocesano presentabitur ad personatum eiusdem ecclesie, qui ab episcopo institutus duos alios ydoneos sacerdotes, requis-
ito consensu patroni, episcopo presentabit, quos ab episcopo admissos in hos-
pitio suo et ad mensam suam honorifice pro possibilitate et facultatibus suis
tenebit quo magis, communiter viventes et sub uno domicilio commorantes,
honeste et irreprehensibiliter conversentur, honesti[b] [fo. 83v] vite sue ac conversationis testes existentes. Pro vestimentis autem, ne inter predictos scandali
vel contentionis oriatur materia, sacerdos predicte ecclesie persona duobus
aliis sacerdotibus sex marcas annuas ministrabit, pro equis portionibus inter
dictos duos percipiendas ad duos anni terminos, medietatem videlicet in prin-
cipio Quadragesime et aliam medietatem in festo sancti Egidii. Celebrabuntur
autem in dicta ecclesia singulis diebus tres misse a predictis tribus sacerdotibus secundum dispositionem et ordinationem maioris eorundem persone,
videlicet una de die, alia de beata Virgine, tertia pro animabus episcoporum
Sar' et pro animabus Henrici Foliot et antecessorum et successorum eiusdem
et pro animabus omnium fidelium defunctorum, nisi forte infirmitas alicuius
dictorum sacerdotum vel aliqua iusta causa impedimento fuerit quare aliqua
predictarum missarum aliquando intermittitur.[c] [d]Donationem etiam quam de
una virgata terre Edwynus faber factam[d] a predicto Henrico pro sustentatione
quinque cereorum ad missam de beata Virgine una cum collatione dicte ecclesie cum pertinentiis suis pretaxato modo facta auctoritate pontificali confirmamus. Ad hoc de consensu patroni statuimus quod, si forte [post][e] Annuntiationem dominicam et infra festum sancti Michaelis sequens decedat dicte
ecclesie persona, secundum ecclesie Sar' consuetudinem liceat persone deced-
enti[f] de fructibus[g] predicte ecclesie medio tempore obvenientibus testamentum
facere, ita tamen quod de predictis fructibus portio duos alios sacerdotes contingens usque ad Annuntiationem dominicam sequentem ad opus eorundem
sine diminutione reservetur. Et ut hec nostra ordinatio et[h] predicti H. donatio
et concessio in perpetuum robur optineat firmitatis, presens scriptum sigilli
nostri munimine duximus roborandam, salvis in omnibus iure, auctoritate et
dignitate Sar' ecclesie et nostra et successorum nostrorum. Dat' apud Ram-
mesburi per manum Iohannis capellani nostri x. kal'.

---

[a] *Followed in ms by* episcopus *deleted*   [b] *Ms* honesto   [c] *Ms* intermittur   [d-d] *Passage
garbled; ?* rectius *Donationem etiam de una virgata terre Edwyni fabri factam*
[e] *Conjecturally supplied*   [f] *Ms* decedent   [g] *Ms* fruct'   [h] *Reading uncertain; ms* que

The scribe who entered this act in the register wrote rapidly and made several other minor
errors, most of them cancelled, which have not been noticed here. The naming of the datary
establishes the bp as Richard Poore, for whose dates see above, no. 253 n.; John the chaplain
(who may or may not be the canon of Salisbury and of Chichester of that name) appears as

datary between 1219 and 1223; John the chaplain, canon, occurs once thereafter, in May ×
Dec. 1127, and was succeeded in his Chichester prebend by 1226 × 7 (*Fasti Salisbury*, 123;
Fasti Chichester, 33). According to the register's rubric, this act, which established the
chantry in Chilton Foliat church, was exhibited by William Langton, chaplain of the chantry.
Henry Foliot, a distant relative of Bp Gilbert Foliot, belonged to the Chilton branch of the
family and held its possessions between *c.* 1204 and his death in *c.* 1233 (A. Morey and
C. N. L. Brooke, *Gilbert Foliot and his Letters*, Cambridge 1965, 42, 261 and references
there cited).

274. Christchurch priory, Twynham

*Confirmation to the uses of the prior and convent of Christchurch of the
church of Puddletown and its chapels, saving a perpetual vicarage, whose
endowment in oblations, obventions, tithes, lands [etc.] is herein defined; the
vicar will bear all customary episcopal dues, but anything extraordinary will
be borne by the canons and the vicar in proportion to their respective portions.*   Salisbury, 21 Feb. 1219

B = BL, Cotton ms Tiberius D vi, part 1 (Christchurch cartulary), fos. 137v-138r (138v-139r).
s. xiv ex. C = Ibid., fo. 138r-v (139r-v) (in inspeximus by Dean A(dam) and the chapter,
n. d.). s. xiv ex.

Omnibus sancte matris ecclesie filiis ad quos presens scriptum pervenerit
Ricardus dei miseratione Sar' ecclesie minister humilis salutem in domino.
Beneficia que locis religiosis et inde[a] eis deo servientibus iuste collata sunt
dignum est ea stabilitate firmari, ut nec mutatione temporum nec quorumlibet
calliditate[b] malignantium possint in posterum infirmari. Ea propter, attendentes honestatem et religionem dilectorum nobis in Cristo venerabilis prioris
et conventus Cristi ecclesie de Twynham, habito etiam respectu hospitalitatis
quam de bonis sibi a deo collatis omnibus student laudabiliter impartiri, ecclesiam de Pidelton'[c] cum omnibus ad eam pertinentibus propriis usibus memora-
torum prioris et conventus imperpetuum confirmamus, salva in eadem perpetua vicaria subscripta, cuius partes certis nominibus duximus exprimendas:
omnes videlicet oblationes et obventiones tam altarium quam cimiteriorum
matricis ecclesie et capellarum suarum cum omnibus minutis decimis [fo.
138r] dicte ecclesie et capellarum, scilicet agnorum, vitulorum, porcorum,
aucarum, pullorum, equinorum, lane, lini, casei, mellis et ortorum et cetero-
rum omnium, exceptis garbis et decimis feni. Habebit et[d] vicarius decimam
feni de Hyda et unam virgatam terre apud Parvam Pidele[e] cum uno mesuagio,
et dimidiam acram prati apud Frome, et unam virgatam terre apud Bardolfueston, cum una acra prati, et unam virgatam terre apud Athelameston' cum
duabus acris prati et uno mesuagio quod fuit Ricardi Cranecou,[f][g] octo acras
apud Pideleton'[h] cum duabus acris[i] ex parte australi molendini de Walt'eston'

et duabus acris ex parte septemtrionali eiusdem molendini, et unam acram prati apud Walt'eston', et aliam apud Fromam ad capellam de Walt'eston' pertinentem; item in villa de Walt'eston' duas acras frumenti et unam avene tempore messis de dominico eiusdem ville, et apud Cheselburneford'[j] duas acras frumenti tempore messis de duobus dominicis eiusdem ville, et apud Athelameston' duas acras frumenti de dominico eiusdem ville tempore messis. Habebit etiam idem vicarius domos et curtillagia ubi Hugo clericus mansit cum domo et curtillag(io) ubi Antonius capellanus mansit et curtillagium quod Robertus Gloeful[k] tenuit. Habebit preterea pasturam centum ovium et decem bovum et quinque vaccarum in pastura de dominico et decem porcos quietos a pannagio, et contra Natale tres carectatas de bosco prioris et canonicorum ad focum suum, et duas carectatas contra Pascha, per visum custodis bosci, et ipse vicarius omnia onera episcopalia consueta et usitata sustinebit. Et si aliquid extraordinarium emerserit, dicti canonici pro sua portione responde-bunt, et ipse vicarius nichilominus pro sua. Ut autem hec nostra confirmatio firma et inconcussa imperpetuum permaneat, presentem cartam sigillo nostro munire curavimus, salvis tamen in omnibus iure, auctoritate et[l] dignitate[m] ecclesie nostre et nostra et successorum nostrorum. Dat' per manum Valentini apud Sar' ix. kl' Martii pontificatus nostri anno[n] secundo. Hiis testibus: Ad(a) decano, magistro Hugone de Gaherst[o] [cancellario][p] et aliis.

[a] in C   [b] caliditate C   [c] Pudelton' C   [d] etiam C   [e] Pudele C   [f] Cranechuu (?) C
[g] Insert et C   [h] Pudeleston' C   [i] Interlined in B   [j] Cheselborneford' C
[k] Gleful C   [l] Om. in B   [m] Interlined in B   [n] Placed before pontificatus C
[o] Gaiherst' C   [p] Supplied from C

The capitular inspeximus is witnessed by Mr Robert of Hertford, chancellor, and therefore cannot be earlier than 28 Apr. 1220, when Mr Hugh de Gaherst was still chancellor (*Fasti Salisbury*, 18). This was the church of which the bp had been made perpetual vicar in 1196 when archdn of Dorset (see above, no. 195).

275. Christchurch priory, Twynham

Inspeximus and confirmation of the gift to the priory by Richard de Orescuilz, with his body, of the church of Stourpaine for the support of the brethren, saving the liberty of the chapel of his court.   Chardstock, 13 May 1222

B = BL, Cotton ms Tiberius D vi, part 1 (Christchurch cartulary), fo. 123v (124v). s. xiv ex.

Omnibus Cristi fidelibus ad quos presens scriptum pervenerit R. divina per-missione Sar' ecclesie minister humilis salutem eternam in domino. Cartam nobilis viri Ricardi de Orescuilz inspeximus in hec verba. Omnibus Cristi fidelibus ad quos presens scriptum pervenerit R. de Orescuilz salutem in domino. Noverit universitas vestra me, divine karitatis intuitu, pro salute anime mee et Yde uxoris mee et heredum meorum et omnium antecessorum meorum concessisse et dedisse deo et Cristi ecclesie de Twynham et canonicis ibidem deo imperpetuum servituris ecclesiam meam de Stures cum corpore meo in puram et liberam et perpetuam elemosinam cum omnibus pertinentiis et libertatibus predicte ecclesie pertinentibus, in boscis et planis et in pascuis, in pratis et in agris colendis et in molendinis, ad sustentationem fratrum ibidem [deo]^a servientium perpetuo possidendam,^{b} salva libertate capelle curie^c mee. Et ut ista mea donatio firma et inconcussa permaneat, presentis scripti attestatione et sigilli mei munimine eam confirmavi. Hiis testibus: Yda uxore mea, Ricardo filio Hugonis, et aliis. Hanc autem concessionem et donationem dicti Ricardi de Orescuilz sigilli nostri munimine roborantes, predictis canonicis confirmavimus, salvis in omnibus iure, auctoritate et dignitate Sar' ecclesie et nostra et successorum nostrorum. Dat' apud Cerdestok' per manum Iohannis capellani tertio idus Maii^d pontificatus nostri anno quinto. Hiis testibus: magistro Willelmo de Mertun', et domino R. de Mapord', et aliis.

^{a} *Supplied from Richard's charter, fo. 123r* ^{b} *Ms* possidenda ^{c} *Om. in Richard's charter* ^{d} *Ms* May

The cartulary rubric calls the bp 'Robert' (presumably for Robert Bingham), but the datary and the witnesses establish this as an act of Richard Poore, William of Merton being not yet archdn of Berkshire, which he became between Aug. 1222 and Apr. 1224 (*Fasti Salisbury*, 30). Moreover, Richard de Orescuilz had notified his gift to Bp H. of Salisbury (probably Herbert Poore), requesting that he admit the priory to the church, institute the prior as parson and cause him to be put into corporal possession (BL, Cott. Tib D vi, part 1, fo. 123v), although no action by that bp is known. Richard's charter, here inspected, is ibid., fo. 123r; he also issued another charter (ibid.) indicating that the church was not yet vacant and granting in the meantime a virgate of land in his manor of Stourpaine. The identity of the place is established by the dedication of the church to the Holy Trinity, mentioned in yet another of Richard's charters (ibid.), and by the confirmation of Richard's gift by his nephew, Payn son of William, from whom the suffix is derived (ibid., fo. 123v). In 1245, by episcopal ordinance, Stourpaine church was exchanged with Salisbury cathedral for its church of Fleet and was assigned to the latter's *communa* (ibid., part 2, fos. 7v-8r; *Salisbury Charters*, 292–3). Richard also gave certain corn and meat tithes of his demesne in Stour(paine) to Kington St Michael nunnery (*Mon. Ang.*, iv, 400, no. 9).

* 276.   Compton Bassett church

Delegation to the arbitration of W(illiam) of Merton, archdeacon of Berkshire, S(tephen), archdeacon of Wiltshire, and Mr E(lias) of Dereham of the dispute between Walter, rector of Compton Bassett church, and Mr Edmund [of Abingdon], treasurer of Salisbury and rector of Calne church, over the right of burial claimed by Walter for his church at Compton Bassett, which

*dispute was formerly by papal authority before Masters R(obert) [of Watford],
dean of St Paul's, H., dean of the Arches of London, and G(eoffrey) [de Lucy],
archdeacon of London.*   [13 May 1225 × 7 July 1228]

Mentioned only, in the settlement of the dispute by the ordination of these judges, 7 July
1228: (B) Salisbury, D. & C. Muniments, Liber Evidentiarum C, pp. 181–2, no. 242. s. xiii
ex; (C) Trowbridge, Wiltshire R.O., D1/1/2 (Liber Evidentiarum B), fo. 61r, no. 201. s. xiv
in; (D) Ibid., D1/1/3 (Registrum Rubrum), fo. 52r-v, no. 201). s. xiv; pd from B, C, D,
Salisbury Charters, 200–1, no. 176.

Universis Cristi fidelibus ad quos presens scriptum pervenerit magister W. de
Merton'[a] archidiaconus Berk'syr', S. archidiaconus Wiltesir' et magister E.
de Derham salutem. Noveritis quod, cum inter Walterum, rectorem ecclesie
de Cumpton'[b] Basset, et magistrum Eadmundum[c] thesaurarium Sar', rectorem
ecclesie de Kaln',[d] coram magistris R. Sancti Pauli et H. de Arcubus London',
decanis, et G. archidiacono London' auctoritate literarum domini [pape][e]
causa verteretur super iure funerandi quod supradictus W. dicebat ad ecclesiam suam de Cumpton' pertinere, tandem, partibus se subicientibus ordinationi nostre, qui a venerabili patre domino Ricardo Sar' episcopo fuimus deputati, hoc amicabili fine, nobis ordinantibus, lis conquievit . . .

[a] Mertun' *C,D*   [b] Cumton' *C*; Compton' *D*   [c] Edmundum *C,D*   [d] Caln' *C*; Calne *D*
[e] *Supplied (see note 1)*

After 13 May 1225, when Geoffrey de Lucy was not yet archdn (*Fasti London*, 11), and
before the date of the final settlement (*Salisbury Charters*, 200–1). Walter, rector of Compton
[Bassett], occurs in an agreement with Alan Basset of 1 July 1228 (*Basset Charters*, no. 231).
The judges upheld the right of sepulture at Compton Bassett, disallowing Calne church's
claim to any right of sepulture or otherwise in that parish, except for certain tithes which it
previously had there, but requiring Compton's rector to pay Calne church 2s. annually
(*Salisbury Charters*, 200–1). The advowson of the church belonged to the bp, having been
assigned to him and his successors in an ordinance of 1220 × 28 by the bps of Lincoln and
Bath in settlement of a dispute between Alan Basset and Bicester priory, to which the church
had earlier been given; the rectory was thenceforth filled by the bp's collation (*Basset Charters*, nos. 186–9; BL, Add. Ch. 10596, being the charter cited in *Kennett's Parochial Antiquities*, i, 287–9; *Salisbury Charters*, 105–6; *Reg. Gandavo*, ii, 747, 774). (For Calne, cf. above,
no. 270). It is interesting to note that, though elected bp of Durham before 9 May 1228 and
receiving papal confirmation on 14 May (*Fasti Monastic Cathedrals*, 31; *Fasti Salisbury*, 4),
Richard Poore is still called simply 'bishop of Salisbury' in the settlement of 7 July 1228, to
which, moreover, his episcopal seal was affixed.

[1] *Salisbury Charters*, 200, supplies the missing word (absent in all copies) as *episcopi*, imply-
ing a further lost act of Richard Poore, but there can be no doubt that the original judges
were appointed by papal delegation, although the commission cannot now be traced, and that
the case was subsequently submitted by the parties to the ordination of Poore as the local bp,
who delegated the hearing to William of Merton and the others. I am indebted to Professor
Jane Sayers for help on this point; cf. her *Papal Judges Delegate in the Province of Canterbury 1198–1254*, 107–8; and *Reading Cartularies*, ii, 261–3, no.1116.

277. Coutances cathedral

Confirmation to the chapter of Coutances of three marks annually in the church of Winterborne Stickland, as contained in Bishop Herbert's charter [above, no. 197], which he has inspected; and grant, at the instance of Bishop Hugh and the chapter of Coutances, of a further five marks annually, making a total of eight marks payable annually by the parson of the church.

New Salisbury, 10 March 1223

B = Trowbridge, Wiltshire R.O., D1/1/1 (Register of St Osmund), fo. 46r (p. 91), in inspeximus by Dean W(illiam) and the chapter of Salisbury, n. d. s. xiii in. C = Coutances, Archives diocésaines, M40 (copy of lost cartulary B of Coutances, 'Liber Blanc'), pp. 389–90 (from fo. 340r). *c.* 1910. D = Ibid., M28 (copy of the same), fo. 53r. Abbreviated text. 1862. E = Ibid., M27 (copy of the same), fo. 52r. Abbreviated text. 1864. F = PRO, PRO 31/8/140B, Part 1 (Transcripts from Norman sources), p. 128, no. 9 (abbreviated copy from same lost cartulary, fo. 340r). 1835. G = Caen, Musée des Beaux Arts, Collection Mancel, vol. 300, fos. 73v–74r (pp. 2114–5) (abbreviated copy by Greville from ?another lost cartulary, at fo. 168r). s. xix. H = Paris, BN, ms Nouv. Acq. Lat. 1018 (abbreviated copy of cartulary B by Delisle), fo.139r. s. xix med.
Pd from B, *Reg. S. Osm.*, i, 326–7.

Omnibus sancte matris ecclesie filiis ad quos presens scriptum pervenerit Ricardus divina permissione Sar'*[a]* ecclesie minister humilis salutem in domino. Noveritis nos, inspecta carta venerabilis predecessoris nostri Herberti quondam Sar'*[a]* episcopi, confirmasse capitulo beate Marie Constant'*[b] [c]* tres marcas*[d]* annuas in ecclesia de Winterburn' Stikelan',*[e]* sicut *[f]*in carta predicta plenius*[f]* continetur. Nos etiam, attendentes memorati capituli honestatem et libertatem, ad multiplicem instantiam venerabilis fratris Hugonis Constant'*[g]* episcopi, necnon et dicti capituli, ex donatione nostra quinque marcas*[h]* annuas concessimus capitulo memorato, ita [quidem]*[i]* quod*[j]* quicumque pro tempore eiusdem ecclesie fuerit persona octo marcas annuatim dicto capitulo persolvet, salvis in omnibus iure, auctoritate et dignitate Sar'*[k]* ecclesie et nostra et successorum nostrorum. Et ut hec nostra confirmatio de tribus marcis a domino H. Sar'*[l]* episcopo prefato capitulo collatis et donatio nostra de quinque marcis in eadem ecclesia eidem de novo concessis perpetue firmitatis robur optineant, presens scriptum sigilli nostri munimine roboravimus.*[m]* Dat' apud Novas Sar'*[n]* per manum Iohannis capellani nostri sexto idus Martii pontificatus nostri anno sexto.*[o]* Hiis testibus: domino Ricardo de Mappodr',*[p]* Bartholomeo de Kemes',*[q]* Valentino, canonic(is)*[r]* Sar',*[s]* Hugone Malet milite, Thoma de Gosle, Willelmo de Horton',*[t]* Andrea camerar(io), magistro Rogero, et multis aliis.

[a] Saresberiensis *C*; Sarisbury *F*   *[b]* Constantiensis *C,F*; Const' *D,E,H*   *[c] Insert* ecclesie *F*
[d] marchas *C,D,E,F,G,H*   *[e]* Stikellane *C,D,E,F,G,H*   *[f-f]* plenius predicta *C,F*
[g] Constantiensis *C*   *[h]* marchas *F*   *[i] Supplied from C,D,E,F,H*   *[j] Om. in F*
[k] Saresberiensis *C*; Saresbury *F*   *[l]* Saresberiensi *C*; Sarisburg' *F*   *[m]* roboramus *C,F*

ⁿ Saresbur' *F*   ^o *F ends with* &a   ^p Mapudr' *C,D,E,G,H*   ^q Kemesye *C,G,H*; Kemo-
sye *D,E*   ^r canonico *C*   ^s Saresberiensi *C*   ^t Hortoune *C*

Though an inspected text, the copy in the Register of St Osmund has been printed here in
preference to the others surviving, which are all post-medieval and mostly heavily abbreviated, but it is possible that the inspected text differed slightly from the original. For the
cartularies of Coutances cathedral, none of which now survives, see above, no. 197 n.

278. Robert of Dorchester

*Inspeximus and confirmation of a charter by Laurence de St Nicholas, canon
of Salisbury, granting to Robert of Dorchester, chaplain, as a perpetual vicarage all obventions of the altar and graveyard of Fordington church, all lesser
tithes and twenty-four shillings and a penny annually from the church's tenants, retaining to himself and his successors all corn tithes of whatever kind
and all other appurtenances of the church; Robert is to serve the church in
person and bear the burdens incumbent on the vicarage.*

Cumnor, ? 25 Apr. 1222

B = Trowbridge, Wiltshire R.O., D1/1/1 (Register of St Osmund), fo. 45v (p. 90) (in inspeximus by Dean W(illiam) and chapter of Salisbury, 22 Aug.1222). s. xiii in.
Pd, *Reg. S. Osm.*, i, 322–3.

Omnibus Cristi fidelibus ad quos presens scriptum pervenerit R. divina permissione Sar' ecclesie minister humilis salutem eternam in domino. Cartam
dilecti filii nostri Laurentii de Sancto Nicholao Sar' canonici inspeximus in
hac forma. Omnibus Cristi fidelibus presentes litteras inspecturis Laurentius
de Sancto Nicholao canonicus Sar' eternam in domino salutem. Noverit universitas vestra me divine pietatis intuitu dedisse et concessisse nomine perpetue
vicarie Roberto de Dorcestr' capellano omnes obventiones altaris et cimiterii
ecclesie mee de Fordinton' et omnes minutas decimas et xxiiii. s' et i. d'
recipiendos a tenentibus de dicta ecclesia quos debent solvere annuatim, omnibus garbis cuiuscumque generis bladi ubicumque seminati, quocumque modo,
et omnibus aliis ad dictam ecclesiam pertinentibus m(ich)i et successoribus
meis cum integritate et sine aliqua diminutione retentis. Et sciendum quod
prenominatus Robertus honeste et suis sumptibus in persona propria deservire
debet in ecclesia memorata, onera ad vicariam pertinentia sustinendo. In cuius
rei testimonium presenti scripto sigillum meum apposui. Actum apud Sar'
non' Aprilis anno ab incarnatione domini M. CC. xxii., pontificatus vero
domini Honorii pape tertii anno sexto. Hiis testibus, et c(eter)a. Nos igitur,
dictam donationem et concessionem ratam et gratam habentes, eam presenti
scripto sigillo nostro munito roboravimus in testimonium. Dat' per manum

Valentini clerici apud Cumenor' vii. kl' Aprilis[a] pontificatus nostri anno quinto. Hiis testibus: magistris W. de Merton', Galfr(ido) de Rothom(ago), Bartholomeo de Kemes', Ricardo de Mappodr' et Valentino, canonicis Sar', Galfr(ido) et Willelmo, capellanis, Gileberto persona de Stapelbrigg', Gileberto de hospitali, Andrea camerar(io), Ricardo daneis, Nicholao coco, magistro Rogero de Wrth', et multis aliis.

[a] *Sic;* ? *rectius* Maii *(see note)*

The dates given in this text are irreconcilable, since the nones of April (Laurence de St Nicholas' charter) fall after the seventh before the kalends of April (the bp's inspeximus). If the former is correct, it seems likely that the scribe may inadvertently have written 'April' in the latter, perhaps for 'May' since the bp would presumably have confirmed the arrangement fairly soon afterwards and, in any case, before the capitular confirmation of 22 Aug. 1222. For the prebend of Fordington and Writhlington, of which Fordington church formed a part, see *Fasti Salisbury,* 67–8. For Laurence de St Nicholas (S. Nicolo), an Italian and a clerk of the legate Guala, see ibid., 67; J. E. Sayers, *Papal Government and England during the Pontificate of Honorius III,* Cambridge 1984, esp. 179–80, 182–3; *Acta of the Legate Guala,* esp. lxvii–ix, lxxiv, and nos. 153–7.

* 279. Edington church

Composition or ordinance concerning the tithes [etc.] of the chapelry and hamlet of Baynton within the parish of Romsey abbey's prebendal church of Edington.   [June 1217 × 21 July 1228]

Mentioned only, in the confirmation by Bp Robert [Wyvil] in 1362 of a settlement concerning the same tithes, notwithstanding any such act by Bp Richard: BL, Lansdowne ms 442 (Edington cartulary), fos. 24r-25r (23r-24r); pd (calendar), *Edington Cartulary,* 17–18, no. 31.

... non obstantibus quibuscumque [fo. 24v] compositionibus vel ordinationibus super decimis, oblationibus, obventionibus, provenientibus spiritualibus sive ecclesiasticis per rectores ecclesie prebendalis de Edyndon' et capelle de Beynton' predict' sive per venerabiles patres Sar' episcopos, et precipue per bone memorie dominum Ricardum quondam Sar' episcopum ...

Date as for no. 253. Edington church was held by the nuns of Romsey abbey from the 10th century, its revenues forming a prebend for one of the canons in the abbey (*Edington Cartulary,* xiii; P. H. Hase, 'The Mother Churches of Hampshire', in J. Blair, ed., *Minsters and Parish Churches,* Oxford 1988, 46, 62 n. 23). This was the status of the church at the time of Bp Richard's act, but in 1351 William of Edington, bp of Winchester, obtained its conversion into a chantry, which in 1358 became a religious house whose canons, usually called 'Bonhommes', followed the rule of St Augustine (*Edington Cartulary,* xiii–xiv; Knowles and Hadcock, 203; *VCH Wilts,* iii, 320–1). The chapel at Baynton had decayed by the mid-sixteenth century (*VCH Wilts,* viii, 249).

280. Stephen son of Estmund

Inspeximus and confirmation of a charter by Mr Luke, canon of Salisbury in the prebend of Ruscombe, granting to Stephen son of Estmund, with the chapter's consent, half a virgate of land in Ruscombe as his father Estmund held it, to be held by hereditary right of the grantor and his successors for four shillings annually, whereas his predecessors formerly received two shillings annually and certain servile works.   Salisbury, 24 Nov. 1222

> B = Trowbridge, Wiltshire R.O., D1/1/1 (Register of St Osmund), fo. 45v (p. 90) (in inspeximus by Dean William and chapter of Salisbury, n. d.). s. xiii in.
>
> Pd, *Reg. S. Osm.*, i, 323–4.

Omnibus Cristi fidelibus ad quos presens scriptum pervenerit Ricardus divina permissione Sar' ecclesie minister humilis salutem eternam in domino. Cartam dilecti filii magistri Luce canonici Sar' inspeximus in hec verba. Omnibus sancte matris ecclesie filiis ad quos presens scriptum pervenerit magister Lucas canonicus prebende de Rothescamp' Sar' salutem in domino. Scire volo universos me, assensu decani et capituli Sar', concessisse et presenti carta confirmasse Stephano filio Estmundi pro fideli servitio suo dimidiam virgatam terre in Rotescamp' cum pertinentiis suis, ita integre sicut Estmundus pater dicti Stephani eam aliquo tempore tenuit, de me et successoribus meis iure hereditario tenendam et possidendam libere et quiete ab omni servitio et consuetudine et exactione, reddendo inde annuatim michi et successoribus meis quatuor solidos ad quatuor solidos ad quatuor [terminos],*ª* videlicet ad festum sancti Michaelis xii. denarios, ad Natale domini xii. d', ad Pascha xii. d' et ad festum sancti Iohannis Baptiste xii. d', pro qua terra predecessores mei solebant percipere annuatim duos solidos et quasdam operationes serviles. Et ut hec mea donatio et concessio perpetue firmitatis robur optineat, subscriptorum virorum testimonio presens scriptum sigillo meo duxi confirmandum: Willelmo decano Sar', Iohanne capellano, Ricardo de Malpudr', Bartholomeo de Kemes' et Valentino, canonicis Sar', Gaufr(ido) et Willelmo, capellanis, Willelmo clerico serviente de Sunning', Willelmo Pip(er)d, Iohanne de Walde, et multis aliis. Nos igitur, donationem et concessionem dicti magistri Luce gratam et ratam habentes, eam presenti scripto sigillo nostro munito roboravimus. Actum apud Sar' viii. kl' Decembris pontificatus nostri anno sexto.

ª Supplied

> *Reg. S. Osm.*, i, 323, and *Fasti Salisbury*, 93, give the year wrongly as 1223. For the prebend of Ruscombe (Southbury) and Mr Luke (of Winchester), the prebendary, see ibid., 93.

* 281.　Robert of Evesham

Institution of Robert as rector of Christian Malford.

[19 Sept. 1220 × 21 July 1228]

Mentioned only, in a deed by Robert of Evesham, rector, dated 3 Oct. 1245, acknowledging his obligation to deposit twenty-five marks annually in the treasury of Wells cathedral, on behalf of the dean and chapter of Wells, for the use of Ildicius, perpetual vicar of Christian Malford, for the farm of the vicarage, which the dean and chapter hold of Ildicius; Robert's deed being contained in an inspeximus by Roger [of Salisbury], bishop of Bath and Wells, dated 4 Oct. 1245: Wells Cathedral Lib., DC/CART/ Liber Albus II (R.III), fos. 338v-339v, at fo. 338r, ss. xv ex.–xvi in; pd (calendar), *HMCR Wells*, i, 470.

. . . prout in carta ipsorum [*sc.* dean and chapter of Wells] quam idem Ildicius habet et preterea in institutione mea facta per Ricardum bone memorie quondam Sar' episcopum plenius continetur . . .

The institution, which is also mentioned in a similar bond by Robert of Evesham in 1249 (*HMCR Wells*, i, 89), took place after the act of the dean and chapter of Wells cited in no. 302 (the *carta* of the present extract), dated 19 Sept. 1220, when Matthew was parson of the church and Ildicius, nephew of Cardinal John of St Praxed, had already been admitted to the vicarage, since by that act the dean and chapter began to farm his vicarage for 25 marks annually; and before the bp's translation to Durham (above, no. 253 n). For other documents, of 1248-50, concerning Robert of Evesham's obligation, see *HMCR Wells*, i, 84–6; ii, 558, no.55.

* 282.　Faringdon church

Ratification, with the chapter of Salisbury, of the settlement between the abbots and convents of Cîteaux and Beaulieu, on the one side, and Master W(illiam), archdeacon of Berkshire and rector of Faringdon church, on the other, superseding an earlier composition concerning tithes in Faringdon with a new agreement by which Beaulieu abbey is to pay the rectors of Faringdon ten marks annually.

[18 Aug. 1222 × 21 July 1228]

Mentioned only, in the new agreement, n. d.: (B) BL, Additional ms 70510 (formerly Loans 29/330) (Beaulieu cartulary), fos. 14r-15r, at fo. 14r; (C) BL, Cotton ms Nero, A xii ('Faringdon cartulary' of Beaulieu), fos. 26r-29r, at fo. 26v; pd. from B, *Beaulieu Cartulary*, 14–16, no. 9, at 15; (calendar) *EEA* IX, App. 2, no. 24.

. . . episcopo etiam et capitulo Sar' per litteras suas de rato consentientibus . . .

After the latest date known for William of Merton's predecessor as archdn of Berkshire (*Fasti Salisbury*, 30) and before the bp's translation to Durham (above, no. 253 n); and while Peter des Roches was bp of Winchester (*Fasti Monastic Cathedrals*, 86). (The possibility that the bp may be Robert Bingham (1229–1246) rather than Richard Poore is excluded by the fact that William de Ralegh, archdn probably some time between Feb. 1236 and Dec. 1237, was never called 'master'—*Fasti Salisbury*, 30.) For the earlier composition in 1220, between Mr William of Merton, canon of Salisbury and parson of Faringdon, and Beaulieu abbey, see *Salisbury Charters*, 96–8, no.119. The difficulties had arisen from the fact that Faringdon church was a prebend of Salisbury cathedral, whereas the manor was given by King John to his new Cistercian abbey, begun in 1203 at Faringdon and transferred in 1204 × 5 to Beaulieu, Hants (*Fasti Salisbury*, 66–7; *Beaulieu Cartulary*, xxxiv–xxxv; Knowles & Hadcock, 112, 115, 118).

283. Faringdon church

Ordinance, with the assent of the dean and chapter of Salisbury, and at the instance of William of Merton, archdeacon of Berkshire and parson of Faringdon church, establishing that there shall be four priests in perpetuity in that church, namely, the perpetual vicar of the church serving it and the chapel of [Great] Coxwell with an assistant priest, as before, and having the vicarage assigned by William de Teise, late parson and canon of Salisbury, and two other priests, who shall each have fifty shillings annually from the oblations and income of the church, one of whom shall celebrate a mass of St Mary, the other a mass of the dead, annually on the anniversary of the bishop and of William the archdeacon in perpetuity; and stipulating the form of service of the four priests.   Salisbury, 3 Oct. 1227

B = Salisbury, D. & C. Muniments, Liber Evidentiarum C, pp. 87–8, no. 112. s. xiii ex. C = Trowbridge, Wiltshire R.O., D1/1/2 (Liber Evidentiarum B), fos.19r-20r, no. 75. s. xiv in. D = Ibid., D1/1/3 (Registrum Rubrum), fos. 14v-15v, no. 75. s. xiv.
Pd from B, C, D, *Salisbury Charters*, 187–9, no. 163.

Omnibus sancte matris ecclesie filiis ad quos presens scriptum pervenerit Ricardus divina permissione Sar' ecclesie minister humilis salutem eternam in domino. Attendentes id presertim bene et competenter agi quod ad augmentandum[a] divini cultus et ob remedium indigentium impenditur animarum, ad instantiam dilecti filii Willelmi de Merton', archidiaconi Berk'syr'[b] et persone de Ferendon',[c] de unanimi assensu et voluntate decani et capituli ecclesie Sar', ad honorem sancte et individue Trinitatis et beate Virginis et omnium sanctorum dei, et pro salute omnium fidelium animarum, ordinavimus statuentes quod in dicta ecclesia de Ferendon' de futuris ac perpetuis temporibus quatuor sint sacerdotes, vicarius videlicet perpetuus, qui de bonis vicarie ipsi assignate secum habeat unum sacerdotem sibi commensalem, ecclesie et capelle de Cokeswell' prout moris est et dudum extitit honeste deserviturus, vicaria contentus quam assignaverat bone memorie Willelmus de Teyle,[d] eiusdem ecclesie persona, Sarr' canonicus. Duo reliqui sacerdotes C. solidos habeant annuos de oblationibus et proventibus[e] eiusdem ecclesie, utrique scilicet quinquaginta solidos, quorum unus missam de sancta Maria cum nota, alius missam pro fidelibus defunctis similiter cum nota, saltem in anniversario nostro et Willelmi archidiaconi perpetuis temporibus celebrabit. Omnes autem quatuor cotidie conveniant ad omnes horas canonicas et ad missam de die, induti suppellicio et capa clausa nigra more clericorum Sarr' ecclesie, vicario cum uno eorum ex una parte chori, et aliis duobus capellanis in altera parte chori, locis convenientibus decenter consistentibus. Communiter etiam dicant dicti sacerdotes horas de beata Virgine, item 'Placebo' et 'Dirige' cotidie in choro preterquam in festis ix. lectionum, quibus diebus festivis dicant 'Placebo' et 'Dirige' voce submissa ante altare beate Virginis ubi celebranda sunt divina de sancta Maria et pro defunctis. Ibidem etiam integre dicant singulis diebus commendationem antequam dicatur missa pro fidelibus.*f* Sacerdotes autem qui de sancta Maria et pro fidelibus defunctis*g* celebraturi sunt in diebus dominicis et in maioribus sollempnitatibus,*h* statim post lectum evangelium sollempnis*i* misse de die, accedant ad altare beate Virginis celebraturi. Porro si memoratis sacerdotibus aliquid a quoquam parochianorum de Ferendon' donatum fuerit vel legatum, post legatum ecclesie persone et vicarii, illud una cum C. solidis sibi assignatis libere percipiant inter se communicandum. Quod si alteruter duorum capellanorum decedat vel ex causa cedat vel recedat, alter ei a persona dicte ecclesie infra mensem substituatur. Alioquin, si deses fuerit, episcopus, vel capitulum, si episcopus postquam ad eius pervenerit notitiam per alium mensem facere hoc omiserit, presbiterum defuncto substituat competentem, quamdiu honeste conversatus fuerit et servitium cui deputatus est bene fecerit non amovendum. Ut autem ordo certus et competens in collectis dictarum missarum observetur, cura sollicita et cauta diligentia cum deliberatione previa*j* statuimus [p. 88] quod in missa beate Virginis prima sit oratio 'Concede nos famulos tuos', vel alia que tempori congruat vel festivitati; secunda 'Deus qui corda fidelium'; tertia, pro nobis et memorato archidiacono Willelmo dum vixerimus, 'Omnipotens sempiterne Deus miserere famulis tuis', post decessum autem nostrum 'Deus cuius misericordie non est numerus' vel 'Deus qui inter apostolicos sacerdotes pontificali vel sacerdotali' ordine et loco competenti dicenda; quarta, pro omnibus parochianis, benefactoribus, parentibus et amicis ipsius archidiaconi vivis, 'Pretende, Domine, famulis tuis dextram'; sexta*k* interseratur loco competenti a celebrante pro defuncto vel pro defunctis pro arbitrio celebrantis; septima, generalis, 'Pietate tua' vel alia competens. In missa autem pro defunctis prima, pro anima mea et dicti Willelmi archidiaconi, 'Deus qui inter apostolicos *l*sacerdotes pontificali seu sacerdotali'*l*; secunda, specialiter pro anima ipsius Willelmi archidiaconi, 'Deus cuius misericordie non est numerus' vel 'Quesumus, Domine, pro tua pietate'; tertia, specialiter pro omnibus canonicis et vicariis Sarr' ecclesie et ecclesie de Ferendon' defunctis, 'Deus venie largitor'; quarta, pro animabus quiescentium in cimiterio de Ferendon', 'Deus cuius miseratione'; quinta, pro omnibus parochianis ipsius archidiaconi et Sar' ecclesie quandocumque et quocumque loco defunctis, et pro omnibus benefactoribus, antecessoribus, successoribus, parentibus, amicis, 'Inclina, Domine, aurem tuam' vel 'Omnipotens sempiterne Deus cui nunquam' vel 'Fidelium Deus ^{m}omnium conditor'^{m}; sexta interseratur^n loco et ordine competenti a celebrante quam elegerit; septima, generalis, 'Pietate tua^o' vel alia competens. Faciant autem omnes sacerdotes predicti fidelitatem cum admissi fuerint persone de Ferendon', qui pro tempore fuerit, quod de hiis que ad ipsum pertinent nichil usurpabunt sibi nec partem ipsius in aliquo facient deteriorem ob gratiam vel favorem aliquorum vel sui commodi causa, et quod officium modo supradicto fideliter adimplebunt. Quod ut futuris temporibus firmum et stabile perseveret, presenti scripto sigillum nostrum et sigillum capituli nostri apponi fecimus. Dat' apud Sar'^{p} per manum Valentini clerici nostri v. non' Octobris pontificatus nostri anno undecimo. Hiis testibus: dominis W. decano, Rogero precentore, Roberto cancellario, Eadmundo^q thesaurario sancte ecclesie Sar', Stephano archidiacono Wiltesyr', magistro Elya de Derham, magistro Luca, magistro Henrico Tessun, magistro Henrico de Sancto Edmundo, magistro Willelmo de Lincol', magistro Thoma de Ebelech',^{r} magistro Rogero de Wrth',^{s} magistro Willelmo de Lori, Ricardo de Maupodr',^{t} Rogero succentore, Willelmo de Leic', Thoma de Sancto Martino, Petro Picoyt,^{u} canonicis Sarr', et multis aliis.

^{a} augmentum C,D ^{b} Berkes' D ^{c} Farendon' C; Farendone D ^{d} Sic in all copies ^{e} proventionibus C,D ^{f} Insert defunctis C ^{g} Om. in C,D ^{h} solempnitatibus C,D ^{i} solempnis C,D ^{j} premia (sic) D ^{k} Sic; fifth prayer om. in all copies $^{l-l}$ Om. in C,D $^{m-m}$ Om. in C,D ^{n} intercaletur C,D ^{o} Om. in C,D ^{p} Om. in B ^{q} Edmundo C,D ^{r} Eblech' D ^{s} Wurth' C,D ^{t} Mapodr' C,D ^{u} Pycot C,D

The rich church of Faringdon constituted the Salisbury prebend of that name, for which see *Fasti Salisbury*, 66–7. The first known prebendary was Mr William de Teise (in this text and elsewhere called 'de Teile'), who had been succeeded by 28 Aug. 1219 by William of Merton, who had become archdn of Berkshire by 15 Apr. 1224 (*Salisbury Charters*, 164; *Fasti Salisbury*, 30, wrongly dated).

* 284.   Ralph de Fay

Charter to Ralph de Fay and Beatrice, his wife, concerning the hundred of Godalming.   [June 1217 × May 1221; ? Apr. × May 1221]

Mentioned only, in a case brought against them by the Crown in the king's court in Easter term 1221, concerning the manor of Catteshall [in Godalming]: PRO, KB26/79, m. 26d; pd, *CRR*, x, 166–7.

... Et Radulfus et Beatricia per attornatum suum cognoscunt quod habent cartam domini regis [. . . . .]^a bir' et aliam de episcopo Sarr' de hundredo de Godhelminges et [. . . ..]a . . .

^{a} *Gaps due to damage to ms*

The reference is presumably to Bp Richard, since he appears to have acquired seisin of the manor and hundred of Godalming from the king on 29 Apr. 1221 after the death of Edelina del Broc, widow of Stephen de Turnham, who had held them (*Rot. Lit. Claus.*, i, 455; *VCH Surrey*, iii, 1, 31). The date is perhaps after that of the king's writ, but the shortness of time between then and the case in the king's court in Easter term 1221 (ending late May) suggests the possibility of a longer date range, but certainly after the bp's translation. The passage continues that Ralph and Beatrice [? had a charter] of Henry II concerning the same hundred—presumably Henry II's to Stephen de Turnham (ibid.)—and one of the bp of Salisbury, but the text is too fragmentary to be certain of the bp concerned. Stephen de Turnham had died in or shortly before 1220, leaving as coheirs his five daughters, including Beatrice, wife of Ralph de Fay (ibid., 4; *Bracton's Note Book*, no. 1410). By a final concord of 24 May 1224 another of Stephen's coheirs and her husband quitclaimed the whole hundred of Godalming to Bp Richard, 'tenentem' (*Salisbury Charters*, 165, no.144; *VCH Surrey*, iii, 31). Ralph de Fay also held Bramley manor by grant of King John in *c*. 1200 (ibid., 82; *Rot. Chart.*, 33; J. Blair, *Early Medieval Surrey*, Stroud 1991, 209, n. 69).

285. William Giffard

Grant at fee-farm to William Giffard, with the assent of Dean W(illiam) and the chapter of Salisbury, of all the bishop's land of Winterbourne, to be held by him and his heirs for an annual rent of four pounds sterling and twelve pence annually for the fabric of the cathedral; William and his heirs shall not transfer, sell or pledge the land, or part of it, to a religious house or in any other way alienate it to the detriment of the church of Salisbury.

[20 Sept. 1220 × 21 July 1228]

B = London, Inner Temple, Petyt ms 511.18 (Salisbury cartulary), fo. 62v (p. 124, p. 138). s. xiv ex. C = Trowbridge, Wiltshire R.O., D1/1/5 (Liber Niger Episcopi), fo. 83v (78v). s. xv med.

Omnibus Cristi fidelibus ad quos presens scriptum pervenerit Ricardus a divina permissione^a Sar' ecclesie minister humilis salutem in domino. Noverit universitas vestra nos, de voluntate et assensu W. decani et capituli Sar', tradidisse Willelmo Giffard' ad feodi firmam totam terram nostram de Wynterborn'^{b} cum omnibus pertinentiis suis, tenendam de nobis et successoribus nostris sibi et heredibus suis reddendo inde annuatim quatuor libras sterlingorum, scilicet ad Natale xx. s', ad Pascha xx. s', ad festum sancti Iohannis Baptiste xx. s', et ad festum sancti Michaelis xx. s', et preterea in eodem termino sancti Michaelis xii. d' ad opus fabrice ecclesie Sar', ita quidem quod homines tenentes de dicta terra pacifice secundum legem et consuetudinem regni tractentur et quod boscus non vastetur. Et preterea non licebit aliquo tempore predicto Willelmo vel heredibus suis predictam terram vel aliquam eius portionem vel boscum alicui domui religiose tradere vel vendere vel invadiare aut aliquo alio modo in detrimentum ecclesie Sar' alienare. Et in huius rei testimonium presenti scripto simul cum sigillo capituli Sar' sigillum nostrum apponi fecimus. Hiis testibus: Willelmo Iereberd' de Burefordescota, Rogero de Coserugg',^{c} Henrico de Baggenore, Willelmo de Ripar', Roberto de Pynkenia, Alano de Fernham tunc senescallo^d abbatis de Abbendon', Nicholao de Melemains, Philippo de Cuserugg',^{e} Galfrido Martel,^{f} Ricardo de Turbervilla de Hanreth',^{g} Iohanne de Apilford', Herberto de Erdington', Roberto de Erpenham, et multis aliis, et c'.

$^{a-a}$ permissione divina, *altered from* divina permissione, *C* ^{b} Wynterbourne *C*
^{c} Coserugge *C* ^{d} sinescallo *B* ^{e} Cuserugge *C* ^{f} Martes *B* ^{g} Hayreth' *B*

After the installation of William de Waude as dean of Salisbury (*Fasti Salisbury*, 11) and before the bp's translation to Durham (above, no. 253 n.). The presence of several Berkshire folk among the witnesses identifies the place as Winterbourne, near Chieveley, where a manor had been in the possession of the bps of Salisbury since Edward the Confessor's time (*VCH Berks*, iv, 63–4); it appears to have comprised half a knight's fee (*Red Bk. Exch.*, i, 237; Hunter, *Fines sive Pedes Finium*, i, 116, 125). The abbot of Abingdon's steward was probably present on account of the abbey's interests in Winterbourne (*Abingdon Chronicle*, ii, 211).

286. Glastonbury abbey

Notification to Pope Honorius [III] by Bishop R(ichard) and S(imon), abbot of Reading (the latter acting vice P(andulf), elect of Norwich, papal legate), judges-delegate of the pope, of the form of settlement agreed before them concerning the division of temporalities and spiritualities between the bishop of Bath and the prior and convent of Glastonbury [details specified], should the pope determine that the union of bishopric and monastery be dissolved.
[Shaftesbury, 3 Jan. × 17 May 1219; ? 3 Jan. 1219]

B = Longleat, ms 39 (Glastonbury cartulary), fo. 44r. s. xiv med. C = Bodl. ms Wood empt.1 (Secretum Abbatis), fos. 50v-51r. s. xiv med. D = BL, Egerton ms 3316 (Bath cartulary), fo. 21v (23v). s. xiv med. (fragment only)¹. E = Cambridge, Trinity College Lib., ms R.5.33, fo. 46r-v, quoted in Honorius III's bull dissolving the union between Bath and Glastonbury, in Adam of Damerham's continuation of William of Malmesbury's 'De antiquitate Glastoniensis ecclesie'. s. xiii med. F = BL, Additional ms 22934, fos. 36v-37r (28v-29r), quoted as in E, in same. s. xiv in. G = Wells Cathedral Lib., DC/CART/Liber Albus II (R. III), fos. 263v-264v, quoted as in E, in exemplification by Pope Alexander [IV], 1258. *c.* 1500.

Pd from B, *Glastonbury Cartulary*, i, 87–9; from G, Adam de Domerham, i, 244–7, part of no. 11; from C, *Mon. Ang.*, i, 39–40, no. 51; (calendared) from G, *HMCR Wells*, i, 437–8.

Sanctissimo patri et domino H. dei gratia summo pontifici devotissimi sanctitatis sue[a] servi R. miseratione divina Salisbur'[b] ecclesie minister humilis et S.[c] eiusdem permissione abbas Rading' promptum devotionis et obedientie[d] famulatum. Mandatum sanctitatis vestre venerabilis pater P.[e] Norwycensis[f] electus,[g] camerarius vester et apostolice sedis legatus, et ego Sar' suscepimus in hec verba. Honorius episcopus servus servorum dei venerabili fratri episcopo Sarisbur' et dilecto filio[h] Norwycensi electo salutem et apostolicam benedictionem. Presentium vobis autoritate mandamus quatinus tam venerabilem fratrem nostrum Bathon' episcopum quam dilectos filios priorem et conventum Glaston' ad pacem secundum aliquam formarum, quas vobis sub bulla[i] nostra mittimus interclusas, moneatis prudenter et efficaciter inducatis. Dat' Rome apud Sanctum Petrum iiii. idus Iunii pontificatus nostri anno secundo *[10 June 1218]*. Huius igitur autoritate mandati vocavimus partes ut coram nobis comparerent apud Schaftebur'[j] in octabis sancti Iohannis Evangeliste ad componendum inter se secundum tenorem formarum a vobis prescriptarum. Die vero statuto, cum memoratus dominus P. vices suas commisisset m(ich)i abbati Rading', comparuerunt partes coram nobis, episcopus videlicet in propria persona, prior autem et conventus per procuratores solempniter[k] instructos et datos, ad componendum secundum aliquam formarum partibus transmissarum sub bulla vestra vel aliam competentem iuxta tenorem mandati vestri partibus directi. Cum itaque partes diligenter[l] monuissemus, ad pacem tandem in subscriptam formam pacis que nobis et aliis competens esse videbatur consenserunt, verum quia inter eos tam de temporalibus quam de spiritualibus [m]et spiritualibus[m] annexis agebatur, quantum ad temporalia nobis mediantibus composuerunt in hunc modum. Videlicet quod de portione, que cesserat in partem episcopi per ordinationem autoritate sancte recordationis domini Innocentii pape tertii factam, remanebunt ipsi episcopo et successoribus suis in perpetuum maneria de Wynescomb',[n] Pokelchurch',[o] Blakeford' et Cranemer' cum omnibus pertinentiis suis. De portione etiam, que per ordinationem predictam monachis cesserat, remiserunt dicti monachi eidem episcopo et successoribus suis in perpetuum sectam quam predictum manerium de Cranemer' faciebat hundredo eorum. Revertentur autem ad monachos predictos de portione ipsius episcopi maneria subscripta: Mere, Boclond',[p] Kyngton',[q] Cristemalford',[r] Baddebury[s] et Aysshebury[t] cum libertatibus per episcopum eisdem adquisitis, quantum in eo est, et omnibus aliis pertinentiis suis, exceptis advocationibus ecclesiarum. De militibus quoque ita convenit quod episcopus habeat et successores sui in perpetuum illam partem militum qui pertinere noscuntur ad feuda et terras ipsi episcopo remanentes, et preterea feudum et servitium unius militis in Camelerton'[u] cum omnibus pertinentiis suis. Monachi vero habebunt omnes alios milites de portione episcopi ad eos reversura, et tam de illis quam aliis quos prius habuerunt per ordinationem memoratam, excepto feodo de Camelerton' quod respondebit episcopis immediate, facient servitium regale predicto episcopo et successoribus suis in perpetuum; et episcopus et successores sui per manus suas illud facient domino regi, et inde eos erga dominum regem acquietabunt. De spiritualibus autem et spiritualibus annexis partes eedem ordinationi nostre[v] sese pure et absolute commiserunt. Nos vero ita ordinamus quod prenominatus episcopus et successores sui in perpetuum habeant patronatum monasterii Glaston' secundum tenorem [carte bone memorie][w] I. quondam illustris regis Anglie, quam inspeximus et de verbo ad verbum fideliter transcribi[x] fecimus et presentibus annecti; advocationes etiam ecclesiarum de Aysshbury,[t] Cristemalford',[r] Kyngton' et Boclaund',[y] que prius per ordinationem episcopo remanserant, et advocationem ecclesie de Camelerton'.[z] Habebunt etiam dicti episcopus et successores sui in perpetuum plenam iurisdictionem in monasterio Glaston' ad diocesanum iure ordinarie potestatis pertinentem. Idem autem episcopus concessit monachis liberaliter[aa] quod ad eos revertatur advocatio ecclesie de Mere, que prius in portionem episcopi devenerat, et quod habeant antiquas et debitas pensiones, scilicet de ecclesiis de Pokelischurch',[bb] Wynescomb'[n] et Camelerton',[cc] quarum advocationes episcopis remanebunt. In hanc autem formam pacis, pater sanctissime, a vestra sanctitate approbandam et sufficienter confirmandam partes sponte et liberaliter consenserunt, si sancte paternitati vestre visum fuerit paci et utilitati ecclesiarum expedire quod earum unio auctoritate vestra dissolvatur. Ad omnia vero predicta firmiter et bona fide servanda, utraque pars se iuramento corporaliter prestito obligavit, ita quod nullo unquam tempore veniet contra. Et in huius rei robur et testimonium tam nos quam predictus episcopus, prior et conventus Glaston', prior et conventus Bathon' et capitulum Well' sigilla nostra presentibus apposuimus. Conservet altissimus vitam et incolumitatem vestram ecclesie sue sancte per tempora longiora.

[a] vestre D [b] Sarebirien' E; Sarebiriens' F; Saresbirien' G [c] R. D; G. G [d] et obedientie *om. in* E,F [e] R. D [f] Northwicensis C,D [g] episcopus E,F [h] *Insert* P. F,G [i] *D ends* [j] Seftebir' E,G; Schefteburi F [k] sollempniter C,E; solleniter G [l] *Om. in* E,F [m-m] *Om. in* C [n] Winescumb'/Wynescumbe E,F,G [o] Pokeleschurche C; Pukeleschur' E,F; Pukeleschirche G [p] Boklonde C; Bocland E; Bokelande G [q] Kynton' G [r] Cristemuleford E; Cristemeleford' G [s] Badebyr' G [t] Ayssebur' C; Assebur'/Assebury E,F; Assebyr' G [u] Camelarton(e) E,F; Kamelarton' G [v] vestre B,C [w] *Bracketed passage om. in* B,C [x] transscribi B [y] Boklande C; Bocland E,F; Bokelande G [z] Kamelarton' F [aa] libenter E,F [bb] Pukeleschur' E,F; Pukelescherech' G [cc] Kamelarton(e) E,F,G

Since the papal commission is dated 10 June 1218, the meeting at Shaftesbury took place on 3 Jan. 1219. This act may belong to the latter date, but it certainly falls before that of the papal confirmation of the settlement (*Glastonbury Cartulary*, i, 93–4; the date 1218 in *HMCR Wells*, i, 437, from Liber Albus II, is an error). The latter also dissolved the union of bishopric and monastery, restoring Glastonbury to its former abbatial status, but under the bp's patronage.

¹ The succeeding folio has been excised.

287. Glastonbury abbey

Submission, with the assent of the chapter of Salisbury, to the arbitration of J(ocelin), bishop of Bath, and others [named] in the dispute between the bishop and chapter, on the one part, and the abbot and monks of Glastonbury, on the other, over the church of Winfrith [Newburgh].

[28 Apr. 1220 × 3 Sept. 1221]

B = Cambridge, Trinity College Lib., ms R.5.33, fo. 121v. (Quoted in the arbitrators' award, 3 Sept. 1221). s. xiii med., following contemporary copy of Adam of Damerham's continuation of William of Malmesbury's 'De antiquitate Glastoniensis Ecclesie'. C = BL, Additional ms 22934, fo. 45r-v (37r-v). (Quoted in the same award). s. xiv in, in contemporary copy of Adam of Damerham, etc., as B. D = Ibid, fos. 96v-97r (92v-93r). (Quoted in the same award, in inspeximus by Dean Simon de Micham of Salisbury and others, 1291). s. xiv in, in contemporary copy of Adam of Damerham, as B. E = Bodl. ms Ashmole 790, fos. 197v-198r, at fol 197v. (Quoted in the same award). s. xv, following contemporary copy of John of Glastonbury's 'Historia monasterii sui'.
Pd from B, Adam de Domerham, ii, 623–4.

ᵃ Universis Cristi fidelibus ad quos presens scriptum pervenerit*ᵃ* Ricardus dei permissione Sar'*ᵇ* ecclesie minister humilis salutem eternam in domino. Cum controversia esset inter nos*ᶜ* et capitulum nostrum ex una parte et abbatem et monachos Glaston' ex altera super ecclesia de Winfrod,*ᵈ* nos de assensu et ratihabitione*ᵉ* capituli nostri Sar' subiecimus nos *ᶠ*dispositioni et ordinationi*ᶠ* venerabilis fratris nostri Iocelini dei gratia Bath' episcopi et magistri R.*ᵍ* cancellarii Sar' et magistri Elye de Derham*ʰ* et Ricardi de Maupudre*ⁱ* vel, si alterum illorum abesse contigerit, Iohannis capellani nostri*ʲ* canonici Sar' et Eustachii prioris et magistri H.*ᵏ* refectorarii et Michaelis camerarii Glaston', volentes et concedentes quod in perpetuum stabile habeatur et firmum quod*ˡ* ipsi de *ᵐ*prefata ecclesia*ᵐ* ordinaverint. Ita tamen quod, si omnes*ⁿ* in ipsa ordinatione non convenerint, liberum erit tam*ᵒ* nobis *ᵖ* quam adversariis nostris,*ᵖ* non obstante hoc facto nostro, ius nostrum quod in eadem ecclesia*�q* credimus nobis competere prosequi prout viderimus expedire. Ita etiam quod ex hoc facto in nullo preiudicetur iuri communi, privilegiis vel indulgentiis ecclesie Sar' quoad alias ecclesias advocationis monachorum Glaston' vel quoad

istam si ordinatio non processerit. Et in huius rei testimonium huic scripto
sigillum nostrum et sigillum capituli nostri Sar' sunt apposita.*r* Bene valete.

a-a Universis Cristi fidelibus et c' *B,C; om. in D*   *b* Sarum *E*   *c* eos *(sic) D*
d Winfroud *D*; Wynford *E*   *e* ratihabitatione *D*   *f-f In reverse order in B, and marked for
transposition*   *g* Ric' *(in error) E*   *h* Berham *E*   *i* Mapodre *D*; Maupodr' *E*   *j* Om.
in D*   *k* Henrici *E*; Hugonis *in abbey's submission, E*   *l* quicquid *C,D*   *m-m* eadem
ecclesia *D*   *n Insert* in eandem sententiam *D*   *o* Om. in D,E*   *p-p* Om. in D*   *q The
remainder of the text in D appears to be the concluding parts of the abbey's submission, to
which a jump may have been made at *j*   *r* E ends*

After the date when Robert's predecessor as chancellor of Salisbury was still in office (*Fasti
Salisbury*, 18) and before the date of the arbitrators' award (3 Sept. 1221). The scribe of D
has apparently elided the texts of the two submissions by the parties, which are distinct in C;
the transition may have occurred at *Iohannis capellani*. The award basically assigned two-
thirds of the church's appurtenances to Glastonbury abbey *in proprios usus* and *nomine perpetui beneficii*, the third part being assigned to the rector, and allocated the patronage of the
rectory to the bp of Salisbury in perpetuity—an early example in this diocese of a monastery
being confirmed in a substantial part of the revenues of a church, but losing its patronage to
the diocesan (cf. above, pp cxv–cxvi).

* 288.   Glastonbury abbey

*Ordinance reserving to Glastonbury abbey two thirds of all greater and lesser
tithes of Winfrith [Newburgh] church after the death (?) of Roger de Bingham,
rector of the church.*   [prob. 3 Sept. 1221 × 21 July 1228]

Mentioned only, in a notification by the abbot and convent of Bindon of the settlement
between them and Abbot Robert and the convent of Glastonbury over certain tithes belonging
to the latter by reason of their church of Winfrith, *temp.* Ottobuono, papal legate (1265–8):
Bodl. ms Ashmole 790, fos. 193v–194r, at fo. 194r. s. xv, following contemporary copy of
John of Glastonbury's 'Historia monasterii sui'.

. . . at insuper [salvis] duabus partibus omnium decimarum tam maiorum
quam minorum post secessum Rogeri de Bingham, nunc rectoris dicte ecclesie
de Wynford', secundum formam ordinationis bone memorie domini Ricardi
quondam Sar' episcopi super hoc facte . . .

Perhaps also listed in Longleat, ms 39A, formerly 38b (2) (Glastonbury inventory of deeds),
fo. 56r (p. 113). s. xv in.

Carta Sarisbiriensis episcopi contingens ecclesiam de Wynfred de quadam
pace facta super decimis ad eandem spectantibus.

Presumably after the date of the award cited in no. 287 and before the bp's translation to
Durham (above, no. 253 n.). The extract from the Longleat inventory of deeds immediately
follows the item, 'Final act between the abbot of Glastonbury and Roger, rector of Winfrith
church, over certain articles, and the final composition'; whether Roger here is the same as
Roger de Bingham in Ashmole 790 is unclear. Another item in the same inventory shows

that Bindon abbey had clashed with Glastonbury over tithes in Winfrith before May 1219 (when Glastonbury recovered its abbatial status—see no. 286): 'Composition between Ralph, abbot of Bindon, and the prior and convent of Glastonbury over certain tithes of Winfrith' (Longleat, ms 39A, fo. 56r); Ralph occurs as abbot of Bindon in 1213 × 14 and 1227 (*Heads*, 127). In 1276 Glastonbury farmed its two-thirds portion in the church to Bindon in perpetuity for 40 marks annually (Bodl. ms Ashmole 790, fo. 191r).

289. Gloucester abbey

Inspeximus of Bishop Jocelin's charter instituting the abbot and monks of Gloucester in the personatus *of Boyton church [above, no. 69], and confirmation of forty shillings annually from the vicar who shall be instituted in the same.* London, 28 Jan. [1218 × 1225 *or* 1227 × 1228]

B = PRO, C150/1 (Gloucester cartulary), fo. 41v (24v). s. xiii ex.
Pd, *Gloucester Cartulary*, i, 209, no. 113.

Omnibus sancte matris ecclesie filiis ad quos presens scriptum pervenerit Ricardus divina permissione*ᵃ* Sar' ecclesie minister humilis salutem eternam in domino. Cartam venerabilis predecessoris nostri I. quondam Sar' episcopi inspeximus in hec verba. Iocelinus dei gratia, et c', de verbo ad verbum sicut in proxima carta continetur. Nos igitur, attendentes honestatem dictorum abbatis et monachorum, dictos quadraginta solidos annuos, per manum vicarii qui in eadem ecclesia peremptorie fuerit institutus percipiendos, ipsis pontificali auctoritate confirmamus, salvis in omnibus iure, auctoritate et dignitate Sar' ecclesie et nostra et successorum nostrorum. Dat' Lond' per manum Valentini clerici nostri v. kl' Februarii, et c'.

ᵃ Ms repeats divina *here*

The first January of the bp's pontificate fell in 1218. He was in Marlborough on 28 Jan. 1226 (*Rot. Litt. Claus.*, ii, 96); he may not have been in London on that day in 1219 (*General Eyre*, 72).

290. Goring priory

Settlement, by arbitration at the will of the parties, of the dispute between the prioress and convent of Goring, on the one part, and Hugh de Sandford and William de Neville, knights, on the other, over the church of South Moreton: the nuns shall have, as a benefice in perpetuity, two thirds of the church's corn tithes with a place to store them, and the priest-parson, serving personally in the church at the joint presentation of the said knights as true patrons and by episcopal institution, shall have the entire residue of the church and bear all episcopal and archidiaconal burdens. Ramsbury, 21 Aug. 1218

B = Salisbury, D. & C. Muniments, Liber Evidentiarum C, pp. 304–5, part of pp. 304–7, no. 414, in inspeximus by Bp Walter (de la Wyle), 1263, inspected by Dean Robert (of Wickhampton) and chapter of Salisbury, 1263. s. xiii ex. C = Trowbridge, Wiltshire R.O., D1/1/2 (Liber Evidentiarum B), fo. 105r-v, part of no. 393, in same inspected inspeximus. s. xiv in. D = Ibid., D1/1/3 (Registrum Rubrum), fos. 93r-94r, part of no. 393, in same inspected inspeximus. s. xiv.

Omnibus Cristi fidelibus ad quos presens scriptum pervenerit R. dei gratia Sarr'[a] episcopus salutem in domino. Cum dilecte filie priorissa [p. 305] et conventus de Garinges, ex una parte, et dilecti filii Hugo de Sannford'[b] et Willelmus [c]de Nevill',[c] ex altera, coram nobis ordinario iure de causa cognoscentibus totum ius quod habebant vel videbantur habere in ecclesia de Suthmorton' deducerent[d] in iudicium, partibus in presentia nostra constitutis et lite coram nobis contestata, testibus[e] quoque ex utraque parte admissis et diligenter examinatis, et postquam renuntiatum fuit ex utraque parte[f] productionibus et attestationibus utriusque partis puplicatis,[g] cum iam usque ad diffinitivum ventum esset[h] calculum, procuratores partium per quos lis fuerat coram nobis contestata in nos tanquam mediatores pacis compromiserunt, fide interposita ex utraque parte et nichilominus litteratoria cautione exposita quod quicquid super dicta ecclesia in forma pacis statueremus[i] sine contradictione et appellatione remota partes principales reciperent et in perpetuum ratum haberent. Nos igitur, communicato bonorum virorum consilio et iurisperitorum, solum deum habentes pre oculis,[j] pensatis quoque meritis et[k] circumstantiis cause utriusque partis, in forma perpetue[l] pacis firmiter statuimus quod priorissa et conventus de Garinges percipient duas partes garbarum de decimis ecclesie de Suthmorton' pacifice et quiete habendas in perpetuum et sine calumpnia, et hiis cum areola quadam competenti ad reponendas decimas in territorio ecclesie eis assignata nomine beneficii sint contente, ita quod nichil amplius in dicta ecclesia sibi possint aliquo tempore vendicare. Totum vero residuum dicte ecclesie cum omnibus pertinentiis percipiet sacerdos qui in dicta ecclesia ministrabit personaliter in ordine sacerdotali, presentatus unanimiter a dictis militibus tamquam veris patronis et ab episcopo tanquam persona instituendus, qui cautionem faciet monialibus de indempnitate portionis eis assignate et omnia onera episcopalia et archidiaconalia sustinebit. Et ut hec forma pacis rata maneat et inconcussa, eam auctoritate episcopali confirmavimus.[m] Hiis testibus: Galfr(ido) archidiacono Berkysyr',[n] magistro R. persona, magistro Luca, magistro Henrico Tessun, canonicis Sarr', domino I. capellano nostro, I. de Wykeneholt',[o] Adam[p] de Crep'[q] milite, magistro Rogero, Valentino, clericis nostris, et multis aliis. Dat' apud Ramesbir'[r] xii. kal' Septembris pontificatus nostri anno secundo per manum I. capellani.

[a] Sar' C,D   [b] Saunford' C,D   [c-c] Om. in C,D   [d] deduceret B   [e] partibus C,D

f Om. in B   *g* publicatis *C*   *h Om. in B*   *i* statueremur *B*   *j* occulis *B*   *k Om. in B*   *l Om. in C,D*   *m* confirmamus *C,D*   *n* Berk' *C,D*   *o* Wykenaholte *D*   *p* Ad' *B,D*   *q* Crop' *C,D*   *r* Remesbir' *C*; Remmesbir' *D*

The identity of the bp is established by Bp Walter's statement that he has inspected *cartam felicis recordationis Ricardi quondam Sarr' episcopi predecessoris nostri*. The settlement had been confirmed without inspeximus in 1235 by Bp Robert Bingham, whose act was also inspected in the present inspeximus by Bp Walter de la Wyle (see also no. 291). Hugh de Sandford and William de Neville were the lords of two manors in South Moreton, subdivisions of a former single manor there, and jointly held the advowson (*VCH Berks*, iii, 500–1), their right in the latter being recognized by Alice, prioress of Goring, in a final concord of 6 Oct. 1218 (see no. 290a; the statement in *VCH Berks*, iii, 504, referring to the same fine, is erroneous).

* 290a. Goring priory

Signification by the bishop to the royal justices at Westminster of his agreement to the settlement of the dispute between Hugh de Sandford and William de Neville, on one side, and Alice, prioress of Goring, on the other, over the advowson of [South] Moreton church; namely, that the prioress recognized Hugh's and William's right to the advowson in return for their gift to the priory of two-thirds of the church's corn tithes in pure alms.

[Sept. × early Oct. 1218]

Mentioned only, in the final concord between the parties made in the king's court at Westminster, the octave of St Michael (i.e., 6 Oct.), 2 Hen. III: PRO, CP 25/1/7/6/5.

. . . Et hec concordia facta fuit concedente Ricardo tunc Sarr' episcopo, sicut per literas suas patentes iustitiis significavit.

After no. 290 and before the date of the final concord. The bp's letters to the justices were clearly distinct from the document in no. 290. It is equally clear that the settlement arrived at by the bp was, in effect, confirmed by the final concord in the king's court about six weeks later, although the latter action was probably needed also to deal specifically with the issue of *advocatio*, reference to which is scrupulously avoided in no. 290: cf. A. L. Poole, *From Domesday Book to Magna Carta, 1087–1216*, 2nd edn., Oxford 1955, 217 and n. 4, quoting from an action in the royal court, Michaelmas 1219, in which an ecclesiastic was prohibited from holding a plea *in quo fiat mentionem de advocatione* (*CRR*, viii, 75); see also Cheney, *From Becket to Langton*, 108–117, esp. 114.

* 291. Goring priory

Confirmation of the grant by Roger of Whitchurch to St John's hospital of Englefield, which is subject to the nunnery of Goring, of half a virgate of land in Sulham, twelve acres of land in Suthfeld' *and one acre of meadow, tithes in hay, bread and eels, pannage for pigs and pastures for oxen and cows.*

[June 1217 × 21 July 1228]

Mentioned only, in the confirmation of the grant by Bp Robert Bingham, 1235, as inspected by Bp Walter (de la Wyle), 1263, in inspeximus of the same by Dean Robert (of Wickhampton) and chapter of Salisbury, 1263, as in no. 71 above: B = Salisbury, D. & C. Muniments, Liber Evidentiarum C, p. 306, part of no. 414, s. xiii ex; C = Trowbridge, Wiltshire R.O., D1/1/2 (Liber Evidentiarum B), fo. 105v, part of no. 393, s. xiv in; D = Ibid., D1/1/3 (Registrum Rubrum), fo. 93v, part of no. 393, s. xiv.

. . . inspecta etiam confirmatione^a eiusdem domini R. [*sc.* Ric' Sarr' episcopi] super dimidia virgata terre in Suleham, et duodecim acris terre de^b Suthfeld' et una acra prati, decimis^c feno, pane, anguillis, pannagio porcorum et pascuis boum et vaccarum et aliis a quodam^d Rogero^e de Witchereche^f hospitali sancti Iohannis de Englesfeld', quod subiacet monasterio dictarum monialium [*sc.* de Garinges], concessis . . .

^{a} *Om. in C,D* ^{b} *in D* ^{c} *de cuius (sic) D* ^{d} quondam *C* ^{e} *Altered in B from* Roberto ^{f} Wyttecherch' *C*; Wittecherch' *D*

Dating as for no. 253. St John's hospital, Englefield (Berks), is not otherwise known. Henry II's general confirmation to Goring nunnery, *c.* 1181, includes one hide of land in Sulham, which became known as Nunhide (*Goring and Streatley Charters*, i, no. 1; *VCH Berks*, iii, 429–30).

292. Hugh de Greneford

Notification in chirograph form that, at the presentation of Robert de Mande-ville, knight, the bishop has collated and instituted Mr Hugh de Greneford as parson of Whitchurch [Canonicorum] church, and has caused him to be inducted into corporal possession of the same, for an annual pension of sixty shillings sterling to the communa *of Salisbury cathedral.*

New Salisbury, 19 Feb. 1222

A1 = Salisbury, D. & C. Muniments, Press IV, E3: Whitchurch & Sorestan/5. Endorsed: Quomodo Ricardus episcopus Sar' ad presentacionem Roberti de Maundevyle militis contulit ecclesiam de Whitchurch Hugoni de Gryneford et instituit eundem et oneravit eandem ecclesiam singulis annis cum pensione lx. s' capitulo Sar' solvend'. Ista pensio fuit posterius extincta in appropriacione ecclesie de Whitchyrch. (? s. xvi in); also s. xvii endorsement. Size 157 × 122 + 22 mm. Seal missing, fragment of tag remaining (method 1).

A2 = Wells Cathedral Lib., DC/CH/Series I/27. Endorsed: Cirograffum ecclesie de Wytherwych' (s. xiii ex); viz institucio Ricardi Sar' episcopi (s. xiv); also post-medieval. Size 160 × 120 + 22 mm. Fragment of seal in green wax on tag (method 1); a few letters of counterseal legend remaining.

B = Ibid., Liber Evidentiarum C, p. 99, no. 123. s. xiii ex. C = Trowbridge, Wiltshire R.O., D1/1/2 (Liber Evidentiarum B), fo. 25v, no. 86. s. xiv in. D = Ibid., D1/1/3 (Registrum

Rubrum), fo. 21v, no. 86. s. xiv. E = Wells Cathedral Lib., DC/CART/Liber Albus II (R.III), fo. 455v. ss. xv ex.—xvi in.
Pd from B, C, D, *Salisbury Charters*, 121–2, no. 136; (calendar) from A2, *HMCR Wells*, ii, 551, no. 27; (calendar) from E, ibid., i, 527.

CIROGRAPHVM

Omnibus sancte matris ecclesie filiis ad quos presens scriptum pervenerit Ricardus divina permissione Sarr' ecclesie minister humilis salutem eternam in domino. Noverit universitas vestra nos, ad presentacionem dilecti filii Roberti de Mandevill' militis, contulisse karitatis[a] intuitu dilecto filio magistro Hugoni de Greneford' clerico ecclesiam de Wytchirch'[b] in puram et perpetuam elemosinam, ipsumque in eadem personam instituisse et in eiusdem corporalem possessionem induci fecisse, statuentes ut eam cum omnibus pertinenciis suis, libertatibus et liberis consuetudinibus possideat in perpetuum, reddendo inde singulis annis commune ecclesie nostre Sarr' pensionem lx.[c] solidorum sterlingorum in festo sancti Michaelis, salvo tamen iure nostro et ecclesie nostre et successorum nostrorum quod in eadem ecclesia vendicamus, salvis etiam in omnibus iure, auctoritate et dignitate Sarr' ecclesie et nostra et successorum nostrorum. Dat' apud Novas Sarr' per manum Iohannis capellani xi. kl' Marcii pontificatus nostri anno quinto. Quod ut firmum permaneat in posterum, presens scriptum sigilli nostri munimine roboravimus in testimonium. Hiis testibus: magistro Willelmo de Merton', magistro Helia de Derham', Ricardo de Mapoudr',[d] Bartholomeo de Kemes' et Valentino, canonicis Sarr', Roberto filio Gaufr(idi), Gileberto persona de Stapelbrug', Radulfo de Gosl',[e] Hugone Malet', Ricardo Pancefot', Andrea camerar(io), magistro Rogero de Wyth',[f] et multis aliis.

[a] caritatis *B,C,D,E*   [b] Wichurch' *B*; Wytecherche *C,D*; Witchurch' *E*   [c] xl. *B (and hence in* Salisbury Charters, *121–2)*   [d] Maupodr' *B*; Mapodr' *C,D*   [e] Gost *B,C,D*   [f] Wich' *B*; Wytcherche *C,D*

A1 and A2 are the two halves of the original chirograph.

293. Hugh de Greneford

Ordinance settling the dispute between Mr Hugh de Greneford, parson of Whitchurch [Canonicorum] church, on the one part, and Mr W(illiam) of Wells, vicar of Wootton [Abbas] chapel, Thomas de la Wile, parson of the same, and Adam of Wootton, knight, on the other, concerning the tithes of Wootton, which dispute was committed by Pope Honorius III to the abbots of St Albans and Missenden and the prior of St Albans, and is now, by agreement of the parties, submitted to the bishop's arbitration. Hugh and subsequent parsons of the mother church of Whitchurch shall receive twenty shillings

*annually from the clerk who has the tithes of Wootton, whether he be the
parson or the vicar, and Adam or his heirs shall present to the chapel without
contradiction of the patron or parson of the mother church, saving the latter's
ancient parochial right as regards burials and its other rights.*

[19 Feb. 1222 × 24 March 1225]

B = Wells Cathedral Lib., DC/CART/Liber Albus II (R.III), fo. 450r-v. ss. xv ex.—xvi in.
C = Ibid., DC/CH/Series I/28 (in original inspeximus by the dean and chapter of Salis-
bury, dated '1224'). Severely damaged and partially missing at the top. D = Ibid., DC/
CART/Liber Albus II (R.III), fos. 450v-451r (in same inspeximus). ss. xv ex.—xvi in.
Pd, in part, from B, Hutchins, *History of Dorset*, ii, 269; (calendar) from B, *HMCR Wells*, i,
522; (calendar) from C, ibid., ii, 551, no. 28.

Omnibus sancte matris ecclesie filiis ad quos presens scriptum pervenerit R.[a]
divina miseratione Saresberiensis ecclesie minister humilis salutem in
domino. Noverit universitas vestra quod, cum causa verteretur inter magistrum
Hugonem de Greneford', personam ecclesie de Witcherch',[b] ex una parte, et
magistrum W. de Welles, vicarium capelle de Wudeton',[c] et Thomam de la
Wile clericum, personam eiusdem capelle, et Adam de Wudeton' militem, ex
altera, super decimis de Wudeton' ex mandato domini pape Honorii tertii
coram viris venerabilibus de Sancto Albano et de Messenden' abbatibus et
priore Sancti Albani, tandem partes pure et sponte in nos compromiserunt[d]
in hac forma. Cum controversia verteretur inter magistrum W. de Welles et
magistrum Hugonem de Greneford' super decimis de Wudeton', que villa est
Ade de Wudeton', tandem uterque sponte et pure omni remota appellatione
subiecit se ordinationi domini episcopi Saresberiensis tam super principali
quoad petitorium et quoad possessorium quam super incidentibus, ita videlicet
quod quicquid idem episcopus ordinabit, vel componendo inter ipsos vel
diffiniendo, uterque ipsorum ratum habebit. Et ad hoc se obligaverunt sub
pena triginta marcarum, ita tamen quod infra festum quod dicitur Advincula
sancti Petri die partibus a dicto episcopo prefigendo dictus W. litem coram
memorato episcopo contestabitur, et si per eum steterit quo minus litem conte-
stetur infra dictum tempus, penam incurret memoratam; similiter dictus H., si
per eum steterit. Habebit etiam idem episcopus potestatem nolentem ordinationem suam observare compellere appellatione remota ad dicte pene solutionem. In simili forma super dictis decimis subiecerunt se memorati episcopi
ordinationi Adam de Wudeton' miles et Thomas de la Wile clericus. Et sciendum quod utraque pars renuntiavit impetratis et impetrandis et cuiuslibet fori
privilegio. In huius rei testimonium omnes supradicti dicte compromissioni[e]
sigilla sua apposuerunt et tactis sacrosanctis Evangeliis iuramentum prestit-
erunt se ordinationem dicti episcopi observaturos. Lite igitur coram nobis [fo.
450v] legittime contestata, testibus etiam utrimque productis et eorundem[f]

attestationibus, quibusdam etiam instrumentis, rite publicatis, volentes paci partium prospicere et lites inter subditos nostros sicut decet sopire, consenti-ente[g] patrono matricis ecclesie per litteras suas patentes de ratihabitione, ordi-navimus in hunc modum. Videlicet quod prescriptus Hugo et quicumque pro tempore persona fuerit dicte matricis ecclesie de Witchirch'[b] a clerico qui decimas capelle de Wudeton'[c] habuerit, sive fuerit persona sive[h] vicarius, annuatim viginti solidos de dicta capella tanquam matricis ecclesie persona recipiet ad quatuor anni terminos, scilicet infra[i] octab(as) Natalis domini quinque solidos, infra octab(as) Pasche quinque solidos, infra octab(as) Nativ-itatis[j] sancti Iohannis Baptiste quinque solidos, infra octab(as) sancti Michaelis quinque solidos. Quandocumque autem sive personam sive vicarium dicte capelle decedere vel ab ipsa capella transferri contigerit, dictus Adam vel eius heredes clericum idoneum quem voluerint libere et sine contra-dictione patroni et persone [k]dicte matricis ecclesie[k] episcopo diocesano pre-sentabunt canonice instituendum, accepto ab eodem iuramento post institu-tionem de fidelitate matrici ecclesie observanda et de prescriptis viginti solidis fideliter statutis terminis annuatim matrici ecclesie in posterum exsolvendis, salvo preter hoc in omnibus antiquo parochiali iure matricis ecclesie de Wit-chirch' super sepulturis et aliis que ad eandem matricem ecclesiam de iure pertinuisse noscuntur. Hanc autem ordinationem nostram fideliter et bona fide observandam dictos W., Th. et A. et eorum successores nos et successores nostri [l]in perpetuum[l] remota appellatione per censuram ecclesiasticam com-pellemus. Et ut omnia supradicta fideliter et firmiter in perpetuum observetur, nos presentem ordinationem sigillo nostro confirmavimus.

[a] Ricardus D   [b] (and below) Witchurch' D and, where surviving, C   [c] (and below) Wud-etun' D and, where surviving, C   [d] commiserunt B   [e] commissioni B   [f] eorum D   [g] Placed before per litteras C,D   [h] Insert fuerit C,D   [i] (and below) intra C,D   [j] Om. in C,D   [k-k] ecclesie matricis predicte C,D   [l-l] imperpetuum B

After no. 292 and before the date of the Salisbury chapter's inspeximus. William of Wells had been instituted as parson of Whitchurch at Robert de Mandeville's presentation in 1215 (above, no. 250), but when, or before, Hugh de Greneford was instituted at the same Robert's presentation in 1222 (above, no. 292), William of Wells must somehow have been transferred to the vicarage of the dependent chapel of Wootton Abbas. In 1231 a dispute between the same Hugh de Greneford and Abbotsbury abbey over the tithes of the latter's demesne in Wootton Abbas was settled (*HMCR Wells*, i, 524–5).

294. W. de Harpeham

Grant, with the assent of Dean W(illiam) and the chapter of Salisbury, to Mr W. de Harpeham for life of the bishop's manor of Little Woodford, with a mill and all appurtenances and liberties, for one pound of incense annually.

The bishop or his successors will reimburse W. for any reasonable expenses he may incur in building or other improvement of the manor.

New Salisbury, 25 June 1226

B = Trowbridge, Wiltshire R.O., D1/1/1 (Register of St Osmund), fo. 65v (p. 130) (in inspeximus by Dean W(illiam) and chapter of Salisbury, n. d.). s. xiii in.
Pd, *Reg. S. Osm.*, ii, 29.

Omnibus sancte matris ecclesie filiis ad quos presens scriptum pervenerit R. divina permissione Sar' ecclesie minister humilis salutem in domino. Noverit universitas vestra nos, de assensu et voluntate W. decani et capituli nostri, dedisse et concessisse dilecto nobis in Cristo magistro W. de Harpeham manerium nostrum de Parva Wdeford' cum molendino et cum omnibus pertin-entiis suis, libertatibus et liberis consuetudinibus ad idem manerium spectan-tibus, tenendum et habendum libere, quiete et pacifice et integre toto tempore vite sue, reddendo nobis et successoribus nostris unam libram thuris annuatim ad Pascha. Ita quidem quod, si dictus W. in edificatione domorum in eodem manerio vel in aliquo alio*ᵃ* ad emendationem dicti manerii posuerit, nos vel successores nostri omnes sumptus rationabiles quos ibi posuerit ipsi computa-bimus et restituemus. Et ut hec nostra donatio et concessio rata et inconcussa permaneat,*ᵇ* presenti scripto sigillum nostrum apposuimus. Acta vii. kl' Iulii apud Novas Sar' anno pontificatus nostri nono. Dat' per manum Valentini clerici nostri. His testibus: W. decano, magistro R. cancellario, W. archidia-cono Berkesir', R. de Maupodre, magistris Helia de Derham, H. Tessun, Luca, R. de Wrda, canonicis Sar', Giliberto de hospitali, W. de Leicestre, R. capel-lano, Th(oma) de Winstrop,*ᶜ* W. serviente Sar', H. et W. clericis, Andrea camerario, W. de Stutevill, I. fratre eius, et multis aliis.

ᵃ? insert modo   *ᵇ Ms has* per *interlined*   *ᶜ Reading uncertain; ?* Wrustrop

The bp's pontifical years began after 28 June (see *Fasti Salisbury*, 4 n. 2; above, no. 253 n.). This is treated by the *VCH* as a grant of the bp's whole manor of Woodford, including the mill at Little Woodford, which was probably in what is now Lower Woodford (*VCH Wilts.*, vi, 223, 226).

* 295. Hayling priory

Confirmation of an agreement of Margaret de Quency, countess of Winches-ter, concerning the celebration of divine office in the chapel in her manor of Winterbourne Stoke.   [June 1217 × 21 July 1228; ? after 3 Nov. 1219]

Listed in BL, Cotton ms Otho B xiv (Sheen priory inventory of charters), fo. 62r (60r). s. xv ex.

Item carta Ricardi episcopi Sar' super confirmatione compositionis Margarete de Quency comitisse Winton' super cantaria in capella in manerio suo de Winterbornstoke.

> Margaret was the younger co-heir of Robert (FitzPernel), earl of Leicester (d. 1204), and married Saher de Quency, who was created earl of Winchester in or before 10 Feb. 1207, and died at Damietta 3 Nov. 1219 (*Complete Peerage*, vii, 536; xii/2, 748–50; see also above, no.201 n.). Dating in general as for no. 253, but possibly after her husband's death. The agreement was evidently the item listed in the Sheen inventory, fo. 62r-v, as the 'charter of Jordan, rector of Winterbourne Stoke church, to Margaret de Quency, countess of Winchester, with the consent of the proctor of Jumièges, that she might have a chapel in her manor of Winterbourne Stoke *cum certa forma ibidem expressa*;' see also ibid., fo. 139v: 'copy (unsealed) of a charter of Margaret Quency, countess of Winchester, concerning the chapel in the court at Winterbourne Stoke'. For the connection with Hayling priory, see above, no. 201.

* 296. William Heirun

Excommunication of William propter manifestum delictum suum.

[June 1217 × Easter 1221]

> Mentioned only, as having been produced in the king's court in Easter term, 1221, in a case between William Heirun, on the one part, and Adam of Wootton and Robert de Charteray, on the other: PRO, KB26/79, m. 10d; pd, *CRR*, x, 52.

... et proferunt [*sc*. Adam and Robert] literas domini Sarr' patentes, que testantur quod idem Willelmus est excommunicatus propter manifestum delictum suum. ...

> After the bp's Salisbury pontificate began (above, no. 253 n.; *Fasti Salisbury*, 4 n. 2) and before the court hearing. William Heirun was the lord of Charmouth, whose dispute with the parson of Whitchurch [Canonicorum] over Charmouth chapel had been settled by 1205 (*HMCR Wells*, i, 525—Robert, abbot of Malmesbury, died 1205: *Heads*, 56—charter witnessed by Robert de Charteria). For Adam of Wootton, see above, no. 293.

297. King Henry III

Notification by the bishop that he has received Sherborne castle from King Henry [III] to keep at his own cost during the king's pleasure, and undertaking to restore it to him or his heirs whenever ordered to do so, claiming or being able to claim no right in the castle by reason of this commission; with declaration by Dean W(illiam) and the chapter of Salisbury that the church of Salisbury will not claim or be able to claim any right in the castle by reason of this commission.   [prob. soon after 4 Feb. 1224]

> B = Trowbridge, Wiltshire R.O., D1/1/1 (Register of St Osmund), fo. 46v (p. 92). s. xiii in. Pd, *Reg. S. Osm.*, i, 330–1.

Omnibus Cristi fidelibus ad quos presens scriptum pervenerit Ricardus divina permissione Sar' ecclesie minister humilis salutem eternam in domino. Noveritis nos recepisse de manu domini*a* nostri H. illustris regis Anglie castrum de Sireb' custodiendum ad custum nostrum quamdiu eidem domino regi placuerit. Quod quidem castrum ei quandocumque preceperit reddemus vel, si de eo humanitus contigerit castro existente in manu nostra, heredibus ipsius ipsum reddemus, et cuicumque preceperit idem dominus rex vel heredes sui liberabimus. Nos vero, occasione huius commissionis, nichil iuris vendicabimus vel vendicare poterimus aliquo tempore in castro predicto. In cuius rei testimonium presenti scripto sigillum nostrum apposuimus. *b* Nos vero W. decanus et capitulum Sar' protestamur pro nobis et ecclesia Sar' quod, occasione huius commissionis, nichil iuris aliquo tempore vendicabit vel vendicare poterit in eodem castro ecclesia Sar'. In cuius rei testimonium et securitatem sigillum capituli nostri, una cum sigillo venerabilis patris episcopi nostri memorati, hiis duximus litteris apponendum.

a Interlined   *b* The passage from this point, though in the name of the dean and chapter, clearly belongs to the same document

The castle was committed to the bp's custody on 4 Feb. 1224 (*Patent Rolls 1216–1225*, 421). It had been committed to the bp of Bath's custody on 30 Dec. 1223, on which day also Salisbury, Devizes and Corfe castles had been committed to Bp Richard Poore (ibid., 419). All the transactions were part of Henry III's general resumption and redistribution of castles, set in train at the end of 1223 (D. A. Carpenter, *The Minority of Henry III*, London 1990, 325–8). For the history of the castle in the 12th century, see *History of the King's Works*, ii, 832; *Reg. S. Osm.*, i, 235–6.

298.   St Guthlac's priory, Hereford

Notification by the bishop, with the dean and chancellor of Salisbury, the archdeacon of Wiltshire, the precentor and treasurer of Salisbury, that all the disputes between Gloucester abbey and [St Guthlac's] priory, Hereford, on the one part, and Warin de Munchensy, R. parson of Painswick church and others, on the other, committed to them and other judges by the pope and by the archbishop of Canterbury, have been settled. The abbey and priory have renounced all the right they claimed in the church, saving to them two sheaves of the demesne tithes and two parts of the lesser demesne tithes of Warin in the vill, and one virgate of land in the parish with two tenements and messuages, all of which they have been accustomed to have and which Warin has by his charter confirmed to them. The abbey and priory have also quitclaimed to Warin and his heirs all right in the advowson of the church.

New Salisbury, St Mary's cathedral, 25 March 1225 × 24 March 1226

B = Oxford, Balliol College Library, ms 271 (cartulary of St Guthlac's priory, Hereford), fo. 91r (74r), no. 400. s. xiv in.

[U]niversis Cristi fidelibus R. dei gratia Sar' episcopus, decanus et cancellarius eiusdem ecclesie, archidiaconus Wyltesir', precentor et thesaurarius Sar' salutem in domino. Universitati vestre duximus significandum omnes causas et controversias motas inter abbatem Glouc', priorem de Hereford' et eorum conventus, ex una parte, et dominum Warinum de Monte Kanes' et personam ecclesie de Wyka et alios tam clericos quam laicos conventos, *ex altera,* a domino papa et a domino Cant(uariensi) nobis et aliis iudicibus commissas amicabili compositione fuisse sopitas sub hac forma. Videlicet quod dicti abbas et prior et eorum conventus renuntiaverunt omni iuri et demande quam dicebant se habere in ecclesia de Wyca. Remiserunt autem et quietas clamaverunt eidem Warino et dicto R. persone de Wyca et aliis tam clericis quam laicis conventis omnes expensas et iniurias sibi per ipsos et suos illatas, similiter et dampna que per eosdem[b] perpessi sunt, salvis dictis abbati et priori et eorum conventibus duabus garbis decimarum de dominico dicti Warini in villa de Wyka, et salva sibi una virgata terre quam habent in parrochia de Wyka cum duobus tenementis[c] et mesuagiis eorundem, salvis sibi duabus partibus minutarum[d] decimarum de dominico domini Warini in eadem villa, quas de antiquo percipere consueverunt. Dictus vero Warinus de Monte Kyniesi et R. persona de Wyka et alii tam clerici quam laici conventi remiserunt et quietas clamaverunt dictis abbati et priori et eorum conventibus omnes expensas et iniurias sibi per ipsos et suos illatas, similiter et omnia dampna que per easdem[e] perpessi sunt. Omnes vero predictas portiones quas predicti abbas et prior et eorum conventus percipiunt et percipere consueverunt in parrochia de Wyka, sicut[f] predictum est, dictus Warinus per cartam suam sigillo suo signatam eisdem monachis perpetuo et libere possidendas pro se et heredibus suis confirmavit. Insuper dicti abbas et prior et eorum conventus in perpetuum renuntiaverunt omni iuri et demande quam habuerunt vel habere poterunt in advocatione ecclesie de Wyka, et idem ius eidem Warino et heredibus suis remiserunt et quietum clamaverunt.[g] Pars autem utraque in perpetuum inpetratis et inpetrandis renuntiaverunt que dictarum pacis et concordie formam tractu temporis possent inpedire vel infirm(are). Facta autem fuit hec compositio in ecclesia beate Marie Novarum Sar' anno ab incarnatione domini M.CC.xxv. Et ut ista compositio perpetue firmitatis robur obtineat, eam presenti scripto sigillorum nostrorum appositione roboravimus.

a-a Interlined *b Sic; ?rectius* easdem *c Sic, but* tenentibus *in Warin's charter, ibid., fo. 90v* *d Ms garbled:* mirrutag'; *amended reading from Warin's charter* *e Sic* *f Ms* scicut *g Ms* clamamaverunt

The dating assumes that the year began on 25 March. The unusual sequence of persons named in the *intitulatio* may reflect earlier commissions to two separate panels of judges. Warin's charter, made in consequence of this settlement and witnessed by Maurice of Arundel, archdn of Gloucester, is ibid., fo. 90v. For the parson's identity, see below. Painswick manor, originally a holding of the Lacy family, came before *c.* 1190 to one line of their descendants, a younger branch of the Munchensy family, one of whom, Warin, inherited in 1213 and died in 1255 (*VCH Glos.*, xi, 65–6; *Complete Peerage*, ix, 418–21). Painswick church was given to the canons of Llanthony priory by Hugh de Lacy before 1115 (*Mon. Ang.*, vi, 137); Hugh's granddaughter, Cecily, married Roger, earl of Hereford, who confirmed the church to the canons in 1151 × 54, when they were invested by John (of Pagham), bp of Worcester (Walker, 'Earldom of Hereford Charters', 25, no. 28; PRO, C115/Li/6689, fo. 49r-v); Llanthony's title was subsequently challenged by Countess Cecily's two later husbands and by the priest, Roger, the dispute being settled in 1177 × 78 by the recognition of the canons' rights and by the admission of Roger as 'perpetual vicar' at their presentation (*EEA* XI, no. 108; Cheney, *Roger of Worcester*, App. I, nos. 31–2, App. II, no.72; Walker, 'Earldom of Hereford Charters', 40, nos. 65–66; PRO, C115/K2/6683, fo. 294r-v). However, the same Hugh de Lacy was alleged to have given the church also to Gloucester abbey (*Gloucester Cartulary*, i, 109). Whether the latter is reliable or not, in 1101 × 2 Henry I confirmed Hugh de Lacy's gifts to Gloucester, including, in Gloucestershire, 'the tithe of the whole demesne of Wyca with one virgate of land', (*Regesta*, ii, no. 602; App., no. xv, notes to expanded versions), which seems to lie behind the monks' present claim, the successful outcome of which was represented in 1535 by the priory's possession of a portion of 40s in Painswick church (*VCH Glos.*, xi, 69). It is possible that R. *persona* in this act was the Roger *sacerdos* and 'perpetual vicar' of Painswick of 1177 × 78, who appears in *c.* 1205 × *c.* 1207 as rector (PRO, C115/K2/6683, fo. 296r), but, if so, he would have been very old in 1225 × 6; it is more likely that he was the Richard who became vicar under Roger as rector in *c.* 1205 × *c.* 1207 (ibid.).

299. Master Hervey

Notification that the bishop has collated Mr Hervey to the church of St Martin in his manor of Salisbury, with the chapel of Stratford[-sub-Castle], and all other churches and chapels built and to be built in the city of Salisbury; and has instituted him as parson and caused him to be inducted into corporal possession of the same, which he shall have freely for life, saving to the communa *of Salisbury cathedral the tithes of corn and hay. Also, because Hervey will bear all ordinary burdens of the said churches and chapels, grant of the tithes of the bishop's mills in the city of Salisbury, and of all tithes of all lands held as curtilages within the bounds of the city's ditches, for the tithes of which lands, in order to avoid contention with the chapter of Salisbury, he shall pay annually twenty shillings to the* communa.

London, St Bride's, 26 Jan. 1228

B = Salisbury, D. & C. Muniments, Liber Evidentiarum C, fo. 439r-v. s. xv ex. C = Trowbridge, D1/1/3 (Registrum Rubrum), fo. 179r-v. s. xvi in.
Pd from B, *Salisbury Charters*, 191, no. 165; Hoare, *History of Modern Wiltshire*, vi, 730–1.

Omnibus sancte matris ecclesie filiis ad quos presens scriptum pervenerit Ricardus divina permissione Sar' ecclesie minister humilis salutem eternam in domino. Scire volumus universos nos intuitu caritatis contulisse dilecto filio*a* magistro Herveo ecclesiam sancti Martini de manerio nostro Sar' cum capella de Stratford', que ad nostram et successorum nostrorum donationem spectare dinoscuntur, et omnes alias ecclesias et capellas constructas et construendas in civitate nostra Sar', ipsumque in eisdem auctoritate pontificali personam instituisse et in corporalem possessionem earundem induci fecisse, statuentes ut dictus Herveus dictas ecclesias et capellas habeat et possideat toto tempore vite sue libere et quiete, pacifice et integre, cum omnibus pertinentiis suis et libertatibus et liberis consuetudinibus ad ipsas spectantibus, salvis commune ecclesie nostre Sar' decimis garbarum et feni. Et quia idem Herveus omnia onera ordinaria dictarum ecclesiarum sustinebit et capellarum, contulimus ei decimas molendinorum nostrorum predicte civitatis Sar' et omnes decimas omnium terrarum que pro curtellis*b* tenentur, videlicet omnium terrarum que sunt infra fossata civitatis nostre Sar'. Ita quidem quod, ut omnis inter capitulum Sar'*c* et predictum Herveum tollatur contentionis occasio, solvet pro omnibus dictarum terrarum decimis annuatim viginti solidos in festo sancti Michaelis supradicte commune Sar',*d* qui etiam iurabit fidelitatem decano et capitulo Sar' tam de dicta solutione facienda*e* quam de debita diligentia adhibenda quod decime capitulo assignate a parochianis suis eis fideliter persolvantur, salvis etiam in omnibus iure, auctoritate et dignitate Sar' ecclesie et nostra et successorum nostrorum. Quod ut perpetue firmitatis robur optineat, presens scriptum sigilli nostri munimine roboravimus in testimonium. Dat' apud Sanctam Brigidam London' *f*per manum Valentini clerici nostri*f* septimo kalend' Februarii pontificatus nostri anno undecimo. Hiis testibus: [fo. 439v] magistro Elia de Derham, et magistro Henrico de Bisshopiston',*g* magistro Luca, Willelmo de Leicest'*h* et Thoma de Sancto Martino, canonicis Sar', Gilberto*i* de Hospitali senescallo, Waltero de Purl', Stephano et Abel, clericis, Andrea camerario, Alexandro hostiario,*j* Thoma coco, et multis aliis.

a Om. in B   *b* curtillis C   *c* Om. in B   *d* Om. in C   *e* fienda B   *ff* Om. in B
g Bissopestun' C   *h* Leicestr' C   *i* Gileberto C   *j* ostiario C

300.   Richard de Horton

Grant at fee-farm to Richard de Horton, with the assent of the chapter of Salisbury, of the bishop's manor of Highway, to be held by him and his heirs freely, saving royal or other forinsec service, and saving to the bishop and his successors the right of advowson of the chapel of the vill, for twenty pounds sterling annually.   Salisbury, 30 Apr. 1220

B = Salisbury, D. & C. Muniments, Liber Evidentiarum C, pp. 361–2, no. 485 (in inspeximus by Dean A(dam) and the chapter of Salisbury). s. xiii ex.

Pd, *Salisbury Charters*, 99, no. 120.

Omnibus Cristi fidelibus ad quos presens scriptum pervenerit Ricardus divina miseratione Sarr' ecclesie minister humilis eternam in domino salutem. Noverit universitas vestra nos, unanimi assensu et voluntate capituli nostri, tradidisse Ricardo de Horton' ad feodum firmam manerium nostrum de Hiweia cum omnibus pertinentiis, libertatibus et liberis consuetudinibus ad dictum manerium pertinentibus, tenendum sibi et heredibus suis de nobis et successoribus nostris libere, integre et quiete ab omni servitio et exactione ad nos [p.362] vel successores nostros vel ecclesiam Sar' pertinente, salvo servitio regali aut alio servitio forinseco, si quod forte acciderit, salvo etiam nobis et successoribus nostris iure advocationis capelle eiusdem ville; reddendo inde annuatim nobis et successoribus nostris decem libras legalium sterlingorum ad quatuor terminos anni, scilicet ad Pascha quinquaginta solidos, ad Nat(ivitatem) sancti Iohannis Baptiste quinquaginta solidos, ad festum sancti Michaelis quinquaginta solidos, et ad Nat(ale) domini quinquaginta solidos. Et ut nostra traditio perpetue firmitatis robur optineat, presens scriptum sigilli nostri munimine roboravimus in testimonium. Dat' apud Sar' pridie kal' Maii per manum Iohannis cappellani pontificatus nostri anno tertio. Hiis testibus: Reginaldo de Calne, Henrico de Eddint', Ricardo Pacevont,[a] Philippo de Cotes, Willelmo filio Luce, Azone de Berton', Michaele de Kaning',[b] Willelmo de Wauci, Rogero de Borton', Petro filio Iacobi de Poterna, Waltero de Worton', et multis aliis.

[a] *Sic; ? for* Pacevout   [b] *Ms* Kaing' *(cf. below no. 345)*

The bp had acquired the manor of Highway from Malmesbury abbey in (prob.) 1219; see below, no. 322 n.).

301. Hurley priory

Confirmation to the prior and convent of Hurley, following the example of Bishop Herbert, of all corn tithes of Waltham [St Lawrence] throughout the year and of the oblations made by the faithful on the feast of St Laurence (10 Aug.), for the use of the office of the sacrist. No prejudice shall be caused to the monks by the fact that William son of Jordan holds the said tithes of them at farm for life, at their will and with the bishop's assent, for one bezant annually.   Amesbury, 17 Oct. 1220

A = Westminster Abbey Muniments, no. 2258. Endorsed: Confirmatio R. episcopi Sar' de ecclesia de Waltham (s. xiii ex.). Size 254 × 152 + 35 mm. Seal on tag (method 2), in green wax, fine, the obverse missing only a small portion of the legend at the bottom; complete counterseal.

B1 = Ibid., no. 2268, in original inspeximus by Dean William and the chapter of Salisbury, n. d. B2 = Ibid., no. 2269, in a second original of the same inspeximus, n. d.

Pd (calendar) from A, F. T. Wethered, *St Mary's, Hurley, in the Middle Ages: based on Hurley Charters and Deeds*, London 1898, 106, no. 46.

Omnibus Cristi fidelibus ad quos presens scriptum pervenerit Ricardus dei permissione Salesbir'[a] ecclesie minister humilis salutem in domino. Pie recordationis Herberti[b] predecessoris nostri vestigiis inherentes, dilectis filiis priori et conventui de Hurle auctoritate episcopali confirmamus omnes decimas garbarum de Waltham que ibi per annum provenient, et preterea oblationes que similiter in die sancti Laurentii a quibuscumque fidelibus offerentur, ad officium sacriste convertendas, statuentes ut nullum preiudicium fiat dictis monachis ex eo quod Willelmus filius Iordani dictas decimas ab eisdem monachis de nostro assensu et eorundem voluntate toto tempore vite sue tenet ad firmam, reddendo eisdem annuatim unum bisantium pro eis, post cuius mortem vel vite mutationem vel resignationem dicte decime sine contradictione ad monachos predictos pleno iure revertantur. Quod ut ratum sit et firmum, huic scripto sigillum nostrum fecimus apponi, salvis in omnibus iure et dignitate Salesbir'[c] ecclesie et nostra ac successorum nostrorum. Act' anno pontificatus nostri iiii. apud Ambresbir' xvi. kl' Novembris. Hiis testibus: magistro Galfr(ido) de Rothomago,[d] domino Ricardo de Mapoudr',[e] magistro Luca, domino Iohanne capellano, magistro Henrico de Bissepostun',[f] domino Galfrido capellano, Gileberto[g] senescall(o), et multis aliis.

[a] Sarr' *B2*   [b] Hereberti *B1, B2*   [c] Sairesbir' *B1*; Sarresbir' *B2*   [d] Rotomag' *B2*
[e] Mapodr' *B1*; Maupodr' *B2*   [f] Bissopostun' *B1*; Bisopestun' *B2*

For Bp Herbert's confirmation, see above, no. 203. The two capitular inspeximuses are calendared, Wethered, 107, nos. 48–9. It is interesting that, although four of the first five witnesses were canons by this date (Richard of Mappowder being not yet certainly so), none is so described in the mss.

* 302.   Ildicius

Admission, at the presentation of Matthew, parson of Christian Malford church, and with the assent of Jocelin, bishop of Bath, patron of the church, of Ildicius, nephew of the late Cardinal John of St Praxed, to the perpetual vicarage of the same church.   [June 1217 × 19 Sept. 1220]

Mentioned only, in a deed by Dean P(eter) and the chapter of Wells, dated 19 Sept. 1220, stating that they have taken the vicarage to farm for the life of Ildicius at an annual rent of

twenty-five marks payable at the New Temple, London: Wells Cathedral Lib., DC/CART/
Liber Albus I (R.I), fo. 98r. ss. xv ex. — xvi in.; pd (calendar), *HMCR Wells*, i, 126.

Sciatis nos (*sc.* dean and chapter of Wells) ad petitionem venerabilis patris
domini Ioscelini episcopi nostri recepisse ad firmam de Ildicio, nepote bone
memorie Iohannis titulo sancte Praxedis presbiteri cardinalis, tota vita ipsius
I. perpetuam vicariam cum omni integritate sua quam habet in ecclesia de
Cristemelford' ex presentatione Mathei eiusdem ecclesie persone et assensu
predicti episcopi nostri, ipsius ecclesie patroni, et admissione domini Ricardi
Sarr' episcopi . . .

> After the bp's Salisbury pontificate began (above, no. 253 n.) and before the date of the farm.
> See also above, no. 281.

303. Ivychurch priory

Ordinance in chirograph form concerning the church of [Bishops] Caundle,
their right in which the prior and convent of Breamore have committed to the
bishop's ordination, namely, that the prior and convent of Ivychurch will
receive as a perpetual benefice five marks sterling annually from the church
by the hand of its rector, to be appointed by the bishop as patron and bishop,
the rector receiving the rest of the church and sustaining its ordinary burdens.

Salisbury, 15 Apr. 1224

> B = Salisbury, D. & C. Muniments, Liber Evidentiarum C, pp. 243–4, no. 343. s. xiii ex. C =
> Trowbridge, Wiltshire R.O., D1/1/2 (Liber Evidentiarum B), fo. 87r, un-numbered part
> of no. 340. s. xiv in. D = Ibid., D1/1/3 (Registrum Rubrum), fo. 77r, un-numbered part
> of no. 340. s. xiv.
> Pd from B, C, D, *Salisbury Charters*, 163–4, no. 142.

Universis ad quos presens scriptum pervenerit R. dei permissione Sar' ecclesie
minister humilis salutem eternam[a] in domino. Noverit universitas vestra quod,
cum prior et conventus de Brommor[b] ordinationi ac[c] dispositioni nostre com-
misissent quicquid iuris habuerunt in ecclesia de Candel, cum per eorum
instrumenta nobis de eorum iure constaret, de predicta ecclesia ita ordinavimus. Videlicet quod prior et conventus de Monasterio Ederoso nomine perpetui beneficii annuatim percipient de eadem ecclesia quinque marchas sterlingorum ad quatuor anni terminos per manum rectoris illius ecclesie qui pro
tempore fuerit ab episcopo Sar' tamquam patrono illius ecclesie et episcopo in
perpetuum promovendus,[d] qui rector totum residuum recipiet et onera ecclesie
ordinaria sustinebit. Et ut hec nostra ordinatio futuris temporibus [p. 244]
firma et stabilis perseveret, ad maiorem securitatem huic scripto in modum
cyrographi confecto, cuius una pars penes ecclesiam Sar', altera penes monas-

terium predictum remanebit, appositum est signum nostrum una cum sigillo capituli Sar' et sigillo prioris et conventus de Brommore.[e] Act'[f] apud Sar' anno domini M.CC.xxiiii. xvii kal' Maii.[g] Hiis testibus: dominis W. decano, G. precentore, R. cancellario, E. thesaurario Sar', W. archidiacono Berk', R. de Maupoudro,[h] B., W., et aliis.

[a] *Om. in C,D*   [b] Bremmor' *D*   [c] et *C,D*   [d] promovendis *(sic) C,D*   [e] Bremmore *C,D*   [f] Actum *C*   [g] May *B*   [h] Mapadr' *C,D*

Compare above, no. 267, which also concerns Breamore priory and passed on the same day. A further ordinance concerning the present church, with enlarged terms, was issued in 1226 (see no. 304). It is possible that the assignment of 5 marks annually to Ivychurch was somehow connected with the arrangements made in 1155 × 65 for Bp Jocelin's anniversary, whereby after his death one 'common' was to be allocated annually to Ivychurch by the Salisbury chapter (see above, no. 125); in 1214, however, the chapter agreed to pay 8 marks annually in place of the *three* 'commons' being then demanded by the priory, which may conceivably relate to a different obligation (*Reg. S. Osm.*, i, 236–7; *Salisbury Charters*, 78).

304. Ivychurch priory

Enlarged ordinance, in tripartite chirograph form, concerning the same church of [Bishops] Caundle and in basically the same terms, naming the prior of Breamore as W., altering the terms of payment, and including the following main additions: that the five marks will be paid also by the custodian of the church during a vacancy; that the rector, within three weeks of his institution, or the custodian will swear before the bishop and his successors or officials to pay the annual five marks to Ivychurch priory at the stated terms; and that either rector or custodian will be liable to episcopal distraint for non-payment.   Salisbury, 7 March 1226

A = Salisbury D. & C. Muniments, Press IV, C4/16. Endorsed: Carta de Candel. de termino Natalis domini et Pent' (s. xiv); also post-medieval endorsement. Size 298 × 125 + 23 mm. Seals and their tags, originally three, missing (method 1).
B = Ibid., Liber Evidentiarum C, p. 243, no. 342. s. xiii ex. C = London, Inner Temple, Petyt ms 518.11 (Salisbury cartulary), fos. 46v–47r (pp. 92–3, pp. 106–7). s. xiii ex. D = Trowbridge, Wiltshire R.O., D1/1/2 (Liber Evidentiarum B), fos. 86v–87r, no. 340. s. xiv in. E = Ibid., D1/1/3 (Registrum Rubrum), fos. 76v–77r, no. 340. s. xiv.
Pd from B,D,E, *Salisbury Charters*, 166–7, no. 146.

CIROGRAPHUM

Universis sancte matris ecclesie filiis ad quos presens scriptum pervenerit Ricardus divina permissione Sar' ecclesie minister humilis [a]eternam in domino salutem.[a] Universitati vestre notum facimus quod W. prior et conventus de Brummora,[b] unanimi[c] assensu et per publicum[d] instrumentum sigillo eiusdem monasterii munitum, ordinationi et dispositioni nostre commiserunt quicquid iuris habere videbatur in ecclesia de Candel. Cum autem per instrumenta illorum*e* plenius nobis constaret de iure eorundem, de predicta ecclesia ita ordinavimus. Videlicet quod prior et conventus de Monasterio Ederoso nomine perpetui beneficii annuatim percipient de eadem ecclesia quinque marcas*f* esterlingorum*g* ad duos anni terminos, scilicet ad Natale domini xxxiii. sol' et iiii. d', ad Pentecosten xxxiii. sol' et iiii. d', per manum rectoris dicte ecclesie qui pro tempore fuerit ab episcopo Sar' tanquam vero*h* patrono illius ecclesie et episcopo*i* in perpetuum instituendus vel per manum illius qui eam cum vacaverit in custodia tenuerit. Rector vero illius ecclesie quicunque fuerit a domino episcopo institutus totum residuum omnium ad dictam ecclesiam pertinentium recipiet et omnia onera ad ecclesiam de iure spectantia sustinebit. Ordinavimus etiam quod rector quicunque fuerit processu temporum infra tres septimanas proximas post institutionem suam prenominatis priori et conventui de Monasterio Ederoso cautionem prestabit iuratoriam coram nobis et*i* successoribus nostris vel officialibus nostris quod predictum redditum quinque marcarum in*k* supradictis terminis *l*apud Novas Sar' fideliter et sine dilatione et difficultate eisdem annuatim persolvet. Similiter etiam et custos vacantis tempore vacationis prenominatum redditum quinque marcarum in supradictis terminis*l* et loco fideliter et sine omni dilatione et difficultate prefatis priori et conventui *m*persolvet. Si vero predictus redditus in statutis terminis et loco, vel tempore rectoris vel tempore custodis, non fuerit solutus, ipsius redditus detentor taliter tam mature auctoritate episcopali distringetur, quod prefato priori et conventui*m* tam de solutione predicti redditus quam de transgressione termini non servati satisfaciet. Ut autem hec nostra ordinatio futuris temporibus firma et perpetua perseveret, ad maiorem securitatem huic scripto in modum cirographi confecto, cuius una pars penes ecclesiam Sar', altera penes Monasterium Ederosum, tertia pars penes ecclesiam de Candel, remanebit, appositum est signum nostrum una cum sigillo capituli Sar' et sigillo prioris et conventus de Brummora.*n* Acta apud Sar' anno ab incarnatione domini M.CC.xxv.*o* nonis Marcii. Hiis testibus: dominis Willelmo decano, G. precentore, R. cancellario, E. thesaurario Sar', W. archidiacono Barcsir', Ricardo de Maupaudr', B. de Kemesic,*p* Valentino, canonicis Sar', magistro W. de Wrth', Thoma clerico, et multis aliis.

a-a salutem in domino *B*   *b* Brommora *B,C,D,E*   *c* hunanimi *B*   *d* puplicum *B,D,E*   *e* eorum *B,C,D,E*   *f (and later)* marchas *B*   *g* sterlingorum *B,C,D,E*   *h* Om. in *C,D,E*   *i* et episcopo *om. in B*   *j* vel *C*   *k* ut *B,C,D,E*   *l-l* apud Novas ... terminis *om. in B,C,D,E*   *m-m* persolvet ... conventui *om. in B,C,D,E*   *n* Brommora *B*; Bremmor' *C,D*; Bremmora*E*   *o* *B,C,D,E end with* T'   *p* *Sic in A*

The dating assumes that the year began on 25 March; the bp was certainly in Salisbury on 8 Mar. 1226 (*Reg. S. Osm.*, ii, 48), but his whereabouts on 7 Mar. 1225 are unknown, although he was in Westminster on 19 Feb. and in Winchester on 11 Mar. (*Rot. Lit. Claus.*, ii, 19; *Patent Rolls 1216–25*, 512). The original, as well as having 'CHIROGRAPHUM' upside down at its indented top, also has fragments of letters at its indented right side. The omission in all copies of passages *l-l* and *m-m* may suggest either that one copy provided the text for the others or that all are dependent on another text now lost. See also no. 303 n.

* 305.   John the chaplain

Testimony by the bishop that, when he was bishop of Chichester, he collated the Chichester prebend in the churches of Heathfield and Selmeston to John the chaplain.   [June 1217 × 1220; ? Easter 1220]

Mentioned only, as having been produced in a case in the king's court in Hilary and Easter terms 1220 between Richard de Chabaum and the bp of Chichester concerning the advowson of Selmeston church: (A) PRO, KB26/72, m. 25; (B) BL, Additional ms 12269, fo. 18r-v; pd from B, *Bracton's Note Book*, ii, 101–3, no. 114; from A, *CRR*, viii, 357.

Profert [*sc.* bishop of Chichester's attorney] etiam literas R. episcopi Sarr' patentes testificantes quod, cum ipse esset episcopus Cicestr', contulit prebendam in ecclesia Cicestr' que fundata est in ecclesia de Hedfeld' et in ecclesia de Sihelmeston',*ᵃ* etc', Iohanni capellano, etc'. . . .

ᵃ Syelmeston' *B*

After the bp's Salisbury pontificate began (above, no. 253 n.) and before the court hearing. Richard Poore was bp of Chichester 25 Jan. 1215—May or June 1217 (*Fasti Chichester*, 4). For the prebend of Heathfield and John the chaplain, who became prominent in the bp's service at Salisbury, see ibid., 32–3.

306.   Jordan the marshal

Grant to Jordan the marshal of a messuage of the bishop's tenement in St Bride's parish, London, which Hubert lesperunier *held, situated between the houses of Richard* le Bucher *and William the marshal, to be held freely by Jordan and his heirs of the bishop and his successors for six shillings annually.*   London, 27 Oct. 1222

B = Trowbridge, Wiltshire R.O., D1/1/1 (Register of St Osmund), fo. 46v (p. 92), in inspeximus by Dean W(illiam) and chapter of Salisbury, n.d. s. xiii in. C = Ibid., D1/1/5 (Liber Niger Episcopi), fo. 51r (46r), in same inspeximus. s. xv med.
Pd from B, *Reg. S. Osm.*, i, 331–2.

Omnibus Cristi fidelibus ad quos presens scriptum pervenerit Ricardus *ᵃ*divina permissione*ᵃ* Sar' ecclesie minister humilis salutem in domino. Noverit universitas vestra nos concessisse et hac presenti carta nostra confirmasse Iordano marescallo unum messuagium*ᵇ* de tenemento nostro in parochia Sancte Brigide, London', illud scilicet quod Hubertus lesperunier tenuit, quod

situm est inter domum Ricardi le Bucher et domum Willelmi marescalli, quod
continet octo ulnatas et dimidiam in latitudine versus stratam regiam et decem
ulnatas et tres quart(erias) in longitudine versus vicum qui tendit ad domum
nostram; tenendum et habendum sibi et heredibus suis de nobis et successoribus nostris libere et quiete,^{c} pacifice et integre ab omni servitio et exactione ad nos vel successores nostros pertinente, reddendo ^{d}inde annuatim ipse^d
et heredes sui nobis et successoribus nostris vi. solidos ad quatuor ^{e}terminos
anni,^{e} et cetera. Hiis testibus, et cetera. Dat' apud London' vi. kl' Novembris
pontificatus nostri anno sexto.

^{a} permissione divina C ^{b} mesuagium C ^{c} *Insert* et C $^{d-d}$ ipse annuatim C
$^{e-e}$ anni terminos C

This and no. 307 were inspected by the dean and chapter in a single act. The bp's tenement
in St Bride's parish, south of Fleet Street immediately outside the City to the west, came to
him from his father, Richard of Ilchester, bp of Winchester, via his brother, Bp Herbert Poore,
and formed the Bp of Salisbury's inn, or London house (see below, nos. 394 and n., 395;
M. B. Honeybourne, 'The Fleet and its neighbourhood in early and medieval times', *London
Topographical Record* 19 (1947), 49, 68–70; *British Atlas of Historic Towns*, iii, map of
London *c.* 1270). Nos. 306–7 evidently concerned messuages within the tenement.

307. Jordan the marshal

*Grant to Jordan the marshal of [another] messuage of the same tenement in
St Bride's parish, London, situated between the bishop's gate and the house
of Roger* Upheldere, *to be held freely by him and his heirs of the bishop and
his successors for six shillings annually.*   [prob. London, *c.* 27 Oct. 1222]

B = Trowbridge, Wiltshire R.O., D1/1/1 (Register of St Osmund), fo. 46v (p. 92), in same
   inspeximus as no. 50. s. xiii in. C = Ibid., D1/1/5 (Liber Niger Episcopi), fo. 51r (46r),
   in same inspeximus. s. xv med.
Pd from B, *Reg. S. Osm.*, i, 332.

Omnibus, et cetera, Ricardus divina permissione, et cetera. Noverit universitas
vestra nos concessisse et hac presenti carta^a nostra confirmasse Iordano marescallo unum messuagium^b de tenemento nostro in parochia Sancte Brigide,
London', illud scilicet quod propinquius situm est inter portam nostram ex
parte orientali et domum Rogeri Upheldere, quod quidem messuagium
secundum consuetudinem civitatis London' continet xxii. ulnatas in longitudine et xii. in latitudine; tenendum et habendum sibi et heredibus suis de nobis
et successoribus nostris libere et^c quiete, pacifice et integre, reddendo inde
annuatim^d ipse et heredes sui nobis et successoribus nostris vi. solidos ad
quatuor anni terminos, et cetera. Hiis testibus, et cetera. Dat', et cetera.

^{a} *Om. in* B ^{b} mesuagium C ^{c} *Om. in* C ^{d} *Om. in* C

The fact that both nos. 306 and 307 were inspected in the same capitular act, and the severe abbreviation to no. 307, suggest strongly that both passed on the same occasion.

308.   Jordan the marshal

Grant for life to Jordan the marshal, the bishop's servant, for his service, of the custody of his houses at St Bride's, London, for which custody he has granted him sixty shillings and tenpence annually from his assised rent at St Bride's.   Amesbury, 16 June 1223

> B = Trowbridge, Wiltshire R.O., D1/1/1 (Register of St Osmund), fo. 65r (p. 129), in inspeximus by Dean W(illiam) and chapter of Salisbury, n.d. s. xiii in.
> Pd, *Reg. S. Osm.*, ii, 24–5.

Omnibus Cristi fidelibus ad quos presens carta pervenerit Ricardus divina permissione Sar' ecclesie minister humilis salutem. Noverit universitas vestra nos contulisse dilecto filio Iordano marescallo, servienti nostro, pro servitio suo custodiam domorum nostrarum de Sancta Brigida apud London', habendam toto tempore vite sue. Nos autem pro predicta custodia eidem Iordano concessimus lx. solidos et x. denarios de redditu nostro assiso apud Sanctam Brigidam annuatim quoad vixerit percipiendos ad quatuor terminos anni, et cetera. Hiis testibus, et cetera. Dat' apud Ambresbir' per manum Valentini clerici nostri xvi. kl' Iulii pontificatus nostri anno sexto.

> The bp's pontifical years began after 28 June (see *Fasti Salisbury*, 4 n. 2; above, no. 253 n.). This grant clearly made Jordan the keeper of the bp's London house at St Bride's (see no. 306 n.).

* 309.   Kingsmead priory, Derby

Grant of an indulgence of fifteen days' [release of penance enjoined upon them to all who make grants to the fabric of the church of the prior and nuns of Kingsmead].   [June 1217 × 29 Mar.1218]

> Mentioned only, in an original document in the name of Prior R. and the nuns of St Mary's church outside Derby, appealing for funds and listing the indulgences granted to the priory: BL, *Wolley Charter*, xi. 25; pd, Rose Graham, 'An Appeal for the Church and Buildings of Kingsmead Priory, circa 1218', *The Antiquaries Journal*, 11 (1931), 52–4 at p. 53; see also *Acta Stephani Langton*, 155, App. I, no. 8.

Dominus episcopus Sar' xv. dies.

> The details of the indulgence are given only in respect of Stephen Langton's grant, but they clearly relate to all the listed episcopal grants. Since the appeal for funds seems to have been launched in 1218, the bp is almost certainly Richard Poore, and his grant must pre-date the

bull of Honorius III granting a forty-day indulgence and dated 29 Mar. 1218, the text of which is added at the bottom of the document.

310. Lichfield church (cathedral)

Notification by Bishop Richard, the [rural] dean of Oxford and the precentor of Osney to the dean and canons of Lichfield that they have received a mandate from Pope Honorius [III] appointing them judges in the dispute between Coventry priory and the dean and canons over the right of electing a bishop of Coventry; and mandate to them to appear before them on Wednesday after the Assumption of St Mary [viz. 21 Aug.] in the great church of Abingdon.

[July × 21 Aug. 1224]

B = Lichfield, D. & C. Muniments, Magnum Registrum Album, fos. 187v-188r. s. xiv in.
Pd (calendar), Lichfield, *Magnum Registrum Album*, 187, nos. 379–80.

R. dei gratia Sar' episcopus, decanus Oxonie^a et precentor de Oseneya decano et canonicis Lich' salutem. Mandatum domini pape in hec verba suscepimus. Honorius episcopus servus servorum dei venerabili fratri episcopo Sarr' et dilectis filiis decano Oxon'^{b} et precentori de Oseneya, Lincoln' diocesis, salutem et apostolicam benedictionem. Dilectis filiis A., W., L., et R., procuratoribus monasterii Coventr' in nostra presentia postulantibus ut decideremus causam ortam inter eos et decanum ac canonicos Lich' ecclesie super iure eligendi episcopum Coventr' vel decidi [fo. 188r] per Wigorn' episcopum et eius coniudices, quibus dudum commissa fuerat, mandaremus, A. vero, R. ac G. procuratoribus ipsorum decani et canonicorum^c negantibus se mandatum ad agendum habere ac recusantibus examen iudicum predictorum ut pote a quibus propter manifestum gravamen se appellasse dicebant, nos ex officio nostro vobis de certa scientia questionem huius deliberato consilio duximus committendam. Ideoque discretioni vestre per apostolica scripta mandamus quatinus, revocato si quid forte factum est per prefatum episcopum et coniudices eius, partes ad vestram presentiam convocantes et ad litis contestationem, exceptionibus cavillosis et frustratoriis non obstantibus, infra competentem terminum appellatione postposita compellentes easdem, audiatis que hinc inde duxerint proponenda et causam predictam si de partium voluntate processerit iudicio vel concordia terminetis. Alioquin eandem ad nos remittatis sufficienter instructam, prefigentes partibus terminum competentem quo se apostolico conspectui representent iustam autore domino sententiam recepturi. Testes autem qui fuerint nominati, si se gratia, odio vel timore subtraxerint, per censuram ecclesiasticam appellatione cessante cogatis veritati testimonium perhibere, nullis literis veritati et iustitie preiudicantibus a sede apostolica impetratis. Quod si non omnes hiis exequendis potueritis interesse, tu frater episcope cum eorum altero ea nichilominus exequaris. Dat' Lateran' ii. kal' Iunii pontificatus nostri anno octavo. Huius igitur auctoritate mandati vobis mandamus quatinus compareatis coram nobis die mercurii proxima post Assumptionem beate virginis Marie in maiori ecclesia Abbendon' priori et conventui Coventr' iuxta formam mandati apostolici responsuri et iuri parituri. Valete.

ᵃ Altered in ms to Exonie   *ᵇ Altered in ms to* Exon'   *ᶜ Ms* capitulorum

Between the arrival of the papal commission (dated 31 May 1224) in England and the date fixed for the hearing. For an account of the great election dispute between Lichfield and Coventry (1223–8), which involved the question of Lichfield's status as a cathedral, see *VCH Staffs*, iii, 11–12.

311. Lichfield church (cathedral)

Second and peremptory mandate by the same judges to the dean and canons of Lichfield to appear before them, in person or by a sufficient representative, on the morrow of St Calixtus [viz. 15 Oct.] in St Catherine's chapel, Westminster, to reply to the prior and monks of Coventry in the same dispute; with a statement of Coventry's case in the matter. [21 Aug. × 15 Oct. 1224]

B = Lichfield, D. & C. Muniments, Magnum Registrum Album, fo. 188r-v. s. xiv in.
Pd (calendar), *Lichfield, Magnum Registrum Album*, 188, no. 382.

R. dei gratia Sarr' episcopus, decanus Oxon'ᵃ et precentor Osen(eya) decano et canonicis Lich' salutem. Iterato et edicto peremptorio auctoritate domini pape qua fungimur vobis mandamus quatinus compareatis coram nobis per vos vel per sufficientem responsalem in crastino sancti Calixti in capella beate Caterine apud Westm(onasterium) priori et monachis Coventr' super iure eligendi episcopum Coventr', iuxta formam mandati apostolici vobis prius editi, responsuri et iuri parituri. Ut autem vobis plenius edatur, prior et monachi Coventr' dicunt quod electio Coventr' episcopi ad eos sine vobis pertinet facienda, scilicet iure communi et iure speciali, iure communi quia sunt de ecclesia cath(edrali) de Coventr', iure speciali ratione privilegiorum Romanorum pontificum, scilicet bone memorie Eugenii, Alexandri et etiam domini Honorii qui nunc presidet. Dicunt etiam quod suntᵇ in possessione ultime electionis ab eis facte [fo. 188v] sine vobis de persona Willelmi de Cornhull' quondam Coventr' episcopi, et petunt absolvi ab omni impetitione vestra in posterum super electionibus Coventr' episcoporum faciendis, et silentium vobis imponi imperpetuum. Valete.

ᵃ Altered in ms to Exon'   *ᵇ Sic*

Between Lichfield's failure to appear at Abingdon and the next date fixed for the hearing. William of Cornhill was elected before 9 July 1214 and died, after resigning the see, 19–20 Aug. 1223 (*Handbook of Brit. Chron.*, 253). Among the papal privileges on which Coventry relied was presumably that of Eugenius III in 1147 (*EEA* 14, App. I, 94–7; Lichfield, *Mag. Reg. Album*, no. 262) and the confirmation of the restitution of its possessions granted by Honorius III on 18 Dec. 1221 (*Calendar of Papal Letters*, i, 85), but Alexander III's is untraced.

312. Lichfield church (cathedral)

Third and peremptory mandate by the same judges to the dean and canons of Lichfield to appear before them on the morrow of St Katherine [viz., 26 Nov.] in St Nicholas' chapel, Abingdon, to reply to the prior and convent of Coventry in the same dispute. Whether they come or not, the judges will proceed in the case.   [15 Oct. × 26 Nov. 1224]

> B = Lichfield, D. & C. Muniments, Magnum Registrum Album, fo. 188v. s. xiv in.
> Pd (calendar), *Lichfield, Magnum Registrum Album*, 188, no. 383.

R. dei gratia Sarr' episcopus, decanus Oxon'*ᵃ* et precentor Osen(eya) decano et canonicis Lich' salutem. Iterato edicto peremptorio auctoritate domini pape qua fungimur vobis mandamus quatinus in crastino sancte Katerine virginis in capella sancti Nicholai Abbendon' coram nobis compareatis priori et conventui Coventr' iuxta formam mandati apostolici vobis prius editi responsuri et iuri parituri *ᵇ* sciturique tertio*ᵇ* quod, sive veneritis sive non, nichilominus secundum quod ius dictaverit in causa procedemus. Valete.

> *ᵃ Altered in ms to* Exon'   *ᵇ⁻ᵇ Reading uncertain*

> Between Lichfield's failure to appear at Westminster and the next date fixed for the hearing. The parties appeared by proctors on the appointed day, when the [rural] dean of Oxford acted as sub-delegate for the bp of Salisbury, and the case was adjourned to 24 Jan. 1225 (ibid., 188–9).

313. Lichfield church (cathedral)

Notification by Bishop Richard, H(enry), archdeacon of Canterbury , and Mr T(homas) of Freckenham, official of Canterbury, to the dean and chapter of Lichfield that, at their request, transmitted by the archdeacon of Chester, that they should act as arbitrators in the disputes between them and the prior and convent of Coventry, they have arranged that the dean and chapter should appear by sufficient proctors before them in London on Tuesday after the Sunday when 'Misericordia Domini' is sung [viz., 5 May].

[7 Jan. × 5 May 1226]

B = Lichfield, D. & C. Muniments, Magnum Registrum Album, fo. 193v. s. xiv in.
Pd (calendar), *Lichfield, Magnum Registrum Album*, 198, no. 407.

R. divina permissione Saresbur' ecclesie minister humilis, H. archidiaconus et magister T. de Frekeham officialis Cant' viris venerabilibus decano et collegio Lich' salutem in salutis autore. Veniens ad nos archidiaconus Cestr' ex parte vestra nobis humiliter supplicavit quod in causis inter vos, ex una parte, et priorem et conventum Coventr', ex altera, motis onus arbitrii in nos susciperemus. Nos autem vobis compatientes, laboribus et expensis vestris intuitu caritatis parcere volentes, ad nimiam dicti archidiaconi instantiam, ita providimus ut die martis proxima post dominicam qua cantatur 'Misericordia*a* domini' London' per procuratores sufficienter instructos ad vallandum arbitrium et in arbitrio procedendum coram nobis compareatis.

a Ms m̄ias

After 7 Jan. 1226, when the parties agreed before the bp of Coventry on the appointment of the archdn and official of Canterbury to act as arbitrators with the bp of Salisbury (*Lichfield, Mag. Reg. Album*, no. 410), and before the date fixed for the hearing, the Sunday in question being the second after Easter, on which the introit 'Misericordia domini' was sung (ibid., no. 407 n.). The arbitrators' use of *collegium* for the Lichfield chapter is notable, but whether it was significant is unclear.

314. Lichfield church (cathedral)

Mandate by the same arbitrators, acting under papal authority and by consent of the parties, in the dispute between the prior and convent of Coventry and the dean and chapter of Lichfield over the right of electing a bishop of Coventry, to A(lexander), bishop of Coventry, and W. de Suham, former abbot of Combe, to take the evidence of certain aged and sick witnesses [in Coventry diocese] and transmit it under their seals to the arbitrators; if W. is unwilling or unable to act, and the parties cannot agree on a replacement, the bishop of Coventry will do so alone.   [7 Jan. × ? 22 Aug. 1226; ? after 5 May]

B = Lichfield, D. & C. Muniments, Magnum Registrum Album, fo. 195r. s. xiv in.
Pd (calendar), *Lichfield, Magnum Registrum Album*, 201, no. 414.

R. dei gratia Sarr' episcopus et magister H. archidiaconus et Thomas officialis Cant' viro venerabili et dilecto in Cristo A. dei gratia Coventr' episcopo et fratri W. de Suham quondam abbati de Cumba salutem eternam in domino. Cum super iure eligendi episcopum Coventr' et usu electionis inter priorem et conventum Coventr' et decanum et capitulum Lich' tam auctoritate apostolica quam ex partium consensu coram nobis questio agitetur, quia ad cause instructionem quorundam senum et valitudinariorum testimonium perhibetur esse necessarium, ad partium instantiam vestre discretioni mandamus quatinus senes et valitudinarios quos utraque pars coram vobis duxerit producendos, tam super iure eligendi quam usu electionis et aliis que ex forma contestationis probanda fuerint, quam vobis exhiberi volumus, diligenter examinare curetis. Attestationes etiam sub sigillis vestris inclusas nobis transmittatis. Quod si frater W. vel nolit vel non possit examinationi interesse, de consensu partium alius in locum suum subrogetur. Si vero partes in personam aliquam consentire non potuerint, vos episcope Coventr' nullius college expectata presentia hoc exequamini. Valete in domino.

> After no. 313 and presumably before the same date as specified in no. 315, but possibly after proceedings in the first hearing. The cartulary rubric states that the witnesses concerned were in Coventry diocese.

315. Lichfield church (cathedral)

Notification by the same arbitrators, acting by papal delegation in the same dispute, to Mr S(tephen) of Thornbury, canon of Hereford, that, whereas it was agreed in their presence by the proctors of both parties that the examination of aged and sick witnesses [in Hereford diocese] should be committed to particular persons, and both proctors have agreed on the selection of two pairs of [named] alternative examiners, the arbitrators have appointed him as the third examiner; and mandate to him to act accordingly with the other examiners, at a date before the octave of the Assumption of St Mary [viz. 22 Aug.] and at a place both to be fixed by the bishop of Coventry, and to transmit the evidence under their seals to the arbitrators.

[7 Jan. × 22 Aug. 1226; ? after 5 May]

> B = Lichfield, D. & C. Muniments, *Magnum Registrum Album*, fo. 195r. s. xiv in.
> Pd (calendar), *Lichfield, Magnum Registrum Album*, 201–2, no. 415.

R. divina permissione Sarr' episcopus, magister H. archidiaconus [et]^a Thomas officialis Cant' magistro S. de Tornebury, canonico Herford', eternam in domino salutem. Cum super electione episcopi Coventr' ex delegatione domini pape coram nobis questio agitetur que vertitur inter priorem et conventum Coventr' ex una parte et decanum et capitulum Lich' ex altera, procuratoribus partium in nostra presentia constitutis, ita convenit quod testium examinationem, senum videlicet et valitudinariorum, certis personis committeremus, procuratore monachorum in magistrum A. de Norfeld vel Ph(ilippum) de Alencestr', procuratore vero canonicorum in abbatem de Derleg' vel magistrum Nicholaum de Weston', consentientibus, nos autem ex officio nostro tertium examinatorem deputantes vobis in hac parte vices nostras de concensu partium duximus committendas. Hinc est quod vestre discretioni auctoritate apostolica qua fungimur mandamus quatinus, una cum predictis examinatoribus a partibus electis, testes senes et valitudinarios quos utraque pars duxerint[b] coram vobis producendos, diligenter examinetis atque eorundem depositiones sub signis vestris inclusas nobis transmittatis. Testes etiam qui fuerint nominati se a perhibendo testimonio subtrahentes secundum formam mandati apostolici vice nostra compellatis. Episcopus autem Coventr' prefiget partibus diem et locum citra octabas Assumptionis beate virginis, quibus cum suis examinatoribus compareant ut in examinatione procedatur. Quod si alterutra partium die ab episcopo statuto examinatorem a se electum non presentaverit, vos una cum examinatore partis alterius in examinatione nichilominus procedetis, primo apud Coventr', deinde apud Lich', secundum quod expedire videritis hec executuri. Valete in domino.

a Supplied   *b Sic; ? rectius* duxerit

After no. 313 and before the date specified in the text for the examination of the witnesses, but perhaps after the first hearing. The cartulary rubric states that the witnesses concerned were in Hereford diocese. The abbot of Darley was Henry of Repton, abbot 1214–33 (*Heads*, 162).

316. Lichfield church (cathedral)

Notification and mandate by the same arbitrators to A(lexander), bishop of Coventry, mostly in the same terms as no. 315 [in Hereford diocese].

[7 Jan. × 22 Aug. 1226; ? after 5 May]

B = Lichfield, D. & C. Muniments, Magnum Registrum Album, fo. 195r. s. xiv in.
Pd (calendar), *Lichfield, Magnum Registrum Album*, 202, no. 416.

Viro venerabili A. dei gratia Coventr' episcopo R. divina permissione Sarr' [episcopus],[a] magister H. archidiaconus [et][a] Th(omas) officialis Cant' eternam in domino salutem. Cum super electione episcopi Coventr' ex delegatione domini pape coram nobis questio agitetur que vertitur inter priorem et conventum Coventr' ex una parte et decanum et capitulum Lich' ex altera, procuratoribus partium in nostra presentia constitutis, ita convenit quod testium examinationem, senum videlicet et valitudinariorum, certis personis committeremus. Hinc est, et c' sicut in litera proxima. Valeat sanctitas vestra in domino.

a Supplied

Date as for no. 315. The cartulary rubric describes this act as 'commission made to one person for the examination of aged and sick witnesses of either party in Hereford diocese', but this is hard to square with the details in no. 315, and the act may possibly have been concerned to warn the bp to fix the date and place of meeting.

317. Lichfield church (cathedral)

Certification by the same arbitrators, Henry archdeacon of Canterbury having now become bishop of Rochester, to Pope Gregory [IX], in response to his mandate of 2 Apr. 1227 [quoted], that they have firmly enjoined the prior and convent of Coventry to produce or send to the apostolic see on the morrow of St Andrew [viz., 1 Dec.] the privileges on which they rely, and especially that of the late Pope Paschal [II].   London, 7 Oct. 1227

B = Lichfield, D. & C. Muniments, Magnum Registrum Album, fo. 195v. s. xiv in.
Pd (calendar), *Lichfield, Magnum Registrum Album*, 202–3, nos. 418–19.

Sanctissimo patri in Cristo et domino reverendo G. dei gratia summo pontifici devoti obedientie filii R. Sarr' et H. Rof' divina permissione episcopi et magister T. officialis Cant' devota pedum oscula. Mandatum vestre sanctitatis reverentia qua decuit suscepimus in hec verba. Gregorius episcopus servus servorum dei venerabili fratri episcopo Sar' et dilectis filiis archidiacono et magistro Th(ome) officiali Cant' salutem et apostolicam benedictionem. Venerabilis frater noster Coventr' episcopus exposuit coram nobis quod, [cum]^a inter priorem et monachos Coventr' ex una parte et decanum et capitulum Lich' ex altera super iure eligendi Coventr' episcopum coram vobis auctoritate apostolica diu sit questio agitata, vos, quia privilegia sedis apostolice producta fuerunt in medio, quibus partes vel altera partium intentionem suam fundare intendunt, de hiis iudicare nolentes, causam instructam ad sedem apostolicam referre^b decrevistis. Ne igitur aliquid desit quo minus eadem causa valeat expediri, discretioni vestre per apostolica scripta mandamus quatinus partibus ut privilegia quibus use sunt, et specialiter privilegium felicis memorie Paschalis predecessoris nostri, in prefigendo eis a vobis termino, ad sedem apostolicam perferant firmiter iniungatis. Dat' Lat(eran') iiii. non' Aprilis pontificatus nostri anno primo. Nos igitur, pater sancte, mandatum vestrum devote prout decuit exequentes, dictis priori et conventui huius auctoritate mandati apostolici firmiter iniunctimus^c ut secundum formam predictam privilegia quibus usi sunt, et specialiter privilegium felicis memorie Paschalis pape predecessoris vestri, in crastino sancti Andree apostoli ad sedem perferant apostolicam vel per eorum procuratores illuc destinandos deferri faciant. Act' apud London' anno incarnationis dominice millesimo ducentesimo vicesimo^d septimo, non' Octobris. Conservet deus incolumitatem vestram per tempora longiora.

ᵃ Supplied   *ᵇ Possibly* referri; *ms* referr'   *ᶜ Sic*   *ᵈ Ms* visesimo

Henry de Sandford, archdn of Canterbury, was elected bp of Rochester 26 Dec. 1226, and consecrated 9 May 1227 (*Fasti Monastic Cathedrals*, 77). For Paschal II's privilege to Coventry, of Apr. 1102, see *Patrologia Latina*, 163, cols. 95–6, no. 72; *VCH Staffs*, iii, 8. The pope settled the matter on 18 March 1228 by awarding the right of election to both chapters together, the election to take place in each church alternately, but always with the prior of Coventry voting first, and the dean of Lichfield second (*Lichfield, Mag. Reg. Album*, no. 761; *VCH Staffs*, iii, 12).

318. Lire abbey

Admission, at the presentation of the abbot and convent of Lire, of Ralph, chaplain of Philip d'Aubigny, to the church[es] of [Shinfield and] Swallowfield, and order for his induction into corporal possession, saving the pension due to the abbey.   [June 1217 × 21 July 1228]

B = BL, Egerton ms 3667 (Carisbrooke cartulary), fo. 29r (13r). s. xiii med.
Pd, *Carisbrooke Cartulary*, 33, no. 36.

R. dei gratia Sar' episcopus, et c'. Admisimus ad ecclesiam *ᵃ*[de Sunningfeld et]*ᵃ* de Swalewefeld dilectum filium Rad(ulfum) capellanum Ph(ilippi) de Aubenay ad presentationem abbatis et conventus de Lira, et ipsum in corporalem possessionem induci fecimus, salva eis debita pensione in eadem ecclesia. Et [in]*ᵇ* huius rei testimonium, et c'.

ᵃ⁻ᵃ Supplied   *ᵇ Supplied*

Date as for no. 253. The text has clearly been very severely abbreviated. The rubric (fo. 28v), which identifies the bp as Richard, shows that Ralph was admitted to the two churches, which were in any case normally held together: Carta Ricardi Sarebiriensis episcopi de testimonio patronatus ecclesiarum de Sung'feld et de Swalewefeld (cf. above, nos. 79, 206).

319. Maiden Bradley priory

Ordinance that the house of leper women of [Maiden] Bradley with its chaplains, clerks [etc.] shall be subject directly to the jurisdiction of the bishop and his successors and exempt from that of any archdeacon, [archdeacon's] official or [rural] dean. No one other than the bishop or his official shall carry out visitation or exact procurations, especially since the house cultivates the lands assigned for its victuals itself, pays all tithes to the parish church and receives nothing connected with the cura animarum *outside its precinct.*
                                      Sonning, 11 Apr. 1228

A = PRO, E212/69 (Ancient Deed DS 69). Endorsed: no medieval endorsement. Size 247 ×

175 + 10 mm. Seal in brownish-green wax on tag (method 1), large fragment surviving (38 mm long); obverse missing its top, bottom and much of its sides, and retaining only five words of legend; reverse, counterseal with legend, both largely complete.

Omnibus sancte matris ecclesie filiis ad quos presens carta pervenerit Ricardus dei permissione Saresbir' ecclesie minister humilis salutem in domino eternam. Pastoralis officii nos admonet sollicitudo eorum paci et tranquillitati propensiori cura prospicere qui et intolerabili corporis incessanter torquentur cruciatu et quasi extra castra proiecti opprobrio subiacent seculari. Et quia iuxta euuangelicam veritatem illius leprosi ulcera*ᵃ* qui cupiebat de micis que cadebant de mensa divitis saturari canes lingebant,[1] nos, qui in ovili domini canes sumus vel saltem esse debemus, eorum cruciatibus et intolerabilibus passionibus paterno affectu compatientes, ne afflictis interius exterior addatur afflictio, quasi eorum ulcera lingendo eis remedium adhibere convenit et medelam. Nos igitur, congregationis ancillarum Cristi leprosarum que in hospitali de Bradel' commorantur et ministris earumdem qui ibidem deo devote serviunt honestatem pariter attendentes et paupertatem, episcopali auctoritate statuimus ut dicta domus mulierum leprosarum cum capellanis, clericis, fratribus, sororibus et omnibus intra septa predicti hospitalis commorantibus nostre et successorum nostrorum inmediate subiaceant correctioni, visitationi ac iurisdictioni, ita quod nulli archidiacono, officiali vel decano, vel eorum ministris, teneatur in aliquo respondere. Nullus in eadem domo preter episcopum vel eius officialem, qui*ᵇ* per speciale eius mandatum correctionis gratia ad eamdem destinatum, visitationis officium exercere presumat vel procurationem vel nomine procurationis aliquid exigere contendat, presertim quia dicta congregatio terras victui suo deputatas propriis sumptibus excolit et laboribus, et sicut ceteri laici ecclesie parochiali de Bradel' decimas integre persolvit, tam maiores quam minores, et nichil extra septa sua percipit cui annexa sit cura animarum. Archidiaconus quoque et eius ministri, official(is), decanus et alii in parochiali ecclesia de Bradel' prenominata, prout iustum est, procurationem percipiunt et visitationis officium exequuntur. Et propter has et alias causas, cum dicta domus mulierum leprosarum de Bradel' nichil intra limites ecclesie parochialis de Bradel' extra septa sua percipiat cui annexa sit cura animarum, ut supradictum est, propter quod archidiacono vel eius ministris debeat subiacere, predictam domum cum ministris suis, sicut supradictum est, in perpetuum ab archidiaconi eximimus et absolvimus iurisdictione, hanc nostram ordinationem pontificali confirmantes auctoritate. Hiis testibus: magistro Luca, magistro Helya de Derham, domino Willelmo de Leicestr', canonicis Saresbir', Gilberto senescallo, Waltero de Purle, Stephano de Burtun' et Abel, clericis, et multis aliis. Dat' apud Sunning' per manum Valentini clerici nostri iii. idus Aprilis pontificatus nostri anno xi.

^a *Interlined*   ^b *Either* qui *is redundant or* ? fuerit *should be inserted*

For the full parochial and tithe rights of the parish church of Maiden Bradley, in the possession of Notley abbey, see above, nos. 92, 94, 176, 218.

ⁱ 'qui cupiebat . . . lingebant': cf. Luke 16: 21.

320. Malmesbury abbey

Inspeximus and confirmation of a charter by Henry de Bohun, earl of Hereford, at the earl's request, quitclaiming to Abbot Walter and the convent of Malmesbury all right which he claimed to have in the pasture of their land unjustly occupied by his ancestors, namely, one carucate between Kemble and Chelworth, concerning which a plea between Abbot Robert of Malmesbury and Miles de Morley was settled by a final concord in King John's court.

[June 1217 × 1 June 1220]

B = PRO, E164/24 (Malmesbury cartulary), fo. 173v, caps. 112–3. s. xiii ex. C = BL, Lansdowne ms 417 (Malmesbury cartulary), fos. 73v-74r (67v-68r). ss. xiv ex.–xv in.
Pd from B, *Reg. Malmesburiense*, i, 442–3, caps. 112–3.

Omnibus Cristi fidelibus ad quos presens scriptum pervenerit Ricardus divina miseratione Sar' ecclesie minister humilis salutem in domino. Noverit universitas vestra nos, ad instantiam dilecti filii nostri in Cristo Henrici de Boun, comitis Hereford',^a cartam eiusdem inspexisse et^b manibus propriis contrectasse, quam quantum ad nos pertinet pontificali confirmamus auctoritate. Carte autem predicte talis est tenor.^c Omnibus Cristi fidelibus ad quos presens scriptum pervenerit Henricus de Boun comes^d Hereford' salutem. Sciatis me intuitu dei et pro salute anime mee et antecessorum et successorum meorum remisisse, dedisse et sine aliquo retenemento quietum clamasse de me et heredibus meis perpetuo deo et ecclesie sancte Marie et sancti Aldhelmi de Malm(esbir')^e et venerabili Waltero abbati et conventui eiusdem loci et successorum suis imperpetuum totum clamium quod dicebam me habere in pastura terre eorundem, ab antecessoribus meis iniuste occupata,^f tanquam ius^g ipsius ecclesie, ^h [de una scilicet carucata terre inter Kemel' et Choellewrd', unde placitum fuit inter dominum Robertum abbatem de Malm(esbir') et Milonem de Morleg' et finalis concordia facta per finem duelli in curia domini regis Iohannis. Ita videlicet quod nec ego vel heredes mei vel aliquis ex parte nostra aliquid iuris in predicta terra vel pastura vel pertinentiis suis casu aliquo vel causa aliqua de cetero calumpniari vel vendicare poterimus, set gaudeat de cetero imperpetuum dicta ecclesia iure suo eidem restituto et ⁱpresenti carta mea^i confirmato bene et in pace, libere et quiete, integre et plenarie, de terra videlicet et pastura sua predicta, illam excolendo vel de ea pro voluntate sua libere disponendo soluta et quieta de me et heredibus meis ab omni vexatione et vendicatione. Et ut hec remissio et quieta clamatio robur securitatis, fidelitatis et perpetuitatis optineat, hanc cartam dictis abbati et conventui confeci et sigillo meo corroboravi. Hiis testibus: ^{j}domino Ricardo episcopo Sar', dominis Henrico et Waltero de Glouc(estr') et Cyrencestrie abbatibus, et aliis^j.]^h In huius autem confirmationis nostre testimonium presenti^k scripto sigillum nostrum apposuimus.

^{a} Herefordie *C* ^{b} *Insert* in *C* ^{c} *End of cap. 112 in B* ^{d} comitis *(sic) B,C*
^{e} Malmesb' *C* ^{f} occupatam *(sic) B,C* ^{g} *Om.* in *C* $^{h-h}$ et c' *B*; et cetera *C*; *passage in square brackets supplied from text of Henry's charter: B, fo. 173r-v; C, fo. 73v*
$^{i-i}$ presentem cartam meam *B,C* $^{j-j}$ *Mss* et cetera; *witnesses supplied from inspeximus of Earl Henry's charter by Earl Humphrey de Bohun: B, fos. 186v-187r (the copy in C, fo. 88v, is incomplete)* ^{k} presentis *B,C*

After the bp's Salisbury pontificate began and before the death of Earl Henry (above, no. 253 n.; *Complete Peerage*, vi, 459). His charter is printed from B, *Reg. Malmesburiense*, i, 441–2, cap. 111. The final concord between Abbot Robert and Miles de Morley is dated 31 Oct. 1200 (ibid., i, 449–50, cap.122).

321. Malmesbury abbey

Notification and confirmation by Bishop Richard and the chapter of Salisbury of the settlement of their dispute with Abbot Walter and the convent of Malmesbury over the subjection of the abbey, which has been reached before Adam and Jordan, abbots of Waverley and Durford, judges-delegate of Pope Honorius III, at the urging and mandate of Pandulf, bishop-elect of Norwich and papal legate, and of King Henry [III]. The bishop and chapter concede that, as is clear from inspection of the privileges of Popes Sergius [I], Innocent II and Alexander III [extracts quoted], the abbey is to be exempt from subjection to them and their successors within its precinct and graveyard, saving however to them and their successors diocesan law and jurisdiction in the abbey's possessions elsewhere in the diocese.

[16 Dec. 1218 × 25 Mar. 1220; prob. 1219]

B = PRO, E164/24 (Malmesbury cartulary), fos. 158r-159r, cap. 69. s. xiii ex. C = BL, Lansdowne ms 417 (Malmesbury cartulary), fos. 55v-56v (48v-49v). ss. xiv ex.–xv in. Pd from B, *Reg. Malmesburiense*, i, 395–8, cap. 69.

Universis sancte matris ecclesie filiis presens scriptum inspecturis vel audituris Ricardus divina permissione episcopus Saresbir' et eiusdem loci capitulum salutem in domino. Cum ea que ad honorem dei, pacem et tran-

quillitatem sancte geruntur ecclesie iustum sit firma consistere et suis radic-
ibus firma et inconvulsa permanere, universitati vestre notum facimus quod,
cum inter nos, ex una parte, et Walterum abbatem et conventum Malmesbir'
monasterii, ex alia, coram Adam et Iordano de Waverleye et de Dereford
abbatibus, iudicibus delegatis auctoritate litterarum domini pape Honorii tertii
super subiectione dicti monasterii tam in temporalibus quam in spiritualibus,
[fo. 158v] sicut in dictorum iudicum autentico continetur, questio verteretur,
post plures altercationes, ad ammonitionem *iudicum, qui monitionem* et
mandatum venerabilis patris Pandulfi Northwyc' electi, apostolice sedis legati,
necnon et illustris Anglorum regis Henrici filii regis Iohannis, super pace
reformanda inter partes receperunt, quorum monitionibus obtemperantes et
pacem quantum in nobis est cum omnibus habere cupientes, cum*b* dictis
abbate et conventu de provisione iudicum super predictis pacem inivimus,
concedentes eis quantum in nobis est quod monasterium Malmesbir' ab omni
subiectione nostra et successorum nostrorum tam in temporalibus quam in
spiritualibus infra ambitum cimiterii et dicti monasterii sit, sicut nobis constat
esse, exemptum per inspectionem privilegiorum suorum, Romanorum videlicet pontificum Sergii, Innocentii secundi, Alexandri tertii. In quibus ista continentur: quod 'monasterium Malmesbir', quod in honore beatorum apostolorum*c* Petri et Pauli fundatum fuisse et nunc in honore beate dei genitricis
semperque virginis Marie et sancti Aldhelmi reedificatum esse dinoscitur, sub
eiusdem apostolorum principis et sancte Romane ecclesie, cuius iuris existit,
tutela et proprietate tantum manere censemus et presentis scripti privilegio
communimus; crisma etiam, oleum sanctum, consecrationes altarium seu
basilicarum, ordinationes monachorum vel clericorum qui ad sacros ordines
sunt promovendi, benedictionem abbatis, et cetera ecclesiastica sacramenta a
diocesano suscipietis episcopo, si quidam catholicus fuerit et gratiam atque
communionem sedis apostolice habuerit, et ea gratis et absque ulla pravitate
vobis voluerit exhibere; alioquin liceat vobis catholicum quemcumque mal-
ueritis adire antistitem, qui nimirum nostra fultus auctoritate quod postulatur
indulgeat; prohibemus etiam ut nulli episcopo liceat in eodem monasterio
cathedram statuere aut missas publicas celebrare, nisi ab abbate et fratribus
fuerit evocatus.[1] Continetur etiam in privilegiis eorundem quod, [2]si aliquod
scriptum vel privilegium contra hanc libertatem a Sergio, Innocentio secundo
et Alexandro tertio monasterio memorato concessam et ab eis confirmatam
aliquando apparuerit, eidem libertati nulla ratione preiudicet; ad indicium
autem huius a sede apostolica percepte libertatis, unciam auri nobis nostrisque
successoribus annis singulis persolvetis.[2] Concedimus etiam et nos, quantum
in nobis est, quod prefatis libertatibus et dignitatibus gaudeant abbas et conventus dicti monasterii quiete et pacifice, libere ab omni molestia et impeti-

tione a nobis vel a successoribus [fo. 159r] nostris eisdem inferendis, non obstantibus privilegiis seu confirmationibus quorumcumque, sive Romanorum pontificum sive regum sive aliorum, Saresbir' ecclesie seu episcopo vel eiusdem loci capitulo concessis seu collatis, in quibus mentio habeatur de monasterio vel abbatia Malmesbir' que ad lesionem seu preiudicium predictarum libertatum vel dignitatum possent retorqueri. Salve autem sint nobis et successoribus nostris per Saresbir' diocesim in omnibus ad dictum monasterium pertinentibus extra ambitum monasterii et cimiterii Malmesbir' lex et iurisdictio diocesana. Ne igitur illa vetus querela, illa antiqua controversia, que inter ecclesiam Saresbir' et monasterium Malmesbir' super subiectione eiusdem monasterii coram prefatis iudicibus suscitata et provisione iudiciali eorundem sopita litigantium improbitate suscitetur, et quod auctoritate dictorum iudicum utiliter ad tranquillitatem tam ecclesie Saresbir' quam monasterii Malmesbir' dinoscitur ordinatum iterum devocetur^d in dubium, nos, ea que coram memoratis iudicibus auctoritate apostolica de consensu partium gesta sunt rata et grata habentes, ad plenam in posterum securitatem hanc presentem cartam dictis abbati et conventui de Malmesbir' unanimi assensu et voluntate confecimus, quam sigillorum nostrorum appositione corroboravimus. Hiis testibus: Willelmo de Waude precentore Sar', magistro Hugone de Gaihurst' cancellario, Abrah(am) de Wint(onia) thesaurario, magistro Roberto de Bingeham, magistro Luca, magistro Willelmo de Merton', canonicis Sar', magistro Adam de Ebelesburne, Thoma^e de Columbarum^f clerico, magistro Iohanne episcopo, Henrico de Caritate, magistro Rogero de Worde, magistro Ricardo de Bremel',^{g} magistro Nicholao Martel, magistro Roberto de Lavint(ona), magistro Iohanne de Reigate, Ricardo de Bremelham, et multis aliis.

$^{a-a}$ *Om. in C* ^{b} *Followed in B by* omnibus *marked for deletion* ^{c} *Om. in C* ^{d} devocet *C*
^{e} Thome *B* ^{f} *Sic* ^{g} Breml' *C*

After William de Waude was installed as precentor of Salisbury and before the resignation of Adam, one of the judges-delegate, from the abbacy of Waverley in 1219, i.e., before 25 Mar. 1220 (*Fasti Salisbury*, 14; *Ann. Mon.*, ii, 291–2), but probably in 1219 and perhaps before Easter (see N. Berry, 'The Estates and Privileges of Malmesbury Abbey in the Thirteenth Century', unpub. Ph.D. thesis, University of Reading, 1989, vol. I, 350–2). The pope's commission to the judges-delegate, dated 15 June 1218, is quoted in their settlement, which is undated (*Reg. Malmesburiense*, i, 401–4; *Salisbury Charters*, 88–91). The passages in the present text marked 1–1 and 2–2 are basically extracts from Innocent II's and Alexander III's privileges for Malmesbury, mostly also cited by the judges-delegate (*Reg. Malmesburiense*, i, 346–7, 352–3, 403; *Salisbury Charters*, 89–90); for Sergius [I]'s privilege, addressed to Abbot Aldhelm, see *Reg. Malmesburiense*, i, 343–5. For the earlier history of Malmesbury's claim to exemption, see Knowles, 'Growth of Exemption', 225–31.

322. Malmesbury abbey

Obligation by Bishop Richard and the chapter of Salisbury that, if the ordinance of peace between them, on the one part, and Abbot Walter and the convent of Malmesbury, on the other, made by Adam and Jordan, abbots of Waverley and Durford, papal judges-delegate, should be made void by the pope or, God forbid, by them or their successors, they will restore to Malmesbury abbey the manor of Highway and the ius patronatus *of Bremhill church, along with the charter of gift of the same and the judges' ordinance, provided that their own charter of liberties to Malmesbury be first returned to them.*

[16 Dec. 1218 × 25 March 1220; prob. 1219]

B = PRO, E164/24 (Malmesbury cartulary), fos. 156v–157r, cap. 65. s. xiii ex. C = Bl,
    Lansdowne ms 417 (Malmesbury cartulary), fo. 54r (47r). ss. xiv ex.–xv in.
Pd from B, *Reg. Malmesburiense*, i, 391–2, cap. 65.

Omnibus Cristi fidelibus ad quos presens scriptum pervenerit Ricardus [fo. 157r] divina permissione Saresber'*ᵃ* episcopus et eiusdem loci capitulum salutem in domino. Scire volumus universos nos hac presenti carta nostra obligasse nos et successores nostros abbati et conventui de Malm(esbir')*ᵇ* quod, si provisio pro bono pacis perpetue formata et confirmata inter nos, ex una parte, et Walterum abbatem et conventum Malm(esbir'),*ᶜ* ex alia, ab Adam et Iordano de Waverleie et de Dereford' abbatibus iudicibus nostris a sede apostolica delegatis, sicut in eorum autentico continetur, a domino papa vel a nobis, quod absit, vel a successoribus nostris casu aliquo fuerit irritata, manerium de Heiweie cum iure patronatus ecclesie de Broemel, et cartam super donatione dicti manerii et iuris patronatus predicte ecclesie confectam et traditam, et cartam provisionis iudicum monasterio Malm(esbir') sine difficultate, fraude vel malo ingenio cum tota integritate sua reddemus, salvis nobis et successoribus nostris fructibus medio tempore perceptis, dum tamen cartam quam eis super libertatibus et dignitatibus confecimus et tradidimus nobis prius sine difficultate restituat.*ᵈ* Et ut hec nostra obligatio presenti scripto firmata futuris temporibus firma permaneat, presens scriptum sigillorum nostrorum appositione corroboravimus.

ᵃ Saresberien' *C*   *ᵇ* Malmesb' *C*   *ᶜ* Malmesberie *C*   *ᵈ* Sic in both copies

Date as for no. 321. The abbey's grant to the bp and his successors of the manor of Highway and the right of patronage of Bremhill church was the price for its gaining limited exemption from the bp and cathedral of Salisbury (*Reg. Malmesburiense*, i, 408–9; *Salisbury Charters*, 91–2). The bp granted the manor of Highway to Richard de Horton and his heirs in Apr. 1220 (above, no. 300), and in 1220 × 28 assigned Bremhill church to the newly endowed mass of St Mary in Salisbury cathedral (below, no. 360).

323. Malmesbury abbey

Declaration by Bishop Richard and Abbot W(alter) of Malmesbury that they have, by their common consent, deposited at Waverley copies of original instruments of Salisbury cathedral, to be released to neither party without the consent of both and in accordance with the terms of the ordinance [quoted] made by Adam and Jordan, abbots of Waverley and Durford, judges-delegate of Pope Honorius III; this provides that the instruments of the bishop and chapter of Salisbury, namely, a charter of Henry I and a confirmation of Pope Honorius II, and any other bearing upon the subjection of Malmesbury abbey, be deposited in Cirencester abbey for release to Malmesbury if the pope confirms the ordinance or, if not, retained at Cirencester and returned to Salisbury if they should be made void by the pope; if they should be lost or destroyed, or the ordinance be made void, or controversy be raised by Malmesbury, the copies which the judges retain will be restored to Salisbury, without prejudice thereby to the return to Malmesbury abbey of the manor of Highway and the ius patronatus of Bremhill church.

[16 Dec.1218 × 25 March 1220; prob. 1219]

B = PRO, E164/24 (Malmesbury cartulary), fos. 161v-162r, cap. 72. s. xiii ex. C = BL, Lansdowne ms 417 (Malmesbury cartulary), fos. 59v-60r (52v-53r). ss. xiv ex.–xv in. Pd from B, *Reg. Malmesburiense*, i, 404–6, cap. 72.

Omnibus Cristi fidelibus ad quos presens scriptum pervenerit Ricardus dei gratia Sar' episcopus et W. abbas Malmesbir' salutem in domino. Noverit universitas vestra nos ex communi consensu nostro deposuisse penes Waverleye exemplata instrumentorum originalium Sar' ecclesie salvo custodienda, neutri partium aliquo casu contingente tradenda nisi de consensu partium et secundum formam carte subscripte, que talis est. Omnibus ad quos presens scriptum pervenerit Adam et Iordanus, de Waverleye et de Dereford abbates, salutem in domino. Scire volumus universos nos de communi partium assensu et voluntate, scilicet venerabilis patris Ricardi Sar' episcopi et procuratoris capituli eiusdem loci, magistri Abrahe thesaurarii Sar', ex una parte, et Iohannis Walensis procuratoris abbatis et conventus Malm(esbir'), ex alia, ad componendum datorum, providisse auctoritate domini pape Honorii tertii qua fungimur quod instrumenta episcopi et capituli Sar', scilicet carta regis Henrici primi et confirmatio domini pape Honorii secundi et si quod aliud habeant speciale instrumentum super subiectione monasterii Malm(esbir'), in ecclesia de Cyrencestr' custodienda deponantur. Si vero dominus papa hanc provisionem nostram iudicialem approbaverit et confirmaverit, dicta instrumenta monasterio Malm(esbir') sine difficultate reddantur. Si autem dicta provisio sine confirmatione domini pape stare possit, in dicto monasterio perpetuo custodiantur ut, si ea aliquo casu a domino papa vel ab alio fuerit irritata, dicta instrumenta ecclesie Sar' sine difficultate restituantur. Et si forte aliquo casu deperdita fuerint vel consumpta, et provisio predicta, quod absit, irritata, vel controversia ex parte abbatis et conventus de Malmesbir' fuerit suscitata, tunc eorum exemplata, que penes nos retinemus, ecclesia Sar' ad sui defensionem vel pro iuris sui tuitione libere et sine calumpnia recipiat; nullo hiis casibus predictis preiudicio imminente monasterio Malmesbir' quin manerium de Hyweie[a] et ius patronatus ecclesie de Bremel' et carte super eisdem episcopo et ecclesie Sar' confecte dicto monasterio reddantur, partibus in hoc convenientibus, et nobis id ipsum approbantibus propter casus fortuitos et protestantibus quod predicta[b] exempla sive exemplata, signis nostris et aliarum autenticarum personarum appensis, omnem eandem vim et auctoritatem habitura que ipsa autentica originalia, interim penes nos remaneant fideliter custodienda. In huius [fo. 162r] autem rei testimonium has litteras testimoniales confecimus, quibus nos una cum partibus et aliis autenticis personis ad maiorem securitatem signa nostra apposuimus.

[a] Heyweye C   [b] Followed in B by ecclesia marked for deletion

Date as for no. 321. The present act is preceded in the cartularies by the text of the judges' ordinance, and followed by the notification by Abbot Walter and the convent of Cirencester that they have received the original instruments into custody, which also quotes the judges' ordinance (*Reg. Malmesburiense*, i, 392–3, 394–5, caps. 66, 68). The instruments concerned were the charter of Henry I and the bull of Honorius II (*Salisbury Charters*, 6; *PUE*, ii, 141–2).

324. Malmesbury abbey

Acknowledgement by Bishop Richard and the chapter of Salisbury that the seals of the abbot and convent of Malmesbury have been affixed to the copies of Salisbury cathedral's original instruments, not as approving or confirming them, but merely as testimony that, at the time of the restoration of peace between the church of Salisbury and Malmesbury abbey, the said original instruments deposited at Cirencester were the same as the copies of them which are deposited at Waverley.

[16 Dec. 1218 × 25 March 1220; prob. 1219]

B = PRO, E164/24 (Malmesbury cartulary), fo. 157v, cap. 67. s. xiii ex. C = BL, Lansdowne ms 417 (Malmesbury cartulary), fo. 55r (48r). ss. xiv ex.–xv in.
Pd from B, *Reg. Malmesburiense*, i, 393–4, cap. 77.

Omnibus ad quos presens scriptum pervenerit Ricardus divina permissione Sar' ecclesie minister humilis et eiusdem loci capitulum salutem in domino. Litteris presentibus protestamur sigilla dilectorum in Cristo abbatis et conventus de Malm(esbir')*a* exemplatis instrumentorum originalium Sar'*b* ecclesie apposita [esse]*c*, non quia ea per sigillorum suorum appositionem*d* approbaverint vel confirmaverint, set solum testimonii gratia ne sit locus in posterum infitiationi, quin tempore pacis inter ecclesiam Malmesbr' reformate talia fuerint instrumenta originalia memorata, que penes Cyrecestr' deponuntur custodienda, qualia sunt eorumdem originalium exemplata penes Waverleye deposita.

a Malmesb' *C*   *b* Sarum *B*   *c Conjecturally supplied; om. in B,C*   *d* appositio *B,C*

Date as for no. 321.

325. Malmesbury abbey

Gift in duplicate, with the assent of the chapter of Salisbury, to the abbey and monks of Malmesbury, for the increase of hospitality, of all corn tithes in the parish of Crudwell church and its chapels of Hankerton and Eastcourt, to be held as a perpetual benefice, excluding the corn tithes of twenty-three virgates in Chedglow and of nine virgates in Tothull' *towards Ashley, which shall fall to the portion of the rector of Crudwell, to be admitted and instituted by the bishop or his successors at the abbot and convent's presentation, who is to be in priest's orders and to reside; the rector will also have the lands of the church and of Hankerton chapel, all other tithes except the hay tithes of the abbot's present demesne, and all obventions of the altar and graveyard of Crudwell church and its chapels, as Henry de Courtenay and Ralph, vicar of Hankerton, have been accustomed to have; and the rector will bear all customary burdens and episcopal and archidiaconal customs. However, during the lifetime of Henry de Courtenay, the present rector, the abbey will receive the three marks which the church of Malmesbury has been accustomed to receive from Crudwell church, entering into the aforesaid benefice only after his death. Also gift, with the assent of the chapter, of the chapel of the monks' villula of Norton for the needs of their infirmary, saving competent maintenance of a perpetual vicar, to enable them to commemorate his anniversary with full pontifical service; the head of the monks' kitchen shall answer to the infirmarian for the infirmary's portion, saving the due and ancient annual pension of two shillings which the infirmarian shall pay to the sacrist of Malmesbury.*   Salisbury, 17 Jan. 1222

A = Salisbury, D. & C. Muniments, Press IV, C4/29. Endorsed: Tangit abbathiam de Malmesbur' de obitu faciendo ibidem pro anima R. episcopi (s. xiii ex); Ordinatio ecclesie de Credewelle et capelle de Norton' (two hands, s xiv). Size 217 × 251 + 27 mm. Two seals and tags missing (method 1).

B = Ibid., Liber Evidentiarum C, pp. 207–8, no. 277. s. xiii ex. C = PRO, E164/24
(Malmesbury cartulary), fos. 159r-160r, cap. 70. s. xiii ex. D = Ibid., fos. 116v-117r, in
inspeximus by Archbp Richard (Grant) of Canterbury, 1230. s. xiii ex. (Also ibid., fo.
163r, in same inspeximus, opening only of episcopal act; s. xiii ex.). E = BL, Additional
ms 15667 (misc. Malmesbury register), fos. 15v-16v (41v-42v), in same inspeximus. s.
xiii ex. F = Trowbridge, Wiltshire R.O., D1/1/2 (Liber Evidentiarum B), fos. 71v-72r,
no. 237. s. xiv in. G = Ibid., D1/1/3 (Registrum Rubrum), fos. 61v-62r, no. 237. s. xiv.
H = BL, Lansdowne ms 417 (Malmesbury cartulary), fos. 57r-58r (50r-51r). ss. xiv ex.–
xv in. (Also ibid., fo. 61v (54v), in inspeximus as above, opening of episcopal act, ss.
xiv ex.–xv in).

Pd from B, F, G, *Salisbury Charters*, 119–121, no. 135; from C, *Reg. Malmesburiense*, i,
398–401, cap. 70; from D, ibid., 264–7, and 410, cap. 72.

Omnibus Cristi fidelibus ad quos presens scriptum pervenerit Ric(ardus) dei
permissione Saresbir' ecclesie minister humilis salutem, gratiam et dei benedictionem. Considerantes quod in pluribus locis in quibus olim fervor caritatis
vigebat multorum caritas refrigescat,[1] et quod in hospitibus recolligendis[a] et
in aliis operibus misericordie, quod non sine dolore dicimus, plus solito multorum tepescat devocio, illorum qui in nostra consistunt diocesi caritatem si
forte obdormierit pre ceteris specialius exortacionibus tenemur excitare, et
ad hospitalitatem sectandam non solum verbis sed etiam benediccionibus et
largicionibus efficaciter ipsos provocare. Eapropter, cum ad hospitalitatem
sectandam efficatior sit exhortacio re quam voce, facto quam verbo, ut aliorum
ad bonum hospitalitatis efficatius intendatur devocio, de assensu et voluntate
capituli nostri dedimus intuitu caritatis deo et ecclesie sancti Aldhelmi de
Malmesbir' et monachis ibidem deo servientibus ad augmentum hospitalitatis
omnes decimas garbarum in parrochia ecclesie de Credewelle[b] et capellarum
suarum, de Hanekintun'[c] videlicet et de Estcote,[d] nomine perpetui beneficii
futuris et perpetuis temporibus possidendas, exceptis decimis garbarum triginta duarum virgatarum terre, quarum viginti tres sunt in Cheggelawe[e] et
novem apud Tothull' versus Aisseleg'[f] in eadem parrochia, que quidem
decime garbarum, una cum quibusdam aliis inferius notatis, cedent in por-
cionem persone rectoris ecclesie de Credewell', qui pro tempore fuerit a nobis
vel successoribus nostris ad presentacionem abbatis et conventus de Malmesbir' ad memoratam ecclesiam admittendus et instituendus, ac in eadem in
ordine sacerdotali quem cura illius ecclesie requirit continuam facturus residentiam. Habebit autem dictus rector ecclesie memorate, preter predictas
decimas garbarum, terras ecclesie et capelle de Hanekintun' cum pratis et
pascuis et omnibus aliis ad eas pertinentibus et omnes decimas preter decimas
garbarum, ut predictum est, et preter decimas feni de proprio abbatis quod in
presenti tenet dominico. Similiter habebit omnes obvenciones altaris et cimiterii ecclesie de Credewell' et capellarum memoratarum, sicut Henricus de
Cortenai[g] et Rad(ulfus) vicarius de Hanekint(un') habere consueverunt. Is

autem qui pro tempore fuerit rector sepedicte ecclesie omnia honera consueta et consuetudines episcopales et archidiaconales sustinebit. Volumus etiam et concedimus ut illas tres marcas quas ecclesia de Malmesbir' ab antiquo de ecclesia de Credewell' percipere consuevit, ad indicium huius nostre donacionis, nomine predicti perpetui beneficii quamdiu Henricus de Cortenai nunc rector ecclesie de Credewell' vixerit annuatim decetero percipiat. Cum vero de predicto Henrico humanitus contigerit, dictus abbas et conventus de Malmesbir' libere et sine contradiccione alicuius possessionem predicti beneficii ingrediantur, et novam possessionem veteri quam per recepcionem trium marcarum retinuerunt sine difficultate continuent. Et licet monachi ibidem deo servientes pro nobis orare teneantur, et ut ad id faciendum eorum magis provocetur devocio, et ut anniversarium nostrum cum de nobis humanitus contigerit libentius singulis annis faciant cum pleno servitio pontificali, dedimus insuper eisdem intuitu dei, de assensu capituli nostri, ad necessitatem monachorum de infirmaria in aliquo relevandam, capellam villule sue de Northon',[h] salva competenti sustentacione vicarii perpetui in eadem capella perpetuis temporibus ministraturi; ita ut qui administrator coquine monachorum pro tempore fuerit de porcione ad infirmariam pertinente infirmario fideliter et integre respondeat; salva debita et antiqua pensione annua duorum solidorum, quos infirmarius sacriste de Malmesbir' persolvat. Haas[i] autem pias concessiones nostras episcopali autoritate confirmamus et sigilli nostri ac capituli Saresbir' apposicione communimus, salvis in omnibus iure et dignitate Saresbir' ecclesie et nostra et successorum nostrorum. Ad maiorem etiam securitatem super predictis concessionibus, duo confecta sunt instrumenta sub eisdem omnino verbis et tenore concepta, quorum unum remanebit penes monasterium Malmesbir', aliud in thesauraria ecclesie Saresbir', cui sigilla abbatis et conventus de Malmesbir' sunt appensa. Data Sar' per manum magistri Roberti de Hertford' tunc cancellarii xvi. kl' Februarii pontificatus nostri anno quinto. Hiis testibus: Willelmo de Waude tunc decano Sar', magistro Willelmo de Badeston'[j] precentore, Abrah(am) thesaurario, magistro Ricardo archidiacono Wiltesir', magistro Willelmo de Mereton'[k] tunc officiali, magistro Luca, magistro Ricardo de Sorestan',[l] Iohanne capellano, magistro Ricardo de Brem(e)l,[m] magistro Petro Malesmains,[n] et multis aliis.

[a] colligendis *B,F,G*   [b] Creddewelle *C,D,E*   [c] Hanekent' *B*; Hanekinton' *C,D,E,G*   [d] Estrate *B,F,G*; Escote *C,H*   [e] Cheggelewe *D,E*   [f] Esseleye *D,E*   [g] Curtenay *D,E*   [h] Norton' *C*; Nortona *H*   [i] *Sic in A*   [j] Badesdon' *D,E*   [k] Merton' *B,C,D,E,F,G,H*   [l] Scorestan' *D,E*   [m] Bremel' *B,C,D,E,H*; Bremel *F*   [n] Malemains *B,C,F,G,H*; Malesmeyns *D*; Malemeyns *E*

The division of the church's revenues between Malmesbury and the serving incumbent resembles that in an appropriated church, but the incumbent retains the title of rector (see above, p. cxvi). Crudwell church had been confirmed to Malmesbury by Eugenius III in 1151 (*Reg. Malmesburiense*, i, 349).

¹ 'multorum caritas refrigescat': cf. Matth. 24: 12.

* 326. Marlborough hospital

Grant, ?with Dean A(dam) and the chapter of Salisbury, of a (?)privilege to Prior Walter and the brethren of the hospital of St John [Baptist], Marlborough.   [16 Dec. 1218 × 23 Aug. 1220]

> Mentioned only, in the beneficiaries' profession of obedience to the bishop and chapter and to the prebendary of Blewbury: (B) Salisbury, D. & C. Muniments, Liber Evidentiarum C, p. 165, no. 215 (s. xiii ex); (C) Trowbridge, Wiltshire R.O., D1/1/2 (Liber Evidentiarum B), fo. 57r, no. 178 (s. xiv in); (D) Ibid., D1/1/3 (Registrum Rubrum), f 48v, no. 178 (s. xiv); pd from B, C, D, *Salisbury Charters*, 100, no. 121.

. . . Ne occasione indulgentie domui nostre a venerabili domino et patre nostro R. dei gratia Sar' episcopo, A. decano et capitulo Sar', necnon et canonico prebende de Blebir'ᵃ nobis misericorditer, sicut carte eorum testantur, indulte aliquod in futurum domino Sar' vel capitulo sive prebende predicte preiudicium possit generari . . .

> ᵃ Bleobir' *C*; Beblur' *(sic) D*

> After William de Waude became precentor and before the death of Dean Adam, both of whom witness the beneficiaries' deed (*Fasti Salisbury*, 14, 11). It is not clear from the latter whether the bp and chapter made their grant separately or together in a single document. The word *indulgentia* cannot mean an indulgence in the usual sense, since such could not be given by a chapter, still less by a prebendary, but must refer to a privilege of some kind which could potentially be to the disadvantage of the bp and others concerned. For the hospital, see *VCH Wilts*, iii, 341–2.

327. Merton priory

Grant to the prior and convent of Merton, for their own uses and those of guests and the poor, of the fruits of the churches of [East] Lulworth, Coombe [Keynes] and Somerford [Keynes], saving honourable maintenance of the rectors, whose portions and those of the canons are specified, the whole to take effect after the deaths of the present rectors, when the canons will present suitable chaplains to the bishop for admission and institution as rectors in possession of the said portions, who shall be in priest's orders and reside; the rectors will bear ordinary burdens, but they will share extraordinary burdens with the canons in proportion to their respective portions. The rector of Coombe shall have a fellow priest to serve in the chapel of Wool, and receive

the anual maintenance to be assigned by its parishioners to the maintenance
of a priest there. Any surplus of the fruits of Somerford church beyond the
forty shillings annually which the canons have been accustomed to receive
shall be spent on shoeing the horses of their poor guests.

Salisbury, 30 Sept. 1225

B = BL, Cotton ms Cleopatra C vii (Merton cartulary), fos. 185r-187r (182r-184r). s.
xiv ex.

[U]niversis Cristi fidelibus ad quos presens scriptum pervenerit R. permissione divina Saresbyr' ecclesie minister humilis salutem eternam in domino.
Fervorem religionis dilectorum in Cristo filiorum prioris et conventus de
Merton' et eorundem hospitalitatis [fo. 185v] gratiam cum honorificata
multa et magna misericordia ad omnes tam hylarem quam liberalem et
sine delectu personarum omni petenti pro loco et tempore et personarum
qualitate convenienter tribuentem attendentes, ipsis in usus proprios, immo
potius per ipsos ad communem*ᵃ* omnium per ipsos divertentium refectionem
indigentiumque sustentationem, intuitu dei et gloriose virginis quibus iugiter
devote famulentur dedimus et concessimus fructus ecclesiarum de Lolles-
worth' et de Coumbe et de Somerford', salva tamen rectorum qui in ipsis
ecclesiis pro tempore ministrabunt honesta secundum assignationem inferius
expressam sustentatione.*ᵇ* Volumus namque et statuimus quod canonici
prefati predictarum ecclesiarum mansos habeant capitales, in ecclesia nichilominus de Lullesworth' omnes decimas garbarum preter decimas garbarum
duorum tenentium eorundem canonicorum, Henrici videlicet de Kytene et
Hugonis Rubbe, quas, una cum terra eiusdem ecclesie tota preter mansum
capitalem*ᶜ* cum omnibus ad eandem pertinentibus et cum omnibus decimis
feni et aliis omnibus ecclesie decimis minutis et obventionibus, habebit
rector qui pro tempore fuerit ecclesie memorate. In ecclesia autem de
Coumba habebunt canonici memorati omnes decimas garbarum, ita quod
infra festa [fo. 186r] sancti Michaelis et Omnium Sanctorum dabunt rectori
ecclesie*ᵈ* qui pro tempore fuerit quinque quarteria frumenti et quinque
quarteria ordei, cui etiam rectori assignavimus totam terram ecclesie de
Coumbe preter capitale*ᵉ* mesuagium quod canonici habebunt. Preterea idem
rector habebit omnes minutas decimas et obventiones dicte ecclesie et
omnes decimas feni. In ecclesia vero de Somerford' habebunt dicti canonici
medietatem decimarum feni et omnes decimas garbarum, et dabunt rectori
ecclesie qui pro tempore fuerit quatuor quarteria frumenti et quatuor quarteria ordei infra festa sancti Michaelis et Omnium Sanctorum. Altera vero
medietas decimarum feni et omnes minute decime et omnes obventiones
et tota terra ecclesie memorate cedent in portione rectoris ecclesie preter

capitalem mansum[f] qui remanebit canonicis cum modica terra, illa scilicet que iacet inter eundem mansum et ecclesiam. Volumus etiam et statuimus quod, cedentibus vel decedentibus dictarum ecclesiarum rectoribus, liceat dictis canonicis libere absque omni impedimento et difficultate portionum ipsis assignatorum ingredi possessionem, ad portiones earundem ecclesiarum rectoribus assignatas capellanos idoneos [fo. 186v] [episcopo][g] Saresbyr' presentaturis, qui ab eo admittendi et instituendi tanquam persone in ordine sacerdotali quem cura ecclesiarum requirit in eisdem resideant personaliter et ministrent ac episcopo Sar' de cura animarum et archidiaconis locorum de hiis que ad ipsos pertinent respondeant, consuetis et ordinariis oneribus omnibus ab[h] ecclesiarum rectoribus exigendis. Quod si onus aliquod extraordinarium emerserit, de hoc tam sepedicti canonici quam ecclesiarum rectores singuli pro rata portionis sue respondebunt. Decrevimus etiam quod qui pro tempore fuerit rector ecclesie de Coumbe socium habeat sacerdotem commensalem, qui in capella de Woulle divina celebret, ipso rectore percipiente beneficium annuum quod dicte capelle parochiani ad sustentationem sacerdotis assignabunt in eadem ecclesia ministraturi. Ad hec statuimus quod illud[i] quod residuum fuerit de portione fructuum[j] ecclesie de Somerford' dictis canonicis assignata ultra quadraginta solidos, quos in eadem ecclesia annuatim percipere consueverunt, in ferrura equorum hospitum suorum indigentium secundum quod per predictos canonicos providebitur fideliter erogetur. Volumus et statuimus quod hec nostra donatio et concessio prescripta futuris et perpetuis temporibus inviolabiliter observetur, salvis auctoritate, iure et dignitate Saresbyr' [fo. 187r] ecclesie nostre [et nostra][k] et successorum nostrorum. Et ad maiorem donationis et preordinate concessionis nostre firmitatem presenti scripto sigillum nostrum et sigillum capituli Saresbyr' sunt apposita. Hiis testibus: domino Willelmo decano, Gaufrido precentore, et aliis. Dat' per manum Valentini apud Sar' in crastino sancti Michaelis pontificatus nostri anno nono.

[a] *Reading uncertain; ms* co̅mem   [b] *Ms* sustentationem   [c] *Ms* capitale   [d] *Followed in ms by* de   [e] *Ms* capitalem   [f] *Preceded in ms by* mesuagium *deleted*   [g] *Supplied*   [h] *Ms* ad   [i] *Ms* illuc   [j] *Ms* fructum   [k] *Supplied*

Despite the terms of this act, the parochial benefices in these churches became known as vicarages rather than rectories; for the priory's later patronage of the vicarages of East Lulworth, Coombe Keynes (both Dorset) and Somerford Keynes (Glos, formerly Wilts), see, e.g., *Reg. Gandavo*, ii, 800, 825; *Reg. Martival*, i, 128, 377. The present grant followed from an ordinance, dated 27 May 1225, concerning these churches and that of Tarrant Keynston (Keynes), made with the bp's consent by William, archdn of Berks, and Elias of Dereham, by which the priory conceded to the bp and his successors the whole church of Tarrant Keynston, *tam personatus quam patronatus*, so that he might assign from its lands and fruits an appropriate portion to the nuns of Tarrant, whose house he was in process of affiliating to the Cistercian order (*Reg. S. Osm.*, ii, 26–28; Cott. Cleop. C vii, fo. 96v; *Salisbury Charters*, no. 149; Thompson, *Women Religious*, 96–8). A dispute arose over the other churches between the priory and Bp Robert Bingham, and was settled by the priory agreeing to pay annually to Salisbury cathedral 24s. *sub obligatione beneficiorum que habemus in dicto episcopatu* (Cott. Cleop. C vii, fo. 99r; pd but wrongly dated, Heales, *Records of Merton Priory*, App., p. xxx).

328. Michael the clerk

Notification that the bishop has collated and admitted Michael the clerk to the corn tithes of Wilsford and Manningford [Bohun] of the demesne of the earl [of Hereford], which, because of a dispute over their patronage, have been vacant beyond the time limit set by canon law and, in accordance with the statutes of the [Third] Lateran Council, have devolved to the bishop's gift; and, saving the right of the patrons, has caused him to be inducted into corporal possession of the same.   Chardstock, 9 Nov. 1218

> B = Salisbury, D. & C. Muniments, Liber Evidentiarum C, pp. 89–90, no. 114. s. xiii ex. C = London, Inner Temple, Petyt ms 511.18 (Salisbury cartulary), fo. 19r-v (pp. 37–8, pp. 51–2). s. xiii ex. D = Trowbridge, Wiltshire R.O., D1/1/2 (Liber Evidentiarum B), fo. 20v, no. 77. s. xiv in. E = Ibid., D1/1/3 (Registrum Rubrum), fo. 16r, no. 77. s. xiv.
> Pd from B, D, E, *Salisbury Charters*, 84, no. 106.

Omnibus sancte matris ecclesie filiis ad quos presens scriptum pervenerit R. divina permissione Sarr' ecclesie minister humilis salutem eternam in domino. Noverit universitas vestra quod, cum decime garbarum de Wivelisford'[a] et de Mannigeford'[b] de dominico domini comitis ultra diffinitum tempus a canone per controversiam inter illos qui se patronos earundem decimarum gerebant vacassent, nos easdem, vacantes et secundum Lateranensis statuta concilii[1] ad donationem nostram devolutas, dilecto filio Michaeli clerico divine caritatis intuitu contulimus perpetuo possidendas, ipsumque [p. 90] ad easdem admisimus et salvo iure patronorum in earundem corporalem induci fecimus possessionem, salvis tamen iure et dignitate Sarr' ecclesie et nostra et successorum nostrorum. Quod ut perpetuum robur optineat, presentem cartam sigilli nostri munitione roboravimus in testimonium. Dat' per manum magistri Roberti clerici nostri apud Cerdestok'[c] v. idus Novembris pontificatus nostri anno secundo. Hiis testibus: domino Iohanne capellano,[d] magistro W. de Merton', Iohanne Buvet, Thoma clerico, Andrea camerario, et aliis.

[a] Wyvelesforde *C*; Wyvelesford' *D,E*   [b] Manynggeford' *C,D,E*   [c] Cherdestok' *E*
[d] *C ends with* et c'

The demesne tithes of Wilsford and Manningford Bohun, in the possession of the earls of Hereford, appear to have constituted a benefice separate from the church of Wilsford and its chapel at Manningford (*VCH Wilts*, x, 212). The two parties in dispute over the tithes were Henry de Bohun, earl of Hereford (d. 1220), and the bp and chapter of Salisbury, the latter by virtue of a grant from Saint-Wandrille abbey in 1194 × 1207 (see above, no. 236 n.). A settlement was reached with the next earl, Humphrey de Bohun, in 1239, reserving presentation to the tithes to the earl, and stipulating an annual payment of thirty shillings from the presentee to St Nicholas's hospital, Salisbury, as a charitable grant from the dean and chapter, who would defend the earl's and presentee's rights against Saint-Wandrille abbey and St Nicholas's hospital (*Cartulary of St Nicholas' Hospital, Salisbury*, 17–19). When the tithes were later (? in *c.* 1243) granted to Monkton Farleigh priory, the latter took on responsibility for the payment (ibid., 15–17; *Salisbury Charters*, 282–3. no. 242). For later developments, including the acquisition of the tithes themselves by St Nicholas's hospital, see *VCH Wilts*, x, 212. For Bp Richard's ordinance concerning the church of Wilsford and its appropriation to St Nicholas's hospital in 1227, see below, no. 330.

¹ Lateran III, *c.* 8 (*Decrees*, i, 215)

* 329.   Milton abbey

Testimony by the bishop that, when he was archdeacon of Dorset, he, acting on a mandate of H(erbert), former bishop of Salisbury [see above, no. 210], admitted John Avenant, clerk, to the chapel of Dalwood at the presentation of the abbot and convent of Milton and at the will of the rector of Stockland church, and instituted him in the same for an [annual] pension of twenty shillings, etc.   [? Oct., 1217]

> Mentioned only, as having been produced in the king's court in Michaelmas term 1217 in an assize of darrein presentment between Robert Chantemerle and the abbot of Milton concerning the chapel: BL, Additional ms 12269, fos. 198v-199r; pd, *Bracton's Note Book*, iii, 313–4, no. 1312; no court roll extant.

Profert [*sc.* the abbot of Milton] etiam litteras R. Sar' episcopi patentes que testantur quod ipse, cum officio archid(iaconi) Dors(etie) quondam fungeretur, de mandato H. quondam episcopi Sar', admisit Iohannem Avenant clericum ad capellam de Dalwd' ad presentationem abbatis et conventus de Middeldon' et de voluntate rectoris ecclesie de Stocland', et ipsum in ea instituit reddendo, etc', xx. s' nomine pensionis, etc'.

> This reference shows that Richard Poore was the hitherto unidentified Richard who held the archdnry of Dorset after William in the 1190s (*Fasti Salisbury*, 25–6). He was no doubt appointed by his brother, Bp Herbert Poore, after 5 June 1194, and held the archdnry until becoming dean of Salisbury in 1197 (ibid., 10). In the notice of Herbert's act (above, no. 210) the admission is said to have been made at the presentation of the parson (rector) of Stockland and at the will of the abbot and convent, the reverse of Bp Richard's testimony.

330.   Monkton Farleigh priory

Ordinance in triplicate concerning the churches of Box and Wilsford, of the priory's advowson, which Prior H(enry) and the convent, with supporting letters from Humphrey de Bohun, earl of Hereford, their patron, have submitted to his ordination; namely, that the prior and monks shall retain for their own uses as a perpetual benefice all corn tithes with the parson's court and the lands of the church of the parish of Box, saving a perpetual vicarage to which they will present, the vicar receiving all obventions of the altar and graveyard, all lesser tithes, tithes of hay, mills and curtilages and, from the monks annually, specified amounts of grain, and bearing all ordinary burdens except archdeacon's procurations, which will be paid by the monks, who will also provide a plot on which he may build and share proportionally with him extraordinary burdens; regarding Wilsford church, considering the poverty of the hospital [of St Nicholas] of Salisbury, the bishop assigns all the corn tithes in the fields of Wilsford parish for the support of a chaplain celebrating in perpetuity in the hospital's chapel for his soul and those of his predecessors and successors and of William Longespee and Ela, earl and countess of Salisbury, and of the canons of Salisbury, and also for the refreshment of the poor and travellers, saving to the perpetual vicar specified amounts of grain annually from the proctor of the hospital, who will present the vicar, and all obventions of the altar and graveyard and all other tithes, the vicar bearing ordinary burdens and sharing extraordinary ones proportionally with the hospital.   Monkton Farleigh, 3 Sept. 1227

A = Salisbury, D. & C. Muniments, Press II, Box 5/3 Sept. 1227. Endorsed: Appropriacio ecclesiarum de Boxa iuxta Farlegh ... (rest illegible) (? s. xvi in). Size 210 × 208 + 24 mm. Two seals and tags missing (method 1).

B = Ibid., Liber Evidentiarum C, pp. 95–7, no. 120. s. xiii ex. C = Trowbridge, Wiltshire R.O., D1/1/2 (Liber Evidentiarum B), fos. 23v-24r, no. 83. s. xiv in. D = Ibid., D1/1/3 (Registrum Rubrum), fos. 18v-19r, no. 83. s. xiv. E = Ibid., Acc. No. 192/54 (Monkton Farleigh charter roll), m. 1, no. 6. s. xiv. F = Ibid., 1672/46 (St Nicholas' hospital, Salisbury, cartulary), pp. 3–5. s. xv med. G = PRO, E135/19/13, in original inspeximus by Bp Robert Bingham, 1230.

Pd from B, C, D, *Salisbury Charters*, 185–7, no. 162; from F, *Cartulary of St Nicholas' Hospital, Salisbury*, 12–15.

Omnibus Cristi fidelibus ad quos presens scriptum pervenerit Ricardus dei permissione Sar' ecclesie minister humilis salutem in domino eternam. Noveritis quod prior et conventus de Ferling'*ᵃ* ecclesiam de Boxa*ᵇ* iuxta Ferling' et ecclesiam de Wiveleford*ᶜ* cum pertinenciis, que ad eorum pertinebant advocacionem, nostre ordinacioni supposuerunt per cartam suam que talis est. Reverendo domino et patri in Cristo R. dei gratia *ᵈ* Sar' episcopo*ᵈ* devotissimus suus H. dictus prior Ferling' et eiusdem loci conventus salutem et tam promptam quam debitam cum obediencia reverenciam. Committimus unanimi assensu et voluntate ordinacioni vestre ecclesias de Boxa et de Wiveleford, que ad nostram spectant advocacionem, paternitati vestre, attencius*ᵉ* supplicantes quatinus intuitu dei de predictis ecclesiis ita ordinare velitis quod ordinacio vestra vobis*f* proficiat ad salutem. Ratum et gratum habebimus quicquid super premissis vestra duxerit ordinare paternitas. In cuius rei testimonium *g*presenti scripto*g* sigillum nostrum*h* apposuimus. Recepimus etiam*i* literas nobilis viri Hunfredi*j* comitis Herfordie super eisdem ecclesiis in hec verba. Venerabili patri in Cristo R. dei gratia Sar' episcopo Hunfr(edus) de Bohun*k* *l*comes Herfordie*l* salutem in domino. Cum nostrorum promocioni specialiter intendere debeamus quos predecessores nostri sincera caritate sunt amplexati, pro dilectis nobis in Cristo priore et conventu de Ferling', quorum domum predecessores nostri fundaverunt, paternitatem vestram attencius rogamus et devote quatinus, paupertati eorundem prioris et conventus misericorditer compacientes, eos promovere in ecclesia de Boxa velitis vel in aliqua alia que ad eorum spectat advocacionem vel saltem in ecclesia de Wiveleford, quarum advocaciones predecessores nostri eis contulerunt et nos eisdem per cartam nostram confirmavimus. Ratum etiam habebimus quicquid super predictis*m* ecclesiis vestra ordinaverit paternitas. *n* Valeat sanctitas vestra in domino. Nos igitur, considerantes paupertatem domus de Ferling', ad cuius sustentacionem proprie non sufficiunt facultates, attendentes etiam hospitalitatem quam eiusdem domus monachi in omnes transeuntes ultra vires liberaliter*o* exercent, precibus insuper et voluntati dicti comitis super ordinacione dictarum ecclesiarum inclinati, sic ordinavimus. Quod prior et monachi de Ferling' in usus proprios in perpetuum nomine perpetui beneficii retineant omnes decimas garbarum cum curia persone et terra ecclesie *p*de parochia ecclesie*p* de Boxe, salva in eadem ecclesia vicaria perpetua ad quam dicti prior et conventus vicarium cum vacaverit presentabunt, qui nomine vicarie percipiet omnes obvenciones altaris et cimiterii et omnes minutas decimas et decimas feni et molendinorum et curtilagiorum, et preterea singulis annis per manus monachorum de Ferling' quinque quarteria frumenti et quinque quarteria*q* de ordeo et tria de mextilon'*r* et duo de avena, qui vicarius omnia onera ordinaria sustinebit preter procuracionem archidiaconi quam facient monachi, qui etiam invenient aream*s* dicto vicario competentem et honestam in qua possit*t* edificare, oneribus*u* extraordinariis inter monachos et vicarium pro rata parciendis.*v* Ordinavimus*w* etiam de ecclesia de Wiveleford in hunc modum. Videlicet quod, habita consideracione ad insufficienciam domus hospitalis Sar' ad sustentacionem unius capellani futuris et perpetuis temporibus *x*divina celebraturi*x* in capella hospitalis eiusdem pro salute anime nostre et pro animabus predecessorum nostrorum*y* et successorum et pro animabus nobilis viri Willelmi Longespeie*z* comitis Sar'*aa* et Ele comitisse Sar', necnon et canonicorum Sar', et ad refocillacionem pauperum et transeuncium ad eandem domum*bb* declinancium, assignavimus omnes decimas garbarum in campis de parochia de

Wiveleford, salvis vicario perpetuo singulis annis tribus quarteriis ^{cc}de frumento^{cc}, duobus de ordeo, duobus de avena, uno de syligine percipiendis ^{dd}per liberacionem^{dd} procuratoris eiusdem domus, qui episcopo Sar' futuris et perpetuis temporibus presentabit vicarium in cuius^{ee} usus cedent omnes obvenciones altaris et cimiterii et omnes decime preter decimas garbarum, qui etiam vicarius onera^{ff} sustinebit ordinaria et procuracionem archidiaconi faciet, oneribus extraordinariis inter vicarium et domum hospitalis pro rata parciendis. Ut autem hec nostra ordinacio firma et stabilis in perpetuum perseveret, tria scripta sub eisdem omnino verbis et tenore eodem, quorum unum in ecclesia Sar' remanebit, aliud penes monachos de Ferling' et tercium in domo hospitalis Sar', confici fecimus et sigillo nostro et capituli^{gg} Sar' communivimus, salvis ^{hh}in omnibus^{hh} iure, ^{ii}auctoritate et dignitate^{ii} Sar' ecclesie et ^{jj}nostra et^{jj} successorum nostrorum. Actum apud Ferling' die veneris proxima ante Nativitatem beate Marie anno ab incarnacione domini M.CC.xxvii, pontificatus nostri anno xi. Hiis testibus: Stephano archidiacono Wiltsire,^{kk} et magistro ^{ll}Helia de Deram,^{ll} domino Valentino, et domino Waltero de Porlech,^{mm} et magistro Roberto de Wittam,^{nn} magistro Galfrido de Mortune,^{oo} et multis aliis.

^{a} Ferleg' *B,G*; Farleg' *C*; Farlegh' *D,E*; Ferleigh' *F* ^{b} Boxe *B,C,D,F,G* ^{c} Wiveleford' *B*; Wyvelesford' *C,D*; Wyvilesford' *F*; Wivelesford' *G* $^{d-d}$ *Om. in F* ^{e} actenus *(sic) F* ^{f} nobis *F* $^{g-g}$ *Om. in B,C,D,F* ^{h} *Insert* commune *F* ^{i} insuper *F* ^{j} Henrici *(sic) A,B,C,D,E*; H. *F* ^{k} B̄oon *F* $^{l-l}$ *Om. in B,C,D,F* ^{m} dictis *F* ^{n} *Insert* Et *F* ^{o} *Om. in B,C,D,F; placed after* transeuntes *E,G* $^{p-p}$ *Om. in B,C,D,F* ^{q} *Om. in F* ^{r} mixtilione *D*; mestilun *G* ^{s} *Placed after* vicario *E,G* ^{t} possint *B,E* ^{u} omnibus *B,C,D,E,F* ^{v} percipiendis *B,C,D,E* ^{w} Ordinamus *F* $^{x-x}$ celebraturi divina *B,C,D,F* ^{y} *Placed after* successorum *F* ^{z} Longespey *B*; Lungespee *C,D*; Longespie *F* ^{aa} comitis Sar' *placed before* Willelmi *B,C,D,F* ^{bb} *Insert* seu *(sic) F* $^{cc-cc}$ frumenti *F* $^{dd-dd}$ pro liberatione *B*; ad liberationem *G* ^{ee} *Insert* etiam *F* ^{ff} omnia *B,C,D*; omnia onera *F* ^{gg} *Insert* nostri *F* $^{hh-hh}$ omnino *F* $^{ii-ii}$ dignitate et auctoritate *F* $^{jj-jj}$ cura *(sic) B,C,F* ^{kk} Wilthesyr' *B*; de Wylt' *C,D*; de Wilshir' *E*; Wilts' *F*; de Wiltesir' *G* $^{ll-ll}$ R. de Dierham *F* ^{mm} Porleye *B,C,D,E,F*; Purle *G* ^{nn} Witham *B,C,F*; Witam *E*; Witteham *G* ^{oo} Mortonn' *B*; Mortone *C,D*; Mortoune *E*; Moriton' *F*; Morton'*G*

For Henry, prior of Monkton Farleigh, who occurs *c.* 27 June 1227, see *Heads,* 120. It is interesting to note that, when introducing the letter of Humphrey de Bohun, the scribe of the original called him 'Henry', a mistake repeated in all but one of the copies (F has *H.*), but rectified in the 1230 episcopal inspeximus. For the complicated history of Wilsford church, see *VCH Wilts,* x, 211; and above, nos. 15, 117 n. For other deeds concerning Wilsford, see *Cartulary of St Nicholas' Hospital,* 15–21.

331. Mosterton chapel

Ordinance, with the assent of Nicholas, rector of South Perrott, and John Launcelevee, his father, and at the request of John son of Elias and Thomas

Chepe and the parishioners of Mosterton, that Mosterton chapel is to be
served by a resident chaplain of the rector of South Perrott; and confirmation
of specified gifts of land [etc.] to the chapel from the said John and Thomas
and other named parishioners for the support of the chaplain.

New Place, 'Old' (i.e., New) Salisbury,[1] 28 June 1219

B = Salisbury, D. & C. Muniments, Liber Evidentiarum C, pp. 88–9, no. 113. s. xiii ex. C =
    Trowbridge, Wiltshire R.O., D1/1/2 (Liber Evidentiarum B), fo. 20r-v, no. 76. s. xiv in.
    D = Ibid., D1/1/3 (Registrum Rubrum), fos. 15v-16r, no. 76. s. xiv.
Pd from B, C, D, *Salisbury Charters*, 82–4, no. 105.

Omnibus sancte matris ecclesie filiis ad quos presens scriptum pervenerit R.
dei permissione Sar' ecclesie minister humilis salutem eternam in domino.
Noverit universitas vestra nos, de assensu Nicholai rectoris ecclesie de
Sup(ar)et' et Iohannis Launcelevee patris eius, ad petitionem Iohannis filii
Helye[a] et Thome Chepe et parochianorum de Mortesterne, statuisse et episcopali [p. 89] auctoritate confirmasse quod capella de Mortestern' plenum et
integrum de cetero habeat servitium per capellanum persone de Sup(ar)et',
qui capellanus ibidem personaliter residens capelle predicte deserviet. Predicti[b] vero Iohannes filius H.[c] et Thomas Chepe[d] pro salute animarum suarum
et heredum suorum dicte capelle de Mortestern' ad sustentationem capellani
in predicta capella divina celebraturi x. acras terre concesserunt et dederunt;
Iohannes autem prenominatus iiii. acras in uno clauso quas Alanus frater suus
tenuit ad edificationem et curtelagium[e] faciend(um), cum quadam mara que
pertinet eidem tenemento; dictus Thomas duas acras et dimidiam, unam scilicet apud Cnollam, que vocatur Gothac(ra),[f] et alteram apud Lanceland'[g] versus
occidentem proximam terre Walteri Faite in Blak'land'[h] et dimidiam acram
super Cnollam intra[i] terram Walteri Fait' ubi predictus T. habet novem acras;
Thomas Gaiperinus[j] dimidiam acram super Sorcestr'; heredes de Bremelam i.
acram et dimidiam, scilicet que iacet sub prato de Bremelam et alteram dimidiam acram que iacet iuxta terram persone de Paret, quod, si predicti heredes
non possunt warentizare,[k] dictus Iohannes debet hoc warentizare; Bartholomeus unam acram et[l] dimidiam, scilicet apud Hernesberg' et alteram dimidiam
acram apud Renlege;[m] Stephanus [n]de nemore[n] dimidiam acram que iacet
super Standene; Sampson de Langel' dimidiam acram que iacet iuxta divisas
Radulfi de Vallibus. Item predicti I. et Th. concesserunt quolibet anno ii.
caret(as)[o] de busca ad focum capellani ibidem residentis et decimas feni et
molendini integre persolvere, et quod dictus capellanus communionem habeat
in pastura eiusdem ville quantum[p] pertinet ad tantum terre. Hanc autem ordinationem a predictis omnibus pro se et successoribus suis et heredibus suis
iurisiurandi[q] interpositione firmatam auctoritate pontificali confirmavimus,
relinquentes in posterum in testimonium huius nostre ordinationis hanc cartam

nostram sigillo nostro communitam, salvis in omnibus iure, auctoritate [et][r] dignitate Sar' ecclesie et nostra. Dat' ad novum locum apud Veteres Saresbir' iiii. kl' Iulii pontificatus nostri anno secundo. Hiis testibus: magistro Willelmo precentore Sarr', magistro Willelmo de Mertun'[s] canonico Sar, dominis Ricardo de Mapeldur', Iohanne, Roberto et Galfr(ido) capellanis, et Giliberto[t] persona de Stapelbrigg',[u] et Ada clerico, etc'.

[a] Elie *C,D* [b] Predictus *C,D* [c] E. *C,D* [d] *Om. in C,D* [e] curtilagium *C,D* [f] Godacr' *C,D* [g] Lanteland *C*; Lenteland' *D* [h] Blankeland' *C,D* [i] inter *C,D* [j] Gaipinus *C*; Garpinus *D* [k] warantizare *C,D* [l] *Om. in B* [m] Benleg' *C,D* [n-n] *Placed after* acram *and marked for insertion here B* [o] carect' *C*; carrectas *D* [p] quantam *C,D* [q] iusiurandi *C,D* [r] *Supplied* [s] Merton' *C,D* [t] Gilberto *C,D* [u] Stapelbrugg' *C,D*

Assuming that the date given in the text is correct (as seems likely since the reading is the same in B as in C and D), the year must be 1219, since William de Waude did not become precentor until Dec. 1218 (see *Fasti Salisbury*, 4, n.2, 14). The date is perhaps confirmed by the beginning of the new wooden chapel at New Salisbury on 15 Apr. 1219 and the bp's first celebration there on 2 June 1219 (*Reg. S. Osm.*, ii, 10). This ordinance is concerned with the establishment and endowment of a new chapelry at Mosterton, dependent on South Perrott church. The deed by John son of Elias and Thomas Chepe, accepting the bp's ordinance and binding themselves and their heirs to abide by what they have given, was copied into the register of Bp Richard Beauchamp, 1450–81 (Trowbridge, Wilts R. O., D1/2/11, part 1, 2nd series fos. 67v-68r).

[1] Very confusingly, the site of the new cathedral, being part of the bp's ancient manor of Salisbury, was originally called 'Old Salisbury', as here, and 'New Place' referred to the first episcopal residence there (*VCH Wilts*, iii, 165; vi, 51–2, 75).

332. Nogent-le-Rotrou hospital

Confirmation, with the chapter of Salisbury, to the brethren of the hospital (domus dei) of Nogent-le-Rotrou, after inspecting the charters of Bishops Hubert and Herbert [above, nos. 174, 215] and those of Rotrou, count of le Perche, and of his son, Count G(eoffrey), of the churches of Aldbourne and Wanborough in proprios usus *and for the support of the poor; the prior of the house shall be regarded as parson of these churches and shall have the* cura animarum, *presenting suitable men for episcopal admission and institution to the vicarages, which are herein taxed. The vicars are to be resident, in priest's orders, with two chaplains and a deacon in each church, and will bear episcopal dues and the burdens of archdeacon's procurations and repair of books and ornaments, while the prior will be responsible for repair of the chancels, having one of his brethren as proctor at Aldbourne or Wanborough, unless it be otherwise ordained by the bishop or his successors; all other burdens are to be shared proportionally by the vicars and the prior or proctor.* Salisbury, 1 Oct. 1227

B = PRO, DL 25/3394 (Ancient Deed L 3394) (a vidimus of 1289 by John the clerk, bailiff of the duke of Brittany in Perche, of *inter alia* this act).

Omnibus Cristi fidelibus ad quos presens scriptum pervenerit Richardus *ᵃdei permissioneᵃ* Sar' ecclesie minister humilis et eiusdem loci capitulum salutem in domino. Scire volumus universos quod nos, inspectis cartis pie recordationis Huberti quondam Sar' episcopi necnon et felicis memorie Herberti Sar' episcopi predecessoris nostri, Rotrodi quoque illustris viri comitis Perticensis et G. comitis filii sui, intuitu dei et consideratione honestatis et paupertatis domus dei de Nogento Rotrodi, dedimus et concessimus et auctoritate episcopali in proprios usus confirmavimus prenominate domui et fratribus in ea degentibus ad eorum et pauperum Cristi sustentationem ecclesias de Audiburn' et Ganberg' habendas et tenendas cum omnibus pertinentiis et proventibus suis, libertatibus et liberis consuetudinibus, statuentes ut quicumque pro tempore dicte domus prior fuerit dictarum ecclesiarum de Audiburn' et Ganberg' persona censeatur et curam habeat animarum, ad cuius de fratrum suorum assensu presentationem nos et successores nostri viros idoneos ad vicarias dictarum de Audiburn' et Ganberg' ecclesiarum, in subscripta forma taxatas, admittemus et pro officii nostri debito cum vacaverint instituemus. Ad quorum sustentationem cum magna deliberatione, communicato bonorum virorum consilio, inferius notata in perpetuum duximus assignanda. Vicarius igitur de Audiburn' et successores sui qui pro tempore fuerint habebunt unam virgatam*ᵇ* terre cum pertinentiis suis, omnimodas quoque oblationes et obventiones tam altaris quam cimiterii, confessiones quoque in Quadragesima et extra Quadragesimam;*ᶜ* percipient insuper omnia legata ecclesie altar' et capellani,*ᵈ* et omnes minutas decimas, videlicet vitulorum, pullorum, porcellorum, agnorum, lane et lini, casei et lactis et consimilium, et si quid residuum fuerit denariorum beati Petri. Percipient etiam decimam bladi de tota terra ad ecclesiam pertinente et de omnibus terris quas tenentes ecclesie tenent de ecclesia, et omnes minutas decimas tam de dominico prioris quam de tenentibus de ecclesia, preterea decimam septem virgatarum*ᵉ* terre que sunt biwestewd', et nichilominus omnes minutas decimas totius parrochie, sicut suprascriptum est. Percipient etiam singulis annis *ᶠin perpetuumᶠ* in augmentum sue vicarie ad honera eiusdem melius supportanda quadraginta solidos ad quatuor terminos subscriptos, videlicet in festo beati Michaelis decem solidos, ad Natale decem solidos, ad Pascha decem solidos, et in festo beati Iohannis Baptiste decem solidos. Ille vero qui ad vicariam de Ganberg' fuerit presentatus et per nos et successores nostros canonice institutus habebit unam virgatam[b] terre cum pertinentiis suis et omnes obventiones omnesque minutas decimas totius parrochie, sicut suprascriptum est de vicario de Audiburn'. Habebit etiam totam decimam Stephani de Erdescot' et hominum suorum, et totam decimam Sewalli militis de dominico suo, et totam decimam de terra ecclesie et de omnibus terris quas tenentes ecclesie tenent de ecclesia, et omnes minutas decimas tam de dominico prioris quam de tenentibus de ecclesia, salvis priori predicte domus de Nogento decimis terrarum quas post confectionem istius carte adquiret, et salva decima terre quam defunctus[g] Hugo de Tabar' miles eis elemosinarie contulit. Et nichilominus percipiet dictus vicarius de Ganberg' viginti solidos a supradicto priore vel eius procuratore ad quatuor terminos subscriptos, videlicet in festo beati Michaelis quinque solidos, ad Natale quinque solidos, ad Pascha quinque solidos, in festo sancti Iohannis Baptiste quinque solidos. Volumus autem et episcopali auctoritate statuimus quod dictarum ecclesiarum vicarii qui pro tempore fuerint personaliter in ipsis resideant, in ordine sacerdotii ministrantes, ita quod tam ecclesia de Audiburn' quam ecclesia de Ganberg' per duos capellanos idoneos [h]et unum dyaconum[i] in perpetuum[h] officietur. Sustinebunt autem dicti vicarii debitas et statutas consuetudines episcopales. Cetera vero onera, videlicet procurat(ionem) arch(idiaconi) et reparationem[j] librorum et ornamentorum dictarum ecclesiarum, similiter sustinebunt et luminaria invenient. Prior vero de Nogento ad reedificationem et conservationem cancellorum predictarum ecclesiarum tenebitur, ita quod habebit unum virum honestum de fratribus domus sue apud Audiburn' vel apud Ganberg' residentem, nisi de licentia et gratia nostra vel successorum nostrorum ad profectum ipsorum aliter ordinetur. In ceteris vero omnibus honeribus que ecclesias prescriptas variis ex causis contingere possunt, sicut vicarii vicinarum ecclesiarum ita pro rata vicarie sue respondebunt dicti vicarii de Audiburn' et Ganberg', et prior vel procurator domus dei de Nogento plenarie respondeat pro personatu, reservata nobis et successoribus nostris tam in vicariis quam personis qui pro tempore fuerint omnimoda et plenaria episcopali iurisdictione. Et ut hec nostra donatio et concessio perpetuum firmitatis robur optineat, eam presentis scripti testimonio et sigilli nostri ac capituli Sar' munimine roboravimus, salvis in omnibus iure, auctoritate et dignitate Sar' ecclesie et nostra et successorum nostrorum. Dat' per manum Valentini clerici nostri apud Sar' kl' Octobris pontificatus nostri anno undecimo.

[a-a] *Interlined*   [b] *Ms* iurgatam   [c] *Sic*   [d] *Sic*   [e] *Ms* iurgatarum   [f-f] *Ms* imperpetuum   [g] *Ms* deffunctus   [h-h] *Interlined*   [i] *Ms* dyconem   [j] *Ms* repparationem

This act contains a very early case of rectorial responsibility for chancel repair. The matter was not covered in Poore's own diocesan statutes, originally dating 1217 × 1219, but it occurs at Winchester in 1224 and in Robert Bingham of Salisbury's statutes in 1238 × 44 (*Councils and Synods*, II, i, 128, 367).

* 333. Noion-super-Andelam priory

Ordinance concerning the payment to Noion priory of an annual pension of fifteen marks from East Hendred church, whose patronage ought henceforth to belong to the bishop of Salisbury. [Salisbury, 6 July 1228]

> Mentioned only, in the acceptance of the ordinance, addressed to the bp, by Prior Nicholas and the convent of Noion, giving its date and place: (B) Salisbury, D. & C. Muniments, Liber Evidentiarum C, p. 167, no. 219. s. xiii ex; (C) London, Inner Temple, Petyt ms 511.18 (Salisbury cartulary), fo. 34r (p. 67, p. 81); (D) Trowbridge, Wiltshire R.O., D1/1/2 (Liber Evidentiarum B), fo. 57v, no. 182. s. xiv in; (E) Ibid., D1/1/3 (Registrum Rubrum), fo. 49r, no. 182. s. xiv; pd from B, D, E, *Salisbury Charters*, 199, no. 174.

... ex ordinatione benignitatis vestre ... tam super decimis et oblationibus pertinentibus ad ecclesiam de Henred*^a* quam super iure patronatus eiusdem ecclesie ... facta a vobis apud Sar' pridie nonas*^b* Iulii*^c* pontificatus vestri anno xii.*^d* ...

> *^a* Henred' *E*   *^b* non' *C,E*   *^c* Iunii *in all copies, but see note*   *^d* duodecimo *E*

> Also listed twice in BL, Cotton ms Otho B. xiv (Sheen priory inventory of charters): (1) fo. 127v (fo. 125v); (2) fo. 129r (fo. 127r). s. xv ex.

¹Item ordinatio Ricardi Sar' episcopi super penc(ione) ecclesie de Henreth' de xv. marcis solvend'.

² Item copia carte Ricardi Sar' episcopi super pencione xv. marcarum solvend' monasterio de Noion' pro ecclesia de Esthenreth', ita etiam quod decetero patronatus eiusdem ecclesie pertinere debet episcopo Sar'. Item alia copia de eodem.

> Since the bp's pontifical years began after 28 June (*Fasti Salisbury*, 4, n. 2), the date given in the Salisbury texts is impossible, for it would have fallen in 1229, by which time Richard was bp of Durham. It seems likely, therefore, that 'Iunii' is an error for 'Iulii', and that accordingly the act fell on the same occasion as no. 334, q.v. for further details.

334. Noion-super-Andelam priory

Notification that, whereas Prior N(icholas) and the convent of Noion had submitted themselves to the bishop's ordination concerning both the goods and tithes of [East] Hendred church and the ius patronatus, *which was known to belong to them, and whereas by his ordinance the said right had been devolved to him and his successors, he has collated the church to Philip of Beauvais, clerk, and instituted him as parson in the same, to be held in full by rendering to the said monks as a perpetual benefice fifteen marks annually.*

New Salisbury, 6 July 1228

B = Trowbridge, Wiltshire R.O., D1/1/2 (Liber Evidentiarum B), copy, formerly loose at fo.
     50r, now in envelope at front of volume. s. xiv in.
Pd, *Salisbury Charters*, 198–9, no. 173.

Omnibus Cristi fidelibus ad quos presens scriptum pervenerit R. permissione
divina Sar' ecclesie minister humilis salutem in domino eternam. Noverit
universitas vestra quod, cum N. prior de Noiona pro se et conventu suo se ex
toto ordinationi nostre subposuisset*a* tam super rebus et decimis ad ecclesiam
de Hanred' spectantibus quam super iure patronatus dicte ecclesie, quod ad
eos pertinere dinoscebatur, et idem ius de ordinatione nostra ad nos et successores nostros esset devolutum, nos dictam ecclesiam dilecto in Cristo filio
Philippo de Belvaco clerico contulimus ipsumque in eadem personam instituimus auctoritate pontificali, statuentes ut idem Philippus dictam ecclesiam
cum pertinentiis suis integre possideat, reddendo annuatim dictis monachis
quindecim marcas, videlicet in Annuntiatione beate Virginis centum solidos
et in festo sancti Michaelis centum solidos, nomine perpetui beneficii, salvis
iure, dignitate et auctoritate nostra et ecclesie nostre et successorum nostrorum. Quod ut ratum sit et firmum, presens scriptum sigilli nostri appositione
fecimus communiri. His testibus: W. archidiacono Berk', magistris Elia de
Derh(am) et Rogero de Wrth', Willelmo de Leycest', Thoma de Sancto Martino canonico*b* Sar', Waltero de Purle, Stephano de Burton', clericis, et multis
aliis. Dat' apud Novas Sar' per manum Valentini clerici nostri pridie nonas
Iulii pontificatus nostri anno duodecimo.

a Interlined   *b Sic in ms; ? rectius* canonicis

Although the collation of the church to Philip of Beauvais would clearly have come after the
bp's ordinance, cited in no. 333, it is most likely that both occurred on the same day. The bp
issued another act at (New) Salisbury by the hand of Valentine, his clerk, on 6 July 1228,
but with different witnesses (see no. 377).

335. Osney abbey

*Confirmation to the abbot and canons of Osney, with the assent of the dean
and chapter of Salisbury, of the church of Pusey as set out in Bishop
H(erbert)'s charter [above, no. 219].*   New Salisbury, 12 Apr. 1221

B = BL, Cotton ms Vitellius E xv (Osney cartulary), fo. 83v. s. xiii in. Damaged by fire. C =
     Oxford, Christ Church, D. & C. Lib., Osney cartulary, fo. 144r-v. s. xiii ex.
Pd from B and C, *Oseney Cartulary*, iv, 467, no. 430.

Universis sancte matris ecclesie filiis ad quos presens scriptum pervenerit
Ricardus divina miseratione Sar' ecclesie minister humilis eternam in domino
salutem. Attendentes religiosam et honestam conversationem abbatis et con-

ventus de Osen(eia) hospitalitatisque gratiam que ab eadem domo in omnes largius diffunditur, divine pietatis intuitu concessimus et auctoritate pontificali, de assensu decani et capituli nostri,*a* confirmavimus dictis abbati et canonicis ecclesiam de Pesi*b* habendam sicut in carta bone memorie H. predecessoris nostri plenius est expressum. Ut autem hec nostra concessio et confirmatio perpetua*c* gaudeant firmitate, presenti scripto sigillum nostrum una cum sigillo capituli nostri in testimonium apponi fecimus, salvis in omnibus iure, auctoritate et dignitate Sar' ecclesie et nostra et successorum nostrorum. Dat' per manum Iohannis capellani nostri apud Novas Sar' pridie idus Aprilis pontificatus [nostri]*d* anno quarto. Hiis testibus:*e* Willelmo [decano],*f* Roberto cancellario, Abbraham tesaurario, G. archidiacono, Herberto archidiacono de Dorsete, [magistro] Thoma de Chabeham subdecano,*g* Gilberto de Laci, [Hugone] de Templo, magistro Willelmo de Meriton', [   ], R[ ] [de] Sanford', Roberto de Sibet', Roberto [   ], et multis aliis.

a Interlined in B   *b* Peseya *C*   '   *c perpetuo C*   *d B damaged, supplied from C*   *e C ends with* et c'   *f Gaps in witness list due to fire damage; some words supplied by comparison with no. 336*   *g Ms* subdiac'

Both Bps Hubert and Herbert confirmed the church to Osney (above, nos. 177, 219), but the reference here is most probably to Herbert, since Richard Poore normally uses the term *predecessor noster* to refer to his immediate predecessor, and it was his act which stipulated the ordination of a vicarage.

336. Osney abbey

Confirmation to the abbot and canons of Osney, with the assent of the dean and chapter of Salisbury, of two-thirds of the demesne tithes of Ardington, Harwell and Letcombe [Bassett] and the tithes of three hides and the mill of Alfington [in Welford], which, according to their deeds and as the bishop is informed by an inquiry concerning them, they have held from of old.

New Salisbury, 12 Apr. 1221

B = Oxford, Christ Church, D. & C. Lib., Osney cartulary, fo. 138r. s. xiii ex. C = BL, Cotton ms Vitellius E xv (Osney cartulary), fo. 151r. s. xiii in. Damaged by fire. D = Bodl. ms DD. Christ Church, O. 994 (in original inspeximus by N(icholas) de Hegham, archdn of Oxford, 1279).
Pd from B and C, *Oseney Cartulary*, iv, 447–8, no. 415.

Universis sancte matris ecclesie filiis ad quos presens scriptum pervenerit Ricardus divina permissione Sar' ecclesie minister humilis eternam in domino salutem. Volentes ea que ex pia devotione fidelium viris religiosis et eorum ecclesiis sunt collata perpetua stabilitate communiri, de assensu et voluntate decani et capituli nostri concedimus et auctoritate episcopali confirmamus dilectis in Cristo filiis abbati et canonicis sancte Marie de Osen(eia) duas partes decimarum de dominico de Erdinton' et duas partes omnium rerum que decimari solent in dominicis de Harewell' et de Ledecumbe, necnon et decimas de tribus hidis et de molendino de Elfinton', quas ab antiquo continue et pacifice, sicut per inquisitionem super eisdem decimis factam certificati sumus, dicti canonici possederunt[a] et de quibus in eorum auctenticis[b] plenius est expressum. Ut autem hec nostra concessio et confirmatio perpetua gaudeant firmitate, presenti scripto sigillum nostrum una cum sigillo capituli nostri in testimonium apponi fecimus, salvis in omnibus iure, auctoritate et dignitate Sar' ecclesie et nostra et successorum nostrorum. Dat' per manus Iohannis capellani nostri apud Novas Sar' pridie idus Aprilis pontificatus nostri anno quarto. Hiis testibus:[c] Willelmo decano Sar', magistro Roberto cancellario, Abraham thesaurario, Galfr(ido) archidiacono de Berckesir',[d][e] Herberto archidiacono de Dorseth', magistro Thoma de Chabeam subdecano, Gilberto de Lacy, Hugone de Templo, magistro Willelmo de Mereton', magistro Rogero, Roberto de Sipthon' canonico, magistro Roberto de Clifford, et multis aliis.

[a] possiderunt C   [b] autenciis C   [c] B ends with et c'   [d] Berkesir' D   [e] C ends with et c', the remainder supplied from D

Despite its later date, text B is preferred to C, since the latter lacks several passages near the beginning owing to fire damage and its readings are in places inferior to B; the full witness list is preserved only in D. The tithes concerned came to Osney with the grant in 1149 of St George's chapel in Oxford castle, to which they had previously been given (J. H. Denton, *English Royal Free Chapels 1100–1300*, Manchester 1970, 119–21; *Oseney Cartulary*, iv, 26, 447; see also the endorsement of D: Testimonium archidiaconi Oxon' de decimis ad ecclesiam sancti Georgii pertinentibus, videlicet Harewll', Erdinton', Ledecumbe, Elfiton').

337. Oxford, St Frideswide's priory

Judgement by Stephen, archbishop of Canterbury, primate of all England and cardinal, and Richard, bishop of Salisbury, judges-delegate of Pope Honorius III (the third delegate, the archdeacon of Canterbury, having withdrawn), in the case brought by the prior and canons of St Frideswide's against Fulk of Rycote, knight, Henry his armiger, *John his* garcio *and others, alleging violence on their part against certain of the canons. The three named are denounced as excommunicate for their offence, damages of fifteen marks by estimation of the canons are awarded to the priory, and Fulk is to remain excommunicate until the damages are paid and he goes with the judges' letters to the Holy See for absolution.*   Westminster, January 1224

A = Bodl. Oxford charter a. 10, no. 79. Badly damaged, with holes, and partially illegible. Endorsed: none. Size 175 × 119 + 15 mm. Seals, originally three on tags (method 1); parts of two tags only remaining.

Pd, *Acta Stephani Langton*, 83–5, no. 62; *St Frideswide's Cartulary*, i, 48–9, no. 45.

Actum London' apud Westm(onasterium) mense Ianuarii pontificatus domini Honorii pape iii. anno viii.

The document seems clearly to have borne three seals, although only two of the three original delegates made the judgement.

* 338.   John of Parnham

Ratification (perhaps with Dean William and the chapter of Salisbury) of the final concord between Mr Roger de Worth, prebendary of Beminster, and John of Parnham concerning half a hide of land in Parnham, which Roger has recognized to be the right of John, to be held by him and his heirs for ever of Roger and his successors and his prebend for twenty shillings annually.

[*c.* 6 Aug. 1228]

Mentioned only, in the final concord made in the king's court at Wilton, Sunday after the feast of St Peter ad vincula (i.e., 6 Aug.), 12 Hen. III, between Mr Roger and John *de Perham* concerning half a hide, less one furlong, and between Mr Roger and Nicholas *de Perham*, whom Stephen *de Perham* called to warrant—whereof Nicholas called John to warrant—concerning the one furlong: PRO, CP 25/1/47/7/86; pd (calendar), *Dorset Feet of Fines*, i, 44, no. 86.

. . . Et sciendum quod Ricardus Sar' episcopus et Willelmus decanus et capitulum literas suas patentes miserunt se concordiam istam ratam et gratam habere.

Presumably dating from shortly before the date of the final concord. It is not clear whether the bp's ratification was separate from that of the dean and chapter or combined with it. For Parnham, within the parish of Beaminster, see Hutchins, *Hist. of Dorset*, ii, 128. Mr Roger de Worth held one of the two prebends formed out of the manor of Beaminster, given to the canons of Salisbury by Bp Osmund in 1091 (see above, no. 3), perhaps Beminster Prima (*Fasti Salisbury*, 48).

339.   Walter Pas

Grant for life to Walter Pas, the bishop's servant, with the assent of the chapter of Salisbury, of the half-hide of land in [West] Lavington which Simon de Ponte sometime held in the field called Burfeld', *to be held freely for ten shillings annually to the bishop and his successors, saving the king's service pertaining to half a hide in Lavington.*

[June 1217 × 21 July 1228; ? after 20 Sept. 1220]

B = Salisbury, D. & C. Muniments, Press IV, C3: Lavington/7 (in original inspeximus by

Dean W(illiam) and the chapter of Salisbury, n.d.). C = Trowbridge, Wiltshire R.O., D1/
1/1 (Register of St Osmund), fo. 45r-v (pp. 89–90) (in same inspeximus). s. xiii in. D =
Salisbury, D. & C. Muniments, Liber Evidentiarum C, p. 99, no. 124 (in same
inspeximus). s. xiii ex. E = London, Inner Temple, Petyt ms 511.18 (Salisbury cartulary),
fo. 20v (p. 40, p. 54) (in same inspeximus). s. xiii ex. F = Trowbridge, Wiltshire R.O.,
D1/1/2 (Liber Evidentiarum B), fos. 25v-26r (in same inspeximus). s. xiv in. G = Ibid.,
D1/1/3 (Registrum Rubrum), fos. 21v-22r, no. 87 (in same inspeximus). s. xiv. H = Ibid.,
D1/1/5 (Liber Niger Episcopi), fo. 41r (36r)(in same inspeximus). s. xv med.
Pd from C, *Reg. S. Osm.*, i, 321.

Omnibus Cristi fidelibus ad quos presens scriptum pervenerit R. divina permissione Sar'[a] episcopus salutem in domino. Noverit universitas vestra nos,
de assensu et voluntate capituli nostri Sar', dedisse et concessisse et hac presenti carta[b] confirmasse Waltero Pas servienti nostro pro servitio suo dimidiam[c] hidam terre in Lavinton'[d] cum omnibus pertinentiis suis, illam scilicet
quam Symon de Ponte aliquando tenuit in campo qui vocatur Burfeld', tenendam et habendam de nobis et successoribus nostris quamdiu vixerit libere et
quiete, bene et in pace, reddendo inde annuatim nobis et successoribus nostris
decem solidos esterlingorum[e] ad iiii. terminos anni, scilicet ad Natale[f] domini
duos solidos et sex denarios,[g] ad Pascha duos solidos et sex denarios,[g] ad
Nativitatem sancti Iohannis Baptiste duos solidos et sex denarios, et[h] ad
festum sancti Michaelis duos solidos et sex denarios, pro omni servitio et
exactione, salvo servitio domini regis quantum pertinet ad dimidiam hydam
terre in Lavinton'.

[a] Sarr' C   [b] *Insert* nostra *D,E,F,G*   [c] unam *(sic) H*   [d] Laventon' *D,E,F*
[e] sterlingorum *C,D,E,F,G*   [f] Nativitatem *D*   [g] *Insert* et *C*   [h] *Om. in D,E,F,G*

This act cannot be dated with certainty more narrowly than the bp's pontificate (see no. 253
n.), but, since it is said to have been given with the assent of the chapter, it may date after
the election of Dean William de Waude (*Fasti Salisbury*, 11), in whose time the inspeximus
was issued. The original inspeximus is a chirograph. A marginal note in C, relating to the
word *quamdiu (vixerit)*, reads: Nota(?) quod carta nostra propter hoc verbum sub forma cirog-
rafi confecta est, et in parte que penes nos est pendet sigillum episcopi.

340. Pershore abbey

*Admission and institution, at the presentation of the abbot and convent of
Pershore, of Walter of Calstone, priest, as parson of Quemerford chapel, and
induction of Walter into corporal possession of the same.*

[June 1217 × 21 July 1228]

B = PRO, E315/61 (Pershore cartulary), fo. 113v (110v). s. xiii ex.

Omnibus Cristi fidelibus ad quos presens scriptum pervenerit R. divina permissione Sar' ecclesie minister humilis salutem eternam in domino. Noverit

universitas vestra nos, ad presentationem venerabilium virorum abbatis et conventus de Persor', ad quos ius patronatus capelle de Kemerford' dinoscitur pertinere, admisisse dilectum filium Walterum de Caleston' presbiterum ad eandem capellam de Kemerford', ipsumque in eadem instituisse personam et in corporalem ipsius induxisse possessionem, statuentes ut dictam capellam cum omnibus libertatibus et liberis consuetudinibus suis possideat in perpetuum, salvis tamen in omnibus iure, auctoritate et dignitate Sar' ecclesie et nostra et successorum nostrorum. Quod ut perpetue firmitatis robur optineat, presentem cartam sigillo nostro roboravimus in testimonium. Dat', et c'. Hiis testibus, et c'.

Date as for no. 253. It is not certain that this is an act of Richard Poore, rather than of Robert Bingham, his successor, but the reference to the incumbent as a 'parson', and the fact that the bishop has himself inducted, as well as admitting and instituting, the new parson, make it very likely. The chapel was given to Pershore by Geoffrey de Camville, son of William de Camville, in the time of Abbot Gervase, 1204–34 (ibid., fo. 113v; *Heads*, 59).

341. Pershore abbey

Confirmation of Bartholomew of Quemerford's gift in free alms to Pershore abbey of three crofts and two acres in Quemerford, as contained in his charters which the abbot and monks have, saving the right in spirituals of the mother church of Calne.   Wimborne Minster, 1 July 1219 × 1220

B = PRO, E315/61 (Pershore cartulary), fo. 113v (110v). s. xiii ex.

Universis Cristi fidelibus ad quos presentes litere pervenerint Ricardus divina permissione Saresber' ecclesie minister humilis salutem in domino. Noverit universitas vestra nos ratam et gratam habere donationem quam Bartholomeus de Kemerford' fecit deo et sancte Marie et monasterio de Persor' et abbati et monachis ibidem deo servientibus de tribus cruftis*a* et ii. acris in villa de Kemerford' in puram et perpetuam elemosinam, secundum quod in cartis dicti Bartholomei quas dictus abbas et monachi de Persor' inde habent plenius continetur, eandem donationem et elemosinam quantum ad nos pertinet auctoritate pontificali confirmantes, salvo in spiritualibus iure matricis ecclesie de Calna, salvis etiam iure et auctoritate et dignitate nostra et ecclesie nostre et successorum nostrorum. In huius autem confirmationis nostre testimonium, huic scripto sigillum nostrum apposuimus. Dat' apud Wynburnemunstr' kl' Iulii pontificatus nostri anno tertio. Hiis testibus, et c'.

a Sic

Richard's pontifical years had certainly begun by 2 July (see no. 356: 2 July 1218 = 2nd year), but not by 28 June (see no. 331 and n.). The date of the present act is (at present) uncertain as between 1219 and 1220. Bartholomew's two charters, naming Abbot G(ervase), are on fo. 34r of the cartulary. Calne church formed a prebend of the cathedral (*Fasti Salisbury*, 57–9).

* 342.   Philip, son of Walter le Despenser ('dispensator'), *alias* of Wootton

Gift by the bishop and the chapter of Salisbury to Philip and his heirs of two and a half virgates of land with appurtenences in the manor of Sherborne [specified], for an annual rent to the bishop and his successors of half a pound of cumin and the exaction of royal service; and grant to the same of all the bishop's rent from his salt-pans near Keyhaven, for an annual render of thirty-one and a half quarters of salt and half a pound of cumin.

[*c*. 10 Apr. 1228]

Mentioned only, in Philip's quitclaim to the bp and his successors of all his right in the land of [North] Wootton, in return for which he has received this gift and grant: (B) Salisbury, D. & C. Muniments, Liber Evidentiarum C, p. 221, no. 307. s. xiii ex; (C) Trowbridge, Wiltshire R.O., D1/1/2 (Liber Evidentiarum B), fo. 77v, no. 306. s. xiv in; (D) Ibid., D1/1/3 (Registrum Rubrum), fo. 67r, no. 306. s. xiv; pd from B, C, D, *Salisbury Charters*, 196–7, no. 171.

... Et pro hac remissione et quieta clamantia idem Ricardus episcopus dedit m(ich)i et heredibus meis duas virgatas terre et dimidiam cum omnibus*ᵃ* pertinentiis suis in manerio suo*ᵇ* de Sireburn',*ᶜ* scilicet unam virgatam quam Osmundus de Wttun'*ᵈ* tenet, et unam dimidiam virgatam quam Alfricus de Wttun'*ᵉ* tenet, et unam dimidiam virgatam quam Iohannes filius Godwini*ᶠ* tenet, et unam dimidiam virgatam quam Willelmus Dolling' de Sirebur'*ᵍ* tenuit ad firmam, et unam croftam in Docleg'*ʰ* extra parcum suum de Sirebur'*ⁱ* que continet v. acras terre, et unum spinetum ibidem quod continet ix. acras terre et unam perticam, reddendo inde annuatim eidem*ʲ* episcopo et successoribus suis*ᵏ* ego et heredes mei dimidiam libram cimini ad festum sancti Michaelis pro omni servitio et exactione, salvo regali servitio; et preterea idem episcopus concessit m(ich)i et heredibus meis pro se et successoribus suis totum redditum suum de salinis suis que sunt iuxta Kiavene quas Nigellus de Kiavene tenuit, reddendo inde*ˡ* eidem*ʲ* episcopo et successoribus suis ego et heredes mei singulis annis xxxi.*ᵐ* quart(eria) et dimidium quart(erium) de sale et dimidiam libram cimini ad Nativitatem sancti Iohannis Baptiste pro omni servitio et exactione in perpetuum, sicut in carta quam habeo de predicto episcopo et capitulo Sar' plenius continetur. ...

ᵃ Om. in C,D   *ᵇ Om. in B*   *ᶜ* Schireborn' *C*; Schireburn' *D*   *ᵈ* Wtton' *C*; Wotton' *D*
ᵉ Wotton' *C*; Wottone *D*   *ᶠ Insert* de Wotton' *C*   *ᵍ* Schyreburn' *C*; Schireburne *D*

^h Doctag' *D*   ⁱ Schireb' *C,D*   ^j idem *B*   ^k *Followed in B by* et   ^l *Om. in B*
^m xxx. *B*

The exchange recorded here fulfilled the terms of the final concord between the parties in the king's court in the quindene of Easter, 12 Henry III (*Salisbury Charters*, 195–6, no. 170). In his charter Philip calls himself 'filius Walteri le despenser', but in the final concord he is called Philip of Wootton, as he is also in the related final concord between the bishop and Philip's nephew, Baldwin (ibid., no. 168; and see above, no. 261 n.). Philip had been given the saltpans near Keyhaven (in Milford, Hants) by his father in a charter which makes no reference to the bpric of Salisbury (*Salisbury Charters*, 63–4, no. 78), although Keyhaven was an ancient possession of the bps (*VCH Hants*, v, 120).

343. Pont-Audemer hospital

Grant to the brethren and sisters of the hospital, and confirmation for their own uses, of all the greater tithes of Sturminster [Marshall] church, the lesser tithes being reserved to the support of a vicar serving personally in the church in priest's orders; and request that they intercede with God on behalf of himself and the church of Salisbury as devoutly as he has freely, and at no one's instance, conferred this benefice upon them.

[June 1217 × 31 Dec. 1219]

B = Rouen, Bibl. municipale, ms Y 200 (Pont-Audemer cartulary), fo. 34r. s. xiii in. C = Ibid., fo. 48v. s. xiii in. D = PRO, PRO 31/8/140A (Transcripts from Norman sources), no. 344 (copy from B, C). 1831–5.
Pd from B and C, Kealey, *Roger of Salisbury*, 256–7, no. 21; (calendar) from B and C, *CDF*, 83, no.240 (both as a probable or possible act of Bishop Roger).

R. dei permissione Sar' ecclesie minister humilis congregationi Sancti Egidii de Ponteaud(omari) que est in Cristo salutem et dei benedictionem. Attendentes domus Sancti Egidii de Ponteaud(omari) tenues et modicas esse facultates, et nichilominus effusam in omnes transseuntes etiam super^a vires eiusdem domus caritatem, solo caritatis intuitu et ut specialius de cetero vestris commendemur orationibus, dedimus vobis fratribus et sororibus apud Sanctum Egidium de Ponteaudom(ari) deo servientibus omnes maiores decimas ecclesie de Esturministre^b et in usus vestros auctoritate episcopali confirmavimus, minoribus dumtaxat decimis de Esturministre ad sustentationem vicarii qui pro tempore in ecclesia de Esturministre personaliter deserviet in ordine sacerdotali reservatis. Rogamus ergo vos attentius quatinus tanto devotius pro nobis et pro Sar' ecclesia deum sedulo interpellatis quanto liberalius et sincerius, ad nullius instantiam set solum deum habendo pre oculis, vobis istud contulimus beneficium. Valete.

^a supra *C,D*   ^b Esturmenistre *C*

After the bp's Salisbury pontificate began (above, no. 253 n) and before no. 344. Despite its

unusual epistolary form, highly exceptional for such a grant at that date, there can be no
doubt that this is an act of Richard Poore, or at least that an act of his lies behind it: the bp's
title, the use of first person plural, the grant *in usus vestros*, the distinction between greater
and lesser tithes, and the insistence on personal service of a vicar in priest's orders, all point
to Richard rather than Bp Roger; and, moreover, both cartulary texts and their rubrics name
the bp simply as 'R', there being apparently no warrant for the assumption that 'Roger' was
intended, apart perhaps from Eugenius III's statement that Bp Roger had given the church
with its tithes, which most likely meant in reality an episcopal confirmation of Waleran of
Meulan's gift (see above, no. 12, and cf. no. 100; Kemp, 'Monastic possession of parish
churches', 23, n. 82). The text is edited in Mesmin, 'Leper hospital of Pont-Audemer', ii, no.
120.

344. Pont-Audemer hospital

*Inspeximus of Bishop Herbert's charter [above, no. 223] admitting Mr
Thomas of Chobham, with the assent of the infirm brethren of Pont-Audemer,
to the perpetual vicarage of Sturminster [Marshall] church with its specified
revenues; and confirmation to the same brethren of all greater tithes of the
vills of Sturminster [Marshall], Newton [Peveril], [East] Almer, Combe
[Almer] and Henbury, except the tithes of the church's demesne and of the
men dwelling therein, which greater and lesser tithes belong to the perpetual
vicar, as contained in Bishop Herbert's charter; and confirmation of all lesser
tithes of the five said vills, except tithes of flax and hemp and of meadows and
mills throughout the parish, which the bishop confirms to the use of the perpetual vicar. Also confirmation to the said brethren and their clerks, with the
assent of Mr Thomas of Chobham, of seven acres of meadow in Sturminster,
five cottars there, and the church's* curia *and garden lying next to the church,
saving to the perpetual vicar all other things contained in Bishop Herbert's
charter, the vicar paying two marks annually to Pont-Audemer. The vicar will
find three chaplains to serve in Sturminster church and its chapels and provide for them properly according to the synodal constitution; he will bear all
customary episcopal burdens apart from archdeacon's lodging, and, being in
priest's orders, shall reside and serve the church in person in accordance
with the statutes of the [Fourth Lateran] Council.*   Salisbury, 31 Dec. 1219

A = Salisbury, D. & C. Muniments, Press IV, C4/5. Endorsed: Ordinacio vicarii de Sturminist'
   (s. xiv). Size 275 × 230 + 20 mm. Seal and tag missing (method 2).
B = Eton College Muniments, ECR 2/578A (Eton college roll of evidence concerning the
   right of patronage of Sturminster vicarage), first item. ss. xv ex.–xvi in.

Omnibus Cristi fidelibus presens scriptum inspecturis R. divina miseratione
Sar' ecclesie minister humilis eternam in domino salutem. Cartam bone
memorie Hereberti venerabilis predecessoris nostri inspeximus in hec verba.
[There follows the text of Bishop Herbert's charter, above, no. 223.] Nos

igitur, domui de Ponte Audomari et fratribus infirmis qui ibidem iugi cruciatu corporum torquentur in visceribus misericordie compacientes ipsisque uberius subvenire volentes, confirmamus eisdem omnes maiores decimas de villa de Esturminist' et de Niweton' et de Almere et de Cumba^a et de Henbir'.^b Et si que alie decime in eisdem villis futuris temporibus excreverint que nomine maiorum decimarum soleant vel debeant censeri, ad predictam domum de Ponte Audomari spectabunt,^c exceptis decimis de dominico ecclesie et hominum in eo habitantium que maiores et minores, sicut in prescripta carta continetur, ad perpetuum vicarium pertinere dinoscuntur. Confirmamus etiam eisdem fratribus et sacerdotibus et clericis ibidem deo servientibus omnes minores decimas de predictis quinque villis provenientes datas et dandas, exceptis decimis de lino et de canabo et de pratis et de molendinis in tota parrochia datis et dandis quas in usum perpetui vicarii confirmamus. Nichilominus etiam predictis fratribus et clericis eorum confirmamus septem acras prati in villa de Esturminist' et quinque cotarios ibidem, et curiam ecclesie^d cum gardino que est iuxta ecclesiam, de assensu magistri T. de Chebb(eham) eiusdem ecclesie vicarii perpetui, salvis omnibus aliis eidem vicario et successoribus suis que in prescripta^e carta Hereberti episcopi continentur. Persolvet autem predictus vicarius et successores sui singulis annis predictis fratribus de Ponte Audomari in Nativitate sancti Iohannis Baptiste duas marcas. Predictus autem vicarius et successores sui invenient tres cappellanos in ecclesia de Esturminist' et in capell(is) eius ministraturos, quibus honeste in necessariis secundum constitutionem synodalem providebunt.¹ Sustinebit tamen quicumque pro tempore vicarius fuerit ecclesie de Esturminist' omnia honera episcopalia usitata et consueta preter hospicium archid(iaconi). Si quis autem aliquid de bonis suis, salvo legato ecclesie, predictis fratribus specialiter^f legare voluerit, ratum erit et gratum. Statuimus etiam quod quicumque pro tempore ad predictam vicariam de Esturminist' canonice fuerit presentatus ibidem faciat residentiam in propria persona secundum statuta concilii² in ordine sacerdotali ministraturus, salvis autem^g in omnibus iure, auctoritate et dignitate ecclesie nostre et nostra et successorum nostrorum. Quod ut ratum sit et firmum, presentium auctoritatis munimine duximus confirmandum. Dat' apud Sar' pridie kal' Ianuarii pontificatus nostri anno tercio. Hiis testibus: domino A. decano Sar', Habrah(am) tesaurario Sar', magistris W. de Mertune et Luca, canonicis Sar', domino Iohanne cappellano, Valentino clerico, et aliis multis.

^a Comba *B*   ^b Hymbury *B*   ^c spatabunt *A*   ^d *Om. in B*   ^e predicta *B*   ^f *Om. in B*
^g tamen *B*

This act spells out the implications of Bp Herbert's act (above, no. 223), in particular as far as Pont-Audemer's right to the greater tithes was concerned, which probably explains also the grant in no. 343. The B copy was probably made from a different original from A (ibid., n.) For the identification of the vills, see *Dorset Place-Names*, ii, 45–8. For the chapels of Sturminster Marshall church, see no. 223. The present act fixes the later terminus for the first edition of Poore's synodal statutes (*Councils and Synods*, II, i, 57). It is also edited in Mesmin, 'Leper hospital of Pont-Audemer', i, App. IIa.

¹ The reference is to *c*. III of Poore's synodal statutes (Ibid., 95).
² A reference to Lateran IV, *c*. 32 (*Decrees*, i, 249–50).

345. James of Potterne

Agreement, in chirograph form, in the dispute between the bishop and James of Potterne over two crofts of land in Potterne, called Thorney Croft and Barndecroft, namely, that James has recognized the right of the bishop and church of Salisbury in the same and has restored and quitclaimed them to the bishop in the bishop's court; however, since, according to a chirograph made in the king's court, James's heirs can have no claim to them, the bishop has granted that James will hold Thorney Croft for life.

New Salisbury, 7 Apr. 1222

A = Salisbury, D. & C. Muniments, Press IV, C3: Potterne/10. Endorsed: De terra Iacobi de Poterna (s. xiii); Tangit episcopum (s. xiv); also post-medieval. Size 163 × 135 + 18 mm. Seal missing, tag surviving (method 2).
B = Ibid., Liber Evidentiarum C, pp. 225–6, no. 317. s. xiii ex. C = London, Inner Temple, Petyt ms 511.18 (Salisbury cartulary), fos. 43v-44r (pp. 86–7, pp. 100–1). s. xiii ex. D = Trowbridge, Wiltshire R.O., D1/1/2 (Liber Evidentiarum B), fo. 79v, no. 315. s. xiv in. E = Ibid., D1/1/3 (Registrum Rubrum), fos. 68v-69r, no. 315. s. xiv. F = Ibid., D1/1/5 (Liber Niger Episcopi), fo. 38v (33v). s. xv med.

CYROGRAFVM

Convenit inter dominum Ric(ardum) episcopum Sar' et Iacobum de Potern'*ᵃ* de duabus croftis terre in Potern', quarum una vocatur Thorncroft et alia Barndecroft,*ᵇ* unde inter eos mota fuit controversia. Videlicet quod dictus Iacobus recognovit in curia domini episcopi ius dicti episcopi et ecclesie Sar' in prefatis duabus croftis, et illas in plena curia domino episcopo reddidit et quietas clamavit a se et heredibus suis. Concessit autem dictus episcopus quod, ex quo in curia domini regis plena facta fuerit ei securitas, et per cyrographum in curia regis confectum, quod post obitum dicti Iacobi heredes sui nullum possint sibi in eis ius vendicare, tenebit dictus Iacobus de gratia et prestito episcopi in vita sua unam predictarum croftarum, scilicet illam que dicitur Thorncroft. Preterea, cum plena facta fuerit securitas in curia domini regis, debebit dictus Iacobus partem cyrographi istius quam penes eum habet dicto episcopo restituere, quando recipiet seisinam predicte crofte. Illi autem parti que penes Iacobum debet remanere dependebit sigillum episcopi et capituli Sar'. Alteri vero parti que penes episcopum remanebit sigillum Iacobi dependebit. Act' apud Novas Sar' anno ab incarnacione domini M.CC.xxii. feria quarta in ebdomoda Paschali. Hiis testibus: Roberto[c] de Creveq(uo)r, Waltero de Pavely, Nicholao de Verdun, Henrico filio Aucher, Reginaldo de Caun',[d] W. Gelberd',[e] Roberto Maudut, Hugone Droyes,[f] Willelmo filio Luce, Waltero de Wrftun',[g] Michaele de Kaning',[h] Ricardo[i] de Hortun',[j] et multis aliis.

[a] Poterna *B*; Poterne *C,D,E,F*   [b] Brandcroft *B*; Barndcroft *C,D,E*; Brandecrofte *F*   [c] *C ends with* et c'   [d] Calna *B*; Caln' *D,E*   [e] Golberd' *B*; Gilberd' *D,E*; Geleberd' *F*   [f] Boyes *F*   [g] Urfton' *B,D,E*; Worfton' *F*   [h] Ramul' *B*; Rannis' *D*; Ramus' *E*; Caning' *F*   [i] *B,D end with* et *(sic); E ends with* et aliis   [j] Horton' *F*

This agreement seems to relate to the foot of a fine (PRO, CP25/1/250/4/11; pd (cal.), *Wilts Feet of Fines*, 12, no. 11), which might appear to be the 'chirograph made in the king's court' mentioned here, except that the fine is dated 12 June 1222, two months after the present agreement; how this apparent discrepancy can be resolved is unclear.

346A. Poughley priory

Inspeximus and confirmation of three charters by Ralph of Chaddleworth to the prior and canons of Poughley, and a charter by Prior Robert and the convent of Poughley to Ralph, concerning woods, a messuage and pasture rights [in Chaddleworth], and a further charter by Prior Robert and the convent defining the right of pasture of the priory and of the church of Chaddle-worth.   Highworth, 23 July 1222

A = Westminster Abbey Muniments, no. 7138. Endorsed: Pougheley pro bosco ibidem et communi (ss. xv ex–xvi in). Size: 160 × 308 + 27 mm. Seal and tag missing (method 2).

Omnibus sancte matris ecclesie filiis ad quos presens scriptum pervenerit R. divina permissione Sar' ecclesie minister humilis salutem eternam in domino. Cartas dilectorum filiorum prioris de[(1)] Pochhel' [(2)] et canonicorum, necnon et Radulfi de Chadelwrde', inspeximus in hec verba. Sciant presentes et futuri quod ego Radulfus de Chadelwrde' dedi et concessi deo et ecclesie sancte Margarete de Pochhel' et canonicis ibidem deo servientibus in liberam, puram et perpetuam elemosinam quantum est de bosco meo inter curiam ipsorum canonicorum et Nemus Abbatis quod dicitur Pochhel', et inter lineam directam versus austrum a Clanfordesmere usque ad predictum nemus et Fernhamesweie, et a porta ipsorum canonicorum sicut via directa est usque ad Lithleduneweie, et iuxta portam canonicorum quantum est inter fossam ipsorum et viam de Chadelwrde' versus aquilonem ad longitudinem sex perticarum et dimidie, habendum et possidendum pacifice et quiete ab omni exactione et servitio seculari. Hanc autem donationem feci pro salute mea et meorum et pro animabus antecessorum et successorum meorum. Et ego et heredes mei warantizabimus prefatum donum sepedictis canonicis contra omnes homines. Et ut hec mea donatio firma et stabilis perseveret, presenti carta sigilli mei inpressione signata confirmavi. Hiis testibus: Waltero de Rip',[3] Iohanne de Sifford', Gervasio de Cuserugg', Roberto de Erpenh', Nicholao de Sortecumbe, Thoma de Grave, Roberto clerico, Hugone artifice, et multis aliis.

[a] Notum sit omnibus ad quos presens scriptum pervenerit quod ego Rad(ulfus)[4] de Chadelwrde' dedi deo et ecclesie sancte Margarete de Poch' [5] et canonicis ibidem deo servientibus in excambium de Churgrave quantum est de bosco meo versus occidentem inter Lithleduneweie et medietatem de Niwemere, et versus austrum quantum est de feudo meo a via que tendit de Lithledune usque ad Niwemere et in campum de Westune, habendum et possidendum perpetue, pacifice, libere et quiete ab omni exactione et servitio seculari, salva pastura que communis debet esse[6]. Et ad huius excambii confirmationem dederunt m(ich)i predicti canonici centum solidos, et ego presenti carta sigilli mei impressione signata confirmavi. Hiis testibus: Waltero de Rip', Iohanne de Sifford', Gervasio de Chuserugg',[7] Roberto de Erpenh', Nicholao de Sortecumbe, Thoma de Grave, Roberto clerico de Pochh', Hugone artifice, et multis aliis.

Sciant presentes et futuri quod ego Radulfus[4] de Chadelwrde concessi et dedi deo et ecclesie sancte Margarete de Pochh' [8] et canonicis ibidem deo servientibus terram extra virgultum illorum ad latitudinem versus orientem octo perticarum et in longitudine a mara ipsorum canonicorum usque ad viam sub Pochh' que dicitur Eldestreth,[9] habendam et tenendam ad frangendum in liberam, puram et perpetuam elemosinam. Preterea concessi dictis canonicis pro pastura boum pertinente ad predictam domum et ad ecclesiam de Chadelwrde' [ut habeant][b] viginti octo animalia et quatuor caballos, vel quatuor boves loco eorum, omni die per annum quando voluerint in bosco meo qui est coram eorum porta, et quando voluerint in omnibus aliis locis cum meis, preterquam in [Haycrofte][c] [10]. Et pro pastura ovium pertinente ad predictam domum et ecclesiam concessi eis ut habeant ducentas oves in omni loco cum meis. Ut autem hec mea donatio et concessio firma et stabilis permaneat, presenti carta sigilli mei impressione signata confirmavi. Hiis testibus: Waltero priore de Sandelford', Michaele de Baggenore, Iohanne persona de Sifford', Thoma Ruffo, Roberto de Sortecumbe, Nicholao fratre suo, Andrea cappellano, Rad(ulfo) cappellano, Willelmo de Graftun', Roberto de Pochh', Petro sumenur,[11] et multis aliis.

Universis ad quos presens scriptum pervenerit frater R. dictus prior[12] Sancte Margarete de Pochhel' et eiusdem loci canonici in salutis auctore salutem. Universitati vestre notum facimus nos unanimi consensu concessisse Radulfo filio magistri Roberti de Chadelwrde' et heredibus suis mesuagium quod est iuxta ecclesiam de Chadelwrde' versus meridiem, quod ad ipsam ecclesiam pertinet, cum virgulto adiacente, possidendum et habendum et hereditarie tenendum de ecclesia nostra per servitium duorum cereorum, quorum uterque sit de una libra cere, pro omni servitio. Ipse vero Radulfus et heredes sui unum cereorum offerent in festo sancte Margarete super altare nostre ecclesie. Alterum vero offerent in festo beate Andree super altare ecclesie de Chadelwrde'. Ut autem hec nostra concessio firma et stabilis perseveret, ipsam presenti carta sigillis nostris signata confirmavimus. Hiis testibus: Thoma filio Ricardi, et Galfrido et Thoma filiis eius, Iohanne de Sancta Helena, Henrico filio Pagani, Gilberto de Achangre,[13] et Osberto fratre suo, Johanne de Sifford', et Radulfo fratre suo, Galfrido et Radulfo de Ailfletun', magistro Rogero de Chadelwrde, et Ricardo fratre suo, Radulfo cappellano de Chadelwrde et Roberto de Harewull' et Rogero fratribus suis, et multis aliis.

Notum sit omnibus ad quos presens scriptum pervenerit quod ego Rob(ertus)[14] prior de Pochh'[8] et eiusdem loci canonici admensuravimus totam pasturam de domo de Pochh' et de ecclesia de Chadelwrde' tam boum quam ovium usque viginti octo animalia et quatuor caballos, vel quatuor boves loco eorum, et [ducentas]*d* [15] oves, habenda et possidenda sicut in carta eiusdem Radulfi [4] quam inde habemus continetur. Preterea concessimus ei quod frangat Bassetesdun'[16] et possideat, salva pastura nobis quando ipse pascet. Et ut hec nostra concessio firma permaneat, presenti scripto sigilli nostri [17] impressione signato confirmavimus. Hiis testibus: Waltero priore de Sandelford', Michaele de Baggenore, Iohanne persona de Sifford', Thoma Ruffo, Roberto de Sortecumbe, Nicholao fratre suo, Andrea cappellano, Radulfo cappellano, Willelmo de Graftun', Roberto de Pochh', Petro summenur, et multis aliis.

e Nos igitur, dictas donationes, concessiones et excambia grata et rata habentes, ea presenti scripto sigillo nostro munito confirmamus. Hiis testibus: Galfrido archidiacono Berk', magistro Willelmo de Merton', Rogero de Sar' et Rogero de Wurthe, magistris, magistro Galfrido, Iohanne cappellano, Valentino clerico, Alano de Fernham, et Briano de Sevehamton', et Ricardo de Henred', laicis, et multis aliis. Dat' apud Wrth' x. kl' Augusti pontificatus nostri anno sexto.

a Paragraphing according to marks in ms   *b Supplied*   *c Illegible owing to holes in ms; supplied from no. 346 B*   *d Largely missing owing to holes; supplied from 346 B*   *e No paragraph mark in ms*

The Arabic numerals in the text refer to no. 346B. Highworth (Wilts), whose church with land formed a Salisbury prebend, was normally referred to as 'Worth' and would be the natural understanding of that name here (*Fasti Salisbury*, 76).

346B. Poughley priory

Later reissue of no. 346A [variant readings indicated by Arabic numerals]
with largely different witnesses.   Ramsbury, 17 Nov. 1222

A = Westminster Abbey Muniments, no. 7139. Endorsed: Pochell' (? s. xv); A inspeximus of
a dede of Rauf ' Chaldeworth' as muche of my wood as ys bytwen' the courte of the
saide chanons and the busshe wt other gyft' and graunt' as in the same more playnly yt
dothe appere (? s. xvi in); Chaydeworth' (? s. xvi in). Size 287 × 208 + 29 mm. Seal
missing, tag remaining (method 2).

Variant readings in no. 346 A: (1) *Omit*, (2) Pochel', (3) Ripa, (4) R., (5) Pochh', (6) esse
debet, (7) Cuserugge, (8) Pochhel', (9) Eldestret, (10) Haycrofte, (11) summenur, (12) *Insert*
de Pochh' *(sic)*, (13) Hachang(r)e, (14) R., (15) ducentas, (16) Bassettesdun', (17) sigillorum
nostrorum.

Hiis testibus: Willelmo archidiacono Wiltesyr', R. de Mapodr', R. Coterell',
Iohanne cappellano, Valentino, canonicis Sarr', magistro R. de Wurth',
Th(oma) et H., clericis, Nicholao serviente de Rammesbir', Ricardo de
Henred', Waltero de Mera, Waltero Lof, et multis aliis. Datum apud Rammes-
bir' xv. kl' Decembris pontificatus nostri anno vi.

The only significant difference between the two texts is that the second of the two priory
charters is said to be sealed with one seal in 346 A, but with (presumably two) seals, for the
prior and for the canons, in 346 B. Both texts have the first priory charter sealed with
(presumably two) seals.

347. Poughley priory

Inspeximus and confirmation of the following: (1) a charter by Ralph of
Chaddleworth giving to the canons of Clanfordesmere *[i.e., Poughley] the*
church of Chaddleworth with the chapel of Woolley for the souls of his lords,
Reginald and Bernard de St Valery; (2) a charter by Robert of Chaddleworth,
son of the said Ralph, confirming to the same his father's gift of Chaddleworth
church, for the souls of Reginald and Bernard senior and Reginald and
Bernard junior de St Valery and for the health of his lord, Thomas de St
Valery; (3) a charter by Thomas de St Valery confirming to the canons of
Poughley the same gift, made and confirmed by Ralph and Robert of Chaddle-
worth, for the souls of Bernard and Reginald de St Valery, his father and
grandfather, and Reginald and Bernard de St Valery, his brothers; (4) a con-
firmation to the same by Bishop Herbert of the same gift of Chaddleworth
church in proprios usus [above, no. 224]; (5) a charter by William of Hendred
giving to the canons of Poughley the tithe of his mill of [West] Hendred with
the hay tithe of his land of [West] Hendred. London, St Bride's, 8 Apr. 1228

A = Westminster Abbey Muniments, no. 7137. Endorsed: Carta domini Ric(ardi) Sar' epis-

copi de ecclesia de Chadelwrth' (s. xiii); J. de Aumberl' (s. xiv); also long, very faded
endorsement referring to the five charters inspected (s. xiv); also post-medieval endorsement referring to Chaddleworth church and the mill tithe in Hendred. Size 230 × 355 +
21 mm. Seal missing, tag remaining (method 1).

Omnibus Cristi fidelibus ad quos presens scriptum pervenerit Ric(ardus)
divina permissione Sar' ecclesie minister humilis salutem eternam in domino.
Cartas dilectorum in Cristo filiorum prioris et canonicorum domus de Pohke-
leia inspeximus in hec verba. Omnibus ad quos presentes littere pervenerint
Rad(ulfus) de Cadelewurd' salutem. Universitati vestre notum facio quod ego,
divini amoris intuitu, quantum in me est dedi et concessi deo et beate matri
sue et sancte Margarete de Clanfordesmere et fratribus ibidem deo servientibus in liberam et puram et perpetuam elemosinam ecclesiam de Chadelew-
urd' cum capella de Wulvelei et omnibus aliis pertinenciis suis in bosco et
plano, in pascuis et pasturis et libertatibus et consuetudinibus suis, sicuti
ipsam unquam aliquis liberius aut melius vel plenius tenuit, ita ut nullum
seculare servitium pro ipsa faciant preter denegeldam pro hida terre que ad
ipsam pertinet, pro animabus dominorum meorum Reginaldi et Bernardi de
Sancto Walerico et antecessorum et liberorum meorum et pro salute mea et
meorum. Ut autem hec donatio mea et concessio firma permaneat, ipsam
scripti presentis munimine et sigilli mei appositione confirmavi. His testibus:
magistro Roberto filio meo primogenito, et Rogero et Ricardo filiis meis,
Arnulfo presbitero de Sipford', Roberto de Sortescumba, Galfr(ido) de Weliford, Giliberto et Willemo et Osberto filiis suis, Osmundo de Harewell', Roberto et Rad(ulfo) de Harewell', et multis aliis.

^a Notum sit presentibus et futuris quod ego Robertus de Chedelewrdia,
divini amoris intuitu, quantum in me est concessi et confirmavi deo et beate
matri sue et sancte Margarete de Clenfordesmere et canonicis ibidem deo
servientibus ecclesiam de Chedelewrdia, sicuti ipsam Radulfus de Chede-
lewrd' pater meus eis dedit et concessit in puram et perpetuam elemosinam
cum omnibus pertinenciis suis prout ipsius carta quam eis inde fecit testatur.
Hanc autem concessionem meam et confirmacionem feci pro animabus Reginaldi et Bernardi seniorum et Reginaldi et Bernardi iuniorum de Sancto Walerico et antecessorum et posterorum meorum et^b salute domini mei Thome de
Sancto Walerico et suorum et mea et meorum. Quod ut firmum perseveret,
presentis scripti munimine et sigilli mei appositione confirmavi. Hiis testibus:
Galfrido archidiacono de Berkesir', Agenulfo sacerdote de Sifford', Iohanne
clerico de Sifford', Stephano sacerdote de Brihtwalt', Ricardo de Chedelewr',
Gilberto de Achang', Radulfo clerico de Harewel', et Roberto fratre eius,
Rad(ulfo) filio Theodrici, Reginaldo de Eston', Willelmo de Weleford', et
multis aliis.

Notum sit presentibus et futuris quod ego Thomas de Sancto Walerico confirmavi deo et sancte Margarete de Pochelai et canonicis ibidem deo servientibus ecclesiam de Chadeleswurd' perpetuo possidendam et habendam cum omnibus pertinenciis suis, sicuti ipsam Radulfus de Chadeleswrd' et Robertus filius suus eis concesserunt et cartis suis confirmaverunt. Hanc autem confirmacionem meam feci pro anima Bernardi de Sancto Walerico patris mei et anima Reginaldi de Sancto Walerico avi mei et animabus fratrum meorum Reginaldi et Bernardi de Sancto Walerico et*b* salute mea et matris mee et uxoris mee et omnium meorum. Ut autem hec confirmatio firma perseveret, ipsam carta presenti sigillo meo signata corroboravi. Hiis testibus: Willelmo abbate de Butlesden', Leonardo scenescallo de Hoseneia, Stephano de Harewell', Willelmo de Friwncurt, Radulfo Hareng', Willelmo de Westburi, Henrico*c* filio Simonis, Waltero de Lega, Otuwio fratre suo, Rogero et Ricardo fratribus Roberti de Chadelewrd', Osmundo de Harewella, Waltero de grava, Willelmo de Ykeford', Radulfo de Sipford', et multis aliis.

[*There follows the text of Bishop Herbert's act, above, no. 224*]

Sciant presentes et futuri quod ego Willelmus de Henred' concessi et dedi deo et ecclesie sancte Margarete de Pohhel' et canonicis ibidem deo servientibus totam decimam molendini mei de Henred' cum tota decima feni tocius terre mee de Henred', percipiendas et habendas predictas decimas in liberam, puram et perpetuam elemosinam et quietam ab omni exactione et servicio seculari. Hanc autem donacionem feci pro salute mea et meorum et pro animabus antecessorum et successorum meorum. Ut autem hec mea donatio firma et stabilis permaneat, presenti carta et*d* sigilli mei impressione signata ipsam confirmavi. Hiis testibus: Philippo sacerdote,*e* magistro Roberto de Thaicham,*f* Roberto Foliot, Roberto clerico de Muchesdura, Philippo de Huertrugg', Willelmo de la putte, Willelmo de Sumerseta, et multis aliis.

Volentes igitur ea que predicte domui et canonicis pie collata sunt perpetua stabilitate muniri, omnia supradicta ipsis autoritate pontificali confirmavimus, salvis in omnibus iure, autoritate et dignitate Sar' ecclesie et nostra et successorum nostrorum. Hiis testibus: magistro Elia de Deram, magistro Luca, Willelmo capellano, Walentino, Thoma de Sancto Martino, magistro Rogero de Wrth', canonicis Sar', Waltero de Purleia et Stephano, clericis, Giliberto de Hospitali, Abel clerico, et multis aliis. Dat' per manum Valentini clerici nostri apud Sanctam Brigidam Lond' sexto idus Aprilis pontificatus nostri anno undecimo.

a No paragraphing in ms   *b Omission of pro sic*   *c Ms Hanr'*   *d Sic but*
redundant   *e Interlined*   *f Sic*

A fifteenth-century copy of Ralph of Chaddleworth's charter is Westminster Abbey Muniments, no. 7117; the original of Robert of Chaddleworth's (partially lost) is ibid., no. 7101. William, abbot of Biddlesden, who witnessed Thomas de St Valery's charter, died in 1198 (*Heads*, 126).

* 348.   Reading abbey

Grant to Reading abbey of an indulgence of twenty-five days, feast unspeci-
fied.   [June 1217 × 21 July 1228]

> Included in a list of Reading's indulgences, under the section headed *Per totum annum*: BL, Harley ms 1708 (Reading cartulary), fo. 187r-v (185r-v), at fo.187r. s. xiii med; pd (calendar), *Reading Cartularies*, i, 176–9 (at 176), part of no. 217.

Ricardus Sar' xxv d(ies).

> Date as for no. 253. For the meaning of *per totum annum*, see *Reading Cartularies*, i, 174, n 4.

* 349.   Reading abbey

Grant to Reading abbey of an indulgence of fifteen days, feast unspecified.
                                                          [June 1217 × 21 July 1228]

> Included in the same list as no. 348 (q.v.), and in the same section.

Ricardus Sar' xv d(ies).

> Date as for no. 253.

* 350.   Reading abbey

Grant to the abbot and monks of Reading of the church of Bucklebury in
proprios usus.   [June 1217 × 21 July 1228]

> Mentioned only, in the same mandate by Bp Robert Bingham as cited in no. 230, q.v.

> Date as for no. 253.

351.   Richard, chaplain of Blewbury

Inspeximus of a charter by Luke, canon of the Salisbury prebend of Blewbury,
assigning to Richard for life, as his vicarage, all obventions of the altars of
Blewbury church and of the chapels of Upton and Aston [Upthorpe], all
bequests apart from those specifically to the church, and all lesser tithes of

specified kinds, but excluding all tithes of the houses of the abbot of Reading, Andrew Basset and Osbert Turpin and every kind of grain, legumes and hay, which Luke retains; and granting the house and curtilage sometime held by Gerard the chaplain; and specifying that Richard ought to provide a chaplain with him to serve the said church and chapels and bear all burdens of the same. In confirming this charter the bishop stipulates that the vicarage must only bear ordinary burdens.　　　　　　　Ramsbury, 30 March 1227

> B = Trowbridge, Wiltshire R.O., D1/1/1 (Register of St Osmund), fo. 66r (p. 131), in inspeximus by Dean W(illiam) and the chapter of Salisbury, 8 June 1227. s. xiii in.
> Pd, *Reg. S. Osm.*, ii, 31–2.

Universis sancte matris ecclesie filiis ad quos presens scriptum pervenerit R. divina permissione Sar' ecclesie minister humilis salutem eternam in domino. Cartam dilecti in Cristo filii Luce canonici prebende de Blebur' inspeximus in hec verba. Universis sancte matris ecclesie filiis ad quos presens scriptum pervenerit Lucas sancte Marie Sar' canonicus salutem in domino. Noverit universitas vestra me caritatis intuitu concessisse, quantum ad me pertinet, Ricardo capellano de Blebur' omnes obventiones altarium ecclesie de Blebur' et capellarum de Optun' et Eston', et omne legatum preter illud quod specialiter ecclesie fuerit legatum, et omnes minutas decimas ad eas pertinentes, videlicet lanam, agnos, caseum et omnes alias minutas decimas de animalibus provenientes, percipiendas et habendas omnibus diebus vite sue, exceptis decimis trium domorum, quas excipio, scilicet omnes decimas de domo domini abbatis de Rading', Andree Basset, Osberti Turpin, et excepto omni genere bladorum et leguminum et feno, quod similiter excipio. Concedo etiam eidem Ricardo illam domum cum curtillag(io) quam Gerardus capellanus aliquando habuit iuxta cimiterium. Debet autem dictus R. invenire secum unum capellanum ad deserviendum dicte ecclesie et capellis, et omnia honera tam ecclesie quam capellarum sustinere. Hanc autem concessionem sigilli mei munimine roboravi. Nos ergo, predictam concessionem memorati Luce ratam et gratam habentes, eam auctoritate pontificali confirmavimus, ita quod predicta vicaria non honeretur nisi honeribus ordinariis, salvis in omnibus iure, auctoritate et dignitate Sar' ecclesie et nostra et successorum nostrorum. Dat' apud Ramesberiam per manum Valentini clerici nostri iii. kl' Aprilis pontificatus nostri anno x. His testibus, et c'.

> The year date is unequivocally confirmed by the chapter's inspeximus, which is dated 'M.CC.xxvii. vi. idus Junii'. For the prebend of Blewbury and for Luke, see *Fasti Salisbury*, 53–4.

* 352. Ruffinus, nephew of Guala the papal legate

Letters testifying to the king's justices, in reference to Ruffinus, that the church of Warminster is not vacant.   [? c. Oct. 1217]

> Mentioned only, as having been produced in an assize of darrein presentment in the king's court in Michaelmas term 1217 between Nicholas Avenel and the bp of Bath: BL, Additional ms 12269, fol. 202v; pd, *Bracton's Note Book*, iii, 330–1, no. 1354; no court roll extant.

Profert [*sc.* bishop of Bath's attorney] etiam litteras R. Sar' episcopi iustic(iariis) directas, in quibus continetur quod ecclesia illa [*sc.* Warminster] non vacat.

> For the background to these letters, see above, no. 234.

353. St Albans abbey

Ordinance in chirograph form by Richard, bishop of Salisbury, William, abbot of Westminster, and Richard, abbot of Waltham, in the various disputes between Hugh, bishop of Lincoln, on the one part, and Abbot William and the convent of St Albans, on the other, concerning the vicarage of Luton church, the subjection of the cells of Belvoir, Hertford and Beadlow, and other matters, which disputes have been ventilated before various groups of judges-delegate of Pope Honorius III [named] and which the parties have now submitted to their ordination. A perpetual vicarage is to be ordained in Luton church, the vicar having all obventions and lesser tithes of Luton church and its chapels, with a suitable dwelling, but excluding the corn tithes and land of the church and chapels; the vicar will be presented to the bishop of Lincoln by the abbot and convent of St Albans, or by the convent during an abbatial vacancy, and the bishop will have full jurisdiction in the church and custody of the vicarage when vacant. Regarding the other churches claimed by the abbot and convent for their own uses, the assigning of vicarages and the custody of such churches and vicarages when vacant, the bishop of Lincoln's status shall be as it was before this ordinance. Concerning the cells, their priors shall be presented by the abbot and convent to receive from the bishop administration of the spiritualities, saving to the abbot the cura animarum *of the monks dwelling in his cells throughout Lincoln diocese with other powers [specified].*   Westminster, 25 March 1219 × 24 March 1220

> A = Lincoln, Lincolnshire Archives, D. & C. Muniments, Dij/83/1/48. Damaged, with two holes and the centre of the base cut away Endorsed: Luton' submissio vicarie (s. xiv); vi. (s. xiv); Dotatio vicarie de Luton com' Bedd' (s. xvi). Size 362 × *c.* 275 + *c.* 30 mm. Seals, originally seven on cords through eyelets, the eyelets alone remaining; the seals, identified on the turn-up (central part missing), were of the Lincoln chapter, the bp of

Lincoln, the abbot of Westminster, the bp of Salisbury, the abbot of Waltham, the abbot of St Albans, and the convent of St Albans.

B = BL, Cotton ms Otho D iii (parts of a St Albans cartulary), fos. 110r-111r. s. xiv ex.

Pd from A, *Registrum Antiquissimum*, iii, 13–15, no. 653.

Actum in capitulo Westmonasterii*ᵃ* anno ab Incarnatione domini millesimo ducentesimo decimo nono.

ᵃ Missing in A owing to damage to original

The dating assumes that the year began on 25 March. For comment, see J. E. Sayers, *Papal Judges Delegate in the Province of Canterbury 1198–1254*, Oxford 1971, 170–1.

354. St Neots priory

Notification that, whereas the ius patronatus *of Boscombe church belonged to the prior and monks of St Neots, as is clear from an inquiry held in the [rural] chapter of Winterbourne [? Stoke] and from the deeds of the prior and monks, who used to receive half a mark annually from the church without diocesan authority, they, following the death of Mr John de Scal(is), late rector, have demised to the bishop and his successors the* ius patronatus *as being a meagre benefice, and he, as patron, has granted them a perpetual benefice of one mark annually from the church's rector.*   Ramsbury, 8 Aug. 1226

B = BL, Cotton ms Faustina A iv (St Neots cartulary), fos. 110v-111r (109v-110r). s. xiii med.

Pd (calendar), G. C. Gorham, *The History and Antiquities of Eynesbury and St Neot's*, 2 vols in 1 (London 1824), ii, p. xlvi, no. 594.

Omnibus sancte matris ecclesie filiis ad quos presens scriptum pervenerit Ricardus divina permis[fo. 111r]sione Sar' ecclesie minister humilis salutem eternam in domino. Noverit universitas vestra quod, cum ius patronatus ecclesie de Boscumb' ad priorem et monachos Sancti Neoti immediate spectaret, sicut per diligentem inquisitionem in capitulo de Winterburn' factam et per eorundem nobis plenius constabat instrumenta, de qua quidem ecclesia dicti prior et monachi dimidiam marcam annuam sine auctoritate diocesani percipere solebant, tandem, decedente magistro Iohanne de Scal' quondam eiusdem ecclesie rectore, totum ius patronatus sive*ᵃ* advocationis quod habuerunt in ipsa, eo quod tenue esset et exile beneficium, nobis nostrisque successoribus in perpetuum commiserunt et absolute dimiserunt. Nos igitur, de dicta ecclesia tanquam patroni disponentes, dictis priori et monachis intuitu caritatis et pro fervore religionis et hospitalitatis gratia, que apud eos vigere dinoscitur, contulimus unam marcam de dicta ecclesia nomine perpetui beneficii percipiendam annuatim per manum dicte ecclesie rectoris qui pro tempore fuerit. Qui quidem iurabit eis quod absque omni difficultate et dolo et fraude dictam marcam singulis annis eis ad duos anni terminos persolvet, scilicet ad Pasca dimidiam marcam et ad festum sancti Michaelis dimidiam marcam. Quod ut perpetue firmitatis robur optineat, presens scriptum sigilli nostri*b* munimine roboravimus in testimonium. Dat' apud Remmesbir' sexto idus Augusti per manum Walteri de Purl' clerici nostri pontificatus nostri anno decimo. Hiis testibus: magistro Luca, magistro Rogero de Wrth', canonicis Sar', et pluribus aliis.

a Ms sue   *b Ms* mei

For the priory's submission of their right of patronage to the bp's ordination, see *Salisbury Charters*, 85, no. 108. The church was given to St Neots by Roger Burnard and confirmed by Alexander III (Gorham, *History of Eynesbury and St Neot's*, i, 307–8, 317–8; ii, p. cxxxv; *Mon. Ang.*, iii, 474–5, nos. 21–2). See also *VCH Wilts.*, xv, 60.

355. Salisbury cathedral

Exchange, in chirograph form, between the bishop and A(dam), dean of Salisbury and prebendary of Potterne, with the assent of the chapter, by which the messuage formerly of Mr William of Potterne will remain to the dean and his successors in the prebend, and a croft from the estate of the prebend will remain to the bishop.   [June 1217 × 23 Aug. 1220]

B = Salisbury, D. & C. Muniments, Liber Evidentiarum C, pp. 227–8, no. 321. s. xiii ex. C = London, Inner Temple, Petyt ms 511.18 (Salisbury cartulary), fo. 44r-v (pp. 87–8, pp. 101–2). s. xiii ex. D = Trowbridge, Wiltshire R.O., D1/1/2 (Liber Evidentiarum B), fo. 80r-v, no. 319. s. xiv in. E = Ibid., D1/1/3 (Registrum Rubrum), fo. 69v, no. 319. s. xiv. F = Ibid., D1/1/5 (Liber Niger Episcopi), fos. 38v-39r (33v-34r). s. xv med.
Pd from B, D, E, *Salisbury Charters*, 81, no. 102.

Hoc est excambium*a* factum inter dominum R. Sar' episcopum et A. decanum Sar', canonicum prebende de Poterne,*b* de assensu et voluntate capituli Sar', scilicet quod mesuagium quod fuit magistri Willelmi de Poterna *c*in villa de Poterna*c* cum tota platea*d* sua remanebit imperpetuum eidem decano Sar', canonico eiusdem prebende, et successoribus suis canonicis eiusdem prebende, quod mesuagium cum platea extendit in longitudine a curia ipsius decani usque ad curtilagium Iohannis de la fenne et in latitudine se extendit a gardino ipsius decani usque ad magnum vicum; et domino episcopo remanebit una crofta ex altera *e*ipsius vici parte*e* versus orientem, de fundo prebende, que extendit in longitudine a curtilagio Roberti bovarii usque ad fossatum curtilagii Willelmi de la yete, ita quod fossatum illud semper pertineat ad curtilagium ipsius Willelmi, et in latitudine extendit a magno vico usque ad croftam Willelmi Rufi. Et in huius rei testimonium confectum est cyrographum istud; et in illa parte cyrographi que penes [p. 228] dominum episcopum remanet appositum est sigillum ipsius decani et sigillum capituli, et in alia parte que remanet penes decanum appositum est sigillum domini episcopi et sigillum capituli.

a escambium *C,E*   *b* Poterna *F*   *c-c* Om. in *F*   *d* placea *C,E,F*   *e-e* parte illius vici *C,D,E,F*

After the bp's Salisbury pontificate began (above, no. 253 n.) and before Dean Adam's death (*Fasti Salisbury*, 11). Although the prebend of Potterne had been held by Dean Azo before 1148 (see an earlier exchange of lands between Azo and Bp Jocelin, above no. 127), it did not remain with the deanery after Adam's death and was annexed to the bishopric in 1255 (*Fasti*, 89–90).

356. Salisbury cathedral

Notification by the bishop and Dean A(dam) and the chapter of Salisbury of the agreement reached in a general meeting of the canons or their proctors, namely, that, as sanctioned by Pope Honorius [III], the cathedral should be moved to a more convenient site and that all, including the bishop, should contribute annual amounts to the building of a new cathedral for seven consecutive years, payable in equal instalments at four specified times each year, according to the value of their prebends; and that this should apply also to absent canons who were not represented by proctors. Salisbury, 2 July 1218

B = Trowbridge, Wiltshire R.O., D1/1/1 (Register of St Osmund), fos. 60v-61r (pp. 120–21). s. xiii in. C = Salisbury, D. & C. Muniments, Liber Evidentiarum C, pp. 97–8, no. 121. s. xiii ex. D = Trowbridge, Wiltshire R.O., D1/1/2 (Liber Evidentiarum B), fos. 24v-25r, no. 84. s. xiv in. E = Ibid., D1/1/3 (Registrum Rubrum), fo. 21r, no. 84. s. xiv. F = Ibid., D1/1/2 (Liber Evidentiarum B), fo. 5r-v (pp. 9–10). s. xiv ex.
Pd from B, Wilkins, *Concilia*, i, 553; from B, *Reg. S. Osm.*, ii, 7–9.

Omnibus sancte matris ecclesie filiis tam presentibus quam futuris ad quos presens scriptum pervenerit R. divina permissione Sar' ecclesie minister humilis et A. eiusdem loci decanus et capitulum Sar'*a* salutem in domino. Indulta nobis a sanctissimo patre nostro papa Honorio libera facultate ecclesiam Sar' ad locum commodiorem transferendi propter multas incommoditates et pressuras quibus subiacebat, et de quibus sufficienter ei fides *b*facta fuerat, et sicut in rescripto*b* plenius continetur, generalem fecimus canonicorum *c*convocationem Sar'*c*; omnibusque pro maiori parte per se vel procuratores suos in capitulo residentibus, examinatis singulorum diligenter votis et voluntatibus, [fo. 61r] ab omnibus et singulis concorditer fuit responsum summe utile esse et*d* expediens quod ad locum transferetur*e* commodiorem; et in hoc communiter et concorditer consenserunt. Cumque de sumptibus et expensis quas translatio requirebat et nove fabrice constructio desiderabat ibidem et ab eisdem diligenter tractaretur, attendentes quod efficacius et celerius adimplet universitas quod ^{f}inutiliter interdum^f conatur unitas, promiserunt universi et singuli se ad nove fabrice constructionem pro facultatibus prebendarum suarum continue usque ad septennium libentissime et prompto animo subventuros, ad maiorem securitatem cartam promissionis exponentes singulorum subscriptionibus communitam, in qua quid et quantum quilibet eorum annuatim promiserit certis terminis usque ad septennium persolvendum evidenter exprimitur. De canonicis autem absentibus, et qui in remotis agebant, qui licet vocati fuissent^g commode interesse non poterant nec pro se mittere procuratores, de communi providentia canonicorum, ^{h}quorum maior et sanior pars ad illum diem propter hoc convenerat, decretum est ut absentes tamquam pars suo toti congruens, presentium canonicorum^h exempla sequentes, pro facultatibus prebendarum suarum ad constructionem fabrice matricis ecclesie singulis annis usque ad^i septennium sine contradictione conferrent, sicut alii qui in carta promissionis annotantur. Et ne a promissione^j tam honesta infra terminum^k possit aliquis nostrum alicuius machinatione recedere, presenti scripto, nostro et capituli sigillo roborato, necnon^l et singulis^m subscriptionibus communito, omnes et singuli voluntarie^n nos obligamus, terminos de communi providentia quatuor statuentes, in quibus annis singulis usque ad septennium quartam partem pecunie annuatim promisse sine contradictione et sine fraude persolvemus ad constructionem et, per dei gratiam, ad consummationem fabrice nostre convertendam. Sunt autem hii termini: primus in festo Omnium Sanctorum, secundus in Purificatione beate Marie, tertius in Ascensione domini, quartus in^o Advincula sancti Petri. Solutio autem dicte promisse pecunie facienda est in ^{p}capitulo Sar'^{p} ad predictos terminos illis qui ex parte episcopi et capituli ad hoc fuerint deputati. Actum anno Verbi incarnati M.CC.xviii.^{q} pontificatus nostri anno secundo in capitulo Sar' in^r die sanctorum Processi et Martiniani.^{s}

^{a} *Om. in C,D,E* $^{b-b}$ fuerat in eius scripto *C*; fuerat et sicut in eius rescripto *D,E* $^{c-c}$ Sar' convocationem *C,D,E* ^{d} *Om. in C* ^{e} transfereretur *B* $^{f-f}$ interdum inutiliter *C,D,E* ^{g} essent *C* $^{h-h}$ *Om. in C,D,E* ^{i} *Om. in C,D,E* ^{j} *Insert* tam pia et *C,D,E* ^{k} septennium *C,D,E* ^{l} *Om. in C,D,E* ^{m} singulorum *C,D,E* ^{n} *Placed after* nos *C,D,E* ^{o} *Om. in C,D* $^{p-p}$ maiori ecclesia de Wilton' *C,D,E* ^{q} M.CC.xxviii. *D,E* ^{r} *Om. in C,D,E* ^{s} Martini *C*; Mart' *D,E*

The B text forms part of a narrative of the removal of the see, etc., composed probably by Dean William de Waude (*Fasti Salisbury*, 11), which was copied (presumably from B) into Liber Evidentiarum B in the later 14th century, whence text F is taken. There are a few significant differences between these two texts and the others, the most notable of which concerns the place where the canons' contributions are to be paid: 'in the Salisbury chapter' (B,F); 'in Wilton abbey' (C,D,E). Honorius III's authorisation of the cathedral's removal, dated 29 Mar. 1218, is *Reg. S. Osm.*, ii, 5–7 (where the date is given wrongly as 1219).

357. Salisbury cathedral

Annexation of the prebend of Horton to the bishopric of Salisbury with the chapter's approval, and, with the chapter, sentence of excommunication against all who shall presume to violate this constitution.

[prob. *c.* 11 Apr. 1219]

A = Salisbury, D. & C. Muniments, Press IV, E5: Prebend of Horton/3. Partly water-stained, where legible only under ultra-violet light or in a photograph. Endorsed: H(or)tune (s. xiii); Horton' (s. xiii ex.); Carta Ricardi Sar' episcopi una cum sigillo capituli ut episcopus habeat prebendam de Horton' sue dignitati adnexam qui prius habuit prebendam incertam videlicet oblac(iones) (s. xvi in). Size 195 × 115 + 17 mm. Seals, originally two, on tags (method 1); a little over half of the bishop's remaining, in white wax; obverse, episcopal figure lacking its head, portions of legend; reverse, most of counterseal with most of legend.

B = Ibid., Liber Evidentiarum C, p. 95, no. 119. s. xiii ex. C = London, Inner Temple, Petyt ms 511.18 (Salisbury cartulary), fo. 20r-v (pp. 39–40, pp. 53–4). s. xiii ex. D = Trowbridge, Wiltshire R.O., D1/1/2 (Liber Evidentiarum B), fo. 23r-v, no. 81. s. xiv in. E = Ibid., D1/1/3 (Registrum Rubrum), fo. 18r, no. 81. s. xiv.

Pd from B, D, E, *Salisbury Charters*, 95, no. 117.

Omnibus Cristi fidelibus ad quos presens scriptum pervenerit Ricardus divina permissione Sar' ecclesie minister humilis salutem eternam in domino. Cum dudum venerabilis patris sancte memorie Osmundi Sar*ᵃ* episcopi et eiusdem loci capituli unanimi ac deliberato consilio fuerit*ᵇ* constitutum, quo magis episcopus qui pro tempore esset tanquam unus canonicorum ad secreta capituli admitteretur, optineret prebendam una cum episcopatu, et sic hactenus approbata consuetudine fuerit optentum; cum eadem prebenda in incertis porcionibus consisteret, utpote in oblacionibus que in Pentecoste solent ad maius altare ecclesie Sar' deferri, procedente tempore a nobis et*ᶜ* eodem capitulo cauta deliberacione provisum fuit quod eidem episcopatui certa, videlicet prebenda de Hortun',*ᵈ* adnecteretur, nullo tempore ab eodem separanda. [Ne scilicet]*ᵉ* predicta constitucio ludibrio esset aliquando aut in cassum cederet, vel ad modicum saltem tempus episcopus prebenda careret, ut vel sic a secretis capituli [excluderetur]*ᵉ*, et ne processu temporis cuiusquam maligna interpretacione, vel sede vacante vel episcopo vivo presidente, posset predicte constitucionis vigor evacuari, nos una cum capitulo iamdicto sollempnem excomunicacionem protulimus in omnes eos qui hanc nostram et capituli constitucionem futuris temporibus presumpserint violare.*ᶠ* Ut etiam ista constitucio futuris temporibus rata permaneat et inconcussa, eam sigilli nostri et sigilli capituli apposicione fecimus communiri.

ᵃ Saresbur' *C*; Saresb' *D,E*   *ᵇ* fuerat *C,D,E*   *ᶜ Insert* ab *B*   *ᵈ* Hortone *C*; Horton' *D,E*   *ᵉ Bracketed words illegible in A*   *ᶠ E ends with* Et ut, et c'

Probably of about the time of the chapter's approval of the annexation (*Salisbury Charters*, 85–6, no. 109). In 1255 the prebend was exchanged for that of Potterne (*Fasti Salisbury*, 77).

358. Salisbury cathedral

Agreement by which the bishop has granted to Mr R(obert), chancellor of Salisbury, for life the virgate of land which customarily belongs to the correction of the cathedral books, to use the rent therefrom to this end. No right to this land can be claimed by subsequent chancellors, but after Robert's death the bishop may transfer it to any canon of his choice for this purpose.

[28 Apr. 1220 × 21 July 1228]

B = Trowbridge, Wiltshire R.O., D1/1/4 (Statuta ecclesie Sarum), p. 81 (fo. 35r). s. xvii, replacing s. xiv. C = Salisbury, D. & C. Library, ms 189 (Lib. Misc. Decani), fo. 19v. s. xvi.

Pd, ? from B,[1] *Statuta et Consuetudines*, eds. Dayman and Jones, 13; from B,[2] *Statuta et Consuetudines*, eds. Wordsworth and Macleane, 54–5.

Convenit inter dominum Ricardum episcopum Sar' et magistrum R. cancellarium Sar' quod dominus episcopus concessit ei toto tempore vite sue illam virgatam terre que solet pertinere ad correctionem librorum ecclesie Sar', ut[a] cancellarius de censu proveniente ex predicta terra fideliter et diligenter libros corrigat. Ita tamen quod nullus successor predicti cancellarii poterit cancellarie propter hanc conventionem ius aliquod in predicta terra vendicare, set dominus episcopus post decessum predicti cancellarii poterit eam conferre cuicumque canonicorum[b] voluerit ad correctionem predictorum librorum.

[a] *Insert* predictus C   [b] canonico C

After the date when Robert's predecessor was still in office (*Fasti Salisbury*, 18) and before the bp's translation to Durham (above, no. 253 n.). For an earlier grant of this land for the same purpose by Bp Jocelin, see above, no. 130.

[1] The only source is given as Liber Evid. C, 79, but this is the text of Bp Jocelin's grant. B seems most likely.

[2] Liber C, 79, is also cited, in error (see n. 1).

359. Salisbury cathedral

Grant to Salisbury cathedral, for the augmentation of the communa of the resident canons, of the church of Melksham with the chapel of Erlestoke, saving a perpetual vicarage. Dean William and the chapter have granted that, on the bishop's anniversary, the dignitaries, canons and vicars of the cathedral will have the customary pittances of feast days, with the feeding of a hundred poor people.

[20 Sept. 1220 × 18 Mar. 1227]

A = BL, Additional Charter 37666. Endorsed: J. Craneb' (? s. xiii ex); Melkesham (? s. xiv in); quomodo Ricardus episcopus Sar' dedit ecclesiam de Melksham cum capella de Stokes et omnes pertinentias canonicis Sar' ad communam eorum, pro quo imposuit canonicis quod die deposicionis sue canonici et alii ministri ecclesie habebunt pietancias quales solent habere solennibus diebus singulis annis in perpetuum cum pastu C. pauperum (s. xiv); also post-medieval endorsements. Size 216 × 108 + 13 mm. Seals, originally two, on tags (method 1); episcopal seal and tag alone surviving, of discoloured white wax, fine and virtually complete though slightly repaired; counterseal on reverse; legends largely intact.

B = Salisbury, D. & C. Muniments, Liber Evidentiarum C, pp. 363–4, no. 487. s. xiii ex.

Pd from B, *Salisbury Charters*, 101–2, no. 123.

Omnibus Cristi fidelibus ad quos presens scriptum pervenerit Ric(ardus) divina permissione Sar' ecclesie minister humilis salutem eternam in domino. Cum singulorum diocesis nostre provectibus invigilare ex cura pastorali debitores simus, propensius tamen eorum qui*a* ecclesiasticis ministeriis precipue in ecclesia Sar' specialiter sunt deputati, hac ratione inducti, nichilominus etiam ex eo quod communam Sar' tenuem admodum et exilem cognovimus provocati, ecclesiam de Melkesham cum capella de Stokes et omnibus aliis pertinenciis suis, salva vicaria perpetua eiusdem ecclesie, ecclesie Sar' in augmentum commune canonicorum ibidem residencium concessimus et dedimus et auctoritate pontificali confirmavimus. Concesserunt autem nobis filiali affectione et pia devocione Willelmus decanus Sar' et capitulum pro se et successoribus suis quod die anniversario deposicionis nostre persone et canonici et vicarii eiusdem ecclesie habebunt pitancias quales solent habere sollempnibus diebus cum pastu centum pauperum in perpetuum. Ut autem hec donacio et confirmacio futuris temporibus robur perpetuum obtineant, hoc scriptum sigilli nostri et sigilli capituli apposicione communivimus.

a Insert in B

After William de Waude became dean (*Fasti Salisbury*, 11) and before the death of Honorius III, who confirmed the grant (Trowbridge, Wilts R.O., D1/1/3, Reg. Rubrum, fo.137v: this is a late copy of the pope's confirmation, referring to the Bp of Salisbury's letters and dated 27 Mar. 1218, i.e., before the date of the present act; either the scribe copied the date wrongly or, less likely, there was an earlier act now lost). Melksham church was given to Bp Herbert and the cathedral by King John in 1200 (*Reg. S. Osm.*, i, 210–2; *Rot. Chart.*, 67). For Erlestoke, see *Wiltshire Place-Names*, 126–7.

360. Salisbury cathedral

Notification that, whereas by an agreement between the bishop and Malmesbury abbey Bremhill church has devolved to his collation, he, with the assent of Dean William and the chapter of Salisbury, has assigned the church, when vacant, with the chapel of Highway to the use of those ministering at the daily Mass of St Mary in the cathedral in perpetuity, saving a perpetual vicarage in the church, which is to be served at the bishop's collation by a resident chaplain, having another chaplain with him. Thirteen vicars will daily attend the hours and Mass of St Mary at her altar, including the succentor, from whom those present will receive their pennies.

[20 Sept.1220 × 21 July 1228]

B = Salisbury, D. & C. Muniments, Liber Evidentiarum C, p. 206, no. 274. s. xiii ex. C = Ibid., fo. 402v, no. 500 (2). s. xiii ex. D = Trowbridge, Wiltshire R.O., D1/1/2 (Liber Evidentiarum B), fo. 71r, no. 234. s. xiv in. E = Ibid., D1/1/3 (Registrum Rubrum), fo. 61r, no. 234. s. xiv.
Pd from B, C, *Salisbury Charters*, 117–18, no. 134 (2).

Omnibus *[a]*Cristi fidelibus presens scriptum inspecturis Ricardus divina permissione*[b]* Sar' ecclesie minister humilis salutem in domino*[c]*.*[a]* Cum per compositionem quandam inter nos et *[d]*abbatem de Malmesbir' et eiusdem loci conventum*[d]* factam ad nostram collationem et ordinationem devoluta sit ecclesia de Bremel' cum capella de Hywey*[e]* et omnibus aliis pertinentiis, ut libentius et instantius clerici de choro*[f]* Sar' celebrationi misse beate Marie de cetero intersint, ad quod officium faciendum nichil certum prius*[g]* fuit provisum, de assensu dilectorum*[g]* filiorum Willelmi decani et capituli Sar', contulimus et assignavimus dictam ecclesiam de Bremel cum omnibus pertinentiis cum vacaverit, quod cedat*[h]* in usus ministrantium ad missam predictam in perpetuum, salva vicaria perpetua in eadem ecclesia, a nobis et successoribus nostris in perpetuum cum vacaverit conferenda honesto viro et capellano ibidem personaliter*[g]* residenti, qui *[i]*socium habebit*[i]* capellanum. Singulis vero diebus intererunt tresdecim vicarii horis beate Marie ante altare eiusdem dicendis et misse celebrande, quorum unus [semper]*[j]* erit succentor Sar' [qui pro tempore fuerit].*[k]* Et singuli de predictis cum fuerint presentes singulos denarios recipient per manum succentoris. Et ut hec nostra collatio et assignatio perpetue firmitatis*[l]* robur optineant, presens scriptum sigilli nostri munimine roboravimus. Valete.*[m]*

[a-a] et c', Ricardus divina permissione, et c' *C*   *[b] Placed before* divina *D,E*   *[c] Insert* eternam *D,E*   *[d-d]* abbatem de Malmesbir' *C*; abbatem et conventum de Malmesbir' *D,E*   *[e]* Hywys *C*; Hyweye *D*; Heyweye *E*   *[f]* coro *B*   *[g] Om. in C*   *[h]* cadat *B*   *[i-i]* secum habeat *C*   *[j] Supplied from D,E*   *[k] Supplied from C*   *[l] C ends with* et c'   *[m] Om. in C*

After William de Waude became dean (*Fasti Salisbury*, 11) and before the end of the bp's Salisbury pontificate (see no. 253 n.). The bp evidently assigned 10 marks annually from Bremhill church until it became vacant (as stated in no. 362 below), a sum which the rector, Mr Richard, promised to pay in two instalments (*Salisbury Charters*, 118, no. 134 (3)).

361. Salisbury cathedral

Notification that, with the consent of Dean William and the chapter of Salisbury, the bishop has assigned to the office of the St Mary Mass at Salisbury

the hide of land in Stratford[-sub-Castle] which he had retained for episcopal
use with the assent of William de Lindon', then canon of Grantham [Borealis]
prebend, and of William of Ingoldsby, his successor, to whose prebend the
land formerly belonged; the succentor will have management of the said hide,
saving one mark annually payable to Joan Malemeyns, anchoress of Britford,
for her life.   [20 Sept. 1220 × 21 July 1228]

> B = Salisbury, D. & C. Muniments, Liber Evidentiarum C, fo. 403r, no. 500 (4). s. xiii ex.
> Pd, *Salisbury Charters*, 118–19, no. 134 (4).

Omnibus Cristi fidelibus ad quos presens scriptum pervenerit Ricardus divina
permissione Sar' ecclesie minister humilis salutem eternam in domino. Noverit universitas vestra quod, cum de voluntate et assensu Willelmi decani et
capituli Sarr', necnon et de assensu Willelmi de Lindon', tunc canonici unius
prebende de Graham, insuper de voluntate et assensu Willelmi de Yngodeby
successoris eiusdem, retinuissemus ad opus nostrum et successorum nostrorum unam hydam terre in Stratford' cum hominibus et omnibus pertinentiis
suis, que antiquis temporibus pertinebat ad dictam prebendam dictorum
canonicorum de Graham; considerantes quod ea que ad missam beate Marie
apud Sar' celebrandam assignata sunt minus sufficiant, de consensu memorati
decani et capituli Sarr', dictam hydam terre cum pertinentiis contulimus et
assignavimus in perpetuum ad predictum officium faciendum. Cuius hyde
terre procurationem habebit succentor Sar' quicumque pro tempore fuerit,
salva una marca argenti annua de eadem hyda per manum dicti succentoris
solvenda Iohanne Malemeyns, incluse de Bretford', quoad vixerit ad sui sustentationem, ita tamen quod post decessum eiusdem incluse redeat marca ad
dictum officium faciendum, et ulterius alicui alii non solvatur. Et ut hec nostra
collatio et assignatio perpetue firmitatis robur optineat, presens scriptum sigilli
nostri munimine roboravimus.

> Date as for no. 360. For the prebend of Grantham Borealis, see *Fasti Salisbury*, 70–72.

362. Salisbury cathedral

Notification that, whereas what the bishop has assigned to the daily celebra-
tion of the St Mary Mass at Salisbury is insufficient, namely, ten marks annu-
ally from Bremhill church until it becomes vacant and one hide of land in
Stratford[-sub-Castle], he has further assigned to the said office, with the
assent of Dean William and the chapter of Salisbury, ten pounds sterling
annually from the mill he has had built in the city of Salisbury, to be paid by
the bishop's bailiff of Salisbury to the succentor of Salisbury, until Bremhill
church becomes vacant by the death or resignation of Mr Richard, the rector,

or until the bishop or his successors assign the ten pounds annual rent else-
where.   [20 Sept. 1220 × 21 July 1228]

B = Salisbury, D. & C. Muniments, Liber Evidentiarum C, fo. 402r, no. 500 (1). s. xiii ex.
Pd, *Salisbury Charters*, 116–17, no. 134 (1).

Omnibus Cristi fidelibus ad quos presens scriptum pervenerit Ricardus divina
permissione Sar' ecclesie minister humilis salutem in domino. Attendentes
quod ea que assignavimus ad missam beate Virginis apud Sarr' singulis diebus
celebrandam minus sufficiant, videlicet decem marce annuatim de ecclesia de
Bremel' percipiende donec proximo tota vacaverit, et una hyda terre cum
pertrinentiis in Stratford que quondam pertinebat ad illam prebendam de
Graham, cuius prebende fuit canonicus Willelmus de Yngodeby tempore
subscripte assignationis nostre, de assensu et voluntate Willelmi decani et
capituli Sar' assignavimus ad predictum officium beate Virginis competentius
et plenius faciendum decem libras sterlingorum de molendino nostro quod in
civitate Sar' construi fecimus. Quas quidem decem libras de eodem molendino
singulis [annis]^a ad quatuor anni terminos, videlicet ad Natale domini quinquaginta solidos, ad Pascha quinquaginta solidos, ad Natale sancti Iohannis
Baptiste quinquaginta solidos, ad festum sancti Michaelis quinquaginta
solidos, nos et successores nostri per manum ballivi nostri de Sar' solvemus
succentori Sar' qui pro tempore fuerit, in usus predicti officii beate Marie
convertendos, quousque dictam ecclesiam de Bremel, quam ad hoc imperpetuum contulimus et assignavimus, post decessum vel resignationem magistri
Ricardi rectoris eiusdem ecclesie totam proximo vacare contigerit, vel
quousque nos vel successores nostri ad prenominatum officium faciendum
assignaverimus alibi decem libras certi redditus et in certo loco solvendas
annuatim dictis terminis succentori Sarr' modo predicto. Cum autem prefata
ecclesia de Bremel proximo vacans fuerit, retinebimus nos et successores
nostri ad opus nostrum tam predictas decem libras de molendino nostro, sicut
predictum est, solvendas quam alias decem libras si quas alibi, ut dictum est,
assignaverimus. Et ut hec nostra concessio per prefatum tempus firma sit et
stabilis, presens scriptum sigillo nostro duximus communiendum.

^{a} *Supplied*

Date as for no. 360.

363.   Salisbury cathedral

Gift to Salisbury cathedral of a messuage by the eastern road outside the
canons' enclosure, to be held of the cathedral by Mr Nicholas of Ely, the

bishop's mason, and his heirs in perpetuity for an annual render to the cathedral of two candles, weighing two pounds of wax, to amplify the lighting of the Mass of St Mary. [20 Sept. 1220 × 21 July 1228]

> A1 = Salisbury, D. & C. Muniments, Press II, Box 5/1220 × 1228. Endorsed: Carta magistri Nicholai cementarii (s. xiii in); long endorsement, beginning 'Quomodo Ricardus Sar' episcopus . . .', summarising the contents (? s. xiv); and another post-medieval. Size 203 × 72 + 14 mm. Seal and tag missing (method 1).
>
> A2 = Ibid., Press IV, Box M × 3. Endorsed: similar long endorsement to A1, but longer (?s. xiv); also post-medieval endorsements. Size 177 × 71 + 18 mm. Seal missing, tag remaining (method 1).
>
> B = Ibid., Press IV, Box 'Litere'/1220 × 1229, in original inspeximus by Dean William and the chapter of Salisbury, n.d.
>
> Pd from B, *HMCR, Various Collections*, i, 382.

Ricardus divina permissione Sar' ecclesie minister humilis omnibus presentes litteras[a] inspecturis salutem in domino. Noverint universi quod nos, inspecta utilitate ecclesie nostre sancte Marie Sar', dedimus et presenti carta nostra confirmavimus in puram et perpetuam elemosinam prescripte ecclesie Sar' unum mesuagium extra claustrum canonicorum iuxta viam orientalem, continens in longitudine[b] decem percatas[c] et quatuor pedes, in latitudine vero septem percatas et quatuor pedes; ita videlicet quod magister Nicholaus de Hely[d] cementarius noster et heredes sui prescriptum mesuagium habeant et teneant in perpetuum de prescripta ecclesia Sar' libere, quiete, pacifice et honorifice, reddendo inde annuatim prescripte ecclesie in vigilia Assumptionis[e] beate Virginis[f] duos cereos ponderis duarum librarum cere, ad ampliandum luminare misse Virginis gloriose, pro omnibus serviciis, exaccionibus, consuetudinibus[g] et demandis. Ut autem hec nostra donatio perpetue firmitatis robur debeat obtinere, presentem cartam sigilli nostri munimine fecimus roborari. Hiis testibus: domino W. decano, Roberto cancellario, magistro Elia[h] de Derh(am), Giliberto[i] de Lacy, Petro Picott',[j] magistro W. de Len, Roberto capellano persona de Gillingh(am),[k] Willelmo de Havekech' clerico, Roberto Taillur,[l] Iohanne Anast', Rad(ulfo) prestre, Iohanne Taney, Willelmo de Heya, Hugone Carpent', Willelmo de Glaston', Roberto de Arraz, Godefr(ido) de Essex',[m] et multis aliis.

[a] literas *A2*   [b] longitudinem *A2*   [c] perticas (and later) *B*   [d] Ely *A2,B*
[e] Asumptionis *A2*   [f] Marie *B*   [g] *Om. in A2*   [h] Helia *A2*   [i] Gilberto *A2,B*   [j] Picot *B*
[k] Gillingeh' *A2*; Gillinggeham *B*   [l] Taylur *B*   [m] Esex' *B*

Date as for no. 360. Mr Nicholas of Ely was the master mason of the new cathedral at Salisbury and probably designer of much of its architectural detail in collaboration with Mr Elias of Dereham, who was in effect master of works (A. Hamilton Thompson, 'Master Elias of Dereham and the King's Works', *The Archaeological Journal*, 98 (1941), 12, 23; J. Harvey, *English Medieval Architects*, 2nd edn, Gloucester 1984, 81–2, 94; N. Vincent, 'Elias of Dereham', 206; but see also A. Hastings, *Elias of Dereham, Architect of Salisbury Cathedral*, Salisbury 1997, for the view that Elias of Dereham was the 'architect' of Salisbury).

364. Salisbury cathedral

Annexation, with the assent of the chapter of Salisbury, of the prebend of Calne to the treasurership of the cathedral, and decree that future treasurers will maintain the increase of lights in the cathedral instituted by Mr Edmund.

[18 Aug. 1222 × 5 July 1227]

A = Salisbury, D. & C. Muniments, Press IV, E4: Calne/9. Partly gnawed at the top, severely so at the foot. Endorsed: reading uncertain (? s. xv); also post-medieval, including: Copia unionis prebende de Calne ad Thesaurariam (s. xvii). Size 134 × 114 (no turn-up surviving). Seal: no remains of sealing or tag.

B = Trowbridge, Wiltshire R.O., D1/1/1 (Register of St Osmund), fo. 65r (p. 129). s. xiii in. C = Salisbury, D. & C. Muniments, Liber Evidentiarum C, p. 100, no.125. s. xiii ex. D = Ibid., pp. 179–80, no. 238. s. xiii ex. E = Trowbridge, Wiltshire R.O., D1/1/2 (Liber Evidentiarum B), fo. 26r, no. 88. s. xiv in. F = Ibid., fo. 60v, no. 197. s. xiv in. G = Ibid., D1/1/3 (Registrum Rubrum), fo. 22r, no. 88. s. xiv. H = Ibid., fo. 91v, no. 197. s. xiv.

Pd from B, *Reg. S. Osm.*, ii, 25–6.

Omnibus Cristi fidelibus ad quos presens [carta]^a pervenerit Ricard(us) divina miseracione Sar' ecclesie minister humilis eternam in domino salutem. Ad universitatis vestre noticiam volumus devenire nos, de communi assensu capituli nostri, firmiter statuisse ut prebenda de Calna^b dignitati thesaurarie Sar' ecclesie^c amodo sit inseparabiliter annexa ad relevandam eiusdem dignitatis tenuitatem et inopiam, a qua varii^d sumptus requiruntur in ecclesia nostra. Quicumque vero deinceps thesaurariam cum predicta prebenda tenuerit augmentum luminarium quod in eadem ecclesia per dilectum filium nostrum magistrum Edmundum^e liberaliter noscitur institutum integre et absque diminucione conservabit. Ut autem quod a nobis in hac parte statutum est perpetuam possit obtinere^f firmitatem, id ipsum presenti scripto sigillo ^{g}nostro et sigillo^g capituli nostri communito roboravimus. Hiis testibus: Willelmo decano, Galfrido precentore, magistro Roberto cancellario, magistro Willelmo de Merton' archidiacono Berkesir', Anastasio succentore, magistro Elya de Derh(am), magistro Galfrido Devon',^{h} magistro Willelmo de Len,^{i} Petro Picot,^{j} Valentino, magistro Rogero de Wrth',^{k} Willelmo [de Leicestr' et]^l Galfrido, capellan[is et pluribus^m a]liis.

^{a} *Supplied from B, etc;* scriptum *E,G* ^{b} Kalne *C;* Kalna *D* ^{c} *Om. in C,E,G*
^{d} luminar' *(sic) C* ^{e} *Insert* nunc sanctum *D,F,H* ^{f} optinere *B, etc.* $^{g-g}$ *Om. in C*
^{h} Deven' *E,G* ^{i} Ley *C;* Leye *E,G* ^{j} Pykot *E,G* ^{k} Wyth' *C;* Wurth' *E,G;* Worth' *H*
^{l} *Bracketed words in witness list supplied from B, etc.* ^{m} *Om. in C,E,G;* multis *D,F,H*

After 18 Aug. 1222, when Geoffrey's predecessor as precentor and William of Merton's as

archdn of Berkshire were still in office, and before 5 July 1227, when Geoffrey's successor
as precentor occurs (*Fasti Salisbury*, 14, 30). Although the 17th-century endorsement calls
this a 'copy', there is no certainty that it is not the original. Two 17th-century copies were
made in the Salisbury Libri Evidentiarum: C, fo. 468r (466r), and B, fo. 189v, the latter
noting that the original was in the pyx in the treasury. Mr Edmund is (St) Edmund of Abingdon, treasurer 1222–34, then archbp of Canterbury (*Fasti Salisbury*, 21–2).

365. Salisbury cathedral

*Enactment, with the assent of the chapter of Salisbury, that, since the
resources of the communa of the cathedral are insufficient to make the daily
distributions to the residents serving there, the successors of Martin of Patti-
shall in the prebend of Teinton [Regis] shall pay annually to the chapter for
the needs of the* communa *sixty marks, to be converted to the use of the
resident canons.*   [6 June 1224 × 21 July 1228; prob. *c*. late 1224]

> A = Salisbury, D. & C. Muniments, Press IV, E5: Prebend of Teynton/9. Endorsed: Theintun'
> (s. xiii); Tangit xl. libras provenientes de prebenda de Teynton' ad communas(?)
> canonicorum (? s. xv); also post-medieval endorsement. Size 202 × 105 + 20 mm. Seals
> and tags, originally two, missing (method 1).
> B = Trowbridge, Wiltshire R.O., D1/1/1 (Register of St Osmund), fo. 58v (p. 116). s. xiii in.
> C = Salisbury, D. & C. Muniments, Liber Evidentiarum C, pp. 94–5, no. 118. s. xiii ex.
> D = Trowbridge, Wiltshire R.O., D1/1/2 (Liber Evidentiarum B), fo. 23v, no. 82. s. xiv
> in. E = Ibid., D1/1/3 (Registrum Rubrum), fo. 18r-v, no. 82. s. xiv.
> Pd from B, *Reg. S. Osm.*, i, 386–7.

Omnibus Cristi fidelibus ad quos presens scriptum pervenerit Ric(ardus)
divina permissione Sar' ecclesie minister humilis salutem eternam in domino.
Cum proventus possessionum ad communam Sar' ecclesie spectancium adeo
sint exiles quod ad cotidianam distribucionem residencium in eadem ecclesia
non sufficiant ministrorum, consideracione cultus divini provocati, et laboribus eorum qui portant pondus diei et estus[1] compassi, id ecclesie nostre
honori plurimum expedire perpendentes, unanimi consilio et capituli nostri
assensu statuimus ut, post decessum vel cessionem Martini de Pateshull', qui
pro tempore fuerit successor eius in prebenda de Teintun',[a] que copiose in
possessionibus et reditibus[b] habundat, ad annuam sexaginta marcarum sterlingorum solucionem eidem capitulo ad opus commune teneatur, in usus residencium canonicorum convertendarum. Quod ut futuris temporibus ratum
permaneat et inconcussum, hanc provisionis concessionem sigilli nostri et sigilli capituli apposicione[c] fecimus communiri.

> [a] Teinton' *B,D*; Tenton' *C*; Teynton' *E*   [b] *Spelling sic in A*   [c] *Om. in C*

> After the date of Pope Honorius III's bull (whose text this act partly follows) sanctioning the
> bp's decision to convert the prebend to the use of the residentiaries (*Reg. S. Osm.*, i, 365–6;
> *Calendar of Papal. Letters*, i, 97), even though the outcome was clearly less extensive than

the conversion of the whole prebend (*Fasti Salisbury*, 100–1). Martin of Patteshall, a royal justice and, from Sept. 1228, dean of St Paul's, died in Nov. 1229 (ibid., 101; *Fasti London*, 6). On this prebend, see also above, no. 16, below, no. 374, and *EEA* XII, nos. 289 and n., 290.

¹ 'qui portant pondus diei et estus': cf. Matt. 20:12.

366. Salisbury cathedral

Mandate to William, dean of Salisbury, in execution of a mandate received from Stephen, archbishop of Canterbury, via Eustace, bishop of London, requiring the dean's attendance in London on the morrow of Epiphany [viz. 7 Jan., 1226] to hear the papal mandate. [Nov. 1225]

B = Trowbridge, Wiltshire R.O., D1/1/1 (Register of St Osmund), fo. 55r-v (pp. 109–110). s. xiii in. C = Ibid., fo. 69v (p. 138). s. xiii in.

Pd from B, C, Wilkins, *Concilia*, i, 602; from B, *Reg. S. Osm.*, i, 369–70; from C, ibid., ii, 45–6; from B, C, *Councils and Synods*, II, i, 156. The archbp's mandate pd, *Acta Stephani Langton*, 99, no. 79.

R. divina permissione Sar' ecclesie minister humilis viro venerabili et dilecto filio W. decano Sar' salutem, gratiam et benedictionem. Mandatum domini Lond' suscepimus in hec verba. Venerabili fratri et amico in Cristo karissimo R. dei gratia Sar' episcopo E. divina permissione London' ecclesie minister humilis salutem in domino sempiternam. Mandatum domini Cant' suscepimus in hec verba. S. dei gratia Cant' archiepiscopus, totius Anglie primas et sancte Romane ecclesie cardinalis, venerabili fratri E. eadem permissione Lond' episcopo salutem in domino. Fraternitati vestre*ᵃ* mandamus quatinus omnes suffraganeos [fo. 55v] nostros vocetis ut veniant Lond' in crastino Epiphanie domini, et vocent decanos cathedralium ecclesiarum et archidiaconos suos, *ᵇ*abbates etiam*ᵇ* et priores conventuales, ut similiter Lond' veniant audituri mandatum domini pape termino memorato. Huius igitur auctoritate mandati vobis mandamus quatinus dictis die et loco secundum formam prescriptam compareatis. Vos igitur secundum formam prescriptam presentiam vestram dictis die et loco exhibeatis. Valete.

ᵃ tue C *ᵇ⁻ᵇ* et abbates C

A marginal note against text B reads: Iste littere venerunt circa principium Adventus domini (i.e., 30 Nov. in 1225). The C text forms part of William de Waude's narrative (*Fasti Salisbury*, 11). For the background to nos. 366–8, see *Councils and Synods*, II, i, 155–6; W. E. Lunt, *Financial Relations of the Papacy with England to 1307*, Cambridge, Mass., 1939, 178–86. Through his nuncio, Otto (see no. 368), Honorius III proposed that, to avoid the costs of visitors and litigants at the papal court, the English prelates should provide the pope with a regular income in the form of a prebend in every cathedral and prebendal church and fixed payments from monasteries, collegiate churches and bishops. The meeting on 7 Jan.

1226 (not 13 Jan. as Lunt, 185), to which deans of cathedrals, archdeacons, abbots and conventual priors were summoned, failed to make a decision. A second and fuller assembly was called for 3 May (see no. 367), to which proctors of cathedral and other chapters were summoned, the first recorded council to include such representatives (*Councils and Synods*, II, i, 155). This assembly, citing a recent refusal of a similar papal request by a French council at Bourges, declined to make the grant (ibid., 156, 158; Lunt, 186). The documents preserved in the Register of St Osmund are the main sources for the English meetings.

367. Salisbury cathedral

Mandate to Dean William and the chapter of Salisbury to carry out a mandate received from Stephen, archbishop of Canterbury, via Eustace, bishop of London, requiring the attendance of the dean and proctors of the chapter, among others, at a council in London on the Sunday after Easter when 'Misericordia Domini' is sung [viz. 3 May], after fully deliberating and being informed as to the response to be made to the papal nuncio's request on behalf of the pope. [late Jan. × 1 March 1226]

B = Trowbridge, Wiltshire R.O., D1/1/1 (Register of St Osmund), fo. 55v (p. 110). s. xiii in.
C = Ibid., fo. 69v (p. 138). s. xiii in.
Pd from B, C, Wilkins, *Concilia*, i, 603; from B, *Reg. S. Osm.*, i, 370–1; from C, ibid., ii, 46–7; from B, C, *Councils and Synods*, II, i, 157–8. The archbp's mandate pd, *Acta Stephani Langton*, 102, no. 83.

R. divina permissione Sar' ecclesie minister humilis venerabilibus viris et dilectis *[a]*in Cristo filiis domino*[a]* W. decano et capitulo Sar' salutem, gratiam et benedictionem. Mandatum domini Lond' episcopi suscepimus in hec verba. Venerabili in Cristo fratri et amico karissimo R. dei gratia Sar' episcopo E. eadem gratia Lond' ecclesie minister humilis salutem in domino sempiternam. Mandatum domini Cant' in hec verba suscepimus.*[b]* S. dei gratia Cant' archiepiscopus, totius Anglie primas et sancte Romane ecclesie cardinalis, venerabili fratri E. eadem gratia Lond' episcopo salutem in domino. Mandamus vobis quatinus pro officii vestri debito faciatis vocari omnes episcopos, abbates non exemptos a nobis, et omnes priores, et omnes decanos cathedralium ecclesiarum et prebendalium, et omnes archidiaconos; et significetis singulis capitulis ut mittant procuratores, tam videlicet *[c]*ecclesiarum cathedralium*[c]* quam prebendalium, et monasteriorum, et aliarum domorum religiosarum *[d]*ac collegiatarum,*[d]* in virtute obedientie et sub pena*[e]* suspensionis, eis districtius iniungentes ut intersint London' concilio, quod erit dominica post Pascha qua cantatur 'Misericordia domini'. Et significetis omnibus predictis ut interim deliberent et plene instructi veniant ad respondendum nuntio domini pape super petitione quam fecit ex parte domini pape. Et hoc faciant omni occasione et dilatione postpositis. Ut autem sciatis qui sunt*[f]* abbates exempti*[g]* a nobis, eos vobis duximus nominandos: videlicet abbas Sancti Albani, abbas Westmon(asterii),[h] abbas Sancti Edmundi, abbas Sancti Augustini Cant'. Huius igitur auctoritate mandati vobis mandamus quatinus[i] dictis die et loco prefato intersitis concilio; omnes insuper superius nominatos secundum formam eiusdem mandati vocandos citari faciatis ut sub pena superius expressa plene instructi eisdem die et loco prefato intersint concilio. Huius igitur auctoritate mandati vobis mandamus quatinus formam superscriptam,[j] quantum in vobis est, exequamini. Valete.

[a-a] *Om. in* C   [b] *Placed after* Cant' *in* C   [c-c] cathedralium ecclesiarum C   [d-d] *Om. in* C
[e] interminatione C   [f] sint C   [g] non exempti *(in error)* C   [h] Westmonast' C
[i] *In margin in* B *and marked for insertion*   [j] subscriptam *(in error)* B

A marginal note in text B reads: Iste duo paria litterarum sequentium (viz. nos. 367–8) venerunt dominica in Quinquagesima (i.e., 1 Mar. in 1226]. Text C, which forms part of William de Waude's narrative, is preceded by a statement that the citation came in Quinquagesima. For further comment, see no. 366 n.

368.   Salisbury cathedral

Notification to Dean William and the chapter of Salisbury of the receipt of two letters from Mr Otto, papal nuncio: (1) requesting the bishop to arrange for the payment and delivery to Otto in London of procurations from the churches of his diocese that are liable to pay them, to a maximum of two marks each, (2) requiring the bishop, in the light of the pope's mandate to Otto to investigate and punish all forgers in England, to cause to be sent to him in London any dispensations obtained in his diocese for the holding of benefices in plurality; and mandate to the dean and chapter to send their procurations to him before mid-Lent for transmission to Otto, and to execute the latter's mandate on dispensations.   [1226, before 1 March]

B = Trowbridge, Wiltshire R.O., D1/1/1 (Register of St Osmund), fo. 55v (p. 110). s. xiii in. Pd, *Reg. S. Osm.*, i, 371–3.

R. divina permissione Sar' ecclesie minister humilis viris venerabilibus et dilectis in Cristo filiis domino W. decano et capituli Sar' salutem, gratiam et benedictionem. Litteras magistri O., nuntii domini pape, suscepimus in hec verba. Venerabili in Cristo patri et domino [*gap*] dei gratia Sar' episcopo Otto, domini pape subdiaconus et capellanus, cum devotione salutem. Paternitatem vestram duxi presentibus attentius deprecandam quatinus ab ecclesiis vestre diocesis que consueverunt legatos et nuntios sedis apostolice procurare, et ad hoc sufficientes existunt, procurationes pro me exigi faciatis, michi Lond' quam citius poteritis transmissuri; ita tamen quod unaqueque procuratio summam duarum marcarum ullatenus non excedat; pro certo scientes quod easdem procurationes nolo, novit dominus, imbursare, set tantum pro negotiis sedis apostolice morari London' me oportet quod tam ille quam alie quas habere potero in necessariis, que evitare non valeo, consumentur. Valete. Suscepimus et alias litteras ab eodem in hac forma. Venerabili in Cristo patri [*gap*] dei gratia Sar' episcopo O., et c'. Vestra paternitas non ignorat quod dominus papa suis dedit m(ich)i litteris in mandatis ut de omnibus falsariis Angl(ie) diligenter*ᵃ* inquiram, et quos invenero huius criminis reos esse puniam iuxta constitutionem contra falsarios promulgatam. Propter quod vestram paternitatem ex parte sedis apostolice instanter postulo et requiro quatinus dispensationes, si quas, super pluribus beneficiis optinendis in vestra diocesi sciveritis impetratas, illas m(ich)i sine mora Lond' faciatis deferri, ut mandatum apostolicum exequar sicut videro expedire. Valete. Cum igitur dictus magister O., pro quibusdam domini pape negotiis apud Lond' expediendis, necesse habeat, ut asserit, moram ibidem facere, nec possit nec velit quod loca remotiora discurreret,*ᵇ* vobis mandamus quatinus, cum capitulum Sar' legatos aliquando procuraverit, procurationem iuxta formam premissam ei provideatis, ipsam nobis ante mediam Quadragesimam que instat transmittentes, ut eam, simul cum aliis procurationibus a diversis domibus religiosis diocesis nostre ei provisis, liberari faciamus. Mandatum etiam eiusdem circa dispensationes supradictas diligenter exequamini, fines mandati in nullo excedentes. Bene valete.

ᵃ Ms deligenter   *ᵇ Ms* discurrere

Before the receipt of this mandate by the chapter (see no. 367 n.); the reference to dispensations for plurality may be connected with a papal mandate obtained by Bp Richard Poore in late Jan. 1226 authorising him *inter alia* to proceed against pluralists in his diocese (*Cal. Papal Letters*, i, 105). For the context in general and for further comment, see no. 366 n. On Mr Otto [da Tonengo], who arrived in England as papal nuncio in Sept. 1225 and left in Apr. 1226, and on his procurations, see J. E. Sayers, *Papal Government and England during the Pontificate of Honorius III*, Cambridge 1984, 38–40, 182.

369. Salisbury cathedral

Ordinance, with the assent of Dean William and the chapter of Salisbury, concerning the prebend of Old Sarum (Stratford), following the death of Hugh de Templo, canon of Salisbury: namely, the bishop has retained to himself and his successors all jurisdiction formerly held by the dean and the canon of the prebend, both in the prebend and in the city, excluding the liberty of the close and jurisdiction over the men of Stratford[-sub-Castle] once belonging to the prebend of Grantham [Borealis] and those of the dean of

Stratford, which he has conceded to the dean; the bishop's said jurisdiction will be committed to someone other than the archdeacon, the bishop's official or any vicar instituted in the said prebend's vicarage; the bishop has also retained to himself and his successors the whole demesne and tenants of the prebend, with its appurtenant buildings in the city, and has assigned to the dean and chapter all dwellings formerly occupied by Hugh de Templo; and has granted the corn tithes of the whole prebend to the communa *of the cathedral.* [1226, after 11 Apr.]

B = Trowbridge, Wiltshire R.O., D1/1/1 (Register of St Osmund), fo. 34v (p. 68). s. xiii in. C = Ibid., D1/1/3 (Registrum Rubrum), fo. Br (2r). s. xv. D = Ibid., D1/1/2 (Liber Evidentiarum B), fo. 204v, no. 557 (incomplete). s. xv.
Pd from B, *Reg. S. Osm.*, i, 25–60; from C, *Salisbury Charters*, 167–8, no. 147.

Omnibus *[Cristi fidelibus ad quos presens scriptum pervenerit Ricardus divina permissione Sar' ecclesie minister humilis salutem eternam in domino].* Noverit universitas vestra quod, cum vacaret prebenda Veteris Sar',*b* decedente dilecto filio nostro H.*c* de Templo, canonico Sar',*d* nos de communi assensu domini W. decani et capituli Sar' propter pacem et tranquillitatem eiusdem ecclesie in perpetuum confirmandam de dicta prebenda ita ordinasse. Videlicet quod retinuimus nobis et successoribus nostris omnem iurisdictionem quam [habere]*e* solebant decanus et canonicus predicte prebende, tam in prebenda quam in civitate, salva libertate clausi et iurisdictione hominum de Stratford*f* qui olim pertinebant ad prebendam de Graham et hominum decani de Stratford*g*, quas*h* dicto decano et *i*suis successoribus*i* concessimus; ita quod predicta iurisdictio dicte*j* prebende et civitatis per nos et successores nostros alii quam archidiacono vel officiali nostro vel alicui vicario in vicaria dicte prebende constituendo committatur. Retinuimus etiam, de communi assensu tam capituli quam nostro, ad opus nostrum*k* et successorum nostrorum totum dominicum prefate prebende et tenentes cum eorum tenementis, et cum mansis in civitate ad prebendam pertinentibus, et pratis et portionibus ad eandem pertinentibus; decano autem et capitulo Sar' omnes domos quas inhabitabat dictus canonicus, cum horreis et area in qua site sunt dicte domus, assignamus*l* in perpetuum possidendas. Decimas*m* omnium garbarum*n* totius predicte prebende karitative commune Sar' ecclesie contulimus. Et in huius rei testimonium presenti scripto sigillum nostrum apposuimus.

a-a Omnibus, et c*a*, salutem, et c*a* B *b* Sarr' *(and later)* B *c* Hugone *C,D* *d* Insert cuius anime propitietur altissimus *C,D* *e Conjecturally supplied* *f* Strafford B *g* Insert Decani C *h* quos B *i-i* successoribus suis *C,D* *j Om. in C,D* *k D ends with* et c*a* *l* assignavimus C *m* Insert etiam C *n* Insert et feni C

Probably soon after the death of Hugh de Templo on 11 Apr. 1226 (*Fasti Salisbury*, 99; *Reg. S. Osm.*, ii, 49). The act is entered at the foot of the folio in B, but in the same hand as the main text; the two 15th-century texts were evidently not copied from B. All copies share the very odd and awkward construction with alii quam in line 11. The pd text of the complementary act by the dean and chapter (ibid., 50), however, implies that the jurisdiction acquired by the bp will be committed to one or other of the persons apparently excluded here, but the single ms copy of this act (Trowbridge, Wilts R.O., D1/1/1, fo. 70v) is not entirely clear on this point and shows signs of at least one alteration; it may have read originally: *Ita quod predicta iurisdictio nec alicui archidiacono vel officiali domini episcopi nec alicui vicario in vicaria predicte prebende constituendo committatur*, which would match the bp's own act. On the prebend of Stratford (Old Sarum), and the dean's land in Stratford-sub-Castle, see *Fasti Salisbury*, 99, 8.

370. Salisbury cathedral

Transmission under the bishop's seal to Dean William and the chapter of Salisbury of copies of two letters of [Stephen Langton], archbishop of Canterbury, from whose tenor they will be able to formulate their response to the request contained in the king's letter [also sent to them].

[27 May × 16 June 1226]

B = Trowbridge, Wiltshire R.O., D1/1/1 (Register of St Osmund), fo. 70v, rectius 71v (p. 142). s. xiii in.
Pd, Wilkins, *Concilia*, i, 603; *Reg. S. Osm.*, ii, 55.

R. divina permissione Sar' ecclesie minister humilis venerabili viro et dilecto in Cristo filio W. decano et capitulo Sar' salutem. Transcripta duorum parium litterarum*[a]* domini Cantuar' vobis sub sigillo nostro inclusa transmittimus, ex quarum tenore poteritis formam concipere, sub qua respondere*[b]* volueritis ad ea que in litteris domini regis continentur. Bene valete.

[a] Ms literarum   *[b] Followed in ms by* poteritis *marked for deletion*

After the date of the king's letter (*Reg. S. Osm.*, ii, 56; *Councils and Synods*, II, i, 160–1) and before the arrival of the bp's letter and enclosures in the chapter (*Reg. S. Osm.*, ii, 55). The two letters of Stephen Langton are ibid., 57–9; *Acta Stephani Langton*, 106–8; *Councils and Synods*, II, i, 161–3. For the background to nos. 370–2 and the importance of the council held on 13 Oct. 1226, see ibid., 158–9; F. M. Powicke, *The Thirteenth Century*, Oxford 1953, 501–2. The council granted the king a sixteenth from all churches, prebends and cathedral 'commons' which had not paid the fifteenth granted at the great council of 2 Feb. 1225 (*Councils and Synods*, II, i, 164; below, no. 372). The Register of St Osmund contains the main sources for this episode.

371. Salisbury cathedral

Mandate to Dean William and the chapter of Salisbury to appoint a proctor to be at London on the quindene of Michaelmas [viz. 13 Oct.] regarding the matter on which the king and the bishop wrote to them.

[15 Aug. × 8 Sept. 1226]

B = Trowbridge, Wiltshire R.O., D1/1/1 (Register of St Osmund), fo. 72r, *rectius* 73r (p. 145). s. xiii in.

Pd, Wilkins, *Concilia*, i, 605; *Reg. S. Osm.*, ii, 62–3; *Councils and Synods*, II, i, 163–4.

R. divina permissione Sar' ecclesie minister humilis viro venerabili et dilectis filiis W. decano et capitulo Sar' salutem, gratiam et benedictionem. Sicut nobis supplicastis,*ᵃ* institimus diligenter apud dominum Cant' et optinuimus quod singuli episcopi significent capitulis suis quod suum habeant procuratorem apud London' ad quindenam post festum sancti Michaelis proximo sequentis. Quapropter vobis mandamus quatinus ydoneum habeatis procuratorem predictis die et loco, et sufficienter instructum super negotio pro quo dominus rex et nos vobis scripsimus. Valete.

ᵃ Ms suplicastis

After the meeting of the dean and chapter, attended by the bp, to discuss the proposed aid to the king, and before the arrival of the bp's mandate (*Reg. S. Osm.*, ii, 60, 62). The chapter's request, referred to here, was contained in its formal letter to the bp (ibid., 61–2; *Councils and Synods*, II, i, 163), and clearly shows its anxiety about the procedure for granting a general clerical aid to the king. As proctors the chapter chose Mr Luke of Winchester and Mr Elias of Dereham (*Reg. S. Osm.*, ii, 63).

372. Salisbury cathedral

Letter to William, dean of Salisbury, recalling that in response to a papal mandate the clergy have recently [on 13 Oct.] granted an aid of one sixteenth to the king, as the bishop more fully explained in his letter to the dean and chapter; and requesting that he faithfully and speedily expedite the matter.

[? Westminster, *c.* 20 Oct. 1226]

B = Trowbridge, Wiltshire R.O., D1/1/1 (Register of St Osmund), fo. 73r, *rectius* 74r (p. 147). s. xiii in.

Pd, *Reg. S. Osm.*, ii, 68–9.

R. divina permissione Sar' ecclesie minister humilis venerabili viro et dilecto in Cristo filio domino W. decano Sar' salutem, gratiam et dei benedictionem. Cum sit ad mandatum apostolicum nuper a clero provisum unanimiter competens auxilium domino regi faciendum, videlicet xvi.ᵐᵃ pars bonorum ecclesiasticarum personarum, sicut plenius expressimus in litteris vobis et capitulo super hoc a nobis directis, nos, attendentes quam sinceriter actenus amplexus sit dominus rex ecclesiam nostram quantumque eius indigeat favore et munificentia, dilectionem vestram specialiter duximus exorandum quatinus, sicut ecclesie nostre diligitis promotionem, ipsum negotium quantum in vobis est tam fideliter, celeriter*^a* et efficaciter expediatis quod, qui pre ceteris regiam erga ecclesiam nostram gaudemus invenisse gratiam, in hoc domini regis negotio ceteros precedamus diligentia, tantum si placet facientes quod necessitas nobis et vobis cedat in virtutem. Valete.

^a Ms sceleriter

Probably of about the same date as the king's letter to the bp concerning the same matter (*Reg. S. Osm.*, ii, 67–8). For the archbp's letter to the bp on the same, dated Oct. 1226, see ibid., 66–7; *Councils and Synods*, II, i, 164. No other letter from the bp specifically on this point is known, but the reference here may be to the king's letter; otherwise it is curious that the Register of St Osmund did not copy so important a document.

373. Salisbury cathedral

Transmission to William, dean of Salisbury, of a letter to the bishop from [Peter des Roches], bishop of Winchester, acting under letters of Pope Honorius [III], requiring him to advance the cause of the crusade of the Emperor Frederick [II] within his diocese [EEA IX, no. 47]; and mandate to the dean to carry out the mandate regarding all crusaders holding Salisbury prebends.

[13 Jan. × 22 March 1227; prob. early March]

B = Trowbridge, Wiltshire R.O., D1/1/1 (Register of St Osmund), fo. 75r, *rectius* 76r (p. 151). s. xiii in.
Pd, Wilkins, *Concilia*, i, 559–60; *Reg. S. Osm.*, ii, 77–8.

R. divina permissione Sar' ecclesie minister humilis venerabili viro et dilecto in Cristo filio domino W. decano Sar' salutem, gratiam et benedictionem. Mandatum domini Wint' in hec verba suscepimus. [*There follows the text of the bishop of Winchester's letter, EEA IX, no. 47*]. Huius igitur auctoritate mandati vobis mandamus quatinus sine more dispendio circa omnes crucesignatos prebendarum Sar' ecclesie formam premissam faciatis observari. Valete in domino.

After the date of Honorius III's letters to the bp of Winchester, quoted in the text, and before the arrival of Bp Richard's letter at Salisbury on Monday before the Annunciation (*Reg. S. Osm.*, ii, 77 – misdated 23 March).

374. Salisbury cathedral

Notification by the bishop and the chapter of Salisbury that, whereas Mr R(ichard) de la Cnoll' raised a claim against them over the prebend of Teinton [Regis], as nearest (heir) of the descendants of Serlo, formerly 'collector of Devon', by virtue of certain deeds which the descendants were said to have obtained formerly from the cathedral, the said R. and the major descendants of Serlo [named], and several other clergy and laity, have resigned all the right they claimed in the prebend to the will of the bishop and chapter.

[Salisbury, 15 Aug. 1227]

B = Trowbridge, Wiltshire R.O., D1/1/1 (Register of St Osmund), fo. 57r (p. 113). s. xiii in.
C = Ibid., fo. 75v, *rectius* 76v (p. 152). s. xiii in.
Pd from B, Wilkins, *Concilia*, i, 560; from B, *Reg. S. Osm.*, i, 382–3; the C text is noted, but not pd, ibid., ii, 79.

Omnibus Cristi fidelibus presens scriptum inspecturis R. divina permissione Sar' ecclesie minister humilis et eiusdem loci capitulum salutem in vero salut-ari. Noverit universitas vestra quod, cum nobis movisset questionem magister R. de la Cnoll' super prebenda de Teinton' tanquam proximus*[a]* de progenie bone memorie Serlonis quondam collectoris Devon', occasione quorundam instrumentorum que ipsa progenies dicebatur ab ecclesia nostra quondam opti-nuisse, tandem dictus R. et maior pars et sanior dicte progeniei, veluti magis-ter M.*[b]* de Buketon'*[c]* canonicus Exon', dominus W. de Mewy, G. de Spineto, Rogerus de Cadewrth' et alii quamplures clerici et laici quorum nomina esset hic difficile enumerare, totum ius suum*[d]* quod se dicebant habere in memorata prebenda de Teinton' pure et absolute simplici corde, deum habentes pre oculis, pro salute animarum suarum, *[e]*similiter et antecessorum*[e]* et suc-cessorum, deo et beate Marie Sar' in puram et perpetuam elemosinam resignarunt ad votum nostrum,*[f]* *[g]*nostre gratie*[g]* se penitus supponentes. Et in huius rei testimonium sigilla nostra presenti scripto duximus apponenda.

[a] propinquus C   *[b]* *Sc.* Michael *(see note)*   *[c]* Bucheton' C   *[d]* *Om. in* C
[e-e] antecessorum similiter C   *[f]* *Followed in* B *by* ecclesie *marked for deletion*   *[g-g]* gratie ecclesie nostre C

The date is contained in a note which immediately follows the B text and, in a slightly different form, precedes the C text (pd, *Reg. S. Osm.*, i, 383; ii, 79). B reads: Actum est hoc publice in capitulo Sar' in termino Assumptionis beate Marie anno gratie M.CC.xxvii. Et ibidem resignaverunt idem magister Ricardus et magister Michael in manus episcopi cartas suas quas super hoc habuerunt, que ibidem cancellate fuerunt et reposite in thesaur' Sar'. The prebend originated in the gift by Serlo, 'collector' of Devon, of the church of [Kings]teignton and others in Devon, confirmed by Bp Roger in or a little before 1122 (see above, no. 16).

375. Salisbury cathedral

Ordinance in the dispute between Dean William and the chapter of Salisbury, on the one part, and Richard de Harcourt, knight, and Nicholas de Auvers, clerk, on the other, concerning the church of Sherston, which dispute the parties have submitted to the bishop's ordination, saving the ius patronatus

*of Richard and his heirs; namely, that the dean and chapter will receive in
perpetuity from the parson of the church, for the needs of the* communa, *ten
marks annually, including the twenty shillings which the Salisbury chapter
has been used to receive in the church by gift of the abbot and convent of
Saint-Wandrille, saving to Richard de Harcourt and his heirs the* ius patronatus *and the* ius presentandi *of the whole church.* [prob. early Oct. 1227]

B = Trowbridge, Wiltshire R.O., D1/1/1 (Register of St Osmund), fo. 75v, *rectius* 76v (p.152).
   s. xiii in. C = Ibid., D1/1/2 (Liber Evidentiarum B), fo. 204v, no. 556. s. xvi in.
Pd from B, *Reg. S. Osm.*, ii, 79–80.

Omnibus Cristi fidelibus ad quos presens scriptum pervenerit R. divina permissione Sar' ecclesie minister humilis salutem in domino. Noverit universitas
vestra quod, cum controversia mota fuisset inter W. decanum et capitulum
Sar', ex una parte, et Ricardum de Harecurt militem et Nicholaum de Auvers
clericum, ex altera, super ecclesia de Schorestan', tali modo fuit in nos a
partibus compromissum, quod quicquid a nobis super dicta ecclesia esset ordinatum utraque pars sine contradictione aliqua observaret, salvo iure patronatus
dicto Ricardo de Harecurt' et heredibus suis. Nos autem, pro bono pacis ad
instantiam non modicam utriusque partis compromissum predictum in nos
recipientes, habito bonorum virorum consilio et tractatu et inspecto iure
utriusque partis, ita ordinavimus inter partes: quod decanus et capitulum Sar'
annuatim percipient in perpetuum in dicta ecclesia de Schorestan' x. marcas
ad opus commune Sar' ad festum sancti Iohannis Baptiste per manus persone
eiusdem ecclesie qui pro tempore fuerit, computatis in illis x. marcis xx. solidis quos capitulum Sar' de donatione abbatis et conventus de Sancto Wandra-
gesilo in predicta ecclesia de Schorestan' percipere consuevit. Et dictis
Ricardo de Harecurt et heredibus suis remanebit in perpetuum ius patronatus
et ius presentandi ad totam eandem ecclesiam, salvis predictis x. marcis
decano et capitulo Sar'; ita quod ipsi de cetero in perpetuum non possint in
predicta ecclesia de Schorestan' preter predictas x. marcas aliquid vendicare
nisi de voluntate dictorum Ricardi de Harecurt' et heredum suorum. Et ut
hec nostra ordinatio perpetue firmitatis robur optineat, eam presentis scripti
testimonio et sigilli nostri munimine roboravimus. Dat', et c'. Hiis testibus,
etc'.

Probably shortly before the delivery of the ordinance to the dean and chapter on the morrow
of St Luke [viz., 19 Oct.], 1227 (*Reg. S. Osm.*, ii, 79). The deed by Nicholas de Auvers (or
Avers), the parson of Sherston church, acknowledging his obligation to pay the ten marks
annually in accordance with this ordinance, is Trowbridge, Wiltshire R.O., D1/1/2 (Liber
Evidentiarum B), fo. 185r, no. 533 (s. xvi in). It is witnessed by, among others, W(illiam)
the dean and R(oger) the precentor, the latter of whom cannot have assumed office before
Oct. 1226 at the earliest (*Fasti Salisbury*, 14). The chapter's existing rights in Sherston church

derived from Saint-Wandrille abbey's surrender of the church to Bp Herbert and the chapter in 1194 × 1207 (*Reg. S. Osm.*, i, 229–31; and see above, no. 236 n.).

376. Salisbury cathedral

Notification that, since the bishop has assigned Bremhill church to the use of those ministering at the daily Mass of St Mary in Salisbury cathedral, he enacts, with the consent of the dean and chapter, that the succentor, who is bound to continual residence in the cathedral, shall have the management of it and make daily disbursements to those attending the Mass; the succentor shall always attend and receive the daily penny, and shall see to the preparation of the candles provided by the bishop for this service.

Salisbury, 1 × 30 March 1228

B = Trowbridge, Wiltshire R.O., D1/1/2 (Liber Evidentiarum B), fo. 169r-v, no. 500. s. xvi in.
Pd (incompletely), W. L. Bowles, *The Parochial History of Bremhill in the County of Wilts*, London 1828, 266.

Omnibus Cristi fidelibus presens scriptum inspecturis Ricardus dei permissione Sar' ecclesie minister humilis salutem in domino eternam. Cum assignaverimus ecclesiam de Bremel' quod cedat in usus ministrantium ad missam beate Marie in ecclesia Sar' singulis diebus, volumus et statuimus, de consensu dilectorum filiorum decani et capituli Sar', quod succentor Sar'[a] quicumque pro tempore fuerit, qui ad continuam tenetur residentiam in eadem ecclesia, hanc habeat procurationem et per manus eius fiat solutio hiis qui misse predicte celebrationi singulis diebus intererunt; ita tamen quod idem succentor semper unus sit eorum et pro suo labore diurnum recipiat denarium, et cereos ad servitium faciendum ex parte nostra deputatos parari faciat. Quod ut stabile sit et firmum, presenti scripto sigillum nostrum [fo. 169v] una cum sigillo capituli nostri apponi fecimus. Actum apud Sar' mense Martii anno pontificatus nostri undecimo. Hiis testibus: magistro Willelmo de Merton', domino Stephano de Tysebur', magistro Elia de Derham, magistro R. cancellario, Willelmo de Leycestr' capellano, Thoma de Sancto Martino, canonic(is), Waltero de Purl', Stephano de Burtun', cleric(is), et multis aliis.

[a] *Ms* Sarum

The bp was at Sonning on 31 Mar. 1228 (see above, no. 269). Diana Greenway dates this act to March 1227 (*Fasti Salisbury*, 134, 137, *sub nominibus* Thomas de Sancto Martino, William of Leicester), but the ms has clearly the eleventh year of the bp's pontificate, which, according to *Fasti Salisbury*, 4 n. 2, must indicate March 1228. The text (abbreviated) printed by Bowles is said to be *ex chartis originalibus penes episcopum Sarum*, but, since it is given the number 500, it seems most probable that it was taken from Lib. Evid. B, especially since Bowles' two following texts, numbered 501 and 502, appear with the same numbers there.

377. Salisbury cathedral

Ratification and confirmation of the constitutions concerning the vicars
[choral] of the cathedral made by the bishop when dean of Salisbury with the
assent of the chapter [dated 15 Sept. 1214].   Salisbury, 6 July 1228

B = Trowbridge, Wiltshire R.O., D1/1/2 (Liber Evidentiarum B), fo. 165r-v, no. 491. s. xvi in.

Omnibus sancte matris ecclesie filiis ad quos presens scriptum pervenerit
Ricardus divina permissione Sar'[a] ecclesie minister humilis salutem eternam
in domino. Scire volumus universos quod, cum Sar' ecclesie decanatus quondam fungeremur officio, de unanimi voluntate et assensu capituli nostri super
conditione dilectorum filiorum ecclesie nostre vicariorum cartam constitu-
tiones quasdam continentem eis fecimus in hec verba. Universis sancte matris
ecclesie filiis [b] [ad quos presens scriptum pervenerit Ricardus Sar' ecclesie
decanus et eiusdem ecclesie capitulum salutem in vero salutari. Noveritis nos
unanimiter et concorditer subscriptam constitutionem super conditione
vicariorum prelibate ecclesie fecisse in hunc modum. Cum aliquis vicarius ad
aliquam vicariam presentatus fuerit et admissus, de cetero non poterit amoveri
nisi de causa enormi et manifesta. Quilibet vicarius singulis diebus denarium
diurnum recipiet nomine commune, quicquid contingat de communa
canonicorum. In festis vero duplicibus et in tribus diebus rogationum et in die
octavarum Assumptionis beate Virginis et in festo sancti Martini duos denarios nomine commune percipiet. Cum autem canonicus residens fuerit, nichilominus vicarius eius predictam communam recipiet, sive fuerit ad mensam
eius, sive non. Cum vero vicarius de itinere redierit, communam illius diei
recipiet, quacumque hora venerit. Si quis vero vicarius forte matutinis non
interfuerit rationabili causa impediente, nichilominus communam illius diei
percipiet. Si quid legatum fuerit canonicis specialiter, vel alicuius boni viri
dono collatum, soli canonici illud percipient. Si quid legatum fuerit vicariis
specialiter tanquam vicariis, vel alicuius boni viri dono collatum, soli vicarii
illud percipient. Si quid legatum fuerit commune, vel alicuius boni viri dono
collatum, sine expressione canonicorum vel vicariorum, tantum inde vicarius
quantum et canonicus residens percipiet. Et si forte canonicus sive vicarius
absens fuerit pro negotiis ecclesie per considerationem capituli, dum absens
fuerit communam percipiet et expensas necessarias. Quod ne posteris veniat
in dubium, et ne alicuius possit machinatione convelli, hanc conventionem
sigillorum nostrorum appositione duximus roborandam. Dat' per manum
Hugonis cancellarii, anno ab incarnatione domini M.CC.xiiii. xvii kl' Octobris.][b] [fo. 190v] Nos igitur, hoc supradictum factum nostrum ratum habentes et
gratum, ipsum auctoritate pontificali duximus confirmandum. Dat' per manum

Valentini clerici nostri apud Sar' pridie nonas Iulii pontificatus nostri anno xii. Hiis testibus: domino W. decano, magistro Rogero precentore, magistro Roberto cancellario, magistro E. thesaurario.

^a Ms Sarum *(and later)*   ^{b-b} Ms etc' ut supra, *referring to fo. 165r, no. 490, whose text is given here*

For reference to the 1214 constitutions regarding vicars, and their relation to the *Nova Constitutio*, see *Fasti Salisbury*, xlii; the constitutions are pd, as part of the *Nova Constitutio*, in *Reg. S. Osm.*, i, 378–9; *Statuta et Consuetudines*, eds. Dayman and Jones, 10–11; *Statuta et Consuetudines*, eds. Wordsworth and Macleane, 48–51. Above no. 334 was given on the same day 'at Salisbury' with a different set of witnesses.

378. Salisbury cathedral

Letter to Dean William and the chapter of Salisbury, expressing pleasure at the successful mission of Robert the chaplain [parson of Gillingham], the cathedral's messenger [in the matter of Bishop Osmund's canonisation], and at the pope's letters to the investigators [into Osmund's life and miracles]; and exhorting them to send representatives with their letters to the investigators to urge the matter on.   [30 May × 16 July 1228; prob. early July]

B = Trowbridge, Wiltshire R.O., D1/1/1 (Register of St Osmund), fo. 77v, *rectius* 78r (p. 155). s. xiii in. C = Salisbury, D. & C. Muniments, Registrum in causa Canonisationis beati viri Osmundi, fo. 27r-v. s. xv in.
Pd from B, Wilkins, *Concilia*, i, 562; from B, *Reg. S. Osm.*, ii, 88–9; from C, *The Canonization of St Osmund*, ed. A. R. Malden, Wilts Record Soc., 1901, 33–4.

R. divina permissione Sar'^a ecclesie minister humilis dilectis filiis in Cristo W. decano et capitulo Sar' salutem, gratiam et benedictionem. Benedictus deus, qui prosperum fecit iter dilecti filii Roberti capellani, nuntii ecclesie nostre, qui complevit labores illius ad votum nostrum. Et hoc sane dispensationi divine attribuimus,^b non humane, que in sapientia cuncta disponens quod difficile credebamus esse, et quasi impossibile, supra spem nostram sine aliqua difficultate expedivit. Quapropter, inspectis litteris quas dominus papa super hoc negotio inquisitoribus transmittit, gaudeamus omnes in domino, et pio mentis affectu pensemus gratiam quam fecit nobis dominus; et simus strenui cooperatores et non ingrati gratie que nobis preter merita nostra divinitus concessa est. Rogamus autem vos, monemus et exortamur^c in domino quatinus tempestive mittatis viros providos et discretos, cum litteris vestris ex parte capituli, ad illos quibus negotium istud iniunctum est, qui cum omni diligentia inquirant ab eisdem tempus et diem quando huic negotio volent intendere, et ad hoc quanto tempestivius possunt eos inducant. Nos autem, quantum ad nos pertinet, super hoc negotio non dormitabimus. Valete.

a Saresbirien' *C*   *b* ascribimus *C*   *c* exhortamur *C*

After the date of Pope Gregory IX's commission to the bps of Bath and Coventry and the abbot of Stanley (*Reg. S. Osm.*, ii, 87–8) and before the arrival of the bp's letters at Salisbury on the morrow of the Translation of St Swithun (ibid., 88). Robert the chaplain, the cathedral's messenger, is called parson of Gillingham (ibid., 87). Although Osmund's remains, with those of Bps Roger and Jocelin, had been transferred to the new cathedral on 14 June 1226 (*Reg. S. Osm.*, ii, 55), the canonization process was allowed to drop after Poore's translation to Durham and was not eventually successful until 1457 (*VCH Wilts*, iii, 166, 177–8).

379. Salisbury city

Grant, with the assent of Dean William and the chapter of Salisbury, to the free citizens of the new city of Salisbury that each shall hold his free tenement in the city of the bishop and his successors, and each and his heirs may, in the presence of the bishop's bailiff, give, sell or mortgage his tenement to anyone other than to the church or to religious houses; for a tenement comprising a full plot, measuring seven perches by three perches, each shall pay annually to the bishop and his successors twelve pence, or more or less according to the size of his plot.   25 March ?1225 or ?1227

B = London, Inner Temple, Petyt ms 511.18 (Salisbury cartulary), fo. 94r (p. 183, p.197). s. xv ex. C = Ibid., fo. 65r (p. 128, p. 143). s. xv med.-ex. D = Great Chalfield, The National Trust, Tropenell cartulary, pp. 248–9. s. xv ex. E = Trowbridge, Wiltshire R.O., D1/1/5 (Liber Niger Episcopi), fo. 76v (71v). s. xvi in. F = Ibid., fo. 122v (120v). s. xvi in.
Pd from D, *The Tropenell Cartulary*, ed. J. Silvester Davies, 2 vols., Wiltshire Archaeol. and Nat. Hist. Soc. (1908), i, 187–8; from F, Hoare, *History of Modern Wiltshire*, vi, 728; pd and transl., excerpts only, from F in preceding, *British Borough Charters 1216–1307*, ed. A. Ballard and J. Tait, Cambridge 1923, 45, 53, 85.

Omnibus *a* sancte matris ecclesie *b* filiis ad quos presens carta pervenerit*c a* Ricardus divina permissione Sar' ecclesie minister humilis*d* salutem in domino.*b* Scire volumus singulos et universos quod nos, de assensu *e* et voluntate*e* Willelmi decani *f* et capituli Sar', ad honorem *g* et utilitatem*g* ecclesie beate Marie Sar'*f* dedimus*h* et hac carta nostra confirmavimus liberis civibus nostris de nova civitate nostra Sar' quod de nobis et successoribus nostris teneat unusquisque suum liberum tenementum in civitate predicta; ita videlicet quod, presenti ballivo nostro, liceat ipsis et heredibus suis *i* tenementum suum*i* dare, vendere vel obligare cui voluerint preterquam ecclesie*j* et domibus religiosis. Volumus insuper quod unusquisque honorifice, libere, quiete et pacifice teneat de nobis et successoribus nostris suum tenementum, scilicet placeam vel placeas, similiter et heredes sui, reddendo nobis et successoribus nostris xii. denarios ad duos terminos annuatim, scilicet ad Pascha vi. denarios et ad festum sancti Michaelis vi. denarios, pro omnibus servitiis et demandis. Continet autem placea in longitudine vii. perticas, in latitudine vero tres perticas;

ita ut^k unusquisque qui tenet plenam^l placeam reddet annuatim xii. denarios ad predictos terminos, et qui plus vel minus tenuerit secundum eandem quantitatem predictam inde nobis et successoribus nostris respondebit. Et ad maiorem huius nostre concessionis^m securitatem^n huic carte sigillum nostrum^o apponi fecimus.^{p} Hiis testibus: ^{q}[Willelmo decano Sar', Rogero precentore, Roberto cancellario, Edmundo thesaurario, magistro ^{r}Elia de Derham,^{r} magistro Roberto de Bingham,^{s} magistro Luca, Valentino, canonicis^t Sar', Hugone Drueis,^{u} Willelmo Cuthberti, Ricardo de Grymstede, militibus, et multis aliis].^{q} Actum fuit hoc pontificatus nostri anno octavo, octavo kln' Aprilis,^{v} qui fuit annus nonus regis Henrici tertii.

$^{a-a}$ et c' *D* $^{b-b}$ etc', R. permissione divina, etc' *C* ^{c} *Om. in E;* pervenit *F* ^{d} *Om. in D*
$^{e-e}$ *Om. in C* $^{f-f}$ et c' *C* $^{g-g}$ *Om. in D* ^{h} volumus *D* $^{i-i}$ tenur' suum *D*
^{j} ecclesiis *D,F* ^{k} quod *D* ^{l} unam *D* ^{m} *Om. in B,E* ^{n} secure *B;* secur' *C,E,F*
^{o} meum *D* ^{p} *C ends with etc'* $^{q-q}$ etc' *B,D,E; witnesses supplied from F* $^{r-r}$ Si de
Berham *F* ^{s} Bringham *F* ^{t} canonico *F* ^{u} *Reading uncertain* ^{v} *D,F end*

As Professor Diana Greenway has pointed out, the witness, Roger precentor (of Salisbury), is incompatible with the date given in the text, since he did not assume office before Oct. 1226 at the earliest (*Fasti Salisbury*, 14 and n. 3). 'Roger' could be a mistake for 'Geoffrey', who was precentor in 1225, but equally, as Professor Greenway suggests, 'octavo' in the dating clause might be an error for 'decimo', in which case the date would be 25 March 1227, which all the witnesses fit—the addition in two copies referring to the ninth year of Henry III (i.e., 1225) cannot be trusted. 1227 would place the bp's grant to the citizens after Henry III's grant to him of city status for New Salisbury, dated 30 Jan. 1227 (*Salisbury Charters*, 175–8). The text survives in no copy earlier than the mid-15th century, and is curiously absent from the 13th- and 14th-century registers and cartularies of Salisbury, but the bp's charter is clearly referred to in a dispute between Bp Simon of Ghent and the citizens of Salisbury heard in the Lenten parliament of 1305 (*Memoranda de Parliamento*, ed. F. W. Maitland, 266–7), and in the text of an agreement between the parties in 1306 (*Tropenell Cartulary*, i, 191; *Cal. Pat. R. 1354–58*, 536; not in *Reg. Gandavo*). Moreover, despite its (in places) awkward structure and diplomatic, the present act has a parallel in the similar grant to the burgesses of Sherborne, equally not entered in a Salisbury register before the mid-15th century, but known from an episcopal inspeximus of 1326 × 30 (see below, no. 382). For the new city, see *British Atlas of Historic Towns*, i, 'Salisbury' (separately paginated), esp. 1–3.

380.   Hugh de Sandford

Grant, with the assent of Dean William and the chapter of Salisbury, that Hugh de Sandford and his heirs shall present to the church of Blewbury, whenever vacant, a suitable clerk, whom the bishop and his successors will admit and institute, and who will be a canon of Salisbury with the choir stall and place in chapter which the canon of Marlborough and Blewbury has been used to have; and renunciation of all suits made or to be made contrary to this grant. The bishop and his successors, however, will freely dispose of the churches of St Mary and St Peter in Marlborough and the church of Preshute,

*and of the land and rent of Uffcott, which the canon of Blewbury and
Marlborough used to have, and of which all are in the bishop's gift.*

[New Salisbury, *c.* 16 May 1223]

B = Trowbridge, Wiltshire R.O., D1/1/1 (Register of St Osmund), fo. 46r (p. 91). s. xiii in.
Pd, *Reg. S. Osm.*, i, 327–8.

Omnibus Cristi fidelibus ad quos presens scriptum pervenerit Ricardus miseratione divina Sar' ecclesie minister humilis salutem in domino. Sciatis nos,
de assensu et voluntate W. decani et capituli nostri Sar', concessisse quod
Hugo de Sanford' et heredes sui in perpetuum nobis et successoribus nostris
presentent clericum idoneum ad ecclesiam de Blebir' quotiens vacaverit,
quem ad eorum presentationem admittemus et instituemus, qui erit canonicus
Sar' de ipsa ecclesia de Blebir' et habebit stallum in choro et locum in capitulo
quem habere solebat canonicus de Merleberg' et de Blebir'. Nos autem omnibus impetratis et impetrandis contra hanc concessionem in perpetuum pro
nobis et successoribus nostris, de assensu predictorum decani et capituli,
renuntiamus. Nos etiam de ecclesiis de Merleberg, videlicet ecclesia sancte
Marie et ecclesia sancti Petri, et ecclesia de Prestchet', cum omnibus pertinentiis, libertatibus et liberis consuetudinibus earundem, et de terra et de
redditu de Ofcot' quem canonicus de Blebir' et Merleberg consuevit habere,
que terra et redditus cum predictis ecclesiis de Merleberg ad nostram spectant
donationem, ordinabimus pro voluntate nostra in perpetuum absque aliqua
reclamatione vel contradictione predicti H. vel heredum suorum. Et preterea
sciendum est quod, si ipsi Hugoni expediat quod nos et capitulum nostrum
aliam securitatem ei faciamus, qualemcumque ei possimus honeste facere,
eam arbitrio bonorum virorum faciemus. Et in huius rei robur et testimonium
presenti scripto sigillum nostrum et sigillum capituli nostri sunt apposita. Hiis
testibus: Ricardo thesaurario Wellen(si), magistro H. de Grenef(ord), Rogero
capellano et Gileberto, canonicis Wellen(sibus), Iohanne de Sanford', Waltero
de Verdun, Galfr(ido) de Budeford', Alberico forestario, Rad(ulfo) de Verdun,
Ada de Periton', Philippo Luvel, Henrico clerico, Ricardo filio Willelmi, et
multis aliis.

The date is derived from that of a charter by Hugh de Sandford granting to the bp and the
cathedral a moiety of the revenues of Chilton church, dated 16 May 1223, which passed on
or about the same day, since it has twelve witnesses in common with this act (*Salisbury
Charters*, no. 139; see ibid., no. 204, for Poore's exemplification of Hugh's charter as bp of
Durham in 1233). Hugh's complementary charter, renouncing the churches of Marlborough,
etc., to the bp, is ibid., no. 140. They followed the settlement of a dispute, begun in the royal
court, but submitted by the parties to the arbitration of the bp of Bath and Mr M. Belet, who
pronounced on 15 Apr. (ibid., no. 138).The effect of the settlement was to place the patronage
of the prebend in the Sandford family, but with the three churches and the land of Uffcott
(in Broad Hinton, Wilts) annexed to the bp's peculiar jurisdiction (see *Fasti Salisbury*, 53).

* 381.   Shaftesbury abbey

Letters testifying that William de Stokes is the parson of Keevil church, having been admitted (?) by Bishop Herbert at the presentation of Mary, late abbess of Shaftesbury, etc. [see above, no. 238].

[June 1217 × Easter term 1222; prob. early 1222]

> Mentioned only, as having been produced in the king's court in Easter term, 1222, in an assize of darrein presentment between John son of Alan and the abbess of Shaftesbury: BL, Additional ms 12269, fo. 25r-v; pd, *Bracton's Note Book*, ii, 140–2, no. 173; no court roll extant.

... et profert (*sc.* the abbess's attorney) literas episcopi Sarr' patentes que testantur quod evidenter constat ei quod predictus Willelmus [de Stokes] est persona eiusdem ecclesie et a bone memorie Herberto quondam episcopo, predecessore suo, ad presentationem bone memorie Marie quondam abbatisse, etc'.

> Probably produced for the hearing before the justices. In 1393 Shaftesbury conveyed the advowson to the monastery or college at Edington, which was permitted to appropriate the church in 1395 (*Edington Cartulary*, nos. 209–228; *Cal. Pat. R. 1391–96*, 336).

382.   Sherborne, borough (of Newland)

Grant, with the assent of the dean and chapter of Salisbury, to all the bishop's free men who take or shall accept new burgages at Sherborne, namely, between St Thomas's chapel and the castle [i.e., in Newland], that they and their heirs shall hold them freely and may, in the presence of the bishop's bailiff, give, sell or mortgage them to anyone other than to churches, religious houses or the Jews, provided that, if anyone makes a gift in inheritance, he shall pay a relief to the bishop and his successors equivalent to a year's rent. The three districts where the said burgages lie, and the different sizes of burgage and rents due in each district, are specified.

[7 July] 1227 × [1 July] 1228

> B = Dorchester, Dorset R.O., D/SHA:CH 10, in original inspeximus by Bp Roger Martival, n. d. [1326 × 30]. C = Ibid., D/SHA:CH 11, in original inspeximus by Richard II of same inspeximus, 1381. D = PRO, C66/311 (Patent Roll 5 Richard II, part 1), m. 11, in same royal inspeximus, 1381. E = Trowbridge, Wiltshire R.O., D1/1/5 (Liber Niger Episcopi), fo. 199r, in same inspeximus by Bishop Martival as B. s. xv ex.
>
> Pd and transl. from B, J. Fowler, *Mediaeval Sherborne*, 149–52; from D, excerpts only, *British Borough Charters 1216–1307*, ed. A. Ballard and J. Tait, Cambridge 1923, 45–6, 54–5, 86; (calendar) from D, *Cal. Pat. R., 1381–85*, 54–5.

Universis sancte matris*ᵃ* ecclesie filiis ad quos presens scriptum pervenerit Ricardus permissione divina Sar' ecclesie minister humilis salutem in domino.

Scire volumus universos^b [quod]^c nos, assensu decani et capituli Sar', ad
honorem beate Marie Sar' dedimus et^d hac presenti carta nostra confirmavimus omnibus liberis hominibus nostris qui nova burgagia capiunt vel recepturi sunt apud Shirebourne,^{e} scilicet inter capellam sancti Thome et castrum,
quod ipsi et heredes sui teneant de nobis et successoribus nostris burgagia que
habent vel habituri sunt in predicto loco libere, pacifice, integre, honorifice et
quiete imperpetuum, cum omnibus libertatibus et liberis consuetudinibus ad
huiusmodi burgagia pertinentibus; ita videlicet quod, presente^f ballivo nostro,
liceat ipsis et heredibus suis burgagia sua dare, vendere vel obligare cuicumque voluerint, preterquam ecclesiis,^{g} domibus religiosis et iudeis, sub tali
forma: scilicet quod quicumque aliquod burgagium dare voluerit hereditarie
dabit nobis et successoribus nostris pro relevio quantum idem burgagium
reddit per annum. Sunt autem predicta burgagia in tres partes distincta. Prima
pars est in australi parte [vie]^c qua itur^h a^i capella sancti Thome versus castrum, in qua parte plenum burgagium continet in longitudine viginti perticatas
et in latitudine quatuor perticatas; ita videlicet quod quicumque tale burgagium tenuerit dabit nobis et successoribus nostris duodecim denarios per
annum. Secunda pars est in boriali parte predicte vie, in qua parte plenum
burgagium continet in longitudine viginti quatuor perticatas et in latitudine
quatuor perticatas; et quicumque tale burgagium tenuerit dabit nobis^i et successoribus nostris annuatim decem et octo denarios. Et qui plus vel minus
tenuerit de talibus partibus burgagii, secundum predictam quantitatem nobis
et successoribus nostris respondebit. Tertia pars est que se extendit^j a capella
sancti Thome versus orreum^k nostrum, in qua parte burgagium continet in
longitudine duas perticatas^l et in latitudine duas perticatas;^{l} et quicumque tale
burgagium tenuerit dabit nobis et successoribus nostris octo denarios per
annum. Ipsi vero qui predicta burgagia tenent et tenebunt solvent prenominatum redditum^i ad quatuor anni terminos, scilicet ad Natale domini quartam
partem, et ad festum Annuntiationis beate Marie quartam partem, et ad festum
Nativitatis sancti Iohannis Baptiste quartam partem, et ad festum sancti
Michaelis quartam partem, pro omni servitio et exactione. Quare volumus et
concedimus quod predicti libere tenentes et heredes sui habeant imperpetuum
predicta burgagia per predictum servitium bene et in pace, sicut predictum
est. ^{m}Et ad maiorem huius nostre concessionis securitatem^m ^{n} sigillum nostrum
una cum sigillo capituli nostri huic presenti carte sunt appensa. Hiis testibus:
Henrico abbate Shirborn', magistro Elia de Derham^o tunc sen(escallo) nostro,
Gilberto de Stapelbrigg', canonic(is)^p Sar', Gilberto de Hospitali, Waltero de
Purle, Stephano de Burton', Ricardo de Gulleford',^{q} ^{r}Rogero Everard'^{r} tunc
serviente de Shirborn' cleric(o), Henrico de Haddon', Philippo de Charteray,
Willelmo de Duyn. Anno pontificatus nostri undecimo.

a Marie *E*   *b* universis *in all copies*   *c Supplied*   *d* in *E*   *e* Shirbourne *D*; Shirborne *E*
f presenti *C,D*   *g* ecclesie *D,E*   *h* ititur *E*   *i Om. in E*   *j* exstendit *E*
k oreum *E*   *l* perticas *E*   *m-m* Ad maiorem huius concessionis *E*   *n Followed in B,C,D*
by huic carte   *o* Durham *in all copies*   *p* canonico *C,D*   *q* Gilleford' *C,D*; Gulford' *E*
r-r Om. in E

The bp's pontifical years were calculated from a date between 28 June and 2 July 1217 (see above, pp. lvi–lvii); the 11th year would therefore begin not earlier than 28 June 1227, but, since royal assent to the election of Henry, abbot of Sherborne, was given on 7 July 1227 (*Pat. R. 1225–32*, 132), this act cannot be earlier than that date; the 11th year could not end later than 1 July 1228. The rubric of E locates the grant in 'la Newlond', for which see *Dorset Place-Names*, iii, 362. For the bp's new borough at Newland, see K. J. Penn, *Historic Towns in Dorset*, Dorset Nat. Hist. & Arch. Soc., monograph 1 (1980), 95; J. Tait, *The Medieval English Borough*, Manchester 1936, 207; M. Beresford and H. P. R. Finberg, *English Medieval Boroughs: a Hand-list*, Newton Abbot 1973, 104. Compare the similar concession to the citizens of Salisbury (above, no. 379).

383. Sonning vicarage

Inspeximus and confirmation of a charter by William, dean of Salisbury, granting to William de Mera, his clerk, the vicarage of Sonning church, formerly held by Vitalis, which was taxed in Bishop Jocelin's time as all obventions of the altar, tithes of flax, wool and cheese, and the second divisa, and for which Vitalis paid annually ten shillings to the dean and his predecessors, and augmenting the vicarage with tithes of lambs, calves, piglets, hens and geese, but excluding foals of the bishop of Salisbury's stud at Sonning, and the corn tithes of the dean's demesne at Sonning, with remission of the annual payment of ten shillings and with enough hay to maintain a horse, this augmentation being partly in order that William de Mera may have a chaplain to serve the church with him in person; and episcopal institution of William de Mera in the vicarage at the dean's presentation. Salisbury, 17 Aug. 1227

> A = Bodl. Berkshire Charter *c*. 20, no. 1211. Endorsed: Carta institutionis unius vicarii et ordinationis particularis vicarie de Sonnyng' et c', quasi composicio vicarie eiusdem ibidem (? s. xv). Size 178 × 174 + 20 mm. Seals, originally two, missing; one tag remaining (method 1).
>
> B = Trowbridge, Wiltshire R.O., D5/1/1 (Dean John Chaundler's Register), fo. 148v. s. xv ex.

Universis sancte matris ecclesie filiis ad quos presens scriptum pervenerit Ric(ardus) divina permissione Sar' ecclesie minister humilis eternam in domino salutem. Noveritis nos cartam dilecti filii domini Willelmi decani Sar' inspexisse in hec verba. Omnibus Cristi fidelibus ad quos presens scriptum pervenerit Willelmus dictus decanus Sar' salutem in domino. Ad universitatis vestre noticiam cupimus pervenire nos, divine caritatis intuitu, concessisse dilecto capellano nostro Willelmo de Mera vicariam ecclesie de Sunnig'*a* vacantem, quam Vitalis olim vicarius eiusdem ecclesie tenuit, que quidem taxata fuit a tempore bone memorie Iocelini Sar' episcopi hoc modo, scilicet omnes obventiones altaris et decimationes lini, lane et casei et secunda divisa, pro quibus idem Vitalis solebat reddere nobis et antecessoribus nostris decem solidos annuos. Ad hec insuper ad augmentum eiusdem vicarie, et ut idem Willelmus secum teneatur habere capellanum idoneum nobis presentandum, qui una cum eo in ecclesia de Sunnig'[b] in propria persona ministret, concessimus eidem omnes decimationes[c] agnorum, vitulorum, porcellorum, pullorum et aucarum, exceptis decimis pullorum siqui provenerint ex equitio domini episcopi Sar' apud Sunnig'. Ad dicte etiam vicarie augmentum donavimus eidem Willelmo decimam garbarum provenientium de dominico nostro de Sunnig', quod quidem tunc temporis fuit dominicum quando sepedictus W. primo fuit institutus ad dictam vicariam. Insuper ad sepedicte vicarie augmentum remisimus sepedicto W. decem solidos quos Vitalis olim vicarius de Sunnig' solebat reddere annuatim pro sua vicaria de Sunnig'. Preter predicta etiam concessimus eidem fenum quantum sufficiet ad sustentationem unius equi per annum. Et ut hec nostra donatio et concessio perpetue firmitatis robur optineat, presenti scripto sigillum nostrum duximus apponendum. Hiis testibus: Iohanne de Waude, et Ricardo de Haveringes, canonicis de Hethedeburi,[d] Iohanne Hyllar', Iohanne de Glasn', et Ricardo Bacun, clericis, Henrico de Waud', Roberto fratre eius, Willelmo de Vitheham,[e] et Hugone clerico nostro qui hanc cartam scripsit, et multis aliis. Nos igitur, ad presentationem dicti W. decani, prefatum W. de Mera in prenominata vicaria instituimus. Insuper et, predictam donationem et concessionem eiusdem W. decani ratam et gratam habentes, eandem autoritate[f] pontificali confirmavimus et sigilli nostri et capituli nostri munimine roboravimus. Hiis testibus: magistro Elia de Derham, magistro Rogero de Wrtha, magistro Luca,[g] domino Willelmo de[h] Leycestre, Toma[i] de Sancto Martino, domino Walentino,[j] canonicis Sar', Gilberto senescallo, Waltero de Purle, Stephano clerico, Abel clerico, et multis aliis. Dat' per manum Walentini[k] clerici nostri apud Sar' sextodecimo kl' Septembris anno pontificatus nostri undecimo.

[a] Sunnyng' *B (and below)*   [b] Sunng' *A*   [c] decimas *B*   [d] Hethtredebr' *B*
[e] Whycheham *B*   [f] auctoritate *B*   [g] *Followed in B by* de *and a gap*   [h] *Om. in B*
[i] Thoma *B*   [j] Valentino *B*   [k] Valentini *B*

For Vitalis, former vicar, see above, nos. 146, 187. The B text is noted, but not printed, in *The Register of John Chandler, Dean of Salisbury 1404–17*, ed. T. C. B. Timmins, Wilts Rec. Soc. 39 (1984), 132, n. 2.

* 384. Stanley abbey

Grant of an indulgence of thirty days release of penance to benefactors to the fabric of Stanley abbey.   [June 1217 × 21 July 1228]

> Listed in BL, Harley ms 6716 (Stanley abbey inventory of charters), fo. 12v. s. xiii med.; pd, W. de G. Birch, 'Collections towards the History of the Cistercian Abbey of Stanley', *Wilts Archaeol. & Nat. Hist. Magazine*, 15 (1875), 270.

Ricardi Sar' episcopi de xxx. diebus venie concessis benefacientibus ad fabricam ecclesie.

> Date as for no. 253.

* 385. Stanley abbey

Act concerning the lesser tithes of Preshute.   [June 1217 × 21 July 1228]

> Listed in BL, Harley ms 6716 (Stanley abbey inventory of charters), fo. 12r. s. xiii med.; pd, W. de G. Birch, 'Collections . . .', 269.

Presteschet'. Ricardi Sar' episcopi de minutis decimis.

> Date as for no. 253.

386. Stephen, parson of Tisbury

Notification by the bishop, W(illiam), the dean, and W(illiam), the precentor, of Salisbury, judges-delegate of Pope Honorius [III], of the settlement before them of the dispute between S(tephen), parson of Tisbury, on the one part, and the prior and convent of Bradenstoke, Mr Peter of Inglesham and John, priest, on the other, concerning the church of Easton [Royal], of which Stephen claimed to have been unjustly deprived by his opponents; namely, that, before the publication of the attestations, Peter recognized Stephen's right in the church, and the judges, imposing perpetual silence on Peter regarding the church, restored Stephen to the right and status he had before Peter's entry into the church.   [20 Sept. 1220 × 15 Aug. 1222]

> A = Trowbridge, Wiltshire R.O., 9/15/7 (Easton Priory Manuscripts). Endorsed: none medieval. Size 260 × 118 + 18 mm. Seals, originally two, missing; one tag and fragment of another surviving (method 2).

R. dei permissione Sar' ecclesie minister humilis et W. decanus et W. precentor Sar' omnibus ad quos presens scriptum pervenerit salutem in domino. Literas domini pape suscepimus in hec verba. Honorius episcopus servus servorum dei venerabili fratri episcopo et dilectis filiis decano et precentori Sar' salutem et apostolicam benedictionem. S. persona de Thissebir' sua nobis conquestione monstravit quod prior et conventus de Bradenestok', magister Petrus de Inglesham et Iohannes presbiter, Sar' diocesis, ipsum ecclesie de Eston', quam fuerat canonice assecutus et aliquamdiu possederat, sine lite contra iusticiam spoliarunt. Cum igitur spoliatis iniuste restitutionis sit beneficio succurrendum, dilectioni vestre per apostolica scripta mandamus quatinus, eo sicut iustum restituto, audiatis causam et apellatione remota fine canonico terminetis, facientes quod decreveritis per censuram ecclesiasticam firmiter observari. Testes autem qui fuerint nominati, si se gratia, odio vel timore subtraxerint, per districtionem eandem apellatione cessante cogatis veritati testimonium perhibere. Quod si non omnes hiis exequendis potueritis interesse, tu frater episcope cum eorum altero ea nichilominus exequaris. Dat' Rom' apud Sanctum Petrum ii. idus Junii pontificatus nostri anno secundo [*12 June 1218*]. Huius igitur auctoritate mandati, partibus convocatis et in presentia nostra constitutis, lite coram nobis rite contestata, demum ante publicationem attestationum memoratus Petrus in iure recognovit ius prefati Stephani in ecclesia prefata. Nos igitur, habito consilio cum viris prudentibus nobis assidentibus, dicto Petro super ecclesia sepedicta silentium perpetuum imponentes, sepedictum Stephanum ad ius et in eum stat(um) sententialiter restituimus in quo fuit ante ingressum dicti Petri in prefatam ecclesiam de Eston'. Et in huius rei testimonium presenti scripto sigillum nostrum apposuimus. Hiis testibus:[a] magistro T. de Chebbeham subdecano Sar', magistro W. de Merton', magistro Luca, Hugone de Templo, Iohanne capellano, Valentino, canonicis[b] Sar', magistro T. de Eblesburn', magistro Roberto vicario de Chiriton', et multis aliis.

[a] *Ms* Th'   [b] *Ms* canonico

After William de Waude became dean of Salisbury, and before William de Badeston's successor as precentor was in office (*Fasti Salisbury*, 11, 14). Stephen of Tisbury, *alias* son of Adam (of Easton), was instituted to Easton Royal church by Bp Herbert in 1197 at the presentation of the abbey of La Trinité (Sainte-Cathérine-du-Mont), Rouen (see above, no. 233). However, in 1199 × 1217 William Marshal I, earl of Pembroke, granted the right of patronage to Bradenstoke priory and requested Bp Herbert to institute P(eter) of Inglesham, the earl's clerk, as parson at the prior's presentation (*Bradenstoke Cartulary*, 92, no. 266). There is no evidence that Herbert took action on this, but Peter had clearly been intruded into the church; see also D. Crouch, *William Marshal*, London 1990, 146–7, where it is suggested that Peter, called there Pentecost of Inglesham, was already in possession of the church before the earl's gift to Bradenstoke. Stephen of Tisbury became archdn of Wiltshire in *c.* 1226 (*Fasti Salisbury*, 36) and went on to found the Trinitarian priory of Easton Royal in *c.* 1245 (Knowles and Hadcock, 206; Trowbridge, Wilts R.O., 9/15/10). In 1237 Prior S(imon) and the convent of Bradenstoke confirmed to Stephen 'of Easton', archdn of Wiltshire, and his heirs or assigns all the right they had in Easton church, saving the corn and certain other tithes of their demesne there, in accordance with a final settlement between the priory and the abbey of Sainte-Cathérine-du-Mont, with Stephen of Tisbury as the latter's proctor (ibid., 9/15/8–9; *Salisbury Charters*, 302–3).

* 386a. Studley priory

Settlement that, whereas by ordination of H(erbert), bishop of Salisbury, his predecessor, the nuns of Studley had the corn tithes of Seacourt, while all other appurtenances of the chapel, along with tithes of Marcham, Chilswell and Botley, remained to the vicar of the chapel, the vicar will sustain episcopal customs. 26 Dec. 1218

Calendar and partial transcript in Bodl. ms Twyne 24 (misc. transcripts, including extracts from lost Studley cartulary), p. 648. s. xvii in.

Compositio facta per Ricardum episcopum Sarum[a] &c. quod scilicet[b] ut antea[c] per H. episcopum Sarum illius predecessorem ordinatum erat moniales de Stodley habebant decimas bladi teritorii[c] ipsius ville de Sivekworth, ceteris omnibus ad eandem capellam spectanctibus,[d] terris, pratis, decimationibus et obventionibus illius cum decimis de Mercham, Cheleswelle et de Botelege perpetuo dicte capelle vicario remanentibus &c., episcopales consuetudines vicarius sustinebit &c. Dat' die sancti Stephani, pontificatus nostri anno secundo.

[a] *Sic* [b] *Followed in ms by* P *deleted* [c] *Reading uncertain* [d] *Followed in ms by* vicario perpetuo *deleted*

Seacourt, a lost place whose site is now in the parish of Wytham, was at one time a separate parish (*Berks Place-Names*, ii, 465; *VCH Berks*, iv, 421). Its church (or chapel), a dependency of Cumnor, was in existence by Nov. 1185 (*Two Abingdon Cartularies*, ii, no. C89) and was given to the nuns of Studley before Nov. 1195 (Bodl. Twyne 24, pp 647–8); a perpetual vicarage was ordained (possibly by Bp Herbert), and presentations by the priory are recorded from 1307 and as late as 1409 (*Reg. Gandavo*, ii, 687, 690; *Reg. Martival*, i, 318; *Reg. Hallum*, no. 63). However, the village was deserted in the later middle ages, and by 1439 the church had collapsed (J. Dunkin, *Oxfordshire. The History and Antiquities of the Hundreds of Bullington and Ploughley*, 2 vols., London 1823, i, 134; *VCH Berks*, iv, 423). The tithes of Marcham were from an estate called Hyde in that parish, while Chilswell (in Cumnor) and Botley (in North Hinksey) were perhaps other parts of the fee of the Seacourt (Seukeworth) family in this area (see *Two Abingdon Cartularies*, ii, 115). It should be noted that the pension of 3s payable from Seacourt church to Abingdon abbey in 1291 was for the Marcham tithes and derived not from this settlement, as suggested by *VCH Berks*, iv, 423, but from an earlier settlement of 1181 × 85 not involving Studley priory (*Two Abingdon Cartularies*, ii, no. C89). (Dunkin, i, 134, evidently read *teritorii* (line 3) as *tertii* or *tertie*, and therefore stated that the nuns were assigned a third of the corn tithes, but such a reading presents difficulties and is on balance unlikely, since a mere third of the corn tithes would have given the nuns a very limited return from their church, with everything else going to the vicar, including *all* the tithes at the three places named.)

387. Tutbury priory

Confirmation to the monks of Tutbury, after inspecting the charter of
W(illiam) de Ferrers [II], earl of Derby, of two-thirds of all tithes of the
demesne of Stanford[-in-the-Vale], to be converted to their own uses.

London, 28 June 1227 × 2 July 1228

B = London, College of Arms, ms Arundel 59 (Tutbury cartulary), fo. 29r. s. xv med.
Pd, *Tutbury Cartulary*, 41, no. 27.

Omnibus Cristi fidelibus ad quos presens scriptum pervenerit R. divina permissione Sar' ecclesie minister humilis salutem eternam in domino. Ad universitatis vestre notitiam volumus pervenire quod nos, inspecta carta dilecti filii
in Cristo nobilis viri W. de Ferrar' comitis Derb', in qua dedit et concessit
quantum ad patronum pertinet dilectis in Cristo filiis monachis Tuttesbur'
duas partes omnium decimationum dominii sui in villa de Stanford', easdem
decimas predictis monachis in usus proprios convertendas auctoritate diocesana concedimus et confirmamus et scripti nostri testimonio communimus,
salvis in omnibus iure, auctoritate et dignitate Sar' ecclesie et nostra [et]*ᵃ*
successorum nostrorum. Dat' per manum Valentini clerici nostri apud Lond'
pontificatus nostri anno xi. Hiis testibus.

ᵃ Supplied

Since the bp's pontifical years began on a date between 28 June and 2 July (see no. 253 n.),
the date given here allows for the widest possible range of the eleventh year. The 'charter'
of Earl William is presumably his notification to Bp Herbert of his confirmation of the gift
by his ancestors of these tithes, requesting the bp to confirm them (*Tutbury Cartulary*, no.
81). There is no evidence that he did so specifically, but see another act of his concerning
them in 1199 (above, no. 246).

388. Waltham abbey

Inspeximus and confirmation of the charter by Abbot Richard and the convent
of Waltham granting to Alan, their chaplain, the perpetual vicarage of New
Windsor church, saving to them an annual render of one hundred shillings;
and, at their presentation, admission and institution of Alan in the vicarage,
into corporal possession of which the bishop has caused him to be inducted.

Sonning, 13 Nov. 1219

B = BL, Cotton ms Tiberius C ix (Waltham cartulary), fo. 140v, no. 6. s. xiii med.
Pd, *Waltham Charters*, 68–9, no. 114.

Universis sancte matris ecclesie filiis ad quos presens scriptum pervenerit
Ricardus dei permissione Sareb' ecclesie minister humilis salutem in domino.

Noveritis quod cartam abbatis et conventus de Walth(am) inspeximus in hec verba. Omnibus Cristi fidelibus presens scriptum visuris Ricardus dei gratia abbas de Walth(am) et eiusdem loci conventus salutem in domino. Noveritis nos, divine pietatis intuitu, concessisse et dedisse quantum ad nos pertinet et presenti carta nostra confirmasse domino Alano capellano nostro perpetuam vicariam ecclesie de Windesores Nova, salvo nobis redditu centum solidorum ab eodem nobis annuatim solvendo. Unde et hanc cartam ei fecimus et sigillo nostro communi confirmavimus. Nos igitur dictum Alanum ad presentationem dicti abbatis et conventus nobis ad pretaxatam vicariam presentatum admisimus, ipsumque in eadem episcopali auctoritate institutum in corporalem induci fecimus possessionem; statuentes ut pretaxatam^a vicariam quo ad vixerit integre et quiete possideat. Et in huius rei testimonium ei cartam nostram dedimus sigillo nostro communitam, salvis in omnibus iure, auctoritate et dignitate ecclesie nostre et nostra et successorum nostrorum. Dat' apud Suningg' per manum Iohannis capellani idus Novembris pontificatus nostri anno iii. Hiis testibus.

^{a} *Ms* pretexatam

389. Waltham abbey

Ordinance, in duplicate, in the dispute between Mr William of Merton, archdeacon of Berkshire, on the one part, and Abbot Richard and the convent of Waltham, on the other, concerning procurations from Old Windsor church at archidiaconal visitation, which dispute the parties have submitted to the bishop's ordination; namely, that the vicar of New Windsor church shall pay annually to the archdeacon and his successors fifteen shillings, for which both churches, of New and Old Windsor, shall henceforth be quit of archidiaconal procurations. [18 Aug. 1222 × 21 July 1228]

B = BL, Cotton ms Tiberius C ix (Waltham cartulary), fo. 140r-v, no. 5. s. xiii med.
Pd, *Waltham Charters*, 69, no. 115.

Omnibus Cristi fidelibus ad quos presens scriptum pervenerit Ricardus divina miseratione Sarr' ecclesie minister humilis salutem in domino. Noverit universitas vestra quod, cum controversia mota esset inter magistrum Willelmum de Mereton' archidiaconum de Berksir', ex una parte, et Ricardum abbatem et conventum de Walth(am), ex altera, super procuratione ecclesie Veteris Windesor' quam idem archidiaconus ratione visitationis ab ea petebat, tandem utraque pars super hoc nostre se supposuit ordinationi, ita quod id quod a nobis super hoc esset provisum et tam nostra quam capituli nostri auctoritate confirmatum inter archidiaconum de Berksire et domum de Walth(am) perpetuum robur haberet firmitatis. Nos igitur, suscepta in nos predicta provisione, ordinavimus quod vicarius pro tempore ecclesie Nove Windesores quandam summam pecunie, videlicet xv. solidos, solvat annuatim predicto archidiacono et eius successoribus imperpetuum nomine procurationis de portione sua quam habet in dicta ecclesia, ita quod utraque ecclesia, videlicet Nove et Veteris Windesor(um) decetero per hoc libera et quieta sit a procuratione debita archidiacono ratione visitationis, exceptis predictis xv. solidis. Et ut hec nostra ordinatio in perpetuum rata et inconcussa permaneat, eam de communi assensu capituli nostri, partibus approbantibus, sigillo nostro una cum sigillo capituli nostri duximus confirmare. Confectaque sunt [fo. 140v] super hoc scripta duo eiusdem tenoris, quorum alterum residet^a penes predictum archidiaconum, reliquum penes predictos abbatem et conventum de Walth(am).

^{a} *Sic; ? rectius* resideat

After the date when William of Merton's predecessor as archdn of Berkshire was still in office (*Fasti Salisbury*, 30) and before the bp's translation to Durham (above, no. 253 n).

* 390.   Waltham abbey

Mandate to Mr Robert of Winsham, bishop's official, Mr William of Merton, archdeacon of Berkshire, and Mr William Cumin, parson of White Waltham and rural dean, to tax the vicarages of the churches of Old and New Windsor.
[1226, before 10 May]

Mentioned only, in the record of the taxation of the vicarages held on 10 May 1226: (B) BL, Harley ms 391 (Waltham cartulary), fos. 113v-114r. s. xiii ex; (C) BL, Cotton ms Tiberius C ix (Waltham cartulary), fo. 140v. s. xiv med.; pd from B, C, *Waltham Charters*, 69–71, no. 116.

^{a}Anno ab incarnatione domini M.CC.xxvi. vi. idus Maii die dominica taxata est vicaria ecclesie Veteris Wyndes(sor') ad mandatum domini Ricardi Sarresber' episcopi^a coram magistro Roberto de Wynesham tunc officiali,^{b} magistro Willelmo de Meretona^c tunc^d archidiacono Berkes', et coram magistro ^{e}Willelmo Cumin^e persona^f de West Waltham, tunc decano loci illius, ad hoc destinatis . . .

Eodem die et eadem auctoritate qua supra, et coram supradictis viris, facta est taxatio vicarie ecclesie ^{g}Nove Wyndessor'^{g} . . .

$^{a-a}$ *In B this passage is rearranged and begins* [H]ec est taxatio vicarie ecclesie de Wynd' Vet' facta ad mandatum . . . ^{b} *Lost at edge of folio in C* ^{c} Mertona *C* ^{d} *Om. in B* $^{e-e}$ *Om. in C* ^{f} rectore *C* $^{g-g}$ de [N]ove Wynd' *(sic) C*

The taxations were made before the three officers by sworn juries: of six men for Old

Windsor, including Richard Turk, former vicar; and twelve men for New Windsor, including Richard, former vicar, William, chaplain under Robert, the present vicar, and Peter, former chaplain.

391. Waltham abbey

Inspeximus and confirmation of the charters of Bishops Jocelin and Hubert [above, nos. 150, 189], instituting and confirming the abbot and canons of Waltham in the churches of both Windsors [Old and New] for their own uses.

[25 June 1226 × 21 July 1228]

> B = BL, Cotton ms Tiberius C ix (Waltham cartulary), fo. 140r, no.3. s. xiii med. C = BL, Harley ms 3739 (Waltham cartulary), fos. 115r-116v (pp. 229–232) (in inspeximus by Dean William and the chapter of Salisbury, n.d.). s. xvi. D = BL, Additional ms 37665 (Waltham cartulary), fos. 199r-200v (in same inspeximus). s. xvi.
> Pd from B, D, *Waltham Charters*, 68, no. 113.

Omnibus sancte matris ecclesie filiis*ᵃ* ad quos presens scriptum pervenerit Ricardus divina*ᵇ* permissione Sarr' ecclesie minister humilis salutem in domino. Noverit universitas vestra nos inspexisse cartas venerabilium predecessorum nostrorum Iocelini et Huberti Sarr' ecclesie episcoporum in hec verba. [*There follow the texts of Jocelin's and Hubert's acts: the first few words of each only in B; full texts in C,D.*] Nos igitur, inspectis predecessorum nostrorum instrumentis, ea que in eis *ᶜ*contenta sunt*ᶜ* et ipsis canonicis canonice sunt collata et in quorum possessione pacifica sunt eis auctoritate pontificali confirmamus. Hiis testibus: magistro Helya de Derham,*ᵈ* magistro Luca, magistro Ada de Walth(am), Willelmo de Leicestr' *ᵉ*capellano, canon'*ᶠ* Sarr', Valentino, magistro Rogero de Wrth', canonicis de Sarr', Gilleberto*ᵍ* senescallo,*ᵉ* et multis aliis.

> *ᵃ Om. in B*   *ᵇ Insert* prudentia *(sic) C*   *ᶜ⁻ᶜ* sicut contenta *(sic) D*   *ᵈ* Berham *C,D*
> *ᵉ⁻ᵉ Om. in C*   *ᶠ* canonico *D*   *ᵍ* Gileberto *D*

> After no. 294, in which William of Leicester was not yet a canon; see also *Fasti Salisbury*, 48 n.1.

392. Westminster abbey

Ordinance by Richard, bishop of Salisbury, Jocelin, bishop of Bath, Richard, prior of Dunstable, Robert, archdeacon of Huntingdon, John, archdeacon of Bedford, and Ulian de Chenneduit, clerk, in the dispute between Bishop Hugh II and the chapter of Lincoln, on the one part, and Abbot William and the convent of Westminster, on the other, over the church of Wheathampstead, vacant, which the latter claimed for their own uses; which dispute has been

ventilated before judges-delegate [appointed by Pope Honorius III], namely,
the abbots of St Albans and Reading and the prior of Dunstable, and which
by the judges' authority the parties have submitted to their ordination. They
ordain that the messuage and curia *formerly belonging to the parson, by*
St Nicholas's chapel [now Harpenden church], and half the corn tithes of
Wheathampstead parish, plus a portion amounting to six marks in the other
half, shall become a perpetual benefice for Westminster abbey, to be spent on
the uses of hospitality and alms by the hosteler, elected by the abbot, prior
and senior monks, who shall render his account of receipts and expenditure
twice a year before at least seven senior monks, and who shall pay the sacrist
annually three marks which he previously received from the church for the
lights of the abbey. The bishop of Lincoln and his successors shall have the
ius patronatus *of the whole church; and the rector instituted by them shall*
have the church with the messuage and curia *belonging to the abbey at the*
time of this ordinance, the altarage and the remaining part of the corn tithes,
and the land and other appurtenances of the church, for which he shall bear
all ordinary episcopal and other burdens, all extraordinary burdens being
borne proportionally by the parties. Episcopal and archidiaconal jurisdiction
in both portions remains as before. Lest cause for further discord should
arise, the arbitrators prescribe for the corn tithes that four clerical and four
lay jurors, chosen jointly, shall set aside any land whose tithe is worth in
common years twelve marks, half of which shall go to the monks, the other
half for the additional six marks.

Westminster, St Catherine's chapel, 21 Jan. 1221

B = Hertford, Hertfordshire R.O., D/ELw/Z 21 (scrap book of deeds, etc., at Rothampstead
Park, compiled s. xix), at fo. 20r (in original confirmation by the three judges-delegate,
n.d.). C1 = Ibid., D/ELw/Q1 (in same confirmation, but in chirograph form). C2 =
Oxford, Brasenose College Muniments, Wheathampstead 1 (in same confirmation, the
other part of the chirograph). D = Westminster Abbey Muniments, Book 11 (Westminster
Abbey Domesday), fo. 449r-v. s. xiv in. E = Ibid., fos. 448v-449r (in same confirmation
as B). s. xiv in.

Universis Cristi fidelibus ad quos presens scriptum pervenerit Ricardus
Sarreb',[a] Ioscelinus[b] Bath'[c] dei gratia episcopi, Ricardus prior de Dunstapl',[d]
Robertus Huntingdonie,[e] Iohannes[f] Bedefordie archidiaconi, et Ulianus de
Chenneduit clericus salutem in domino. Cum inter virum venerabilem
Lincoln(iensem) episcopum Hugonem secundum et eiusdem loci capitulum,
ex una parte, et Willelmum abbatem Westmon(asterii) et eiusdem loci
conventum, ex altera, super ecclesia de Wathamstede,[g] quam dicti abbas et
monachi in usus proprios vendicabant, coram iudicibus a sede apostolica
delegatis, videlicet de Sancto Albano et de Radinges abbatibus et priore

de Dunstapele,[h] questio verteretur, tandem post multas altercationes, dictis iudicibus partes ad pacem et concordiam crebro et instanter exhortantibus,[i] utraque pars de auctoritate iudicum predictorum spontanea voluntate, prehabita deliberatione, super dicta ecclesia cum pertinentiis suis, que tunc vacabat, ordinationi nostre se submisit, per litteras utriusque prelati et utriusque capituli pure et absolute se obligans ordinationem nostram se ratam et gratam habituram. Nos igitur, tam ad instantiam partium quam ad exhortationem iudicum predictorum inducti, volentes utriusque ecclesie paci, tranquillitati et indempnitati providere, invocata spiritus sancti gratia, super dicta ecclesia taliter duximus ordinandum. Videlicet quod mesuagium quod est iuxta capellam[j] sancti Nicholai cum tota curia quod prius fuit persone, et medietas decime garbarum provenientium ex tota parochia[k] de Wathammestede,[l] cedat[m] in perpetuum beneficium monasterio de Westmon(asterio), et insuper quedam portio garbarum alterius medietatis usque ad estimationem sex marcarum; que omnia deputavimus in usus hospitalitatis et elemosine expendenda per manus hospitarii ad hoc officium per abbatem et priorem et seniores conventus eligendi, qui de acceptis et expensis bis in anno coram septem senioribus ad minus fideliter reddat rationem. Volumus tamen quod idem hospitarius in tribus marcis annuis respondeat sacriste, quas prius de predicta ecclesia ad luminaria ecclesie de Westmon(asterio) sacrista percipere solebat. Gravamina vero Lincoln(iensis) ecclesie diligentius attendentes et communi consideratione compensare volentes, ordinavimus quod ius patronatus totius predicte ecclesie ad dictum episcopum Linc(olniensem) et successores eius in perpetuum pertineat; et quod rector eiusdem ecclesie, qui per eos pro tempore fuerit institutus, habeat dictam ecclesiam cum mesuagio et tota curia que fuerunt dictorum abbatis et conventus tempore huius ordinationis, cum toto altalagio et residua parte decimarum de garbis et terra ecclesie et homagiis et redditibus et omnibus aliis ad ecclesiam ipsam pertinentibus, et sustineat[n] omnia honera[o] episcopalia et alia que sunt ordinaria et consueta. In extraordinariis autem oneribus omnibus utraque pars pro sua respondeat portione, iurisdictione tam episcopi quam archidiaconi et officialium suorum circa utramque portionem in pristino statu integra et illibata permanente. Et ne ex hac concordia oriatur materia discordie, ita duximus portiones garbarum declarandas, quod per quatuor clericos et quatuor laicos, communiter electos et iuramento astrictos, aliquod territorium specialiter sequestretur cuius decima secundum communes annos valeat duodecim marcas, cuius medietas cedat monachis pro sua parte et altera medietas pro superadditione sex marcarum supradicta. Quia vero hec nostra ordinatio coram partibus recitata ab utraque parte[p] fuit gratanter admissa, eam providimus sigillis utriusque partis confirmandam et sigillorum nostrorum appositione roborandam. Actum London' in capella^q beate Katerine apud Westmon(asterium) in festo sancte Agnetis virginis proximo postquam translatus est [*3 July 1220*] beatus martir Thomas.

^{a} Sarresbir' *D* ^{b} Ioselinus *E* ^{c} Bathon' *C1,C2,D* ^{d} Dunestapl' *C2* ^{e} Huntindon' *E*
^{f} *Insert* de *D* ^{g} Whathamstede *D* ^{h} Dunstapl' *C1,D*; Dunestapl' *C2*
^{i} exortantibus *B* ^{j} cappellam *C1,C2* ^{k} parrochia *C1;C2* ^{l} Wathamested' *C1*;
Wathamstede *C2,E*; Whathamstede *D* ^{m} *Sic in all copies* ^{n} sustinebit *E* ^{o} onera
C1;C2;D ^{p} *In B placed after* admissa *and marked for insertion here* ^{q} cappella *C1;C2*

Pope Honorius III's commission to the judges-delegate, quoted in their confirmation of the ordinance, is dated at the Lateran, 5 May 1217, nearly four years earlier. The two versions of their confirmation in the Herts R.O. (B and C1) are in different hands and, while one is a chirograph (the matching half being C2, in Brasenose College), the other is not; both, however, apparently bore originally three seals, although only C1 retains a seal (part of the abbot of St Albans'); C2 also originally had three seals, but none survives. The endorsements on B and C1 (s. xiv) both indicate that the deed was duplicated (*et duplicatur*). The present settlement was confirmed by the pope on 29 May 1221 (*Calendar of Papal Letters*, ii, 82). For St Nicholas's chapel, which became the parish church of Harpenden in 1859, see *VCH Herts*, ii, 312–3. Richard [de Mores], prior of Dunstable (1202–42), was an eminent canonist frequently appointed as a judge-delegate, and notably in cases involving Westminster abbey (*Heads*, 163 and references there cited; J. C. Russell, *Dictionary of Writers of Thirteenth Century England*, *BIHR*, Supplement 3, 1936, 111–113; J. E. Sayers, *Papal Judges Delegate*, esp. 114–118; 296–301).

393.   Westminster abbey

Ordinance in chirograph form by Stephen, archbishop of Canterbury, primate of all England and cardinal, Peter, bishop of Winchester, Richard, bishop of Salisbury, Thomas, prior of Merton, and Richard, prior of Dunstable, in the dispute between Eustace, bishop of London, and the dean and chapter of St Paul's, on the one part, and Abbot William and the convent of Westminster, on the other, concerning the exemption of the abbey and of the church and parish of St Margaret from the jurisdiction of the church of London, which dispute, having been many times ventilated before papal judges-delegate, the parties have submitted to their ordination.   [25 March × 20 Apr.] 1222

A = Westminster Abbey Muniments, no. 12753. Endorsed: see *Acta Stephani Langton*, no. 54, reading in 1 Stebenhech', in 2 Exhibita apud Fulham abbatis Westm'. Size 438 × 376 + 45 mm. Seals: seven in original silk bags, in green wax on red and yellow silk cords through eyelets, of the five arbitrators, Eustace, bp of London, and the dean and chapter of St Paul's; the bp of Salisbury's seal is very much damaged and repaired.
B = Ibid., Book 11 (Westminster Abbey Domesday), fos. 634v-635v. s. xiv in. C = BL, Cotton ms Faustina A iii (Westminster cartulary), fos. 250v-253v (258v-261v). ss. xiii ex.–xiv in.
Pd from A, B, C, *Acta Stephani Langton*, 69–73, no. 54; from A, H. Wharton, *Historia de episcopis et decanis Londoniensibus . . .*, London 1675, 247–54, whence Wilkins, *Concilia*, i, 598–9; (calendar) from A, B, C, *EEA* IX, 64–5, no. 73.

Actum anno ab Incarnacione domini M.CC.xxii.

> Before the death of Abbot William of Westminster (*Heads*, 77), and assuming that the year began on 25 March. For Richard, prior of Dunstable, see no. 392 n.

394. Westminster abbey

Acknowledgement by the bishop that he and his successors owe to the abbot and convent of Westminster twenty shillings annually for all the tenements which the late Richard, bishop of Winchester, and Herbert, bishop of Salisbury, sometime held of their fee at St Bride's, London, and at Westminster, excluding the advowson of St Bride's church, which the abbot and monks retain. The bishop and chapter of Salisbury, and the abbot and convent of Westminster, will share mutual counsel in the business of their two churches when occasion arises. Salisbury, 24 Nov. 1222

> B = Trowbridge, Wiltshire R.O., D1/1/1 (Register of St Osmund), fo. 46r (p. 91), in inspeximus by Dean W(illiam) and the chapter of Salisbury, 25 Nov. 1222. s. xiii in.
> Pd, *Reg. S. Osm.*, i, 325.

Omnibus sancte matris ecclesie, etc'. Noveritis quod nos tenemur solvere annuatim abbati de Westmon(asterio) et conventui xx. solidos pro omnibus tenementis que bone memorie Ricardus Winton' episcopus et Herebertus Sarr' episcopus de feudo*[a]* dictorum abbatis et conventus aliquo tempore tenuerunt apud Sanctam Brigidam, London', et apud Westmon(asterium), tam in dominicis quam in redditibus, et*[b]* pertinentiis, libertatibus et liberis consuetudinibus ad eadem tenementa spectantibus, excepta advocatione ecclesie sancte Brigide, quam in manu sua dicti abbas et monachi retinuerunt. Ita quidem quod nos et successores nostri memoratis abbati et conventui singulis annis x. solidos persolvemus ad Pascha et x. solidos ad festum sancti Michaelis pro omni servitio et exactione. Et tam nos quam successores nostri qui [pro]*[c]* tempore fuerint et capitulum Sarr' ipsis abbati et conventui, et ipsi nobis, in agendis ecclesiarum nostrarum negotiis mutuum, cum oportunitas*[d]* se optulerit, impartiemur consilium. In cuius rei testimonium presenti scripto sigillum nostrum apposuimus. Dat' apud Sarr' octavo kl' Decembris pontificatus nostri anno sexto. Hiis testibus, etc'.

> *[a] Ms* feudio   *[b] Sic; rectius* cum   *[c] Supplied*   *[d] Sic*

> A marginal note in a hand similar to that of the main text, now not fully visible owing to tight binding of the volume, reads: '[Vaca]t quia episcopus [poste]a noluit eas habere'. For the tenements of Richard of Ilchester, bp of Winchester (Richard Poore's father), *iuxta domum sancte Brigide apud London'*, see *EEA* VIII, no. 193, p.147; for a grant by the Hospitallers to Bp Herbert of tenements in St Bride's parish, near Fleet Bridge, formerly held by Bp Richard of Winchester, see *Salisbury Charters*, no. 90; cf. also ibid., no. 54. See also the

grants by Bp Richard to Jordan the marshal in St Bride's in Oct. 1222 and June 1223 (above, nos. 306–308 and nn.). For a reference to two messuages of the fee of Bp Herbert in Westminster in John's reign, see *Westminster Abbey Charters*, no. 421.

395. Westminster abbey

Recital by the bishop and Dean W(illiam) and the chapter of Salisbury of a charter by Abbot William and the convent of Westminster granting and confirming to the church of Salisbury and the bishop and his successors all the tenements which the late Richard, bishop of Winchester, and Herbert, bishop of Salisbury, sometime held of their fee at St Bride's, London, and Westminster, excluding the advowson of St Bride's church, which they retain, to be held freely for an annual payment to them of twenty shillings, with provision for mutual counsel between the parties in their mutual concerns when occasion arises; and ratification and confirmation of this alliance by the present deed, which will remain with the abbot and convent of Westminster.

New Salisbury, 15 May 1223

B = Trowbridge, Wiltshire R.O., D1/1/1 (Register of St Osmund), fo. 46r-v (pp. 91–2). s. xiii in. C = Westminster Abbey Muniments, Book 11 (Westminster Abbey Domesday), fo. 473v. s. xiv in. D = Trowbridge, Wiltshire R.O., D1/1/5 (Liber Niger Episcopi), fos. 55v-56r (650v-51r). s. xv. ex.
Pd from B, *Reg. S. Osm.*, i, 329–30.

Universis Cristi fidelibus presens scriptum inspecturis R. divina permissione Sar'[a] ecclesie minister humilis, W. decanus et eiusdem ecclesie capitulum salutem in domino. Noverit universitas vestra venerabilem virum W. abbatem Westmon(asterii) et eiusdem loci conventum deo et beate Virgini et ecclesie Sar' ac nobis et succes[fo. 46v]soribus nostris cartam suam sub hiis verbis confecisse. Omnibus Cristi fidelibus presens scriptum inspecturis Willelmus divina miseratione abbas Westmonasterii et eiusdem loci conventus salutem in domino. Noverit universitas vestra nos unanimi consensu concessisse et hac presenti carta confirmasse deo et beate Virgini et ecclesie Sar' et domino[b] Ricardo eiusdem loci episcopo et successoribus suis omnia tenementa que bone memorie Ricardus episcopus[c] Winton' et Herbertus[d] Sar' episcopus de feudo[e] nostro aliquo tempore tenuerunt apud Sanctam Brigidam, London', et apud Westm(onasterium), tam in dominicis quam in redditibus, cum omnibus pertinentiis suis, libertatibus et liberis consuetudinibus ad eadem tenementa spectantibus, excepta advocatione ecclesie sancte Brigide, quam nobis retinemus; habenda et tenenda de nobis et[f] monasterio nostro in perpetuum libere et quiete, reddendo nobis annuatim viginti solidos ad duos terminos, scilicet ad Pascha x. solidos et ad festum sancti Michaelis x. solidos, pro omni servitio

et exactione. Ita tamen quod episcopus Sar' qui pro tempore fuerit et capitulum nobis, et nos ipsis, in agendis mutuis mutuum, cum opportunitas[g] exeg-
erit, impartiamur consilium. Hiis testibus: domino Iohanne capellano, magistro Willelmo de Merton', domino Bartholomeo de Kemes', domino Valentino,
canonicis Sar', domino Rad(ulfo) de Gosl',[h] domino Hugone Maleth,[i] domino
Gilberto de hospitali, Ricardo Pancefot,[j] Thoma de Gosl',[h] Ricardo de
Henred', domino Willelmo de Leicestr' capellano, domino Galfr(ido)[k] de
Warefeld' capellano, et multis aliis. Cum igitur per mutuam confederationem,
que per memoratam cartam inter ecclesias nostras et nos est contracta, tam
salubriter quam utiliter ac honeste utrique ecclesie sit provisum, nos, dictam
confederationem unanimi consensu ratam habentes et gratam, eandem futuris
ac perpetuis temporibus duraturam presenti carta nostra sigillorum nostrorum
appositione roborata et penes predictos abbatem et conventum
Westm(onasterii) remansura communivimus. Dat' apud Novam Sar' anno
incarnationis domini M.CC.xxiii.[l] idus Maii. Hiis testibus: domino Ioscelino
Bathon' episcopo, [m] Roberto cancellario Sar', Ricardo thesaurario Wellen(si),[m]
Edmundo thesaurario Sar', Willelmo archidiacono Wiltes',[n] magistro[o] Elya de
Derham', magistro Henrico de Bissopest',[p] magistro Hugone de Greneford',
Petro Picot,[q] et multis aliis.

[a] Sarr' C   [b] Om. in C,D   [c] Placed after Winton' C,D   [d] Herebertus C   [e] feodo
C,D   [f] Insert de C,D   [g] oportunitas C,D   [h] Gousl' C,D   [i] Malet' C,D
[j] Pancefot' C,D   [k] Gaufr(ido) C,D   [l] xiiii. (sic) C,D   [m-m] Om. in D   [n] Wiltesir'
C,D   [o] D ends   [p] Bissopeston' C   [q] Picot' C

The abbey's charter quoted here was probably issued at about the time of no. 394, with which
it shares much of its diplomatic. For grants by the bp to Jordan the marshal in St Bride's in
Oct. 1222 and June 1223, see above, nos. 306–8.

396. Westminster abbey

*Arbitration in chirograph form by Jocelin, bishop of Bath, Richard, bishop of
Salisbury, and Ralph, bishop of Chichester, in the dispute between Abbot
Richard of Westminster and the convent arising from an earlier composition
made between them concerning provision for the maintenance of the convent's
victuals, which dispute the parties have submitted to the bishops' ordination.
The bishops assign to the convent the manors of Greenford and Ashford and
sixty shillings annually from the manor of Sudborough.*   7 July 1227

A1 = Westminster Abbey Muniments, no. 5683*. Endorsed: Ordinacio episcoporum de
maneriis Echelesford et Greneford cum assarto porcioni conventus assignatis (s. xiii ex);
Dupplicatur (s. xiii). Size 215 × 220 + 28 mm. Seals: five in green wax on pink silk
cords through eyelets: (i) Abbot Richard of Westminster, (ii) the convent of Westminster,

(iii) Jocelin, bp of Bath, (iv) Richard, bp of Salisbury, (v) Ralph, bp of Chichester; the bp of Salisbury's is nearly complete but repaired.

A2 = Ibid., no. 5683***. Endorsed: Confirmacio episcoporum de assignatione porcionis conventus (s. xiii ex); vi. (s. xiii). Size 212 × 225 + 29 mm. Seals: five, as in A1; the bishop of Salisbury's is slightly less complete than in A1.

B = Ibid., Book 11 (Westminster Abbey Domesday), fo. 632r-v. s. xiv in. C = BL, Cotton ms Faustina A iii (Westminster cartulary), fos. 233r-234v (241r-242v). ss. xiii ex.–xiv in. D = BL, Cotton ms Titus A viii (Westminster cartulary), fos. 35v-36r (34v-35r, pp. 68–9). s. xiv in.

Pd from A2, *Documents illustrating the rule of Walter de Wenlok, abbot of Westminster, 1283–1307*, ed. B. F. Harvey, Camden 4th ser. 2 (1965), 225–7.

*a*Facta autem fuit presens ordinatio de consensu utriusque partis in Translatione sancti Thome martiris, anno ab Incarnatione domini millesimo ducentesimo vicesimo septimo, pontificatus domini Gregorii pape noni successoris Honorii anno primo, regni etiam domini Henrici regis filii regis Iohannis anno undecimo. Et ut perpetuis temporibus robur obtineat, presenti scripto signa nostra una cum sigillis abbatis et conventus apposuimus.

a D ends Dat' apud Westm' anno gratie M. CC. xx. vii.

A1 and A2 are the two halves of the chirograph. For the two compositions between Abbot Richard of Barking and the convent, in Nov. 1225 and Nov.1225 × Feb.1226, which the convent found unsatisfactory, see *Documents illustrating the rule of Walter de Wenlok*, 217–25.

397. Wherwell abbey

Grant, with the assent of the chapter of Salisbury, to the nuns of Wherwell, to whom the ius patronatus of Collingbourne Ducis church belongs, of twelve marks annually from the church as a perpetual benefice, for the increase and maintenance of their hospitality, to be paid by the rector serving in priest's orders personally in the church at their presentation.

Amesbury, 25 Feb. 1220

B = BL, Egerton ms 2104A (Wherwell cartulary), fos. 123v-124r. s. xiv ex. C = Ibid., fo. 124r-v (in inspeximus by Bp Robert Bingham, 1235). s. xiv ex. D = Ibid., fo. 122r-v (in same inspeximus, inspected by Dean William and the chapter of Salisbury, 1235). s. xiv ex.

Omnibus sancte matris ecclesie filiis ad quos presens scriptum pervenerit Ricardus dei permissione Sar' ecclesie *a*minister humilis*a* salutem in domino. Licet omnes quos conversatio religiosa commendat*b* gratiam mereantur et favorem, [fo. 124r] illorum tamen utilitatibus iustum est ut propensius*c* studeamus quos religionis fervor pariter et hospitalitatis gratia in omnes effusa*d* deo et hominibus reddit commendabiles. Et nos, hec duo in monasterio de Wherewell' vigere certissime attendentes, divine caritatis intuitu, ad augmentum et conservationem hospitalitatis in eodem monasterio concedimus assensu capituli nostri conventui monialium de Wher(ewell'), ad quas ius patronatus ecclesie de Colingeburn' Comitis pertinet, nomine perpetui beneficii duodecim marcas annuatim de dicta ecclesia Colingeburn' per manus illius quicumque ad earundem presentationem pro tempore illius ecclesie rector extiterit certis terminis percipiendas, videlicet ad Natale tres marcas, ad Pascha tres marcas, ad festum sancti Iohannis Baptiste tres marcas, et ad festum sancti Michaelis proximo sequens tres marcas. Hanc autem nostram concessionem episcopali auctoritate confirmantes, statuimus quod quicumque pro tempore rector dicte ecclesie extiterit statutis terminis integre et sine contradictione monialibus vel earum procuratori satisfaciat, et in ordine sacerdotali in predicta ecclesia in propria persona deserviat. Quod ut ratum permaneat in posterum, presenti scripto sigillum nostrum apponi fecimus in testimonium, salvis in omnibus iure, auctoritate et dignitate Sar' ecclesie et nostra. Dat' apud Ambresbur'[e] per manum Iohannis capellani vi. kl' Martii pontificatus nostri anno tertio. Hiis testibus: magistris Luca et Willelmo de Merton', canonicis Sar', Ricardo de Maupodr',[f] Valentino et Gilberto, clericis, Philippo de Faukonberg',[g] Simone capellano, Rogero de Wher(ewell') clerico, et aliis.

[a-a] humilis minister *C*   [b] comendat *B*   [c] perpencius *D*   [d] effuca *in all copies*   [e] Ambresbir' *D*   [f] Mapoudr' *C,D*   [g] Fauchunberg' *D*

See also above, no. 252, by which Bp Herbert simply confirms the church to Wherwell abbey.

398.   Winchester, Hyde abbey

Notification, in duplicate, to Abbot W(alter) and the convent of Hyde, and to the parson and vicar of Pewsey, that, acting on letters of Pope Honorius [III] [quoted], and after many admonitions to them and the abbot's predecessor, the bishop has ordained that Adam of Easton, clerk, who is afflicted by old age, shall have for his life a chaplain supported at his own expense in the chapel built within the bounds of his house at Sharcott, which is not open to the parishioners of Pewsey, to celebrate only for him, his household and guests; the chaplain, who will be presented to the rector of Pewsey church, and by him to the archdeacon, will make faith to the mother church of Pewsey, and will hand over to the rector without diminution all obventions and oblations of the chapel. All this Adam has sworn on the Gospels to observe, and will produce a chirograph.   New Salisbury, 27 May 1225

B = BL, Cotton ms Domitian A xiv (Hyde cartulary), fo. 154v (155v). s. xiii ex. C = BL, Harley ms 1761 (Hyde cartulary), fo. 130v (127v). s. xiv ex.

R.*a* dei gratia Sar' ecclesie minister humilis viris venerabilibus in Cristo dilectissimis W. eiusdem gratia abbati de Hyda et eiusdem loci conventui, item persone et vicario de Peves', salutem eternam in domino. Literas domini pape suscepimus in hec verba. Honorius episcopus servus servorum dei venerabili fratri*b* episcopo Sar' salutem et apostolicam benedictionem. Adam clericus nobis humiliter supplicavit ut in feodo proprio construendi capellam*c* et habendi in ea proprium capellanum licentiam sibi concedere dignaremur. Volentes igitur tue fraternitati deferre qui loci diocesianus*d* existis, fraternitati tue per apostolica scripta mandamus quatinus postulata concedas eidem sine iuris preiudicio alieni. Dat' Lateran' xii. kl' Januarii pontificatus nostri anno vi. [*21 Dec. 1221*]. Huius igitur auctoritate rescripti secuti, vobis deferentes et indempnitati vestre*e* consulentes, attendentes nichilominus Ade de Estun' senio confecti debilitatem, post multiplices ammonitiones tam abbati predecessori vestro et conventui quam vobis super postulatis predictis concedendis*f* factas, demum mandatis apostolicis adquievimus, ordinantes ac*g* statuentes ob predictam memorati A. infirmitatem quod idem in capella in fundo ac infra septa*h* mansi sui apud Suerscot'*i* constructa, ad quam nec patet nec facil(is) est aditus parochianis de Peves', proprium habeat capellanum ipsi A. et familie sue ac hospitibus*j* divina celebrantem, ita quod in eadem capella ad divina audienda alii non admittantur, qui capellanus sumptibus dicti Ade in capella supradicta ministraturus matrici ecclesie de Peveseia*k* fidelitatem faciet. Iurabit etiam quod omnes obventiones et oblationes de predicta capella de quocumque vel quibuscumque provenientes rectori dicte ecclesie de Peves' sine diminutione refundet, ita quod, si dolum vel fraudem circa predictas obventiones facere fuerit convictus, cesset capella donec super hoc plene fuerit satisfactum. Presentabitur autem capellanus prefate capelle rectori ecclesie de Pevesia, et per ipsum archidiacono loci. Postquam autem idem A. in fata decesserit nullus ulterius in dicta capella capellanus celebrabit ratione huius nostre ordinationis, quam personaliter dicto A. ob causam fecimus memoratam. Omnia autem predicta fideliter et sine fraude et dolo se observaturum predictus A. tactis sacrosanctis iurabit, et ad maiorem securitatem super hoc cautionem prestabit cyrographariam. Nos etiam ad robur huius nostre concessionis seu ordinationis duo sub eodem tenore confecimus instrumenta, quorum unum penes prefatum A., alterum penes matricem*l* ecclesiam de Peves', remanebit. Dat' apud Novas Sar' die martis proxima post festum sancte Trinitatis proximo sequens post captionem castri de Bedeford' [14 Aug. 1224]. Hiis testibus: domino W. decano Sar' et eiusdem loci capitulo, domino S. abbate de Stanl', W. de Leicest' et G., capellanis,*m* et multis aliis.

---

        a E. C   *b* Followed in B by gap for an initial   *c* Om. in C   *d* diocesanus C   *e* vestri
                                                    B,C

^f concedis *B,C*   ^g et *C*   ^h cepta *C*   ⁱ Suerstoc' *C*   ^j ospitibus *C*   ^k Pevesia
C   ^l *Om., but gap left C*   ^m *C ends*

For the royal capture of Bedford castle, held against the crown by Fawkes de Bréauté, at a
time when the bp was involved in government, see D. A. Carpenter, *The Minority of Henry
III*, London 1990, 365–6. The reference to this episode in the dating clause is most unusual
and reflects its importance to the stability of the young king's reign. Walter succeeded John
as abbot of Hyde in 1222, evidently after Bp Richard had received the papal mandate (*Heads*,
82). For Sharcott, in Pewsey parish, see *Wiltshire Place-Names*, 351. The beneficiary here
was probably (but not certainly) the Adam of Easton who became steward of William de
Vere, bp of Hereford, in the early 1190s and was given land by him in Easton Royal, in the
same hundred as Pewsey and close to it (*EEA* VII, lix, and nos. 179–80), and therefore also
the father of Stephen of Tisbury, who became archdn of Wiltshire in *c.* 1226 (*Fasti Salisbury*,
36). In 1197 Stephen was instituted by Bp Herbert to Easton Royal church, and subsequently
became parson of Tisbury (see above, nos. 233, 386). In the present act it is interesting that,
while the pope calls Adam of Easton 'clerk', Bp Richard does not; it is possible, however,
that, as former steward of the bp of Hereford, he might have been described loosely as a
clerk in the papal document. The Adam of Easton, clerk, who witnessed an inspeximus by
Stephen, archdn of Wiltshire, of a grant which his father, Adam of Easton, made in 1217
after the death of his wife (*Bradenstoke Cartulary*, no. 261), appears to have been a different
person.

APPENDIX I

ADDITIONAL LETTERS AND DOCUMENTS

Listed below are the known letters and other documents of the bishops of Salisbury in the period 1078–1228 which are not strictly diocesan *acta*. Full texts and apparatus are given only for the two hitherto unpublished letters of Bishops Herbert Poore and Richard Poore (nos. 6 and 11).

Jocelin de Bohun

1. Letter to Pope Eugenius III reporting the oppression suffered by his (cathedral) church and seeking the pope's guidance on a number of issues: namely, whether a priest whose two fingers and palm have been cut off by a thief should be allowed to celebrate mass or otherwise discharge his priestly office; whether clerks who, abandoning their habit and office, behave like untonsured laymen should, if imprisoned for crimes, be released by ecclesiastical justice; and what should be done about properties which have been granted to monasteries or other holy places by those who have already lost them in the civil war, and which have been occupied by others. [Before Nov. 1146] Referred to in the pope's reply: *Epistolae Pontificum Romanorum ineditae*, ed. S. Loewenfeld, Leipzig 1885, 103–4, no. 199.

2. *Agreement with Henry, duke of Normandy, concerning Devizes castle.*Stockbridge, 9 Apr. 1153. Pd, *Salisbury Charters*, 22–3, no. 25; *Regesta*, iii, no. 796.

3. *Letter to Pope Alexander III commending the canonization of King Edward the Confessor.* [1160]. Pd, F. Barlow, *Edward the Confessor*, London 1970, 318.

4. *Letter to Thomas [Becket], archbishop of Canterbury, announcing his appeal to the pope against the archbishop's sentence of suspension, and asking him to relax the sentence.* [2nd half of 1166]. Pd, *Materials*, v, 413–6, no. 206; for the date and context, see *GFL*, no. 171 and n.

5. *Letter to Gilbert [Foliot], bishop of London, rejoicing in the return of his son [Reginald, with an encouraging message from the pope] and proposing to wait in Le Mans for the king's instructions rather than going to Argentan as suggested by Gilbert.* [prob. early July 1169]. Pd, *Materials*, vi, 267–8, no. 337; *GFL*, no. 207; for the date and discussion, see ibid., no. 198.

Herbert Poore

6. *Notification to Hugh de Neville that Gilbert de Baudehal', his servant, has unjustly seized and detained in chains at Clarendon three of the bishop's men and two men of the chancellor's prebend; and request that Hugh order their release.* [c. 1199 × 1216]

> A = PRO, SC1/2/20 (Ancient Correspondence). Endorsed: none. Size 176 × 45. Seal: none; poss. trace of stump of tongue.

H. dei gratia Sar' episcopus karissimo amico suo in Cristo Hugoni de Nevill' salutem cum dilectione sincera. Sciatis quod Gilebertus de Baudehal' serviens vester cepit tres homines nostros et duos homines de prebenda cancellar(ii) in publica via et strata communi et sine aliquo forisfacto, et misit equos eorum Laneford' et, detinens eos in vinculis apud Clarendon', prohibuit ne aliquis eis cibum det vel potum nec per wag(ium) vel pleg(ium) sine litteris vestris dimittantur. Ideoque dilectionem vestram, de qua non modicum confidimus, affectuose rogamus quatinus prefatos homines, sicut iniuste et sine rationabili causa capti et detenti sunt, sicut nos diligitis per litteras vestras similiter et equos eorum precipiatis dimitti, ut vobis ad multas gratiarum actiones teneri debeamus. Bene valete in domino.

> Probably of the time when Hugh was chief forester (*Complete Peerage*, ix, 479). Gilbert was perhaps of Baldenhall, a lost name in Great Malvern, Worcs (*Worcestershire Place-Names*, 210–1), since in 1217 the sheriff of Worcester was ordered to return his lands, etc., seized when he sided with King John's enemies (*Rot. Lit. Claus.*, i, 301).

7. *Letter to Pope Innocent III supplicating for the restoration of the church of Glastonbury to its former status.* [late 1205]. Pd, *Glastonbury Cartulary*, i, 83–4 (rubric referring to the bp of Salisbury); Adam de Domerham, ii, 433 (rubric referring to the 'church' of Salisbury).

8. *Letter, with twelve other bishops, to Pope Innocent III concerning the form of election to be followed in the forthcoming election of the archbishop of Canterbury.* [1205]. Pd, *St Paul's Charters*, 139–40, no. 181; (calendar) *EEA* VII, no. 263; *EEA* XII, no. 201.

9. *Letter, with ten other bishops, to Pope Innocent III notifying him of the canonical election of Mr Jocelin, canon of Wells, as bishop of Bath.* [March × May 1206]. Pd, *Archaeologia* 52 (1890), 106; C. M. Church, *Chapters in the Early History of the Church of Wells*, London 1894, app. S, pp. 404–5; (calendar), *HMCR Wells*, i, 64; ii, 554–5; *EEA* IV, no. 221 (with full mss references); *EEA* IX, no. 86; *EEA* XII, no. 215.

10. *Letter, with the same bishops, to J(ohn),the papal legate, concerning the same.* [March × May 1206]. Pd, *Archaeologia* 52 (1890), 106–7; C. M. Church, *Chapters*, app. S, pp. 405–6; (calendar), *HMCR Wells*, i, 64; ii, 554; *EEA* IV, no. 222 (with full mss references); *EEA* IX, no. 87.

Richard Poore

11. Letter to Hubert de Burgh, justiciar of England, thanking him for having royal letters issued to Engelard de Cigogné, ordering him to restore the cattle of the abbot of Reading and the clergy of his bailiwick, which had been seized as a penalty for non-hambling of dogs; and advising Hubert that, since Engelard has not complied, he (the bishop) will not and cannot lift the sentence [of excommunication] passed on the persons of Engelard and his bailiffs nor the sentence of interdict passed on the lands of his bailiwick. [1217 × 30 Dec. 1223]

> A = PRO, SC1/1/192 (Ancient Correspondence). Endorsed: none. Size 165 × 53 mm. No sign of sealing.

Nobili viro et amico in Cristo semper dilecto domino H. de Burgo iustic(iario) Anglie R. divina permissione Sar' ecclesie minister humilis salutem in auctore salutis. Multiplices vobis referimus gratiarum actiones super hoc quod per litteras domini regis Engel(ardum) de Cygon' mandari fecistis quatinus averia abbatis de Rading' et clericorum de bailliva sua, propter expeditationem canum capta, sine difficultate eisdem restitueret. Verum, quoniam idem Engel(ardus) neque ad mandatum domini regis neque ad monitionem nostram ei multociens factam dicta averia restituere curavit, set etiam ea nobis restituere renuit, excellencie vestre significamus quod neque sententiam in personas ipsius E. et baillivorum suorum propter predictam causam latam neque sententiam interdicti latam in terras baillie sue, salvo honore ecclesie, relaxare voluimus aut valemus, nisi prius dictorum averiorum facta restitutione; presertim cum semper parati fuerimus et adhuc simus predicta averia replegiare et omnibus conquerentibus ubi et quando debebimus iustitie plenitudinem exhibere. Bene et diu valeat nobilitas vestra in domino.

Certainly during the time of Simon, Abbot of Reading, 1213 (after 21 July)–13 Feb. 1226 (*Reading Cartularies*, i, 27), whose complementary petition to Hubert de Burgh is PRO, SC1/1/193; but probably before Engelard lost custody of the royal castles of Windsor and Odiham on 30 Dec. 1223 (Carpenter, *Minority of Henry III*, 326–7).

12. *Notification, with Walter, archbishop of York, seven other bishops, William Marshal, earl of Pembroke, and others [named], that, at the request of the legate Guala, King Henry [III] has given the church of Chesterton to the abbey and canons of S. Andrea, Vercelli. [c. 8 Dec. 1217].* Pd, *EEA* IX, no. 107; (calendar) *EEA* XII, no. 223A.

*13. *Letter, with the archbishop of Canterbury and three other bishops, guaranteeing a safe conduct to England for Hugh de Lusignan. [c. Aug. 1222].* Mentioned only in royal letters, and calendared, *EEA* IX, no. 126.

14. *Undertaking, with S(tephen), archbishop of Canterbury, and eight other bishops, at the request of King H(enry) III, to work for the maintenance of the peace made between the king and H(ugh) de Lusignan, count of La Marche and Angoulême, Queen I(sabella) the latter's wife, H(ugh), viscount of Thouars, and William l'Archevêque.* London, 20 Dec. 1226. Pd, *Foedera*, 184; *Acta Stephani Langton*, no. 95; (calendar) *EEA* IX, no. 128.

APPENDIX II

ACTA OF HUBERT WALTER'S *OFFICIALES*

For the duration of his absence from England, beginning in early March 1190, Hubert Walter appointed four ecclesiastics to act for him, namely, Jordan, dean of Salisbury, Hugh [II], abbot of Reading, Mr Bartholomew and Mr Simon de Scalis (see above, p. xlix, and no. 182).

1. Admission and canonical institution, at the presentation of Herbert de Hawy, of Adam de Wasingeham, *clerk, as parson of [Over] Compton chapel. [early March 1190 × 20 Apr. 1193]*

> A = Taunton, Somerset R.O., DD/WO 37/20/1. Endorsed: Cumton' (s. xiii). Size 144 × 97 + 18 mm. Seal on tag (method 2); large fragment, pointed oval, in browned white wax; obverse, faint traces of part of episcopal figure, with fragments of inscription; reverse plain.

Universis sancte matris ecclesie filiis officiales domini H. Sar' episcopi salutem in domino. Ad universitatis vestre noticiam volumus pervenire nos, ad presentationem Herberti de Hasweia advocati capelle de Cumton', admisisse Adam clericum de Wasingeham ad eandem capellam de Cumton', ipsumque auctoritate domini nostri H. Sar' episcopi personam instituisse canonice in eadem capela et illius pertinentiis. Que institutio ut robur firmum optineat et perpetuum, eam presenti scripto et sigilli domini nostri episcopi appositione confirmavimus. Testibus: magistro Philippo de Havekeschirch', magistro Hamone vicearch(idiacono) Dors', Rogero clerico de Sireburn', Simone clerico, Terrico decano de Bere, Ricardo clerico arch(idiaconi) Dors', Maur(icio) de Albo Monasterio, Andrea de Acford', Willelmo de Caune, Alexandro de Laverc(e)st', Thoma Faramus,[*a*] et Ern' de Sirebr'.

ᵃ Sic

> Over Compton was acquired by the de Hawy family in the later 12th century (Hutchins, *History of Dorset*, iv, 167). On the seal used here, the obverse of which is either the bp's counterseal or a replica, see above, pp. xlix–l, and cvii.

2. Agreement, as Bishop Hubert's procuratores, *with Abbot William and the convent of Sherborne over the prebend of Sherborne and the land of Kingston [Lacy]: namely, that the abbot and convent have given to the bishop and his*

successors the churches of Lyme and Halstock in perpetuity to make into a
prebend of Salisbury cathedral; and the procuratores *have granted that the*
abbot and convent may convert in usus proprios *the fruits and appurtenances*
of the churches of Stalbridge and Stoke [Abbott] when they become vacant,
saving reasonable maintenance of perpetual vicars; until Stalbridge becomes
vacant the abbot and convent may take 100 shillings annually from it, and
when Corscombe church becomes vacant they may take a pension of two
marks annually. Salisbury, 6 June 1191. Original: Salisbury, D. & C. Muni-
ments, Press IV, E5: Prebend of Lyme & Halstock/1; pd (from shorter texts
without date and witnesses), Salisbury Charters, 50–51, no. 60; see also
above, no. 182.

Facta est autem hec compositio anno ab incarnatione domini M.C.xCi, viii.
idus Iunii in capitulo Sar'. His testibus: Reginaldo episcopo Bathon(iensi),
Waltero abbate de Fulgeriis, Willelmo et Azone archidiaconis, magistro Vin-
centio, magistro Iordano, magistro Iohanne de Cernai, Galfrido de Osteilli,
magistro Ernisio, magistro Willelmo de Poterna, magistro Willelmo monacho
de Cerne, magistro Adam, magistro Waltero de Wicton', Rogero clerico de
Stapelbrige.

For Kingston Lacy, see above, no. 135.

3. Licence to Abbot William and the monks of Sherborne to convert in proprios
usus *the fruits and appurtenances of the churches of Stalbridge and Stoke*
[Abbott] when they become vacant, saving reasonable maintenance of per-
petual vicars; viz., the vicar of Stalbridge shall have the whole tenement which
Sewale had and all other appurtenances of the church, excluding the church's
free land and excluding all corn tithes and lesser tithes, which have been
assigned to the sacrist of Sherborne in perpetuity, and he shall have specified
pasture rights; the vicar of Stoke [Abbott] shall have all appurtenances of the
church which Gerruddus had, the rest being assigned to the clothing of the
monks of Sherborne; both vicars shall bear all episcopal burdens. Grant also
that, when Corscombe church becomes vacant, the monks may take two marks
from it annually. 6 June 1191. Pd, Salisbury Charters, 49, no. 58.

4. Notification and confirmation of the settlement in the presence of [Hugh,
abbot of Abingdon, William, abbot of Thame, and Ralph, prior of Hurley]
papal judges-delegate, of the dispute between Abbot H(ugh) and the monks
of Reading and Bartholomew, chaplain of Bucklebury, over the church of
Bucklebury. Bartholomew has resigned the church wholly into the officials'
hands, and, at their request and that of the judges and the count of Mortain,
and considering the former education of Bartholomew in Reading abbey, the

abbot has, with the convent's consent, conferred the church upon him, saving the ancient pension, and excluding the chapel of G(ilbert) Martel. [?1191 × 20 Apr. 1193]. Pd, *Reading Cartularies*, ii, no. 695.

> Certainly after Hubert Walter's departure in early March 1190, and probably not earlier than 1191, when the first notice of Count [John] of Mortain's interest in the abbey occurs ('Annales Radingenses posteriores', 401). The judges — delegate are named in their own act (*Reading Cartularies*, ii, no. 694). Abbot Hugh of Reading would not have acted as an official on this and the following occasion.

5. *Further notification of the same settlement and of the abbot and convent of Reading's presentation of Bartholomew to the church of Bucklebury, excluding the chapel of G(ilbert) Martel which is retained for the use of the hospital of Reading; and admission and institution of Bartholomew as parson of the church, for an annual pension of thirty shillings.* [?1191 × 20 Apr. 1193]. Pd, Ibid., no. 696.

> Date as for no. 4.

APPENDIX III

This appendix contains only the additional information that has come to light in the preparation of this edition. Amendments are given under the relevant categories and page numbers of John le Neve, *Fasti Ecclesiae Anglicanae 1066–1300*, iv, Salisbury, compiled by Diana Greenway, London 1991.

List 2: Deans

p. 9. **Azo.** Last occurrence 22 June 1148 (Salisbury, D. & C. Muniments, Press IV, C3: Potterne/20; *HMCR, Various Collections*, i, 363; = *Salisbury Charters*, 14–15, no. 16, with incorrect initial, R., of dean's name—correct in Lib. Evid. C and B, and Reg. Rubrum—and incomplete witness-list and date).

> **Robert of Salisbury.** First occurs as dean Robert 13 Apr. 1149: *Salisbury Charters*, 15–16, no. 17; *Regesta*, iii, no. 795. (Greenway accepted the initial, R, of *Salisbury Charters*, 14–15, and therefore has an earlier occurrence.)

> **Henry de Beaumont.** Most prob. to be identified with Henry archdn [of Salisbury] (list 9): see above, pp. lxv–lxvi.

p. 10. **M. Richard Poore.** Formerly archdn of Dorset (list 7):see above, no. 329. Last occurrence as archdn 19 Apr. 1197 (above, no. 212). Became dean in 1197, after 10 Aug.

p. 11. **[M.] William de Waude.** Referred to twice as Master while precentor (above, nos. 268, 331, both not originals).

List 3: Precentors

p. 13. **Henry.** The date of his second occurrence is 1151 × 58: see above, no. 128.

> **M. Walter.** Possibly brother of Henry de Beaumont, dean (list 2): see above, pp. lxvi–lxvii. Occurs as Master before 18 Nov. 1184 (*EEA* X, no. 151).

p. 14. **Geoffrey.** Possibly to be identified with Geoffrey archdn of Berkshire, who last occurs as such 18 Aug. 1222 and otherwise disappears thereafter (list 8).

List 4: Chancellors

p.18. **M. Hugh de Gaherst** (prob. Gayhurst, Bucks). The date of his occurrence with full name and title is *c.* 20 July 1207: see above, no. 232.

List 7: Archdeacons of Dorset

p. 25. **William.** Perhaps first occurs as archdn of Salisbury 1174 × 84 (*HMCR, Wells*, i, 68), but this may be William, archdn of Wiltshire (List 10); occurs 1175 ×

82 (above, no. 63), and twice 1175 × 84 (above, nos. 93, 136); *Salisbury Char-ters*, 38, most prob. refers to William, archdn of Wiltshire (List 10).

p. 26. **Richard**, to be identified as **M. Richard Poore.** Brother of Bp Herbert Poore: see above, no. 329. First occurs as archdn 8 March 1196, when made perpetual vicar of Puddletown (above, no. 195). Last occurs as archdn 19 Apr. 1197 (above, no. 212). Became dean of Salisbury in 1197, after 10 Aug. (List 2).

Herbert. First occurs as archdn three times on same day, 12 Apr. 1221: above, nos. 335–336; Reading, Berkshire R.O., D/EN Q1 = *Salisbury Charters*, no. 128, from other copies with fewer witnesses and pd with incorrect date.

List 8: Archdeacons of Berkshire
p. 29. **Geoffrey [de Vernun].** First occurs as archdn 1162 × 84 (above, no. 83). Occurs 1200 (see no. 70 n.). Last occurrence 6 Feb. 1205 (no. 199).

Note 8. Richard occurs as Richard of Shrivenham, vice-archdn of Berkshire, in 1174 × 84; (J. G. Milne, 'Muniments of Holy Trinity Priory, Wallingford', *Oxoniensia*, v (1940), 54–5, nos. 4–5).

Alberic. First occurs, with full name and title, 8 Oct. 1206 (above, no. 235 = *HMCR*, 4th Rep., p. 453b). Also occurs as A. archdn of Berkshire, 23 Jan. and 15 Feb. 1215 (above, nos. 250, 247). Windsor, St George's Chapel Muniments, XI. G 21 is an original inspeximus by Bp Robert of Bingham of Herbert Poore's act (*Reg. S. Osm.*, i, 189–90).

p. 30. **Geoffrey.** First occurs as archdn 21 Aug. 1218 (above, no. 290). Last certain occurrence as archdn, 18 Aug. 1222 (*Reg. S. Osm.*, i, 339). Possibly became precentor (list 3).

M. William of Merton. The date of his first occurrence as archdn is 15 Apr. 1224 (See above, no. 303).

List 9: Archdeacons of Salisbury
p. 32. **Henry (de Beaumont).** First occurrence as archdn prob. in 1147 (see above, no.141). Most prob. became dean (list 2): see above, lxv–lxvi.

Jordan. The date of the second of his first occurrences is *c.* 7 Dec. 1157 (see above, no. 155 and n.).

[**? Savaric.** The date of his occurrence is Nov. 1175 × Nov. 1184 (see above, no. 81 and n.).]

List 10: Archdeacons of Wiltshire
p. 34. **Roger of Ramsbury.** Also called Roger archdn of Wiltshire in prob. 1147 (above, no. 141). The date of his last occurrence is *c.* 7 Dec. 1157 (see above, no. 155 and n.).

p. 35. **William.** First occurs as William archdn, *c.* 16 Oct. 1173 (above, nos. 101); also occurs as such, Nov. 1175 × [1178] (above, no. 102). Occurs as archdn of

Wiltshire twice, Apr. 1173 × [1178] (nos. 48, 77).

Richard of Wilton. Possibly to be identified with Richard, sheriff of Wiltshire and canon (list 66), who occurs Dec. 1154 × June 1155, and chaplain of Wilton abbey (see above, p. lxvii and no. 99).

p. 36. **M. Richard Grosseteste.** First occurs as clerk or chaplain, witness to act of Bp. Herbert Poore, 18 Jan. 1197 (above, no. 233). The date of his first occurrence as archdn of Wiltshire is 6 Jan. 1199 (above, no. 240).

[M.] **William [de Merston].** First occurs as archdn 17 Nov. 1222 (above, no. 346B).

p. 38. List 11: Subdeans
M. Wimund. Called Master in 1195, 1198 and 1199 × 1200: Trowbridge, Wiltshire R.O., 1422/1; *Feet of Fines, 9 Richard I*, 98; *EEA* III, no. 409 (= *Cirencester Cartulary*, ii, no. 587). Last occurrence, 13 Apr. 1204 (*Rot. Chart.*, 125).

M. Thomas of Chobham. Occurs without title, 18 Aug. 1199 (above, no. 207). Possible first occurrence as subdean, 1213 × Nov. 1214 (above, no. 214).

p. 45. List 16: Prebendaries of Bedminster and Redclyffe
M. Joseph. The date of his other occurrence (*Reg. S. Osm.*, i, 245) is 1151 × 1158 (above, no. 128).

p. 47. List 17: Prebendaries of Bedwyn
Herbert of Bedwyn. The date of the second of his first occurrences as canon is 1213 × 27 Nov. 1214 (above, no. 214).

p. 49. List 19: Prebendaries of Beminster Secunda
Valentine. First occurs as canon, 29 Apr. 1221 (above, no. 262).

p. 54. List 22: Prebendaries of Blewbury
M. Hugh de Mortuomari. See list 66. Should be added to list 22. Occurs this prebend, 26 Dec. 1266 (PRO, E132/1/9, mem. 2, nos. 1–2).

p. 55. List 23: Prebendaries of Brixworth
Richard of Brimpton. Occurs as Richard, canon of Salisbury, in connection with Brixworth church in an act of Theobald, archbp of Canterbury and legate, 1150 × late 1159 (Liber Evidentiarum C, no. 145).

p. 57. List 24: Prebendaries of Calne
[? **Richard of Calne.** The date of his occurrence is 1151 × 1158 (above, no. 128). Possibly to be identified with Richard son of Everard, canon of Salisbury, who occurs with Adelelm, archdn [of Dorset], and G(eoffrey), abbot of Abbotsbury, before July 1175 (Winchester College Muniments, no. 4270a). An Everard of Calne, knight (? father of Richard), occurs in 1154 × 1155 (above, nos. 97, 99)]

p. 59. List 25: Prebendaries of Chardstock
M. Abraham of Winchester. Possibly not to be identified with Abraham, bp's chaplain, who never occurs as Master. 'Master Abzolom' is an editor's error (see above, p. lxxvii n. 98, and no. 214).

p. 60. List 26: Prebendaries of Charminster and Bere
M. Thomas of Chobham. See above, under list 11.

p. 64. List 28: Prebendaries of Coombe and Harnham
M. Luke of Winchester, des Roches. First occurs as canon, 21 Aug. 1218 (above, no. 290). On him, see *EEA* IX, 175–7.

p. 65. List 29: Prebendaries of Durnford
M. Henry Tessun. First occurs as canon, 21 Aug. 1218 (above, no. 290).

p. 71. List 33: Prebendaries of Grantham Borealis
Richard the chaplain. The date of the second of his first occurrences as canon is 1213 × 27 Nov. 1214 (above, no. 214). Occurs as canon, 22 Apr. 1214 (above, no. 241).

p. 73. List 34: Prebendaries of Grimston
M. Richard de Maupudre (prob. Mappowder, Dorset). Not yet canon, 25 Feb. 1220 (above, no. 397; cf. no. 301).

p. 75. List 35: Prebendaries of Heytesbury
[**M. Thomas de Disci or Disce.** First certain occurrence as canon, 22 Apr. 1214 (above, no. 241). Also occurs 15 Feb. 1215 (above, no. 247). 'Thomas de Orsce' is an editor's error for 'Thomas de Disce' (see above, no. 214, to be dated 1213 × 27 Nov. 1214).]

p. 89. List 47. Prebendaries of Potterne.
M. Elias of Dereham. The date of his first occurrence as canon is 19 Feb. 1222 (above, no. 292; = *Salisbury Charters*, 121–2, no. 136).

p. 92. List 50. Prebendaries of Ratfyn
M. Thomas de Ebbesbourne. Unlikely identification with M. Thomas de Haselberg, who occurs with full name, not as a canon, 27 May 1208 (above, no. 193).

p. 96. List 52: Prebendaries of Sherborne.
Philip, abbot of Sherborne. First occurs in Michaelmas term 1214 (*CRR*, vii, 266; see above, no. 239).

p. 98. List 54: Prebendaries of Slape
M. Robert de Bingham. The occurrence earlier than 1220 is *c.* 1219 (above, no. 321).

p. 100. List 56: Prebendaries of Stratton
Daniel de Longo Campo. The date of *Cart. Loders*, no. 30, is 1213 × 27 Nov. 1214 (see above, no. 214).

p. 120. List 66: Canons whose prebends cannot be identified
Geoffrey de Aulton'. Not hitherto recorded; occurs Nov. 1175 × Nov. 1184, prob. not before *c.* 1180 (above, no. 151).

Geoffrey of Ilchester. The date of the occurrence cited is 1213 × 27 Nov. 1214 (see above, no. 214). Also occurs 22 Apr. 1214 (above, no. 241).

p. 123. **M. Hugh de Mortuomari.** See above, under list 22.

p. 127. **Philip.** Also occurs 1174 × 84 (*HMCR Wells*, i, 68) and 1175 × 82 (above, no. 63).

p. 128. **M. Ralph de Esseburne.** First occurs as canon, 28 June 1195 (above, no. 215). The date of the second occurrence is *c.* 20 July 1207 (above, no. 232).

p. 129. **Richard.** Also chaplain of Wilton abbey (see above, p. lxvii).

M. Richard de Claia. Called Master in both sources cited.

p. 130. **M. Robert de Geldford.** Called Master and canon four times (above, nos. 93–5, 114).

p. 132. **Robert of St Pancras.** First occurs as canon in prob. 1147 (above, no. 141).

M. Robert de Stichel'. Not hitherto recorded; occurs 15 Feb. 1215 (above, no. 247).

p. 134. **Thomas de Sancto Martino.** First occurs as canon, 17 Aug. 1227 (above, no. 383). The date of Liber Evidentiarum B, no. 500, is March 1228 (above, no. 376 and n.).

p. 135. **Walter the chaplain.** Perhaps to be identified with Walter the bp's chaplain, who occurs in Oct. × Dec. 1189, Oct. 1189 × March 1190, and five times in Apr. × May 1193 (above, p. lxxii).

p. 136. **William the chaplain.** Not hitherto recorded; occurs once only, 8 Apr. 1228 (above, no. 347). Perhaps to be identified with William of Leicester (see below).

p. 137. **William of Leicester.** First certain occurrence as canon, 17 Aug. 1227 (above, no. 383). The date of Liber Evidentiarum B, no. 500, is March 1228 (above, no. 376 and n.). Perhaps occurs as William the chaplain in Apr. 1228 (see above).

p. 138. **William de Winton** (Winchester). First occurs as bp's datary, 18 Jan. 1197 (above, no. 233); the occurrence in Jan. 1199 should be dated 6 Jan. (above, no. 240); for William as datary in general, see below, App. IV. Occurs as canon, 15 Feb. 1215 (above, no. 247). Possibly to be identified with the clerk of same name, who occurs at Wells before 1188 and in 1189 × 91 (*EEA* X, nos. 80, 111, 114–5, 166).

APPENDIX IV

DATARIES OF HERBERT AND RICHARD POORE

HERBERT POORE

Date	Datary	Place	No.
1195:28 June	Mr Walter de Lenga	Ramsbury	215
17 Oct.	William Raymond	London	218
1196:8 March	William Raymond	Salisbury	195
1197:18 Jan.	William of Winchester	Amesbury	233
19 Apr.	William Raymond	Wareham	212
1198:15 July	Mr Walter de Leng'	Abingdon	219
10 Dec.	William of Winchester	Southwick	191
1199:6 Jan.	William of Winchester	Southwick	240
24 June	W(illiam) of Winchester	Ramsbury	246
18 Aug.	William Raymond	Potterne	207
23 Dec.	W(illiam) Raymond	Shaftesbury	194
1200:2 June	William Raymond	Caen	220
1201:18 Feb.	William Raymond	Salisbury	251–2
18 Apr.	William Raymond	Sonning	226–8
16 June	William Raymond	Enford	224
6 Oct.	William Raymond	Bishopstone	197
1202:18 June	Mr Marcian of Wilton	Sonning	203
5 July	William Raymond	Winchester	206
1203:19 Sept.	William Raymond	Sonning	209
1204:1 Sept.	William of Winchester	Sonning	222
1205:6 Feb.	William of Winchester	Abingdon	199
1206:8 Oct.	William of Winchester	Sonning	235
15 Oct.	William of Winchester (?)	Chalke	223
1208:27 May	William of Winchester	Romsey	193
[Nov. 1209–July 1213 Herbert Poore in Scotland]			
1214:22 Apr.	William of Winchester	Melksham	241
17 July	Richard chaplain	Potterne	205
1215:23 Jan.	William of Winchester	Sonning	250
15 Feb.	Hugh de Templo	Ramsbury	247

RICHARD POORE

1218:21 Aug.	J(ohn) chaplain	Ramsbury	290
9 Nov.	Mr Robert, our clerk	Chardstock	328
1219:21 Feb.	Valentine	Salisbury	274
18 Aug.	John chaplain	Amesbury	268
13 Nov.	John chaplain	Sonning	388
1220:25 Feb.	John chaplain	Amesbury	397
30 Apr.	John chaplain	Salisbury	300
26 Oct.	John chaplain	Abingdon	255
1221:12 Apr.	John our chaplain	New Salisbury	335–6
29 Apr.	John our chaplain	London	262
1222:17 Jan.	Mr Rob. of Hertfd, chancellor	Salisbury	325
19 Feb.	John chaplain	New Salisbury	292
25 Apr. (?)	Valentine clerk	Cumnor	278
13 May	John chaplain	Chardstock	275
1223:10 March	John our chaplain	New Salisbury	277
16 June	Valentine our clerk	Amesbury	308
1224:1 March	Valentine our clerk	New Salisbury	259
1225:30 Sept.	Valentine	Salisbury	327
1226:25 June	Valentine our clerk	New Salisbury	294
8 Aug.	Walter of Purley our clerk	Ramsbury	354
1227:30 March	Valentine our clerk	Ramsbury	351
7 June	Valentine our clerk	Ramsbury	260
17 Aug.	Valentine our clerk	Salisbury	383
1 Oct.	Valentine our clerk	Salisbury	332
3 Oct.	Valentine our clerk	Salisbury	283
1228:26 Jan.	Valentine our clerk	London, St Bride's	299
31 March	Valentine our clerk	Sonning	269
8 Apr.	Valentine our clerk	London, St Bride's	347
11 Apr.	Valentine our clerk	Sonning	319
6 July	Valentine our clerk	New Salisbury	334
6 July	Valentine our clerk	Salisbury	377

See also the dataries named in nos. 273 (John our chaplain), 289 and 387 (Valentine our clerk), which cannot be precisely dated.

APPENDIX V

ITINERARIES OF THE BISHOPS OF SALISBURY, 1078–1228

Square brackets indicate events affecting a bp at which he may not have been present, or events whose exact date and/or place are unknown, or events which a bp is presumed to have attended but the evidence is lacking.

OSMUND (1078–1099)

1078

[Feb. 20 × June 3	election & consecration Malmesbury abbey	*Fasti Salisbury*, 1] Will. Malmesb., *GP*, 424–5
June 3		

1080

July 12	Caen, royal court	*CDF*, no. 919; *Regesta*, i, no. 125 (both with incorrect date)

1081

Feb.	London, queen's court	*Regesta*, i, no. 135

1084

March 31	Abingdon abbey	*Abingdon Chronicle*, ii, 12
Aug. 15	Salisbury cathedral	*Abingdon Chronicle*, ii, 15

1086

[Aug. 1	Salisbury, oath to William I	*ASC*, 162]

1088

Dec. 1	Southampton	Sym. Durham, i, 193

1089

March 14	Abingdon abbey	No. 2

1091

Jan. 27	Dover, royal court	*Regesta*, i, no. 315
late Jan. × Feb. 2	Hastings, royal court	No. 3

1092

Apr. 5	Salisbury cathedral, dedication	Will. Malmesb., *GR*, ii, 375; Joh. Worcester, iii, 62

1093

Dec. 25	Gloucester, royal court	*Regesta*, i, no. 338

1094

Feb. 11	Battle abbey	*Battle Chronicle*, 96–7 and n. 3

1095

Feb. 25–27	Rockingham, royal council	Eadmer, *HN*, 72; for the date *cf.* Southern, in *Life of Anselm*, 85, n. 4

1097

Oct. 14–15	Winchester, royal court	Eadmer, *HN*, 80–7, esp. 81–2, 87

1099

Dec 3–4	? Salisbury, death	Joh. Worcester, iii, 92; *Fasti Salisbury*, 1–2

ROGER (1107–1139)

1102

c. Sept. 29	Westminster, invested as bp by Henry I	*Fasti Salisbury*, 2 and n. 2

1107

Aug. 11	Canterbury cathedral, bp's consecration	Eadmer, *HN*, 187; Joh. Worcester, iii, 112; *Fasti Salisbury*, 2

1108

c. 19 Feb.	near London	Eadmer, *HN*, 188–9
prob. May 24	Westminster	*Regesta*, ii, no. 878
July 26	Pagham (Sussex)	Eadmer, *HN*, 198

1109

June 13	London, royal court	Eadmer, *HN*, 207–8
Oct. 17	Nottingham, royal court	*Regesta*, ii, no. 919

1110

May 29	Windsor	*Regesta*, ii, no. 945

1111

Aug. 8	Bishop's Waltham (Hants)	*Regesta*, ii, no. 988
? Aug. 13	Portsmouth	*Regesta*, ii, no. 991

1114

Apr. 26	Windsor	Eadmer, *HN*, 222–3

1115

June 27	Canterbury cathedral	Eadmer, *HN*, 230

Sept. 16 *or* 18	Westminster, royal council	*Regesta*, ii, 1091; *cf.* Eadmer, *HN*, 231
Sept. 19	Westminster abbey	Eadmer, *HN*, 235–6
Dec. 28	St Albans abbey	*Regesta*, ii, no. 1102
1118		
early May	Westminster	*Liber Mon. de Hyda*, 311–2; Joh. Worcester, iii, 142
1120		
Apr. 4	Westminster abbey	Eadmer, *HN*, 260
1121		
late Jan.	Windsor	Eadmer, *HN*, 292; Will. Malmesb., *GP*, 132, n 3
Apr. 10	Berkeley	*Regesta*, ii, no. 1265
Sept. 21–24	Devizes castle	Eadmer, *HN*, 298; Joh. Worcester, iii, 150
Oct. 2	Lambeth	Eadmer, *HN*, 298; Joh. Worcester, iii, 150
1123		
Jan. 9	Woodstock	Sym. Durham, ii, 268; *ASC*, 188
Feb. 2	Gloucester, royal court	Sym. Durham, ii, 268; *ASC*, 188
Feb. 18	Canterbury cathedral, Archbp William of Corbeil's consecration	Sym. Durham, ii, 269; *Fasti Monastic Cathedrals*, 4
1124		
Christmas	Winchester, punishment of coiners	*ASC*, 191
1125		
Jan. 1–6	Winchester, punishment of coiners	*ASC*, 191
1127		
Jan. 1	London, royal council	Will. Malmesb., *HN*, 3–5; Joh. Worcester, iii, 166; Round, *Geoff. de Mandeville*, 30–1
May 13–16	Westminster, legatine council	Joh. Worcester, iii, 168; *Councils & Synods*, I, ii, 743–5
? *c.* Aug. 26	Eling	*Regesta*, ii, nos. 1499–1502
1128		
Apr. 29	London, royal council	Joh. Worcester, iii, 176–8

1129

Sept. 30–Oct 4	London, legatine council	*Councils & Synods*, I, ii, 750–3

1130

May 4	Canterbury cathedral, dedication	Joh. Worcester, iii, 192; *ASC*. 196
May 8	Rochester cathedral, dedication	Joh. Worcester, iii, 194; *ASC*, 196
June 8	Salisbury	Joh. Worcester, iii, 194

1131

Sept. 8	Northampton, royal council	Joh. Worcester, 33; *Regesta*, ii, 1715

1135

Dec. 22–26	Westminster, Stephen's coronation	Will. Malmesb., *HN*, 15–16; *Regesta*, iii, no. 45

1136

Jan. 5	Reading abbey, Henry I's burial	'Annales Radingenses', 11; *Regesta*, iii, no. 386
March 22	Westminster, royal court	*Regesta*, iii, nos. 46, 341
Apr.	Oxford, royal court	*Regesta*, iii, no. 271; Will. Malmesb., *HN*, 18; Round, *Geoff. de Mandeville*, 22–3
mid-May	Salisbury	Ord. Vit., vi, 462
Dec. 1	Reading abbey	*Reading Cartularies*, i, no. 370

1138

Apr. 10	Northampton, royal council	Joh. Worcester, iii, 240 and cf. 230
Dec. 11–24	Westminster, legatine council, etc.	*Councils & Synods*, I, ii, 768–70

1139

Jan. 8	Canterbury, Archbp Theobald's consecration	Gerv. Canterbury, i, 109; *Fasti Monastic Cathedrals*, 4
Jan. 8–*c.* 18	Godstow abbey, dedication	*Regesta*, iii, no. 366; *EEA* I, no. 33
[? Jan.	Oxford, royal court	*Regesta*, iii, no. 473]
c. June 24	Oxford, royal court, bp's arrest	Will. Malmesb., *HN*, 26–7
c. June 25–28	Devizes, siege of castle	Will. Malmesb., *HN*, 27
Aug. 29– Sept. 1	Winchester, legatine council	Will. Malmesb., *HN*, 28-34 [= *Councils & Synods*, I, ii, 781–7]
Dec. 11	Salisbury, death	Will. Malmesb., *HN*, 37; Joh. Worcester, iii, 258 (wrong date)

JOCELIN DE BOHUN (1142–1184)

1142

| [? | consecration as bp | *Ann. Mon.*, i, 14; *Fasti Salisbury*, 3] |

1143

| c. Sept | Winchester, legatine council | *Councils & Synods*, I, ii, 808 |

1148

| June 22 | Falaise | Salisbury, D. & C. Muns., Press IV, C3: Potterne 20; *Salisbury Charters*, 15 (inaccurate and incomplete)[1] |

1149

| Apr. 13 | Devizes | *Regesta*, iii, no. 795 |

1153

| Apr. 9 | Stockbridge | *Regesta*, iii, no. 796 |
| Nov.–Dec. | Westminster, royal court | *Regesta*, iii, no. 272 |

1154

| Dec. 19 | Westminster abbey, Henry II's coronation | Rob. Torigny, 182 |

1155

| June 5 | Canterbury cathedral, consecration of Robert II, bp of Exeter | *EEA* XI, no. 56 |

1157

| Dec. 7 | Gloucester | No. 155. |

1162

| June 2–3 | Canterbury cathedral, ordination and consecration of Archbp Thomas Becket | *Gerv. Canterbury*, i, 171; cf., *Fasti Monastic Cathedrals*, 4 |

1163

| March 8 | Westminster, royal court | Rog. Wendover, i, 22; Eyton, 59 |
| May 19– | Tours, papal council | *Councils & Synods*, I, ii, 846 |

1164

| Jan. c. 25–30 | Clarendon, royal council | *Councils & Synods*, I, ii, 852–4, 878 |
| Oct. 6–13 | Northampton, royal council | *Councils & Synods*, I, ii, 894–5; *Materials*, iii, 303–4 |

1167

| Nov. 27–29 | Argentan | Eyton, 110–11; *GF*, 163; *Materials*, vi, 272–3 |

1169

c. early July	Le Mans	*GFL*, nos. 207–8
c. Sept. 29	Westminster, exchequer	Madox, *Formulare*, no. 291; *Pleas before King*, iii, p. lv

1170

June 14	Westminster, coronation of young Henry	Rob. Torigny, 245; *Gesta Hen. II*, i, 5–6
early Dec.	Dover	Ralph de Diceto, i, 340–1
c. 25 Dec.	Bur-le- Roi, Normandy, royal court	Eyton, 150; *Materials*, iii, 127–8

1175

May 18	Westminster, ecclesiastical council	*Councils & Synods*, I, ii, 965–6, 982–3; *Gesta Hen. II*, i, 84
July 1	Woodstock, royal council	*Gesta Hen. II*, i, 92–3; Eyton, 192
Oct. × Nov.	Marlborough	Holt & Mortimer, no. 67

1184

Nov. 18	Forde abbey, death	*Ann. Mon.*, ii, 243; Ralph de Diceto, ii, 32; *Fasti Salisbury*, 3

HUBERT WALTER (1189–1193)—itinerary in England and France only

1189

Sept. 15	Pipewell, election as bp	Ralph de Diceto, ii, 69; *Fasti Salisbury*, 3
Oct. 22	Westminster, St Catherine's chapel, bp's consecration	Ralph de Diceto, ii, 71; Gesta Hen. II, ii, 96; *Fasti Salisbury*, 3
Nov. 10–14	Westminster, royal court	Landon, *Itinerary*, 13–15
Nov. 18, 21	Bury St Edmunds, royal court	Ibid., 16
Nov. 25	Westminster, royal court	Ibid., 17
Nov. 25– Dec. 5	Canterbury, royal court	Ibid., 17–21
Dec. 6–7	Dover, royal court	Ibid., 21–22

1190

Early March	Crossing to Normandy	Ibid., 26
Mar 20	Rouen, royal court	Ibid., 28
Mar. 27	Lyons-la-Forêt, royal court	Ibid., 29
Mar. 29–30	Gisors, royal court	Ibid., 30
Apr. 6	Argentan, royal court	Ibid., 30
Apr. 11	Mortain, royal court	Ibid., 31
Apr. 12	Gorron, royal court	Ibid., 31

| July 3 | Vezelai, royal court | Ibid., 36 |
| Aug. 3–5 | Marseille, royal court | Ibid., 38 |

1193

| Apr. 20 | England, landing | Gerv. Canterbury, i, 516 |
| May 30 | London, provincial council for Hubert's election as archbp | Ralph de Diceto, ii, 108–9; *Councils & Synods*, II, i, 1073–41 |

HERBERT POORE (1194–1217)

1194

[Apr. 29	archbp's confirmation of election	Ralph de Diceto, ii, 116]
June 4	Westminster, bp's ordination	Ibid., 116
June 5	Westminster, St Catherine's chapel, bp's consecration	Ibid., 116
June 12	Salisbury cathedral, enthronement	Ibid, 116
Oct. 29	Westminster, bench	*Pleas before King*, iii, p. xcvi

1195

Jan. 15	Westminster, bench	Madox, *Formulare*, no.360
June 28	Ramsbury	No. 215
Aug. 16	Salisbury, eyre	*Pleas before King*, iii, p. cvii
Oct. 16–20	Westminster, bench	Ibid., pp. cii–ciii
Oct. 17	London	No. 218
Oct. 22, 24	Westminster, bench	*Pleas before King*, iii, p. ciii
Oct. 28–30	Westminster, bench	Ibid., pp. ciii–civ
Nov. 7	Westminster, bench	Ibid., p. cv
Nov. 12–14, 16	Westminster, bench	Ibid., p. cv
Nov. 18–19, 21	Westminster bench	Ibid., p. cv
Dec. 8–9	Westminster, bench	Ibid., p. cv

1196

March 8	Salisbury	No. 195
July 7	Rouen	Ralph de Diceto, ii, 145
Aug. 13	Westminster, bench	*Pleas before King*, iii, p. cxvi
Nov. 22	Westminster, bench	Ibid., p. cxiv

1197

Jan. 18	Amesbury	No. 233
Apr. 19	Wareham	No. 212
Aug. 12–13	Westminster, bench	*Pleas before King*, iii, p. cxxii
Oct. 23–25, 27–28, 30	Westminster, bench	Ibid., pp. cxxiii–cxxiv

| Nov. 2 | Westminster, bench | Ibid., p. cxxiv |
| Dec. 7 | Oxford, justiciar's council | Landon, *Itinerary*, 124; *Councils & Synods*, I, ii, 1052; *Magna Vita S. Hugonis*, ii, 100 |

1198

Feb.	Crossing to Normandy	Landon, *Itinerary*, 125; cf., *Magna Vita S. Hugonis*, ii, 100
May 14	Lyons-la-Forêt, royal court	Landon, *Itinerary*, 127
May 18	Jumièges, royal court	Ibid., 128
May 22	La Roche d'Andely *and* Château-Gaillard, royal court	Ibid., 128
May 26–27	Lyons-la-Forêt	Ibid., 128
June 8	Return to England	*Ann. Mon.*, ii, 67
June 22	Canterbury	*Epistolae Cantuarienses*, 410
July 15	Abingdon	No. 219
Dec. 10	Southwick	No. 191

1199

Jan. 6	Southwick	No. 240
March 1	Roche Turpin, near Vendôme, royal court	Landon, *Itinerary*, 144
March 5	Château-du-Loire, royal court	Ibid., 144
March 13	Chinon, royal court	Ibid., 144
May 27	Westminster abbey, John's coronation	Rog. Howden, iv, 90
June 9	Northampton, royal court	*Rot. Chart.*, 166 (wrong date)
June 17	Shoreham, royal court	*C.Ch.R.*, v, 60
June 24	Ramsbury	No. 246
Aug. 18	Potterne	No. 207
Sept. 3, 6–7	Rouen, royal court	*Rot. Chart.*, 17, 20, 22, 24
Sept. 22	Le Mans, royal court	Ibid., 20, 23
Oct. 10	Le Mans, royal court	Ibid., 26–7
Oct. 15	Orival, royal court	Ibid., 28
Oct. 21	La Roche d'Andely, royal court	Ibid., 29
Oct. 26	La Roche/Château d'Andely, royal court	Ibid., 28
Dec. 23	Shaftesbury	No. 194

1200

Apr. 18–20	Westminster, royal court	*Rot. Chart.*, 46–7, 67
Apr. 25–28	Porchester, royal court	Ibid., 50–3, 55
May 12	L'Ile d'Andely, royal court	Ibid., 66
May 22, 24	La Roche d'Andely, royal court	Ibid., 64, 70

May 25	Orival, royal court	Ibid., 65
May 28–30	Pont-Audemer, royal court	Ibid., 65–6, 69
June 1–3	Caen, royal court, etc.	Ibid., 66, 68; no. 220 (June 2)
June 4–5	Falaise, royal court	*Rot. Chart.*, 67, 69
Sept. 19–23	Westminster, provincial council	*Councils & Synods*, II, i, 1055–8; Ralph de Diceto, ii, 169; Rog. Howden, iv, 126
[Sept. 24	Westminster abbey, St Catherine's chapel, consecration of Bps John de Gray of Norwich and Giles de Braose of Hereford	Stubbs, *Reg. Sacrum*, 2nd edn, 53]
Oct. 19	Marlborough, royal court	*Rot. Chart.*, 82
Oct. 28	Winterbourne (Glos), royal court	Ibid., 77
Nov. 22	Lincoln, royal court	Rog. Howden, 141
Dec. 6	Dover, royal court	*C.Ch.R.*, i, 411

1201

Feb. 18	Salisbury	Nos. 251–2
Apr. 1	Reading abbey	See no. 226
Apr. 18	Sonning	Nos. 226–8
May 3	Marlborough, royal court	*C.Ch.R.*, i, 113
June 10	Lambeth	*EYC*, viii, no. 79
June 16	Enford (Wilts)	No. 224
Oct. 6	Bishopstone (Wilts)	No. 197
[? *c*. Dec. 14	crossing to the continent	Ralph de Diceto, ii, 173][2]

1202

June 18	Sonning	No. 203
July 5	Winchester	No. 206

1203

Aug. 24	Canterbury cathedral, consecration of William of Blois, bp of Lincoln	*Canterbury Professions*, no. 143
Sept. 19	Sonning	No. 209

1204

March 22, 26, 29	Westminster, royal court	*Rot. Chart.*, 123–4
March 29	Westminster, royal court	Ibid., 123
Apr. 25–26	Woodstock, royal court	Ibid., 126, 129
May 1–2	Clarendon, royal court	Ibid., 127
May 3	Winchester, royal court	Ibid., 128, 130
May 5, 7	Porchester, royal court	Ibid., 128, 133, 214
May 8–12	Southwick, royal court	Ibid., 129–132
May 18–19	Winchester, royal court	Ibid., 133–4
June 14	Merton, royal court	Ibid., 135

Sept. 1	Sonning	No. 222
1205		
Jan. 16	Lambeth, royal court	*Rot. Chart.*, 141
Feb. 6	Abingdon	No. 199
Feb. 7	Abingdon, royal court	*Rot. Chart.*, 141
May 28	Salisbury, royal court	Ibid., 151
Dec. 5	Lambeth, royal court	Ibid., 160
Dec. 28	Marlborough, royal court	Ibid., 161
1206		
Jan. 6	Bere Regis, royal court	*Rot. Chart.*, 162
Jan. 9	Dorchester (Dorset), royal court	Ibid., 161
May 1	Windsor, royal court	*C.Ch.R.*, i, 72
May 28	Reading abbey, consecration of Jocelin, bp of Bath	Stubbs, *Reg. Sacrum*, 2nd edn., 54; M. Paris, *Chron. Majora*, ii, 495; BL, Cott. ms Faustina A viii, fo. 138r; *Canterbury Professions*, no. 146
Oct. 8	Sonning	No. 235
Oct. 15	Chalke (Wilts)	No. 223
1207		
June 20	Winchester, royal court	*Rot. Chart.*, 167
Sept. 28	Devizes, royal court	Ibid., 170
Oct. 19	Winchester, royal court	Ibid., 171
1208		
Feb. 19	Havering, royal court	*Rot. Chart.*, 176
March 18	Marlborough, royal court	Ibid., 175
March 23	Clarendon, royal court	Ibid., 183; *C.Ch.R.*, i, 30
May 27	Romsey	No. 193
Sept. 25	Newton (Dorset), royal court	*Rot. Chart.*, 183
Sept. 28	Gillingham, royal court	Ibid., 182
1209		
? July	north of England	*Interdict Documents*, 5
c. 11 Nov.	entered Scotland	Ibid., 4–5; *Chron. Melrose*, 54
1213		
c. July	return to England	Ibid., 6; *cf. Salisbury Charters*, 76
1214		
Apr. 22	Melksham	No. 241
July 17	Potterne	No. 205
1215		
Jan. 23	Sonning	No. 250

Feb. 15	Ramsbury	No. 247

1217

c. Jan. 7	? Wilton, death	*Fasti Salisbury*, 3; *Ann. Mon.*, ii, 287

RICHARD POORE (1217–1228)

1217

[May × June	translation from Chichester	See above, pp. lvi–lvii; *Fasti Salisbury*, 4 and n. 2]
[May 20	Lincoln, battle	*Chron. Melrose*, 68]
Aug. 24	Sandwich	M. Paris, *Chron. Majora*, iii, 28–9

1218

June 7	Worcester cathedral, dedication	Walt. Coventry, ii, 240
July 2	Salisbury	No. 356
Aug. 21	Ramsbury	No. 290
Nov. 9	Chardstock	No. 328
Nov. 25/29–Dec. 21[3]	Oxford, eyre	*General Eyre*, 72

1219

Jan. 3	Shaftesbury	No. 286
Jan. 13[4]	Oxford, eyre	*General Eyre*, 72
Jan. 23–Feb. 25[3]	Reading, eyre	Ibid., 72
Feb. 21	Salisbury	No. 274
Feb. 26–Mar. 23[3]	Winchester, eyre	*General Eyre*, 72
[March 3	Rochester, royal great council	*RLC*, i, 387][5]
Apr. 24–May 21[3]	Winchester, eyre	*General Eyre*, 732
June 2	New Salisbury	*Reg. S. Osm.*, ii, 10
June 7–27[3]	Winchester, eyre	*General Eyre*, 72
June 28	New Place 'Old' (i.e. New) Salisbury	No. 331 (see ibid. n. 1)
[? July 1	Wimborne Minster	No. 341][6]
July 18[7]	Westminster, eyre business	*General Eyre*, 72
Aug. 15	Salisbury cathedral	*Reg. S. Osm.*, ii, 10
Aug. 18	Amesbury	No. 268
Oct. 5	Ramsbury	*CRR*, ix, 197
Oct. 8	London	Ibid.
Oct. 15–20[7]	Westminster, eyre business	PRO, CP 25/1/7/6/45; *General Eyre*, 72
[? Nov. 1	Salisbury, move to new site	*Reg. S. Osm.*, ii, 10]

Nov. 8	Reading	*CRR*, ix, 197
Nov. 13	Sonning	No. 388
Nov. 23	Abingdon	No. 254
Dec. 31	Salisbury	No. 344

1220

Jan. 31	Sherborne	*CRR*, ix, 197
Feb. 25	Amesbury	No. 397
Apr. 28	Salisbury, laying foundation stones of new cathedral	*Reg. S. Osm.*, ii, 12
Apr. 30	Salisbury	No. 300
[? July 1	Wimborne Minster	No. 341][6]
July 4 *or* 5	Canterbury cathedral	Walt. Coventry, ii, 249
July 7	Canterbury cathedral, transln of St Thomas Becket	M. Paris, *Chron. Majora*, iii, 59
Aug. 16–19	Salisbury	*Reg. S. Osm.*, ii, 14–15
Sept. 20	Salisbury, election of dean	Ibid., 15
Oct. 17	Amesbury	No. 301
Oct. 26	Abingdon	No. 255

1221

Jan. 21	Westminster, St Catherine's chapl	No. 392
Apr. 12	New Salisbury	Nos. 335–6
Apr. 25	Westminster abbey, consecration of Bp Eustace of London	Walt. Coventry, ii, 249; Stubbs, *Reg. Sacrum*, 2nd edn, 56
Apr. 29	London	No. 262
July 19	Westminster	*Flores hist.*, ii, 172–3
? July 20[8]	Westminster, royal court	*Pat. R. 1216–25*, 311
Aug. 18	New Salisbury	No. 270
Oct. 7	Salisbury	*Salisbury Charters*, 114
Oct. 25	Westminster, royal court	*Pat. R. 1216–25*, 316

1222

Jan. 17	Salisbury	No. 325
Feb. 19	New Salisbury	No. 292
Apr. 7	New Salisbury	No. 345
? Apr. 25	Cumnor	No. 278 and n.
May 13	Chardstock	No. 275
July 23	Highworth	No. 346 A
Aug. 15	Salisbury cathedral, chapter	*Reg. S. Osm.*, ii, 18
prob. Aug. 18	New Salisbury	Ibid., i, 339[9]
Oct. 27	London	No. 306
Nov. 17	Ramsbury	No. 346 B
Nov. 24	Salisbury	Nos. 280, 394

1223

March 10	New Salisbury	No. 277

May 15	New Salisbury	No. 395
c. May 16	New Salisbury	No. 380
June 16	Amesbury	No. 308
c. July 28	departure for Reims	*Pat. R. 1216–25*, 406; M. Paris, *Chron. Majora*, iii, 77
Dec. 10–11	Westminster, r(oyal) c(ourt)	*RLC*, i, 578
Dec. 12	London; Tower of London, r. c.	*Pat. R. 1216–25*, 417; *RLC*, i, 578
Dec. 21	Newport Pagnell, r. c.	*RLC*, i, 579
Dec. 27	Northampton, r. c.	Ibid., 579
Dec. 30–31	Northampton, r. c.	Ibid., 580; *Pat. R., 1216–25*, 418

1224

Jan. 1–2	Northampton, r. c.	*RLC.*, i, 580
Jan. 4	St Albans, r. c.	*Pat. R. 1216–25*, 419
Jan. 7–8	Westminster, r. c.	*Pat. R. 1216–25*, 420; *RLC.*, i, 580
Jan. 13–20	Westminster, r. c.	*Pat. R. 1216–25*, 422-4; *RLC.*, i, 581–2
Jan. 22–23	Westminster, r. c.	*Pat. R. 1216–25*, 425; *RLC.*, i, 582
Jan.	Westminster	No. 337
Feb. 1, 4–7	Westminster, r. c.	*RLC.*, i, 583; *Pat. R. 1216–25*, 426
Feb. 23	Westminster, r. c.	*RLC.*, i, 586
March 1	New Salisbury	No. 259
March 10, 12–13	Bristol, r. c.	*RLC.*, i, 587–8
March 21	Reading, r. c.	Ibid., 588; *Pat. R. 1216–25*, 430
March 23	Kingston[-upon-Thames], r. c.	*RLC.*, i, 589
March 25–28	Westminster, r. c.	Ibid., 589; *Pat. R. 1216–25*, 430, 432, 483
Apr. 15	Salisbury	Nos. 267, 303
Apr. 26	Westminster, r. c.	*RLC.*, i, 594
Apr. 28	Westminster/New Temple, London, r. c.	Ibid., 595; *Pat. R. 1216–25*, 484
Apr. 29	New Temple, London, r. c.	*RLC.*, i, 595
Apr. 30	Westminster, r. c.	Ibid., 595
May 2–6	Westminster, r. c.	Ibid., 597–8; *Pat. R. 1216–25*, 437
May 8–9	Westminster, r. c.	*RLC.*, i, 598; *Pat. R. 1216–25*, 438
May 11–12	Westminster, r. c.	*RLC.*, i, 599; *Pat. R. 1216–25*, 438, 485

May 14–17	Westminster, r. c.	*RLC*., i, 599; *Pat. R. 1216–25,* 484, 486
May 19–22	Westminster, r. c.	*RLC*., i, 599; *Pat. R. 1216–25,* 438, 440
May 24–27	Westminster, r. c.	*RLC*., i, 600–1; *Pat.R. 1216–25,* 440–1, 486
June 13	Wallingford, r. c.	*RLC*., i, 604; *Pat. R. 1216–25,* 443
June 18	Northampton, r. c.	*Pat. R. 1216–25,* 446
June 24–26	Bedford, r. c.	*RLC*., i, 606–7; *Pat. R. 1216–25,* 446–7
prob. June 28	Reading	*Salisbury Charters*, 166[9]
July 3–10	Bedford, r. c., siege of castle	*RLC*, i, 609–10; *Pat. R. 1216–25,* 448–9
July 15	Bedford, r. c., siege	*RLC*, i, 611
July 17–19	Bedford, r. c., siege	Ibid., 612; *Pat. R. 1216–25,* 453–4, 456
July 25, 27	Bedford, r. c., siege	*RLC*, i, 613
Aug. 2–4	Bedford, r. c., siege	*Pat. R. 1216–25,* 458–9
Aug. 10, 12–13	Bedford, r. c., siege	Ibid., 460–1, 489
? Aug. 21	Abingdon abbey	See no. 310[10]
Oct. 4	Hereford, r. c.	*RLC*, i, 623
Oct. 7	Cirencester, r. c.	Ibid., 623
? Oct. 15	Westminster, St Catherine's chapel	See no. 311[10]
Oct. 20–22	Westminster, r. c.	*RLC*, i, 626–7; *Pat. R. 1216–25,* 476
Oct. 25–26, 28, 30	Westminster, r. c.	*RLC*, i, 654; *RLC*, ii, 3; *Pat. R. 1216–25,* 479, 491
Nov. 3	Westminster, r. c.	*RLC*, ii, 4
Nov. 6–9	Westminster, r. c.	*RLC*, ii, 4–6; *Pat. R. 1216–25,* 493
Nov. 11, 13–17	Westminster, r. c.	*RLC*, ii, 6–8; *Pat. R. 1216–25,* 479
Nov. 20–21, 23	Westminster, r. c.	*RLC*, ii, 7–8
? Nov. 26	Abingdon, St Nicholas' chapl	See no. 312[10]
Dec. 1	Westminster, r. c.	*Pat. R. 1216–25,* 499
Dec. 5, 7	Westminster, r. c.	*RLC*, ii, 9
Dec. 10	Westminster, r. c.	*RLC*, ii, 9; *Pat. R. 1216–25,* 499

1225

Jan. 8–9	Westminster, r. c.	*RLC*, ii,12; *Pat. R. 1216–25,* 502
Jan. 11	Canterbury, r. c.	*RLC*, ii, 13
Jan. 14	Dover, r. c.	*RLC*, ii,13

Jan. 14 *or* 17	Dover, r. c.	*Pat. R. 1216–25*, 502
Feb. 9	Westminster, r. c.	*Pat. R. 1216–25*, 507
Feb. 14–17, 19	Westminster, r. c.	*RLC*, ii, 16–19
March 11, 13–14	Winchester, r. c.	*Pat. R. 1216–25*, 512–3; *RLC*, ii, 23
March 20–21	Portsmouth, r. c.	*Pat. R. 1216–25*, 514; *RLC*, ii, 24
March 23-24	Southwick, r. c.	*Pat. R. 1216–25*, 516; *RLC*, ii, 24
March 26	Winchester, r. c.	*Pat. R. 1216–25*, 517
Apr. 8	Westminster, r. c.	Ibid., 518; *RLC*, ii, 26
Apr. 11, 13, 15–16	Westminster, r. c.	*RLC*, ii, 27–28; *Pat. R. 1216–25*, 518–20
Apr. 19–20, 22–23	Westminster, r. c.	*RLC*, ii, 29, 33, 35; *Pat. R. 1216–25*, 521–2
Apr. 26–30	Westminster, r. c.	*RLC*, ii, 33–5; *Pat. R. 1216–25*, 523
May 2, 5	Westminster, r. c.	*RLC*, ii, 35–6
May 9–16, 20	Westminster, r. c.	*RLC*, ii, 37, 39–40; *Pat. R. 1216–25*, 524, 526–7, 529
May 27	New Salisbury	No. 398
June 4–6, 8–9, 11, 15	Westminster, r. c.	*RLC*, ii, 43–4, 76; *Pat. R. 1216–25*, 533, 536
June 16	Westminster/London, r. c.	*Pat. R. 1216–25*, 535; *RLC*, ii, 45
June 18, 20	Westminster, r. c.	*RLC*, ii, 45
June 23	Canterbury, r. c.	*Pat. R. 1216–25*, 536
June 27	Rochester, r. c.	Ibid., 536
July, 1, 4, 6–7	Westminster, r. c.	*RLC*, ii, 46–9
July 24	Marlborough, r. c.	*RLC*, ii, 52
August 2, 4–5, 7–9	Westminster, r. c.	*RLC*, ii, 54–6; *Pat. R. 1216–25*, 542, 577
Aug. 11, 13–16, 18	Westminster, r. c.	*RLC*, ii, 57–8; *Pat. R. 1216–25*, 544–5
Aug. 20, 24?, 26, 28–31	Westminster, r. c.	*RLC*, ii, 59–60; *Pat. R. 1216–25*, 546–8
Sept. 5	Reading, r. c.	*RLC*, ii, 82
Sept. 8	Winchester, ? castle	*Pat. R. 1216–25*, 549
Sept. 28–Oct 5	Salisbury, dedication of altars in new cathedral, archbp's sermon, Henry III's visit, etc.	*Reg. S. Osm.*, ii, 38–44; no. 327 (30 Sept.)
Oct. 20, 22, 24–5	Westminster, r. c.	*RLC*, ii, 66–8; *Pat. R. 1216–25*, 555–6
Oct. 27–8, 30–31	Westminster, r. c.	*RLC*, ii, 68, 84; *Pat. R. 1225–32*, 1
Nov. 2	Westminster, r. c.	*RLC*, ii, 84

Nov. 22, 24, 27–8	Westminster, r. c.	*RLC*, ii, 84–5; *Pat. R. 1225–32*, 3
Dec. 8–13, 15	Westminster, r. c.	*RLC*, ii, 87–90; *Pat. R. 1225–32*, 5
Dec. 26	Winchester, r. c.	*RLC*, ii, 90; *Pat. R. 1225–32*, 8
Dec. 27	Ashley, r. c.	*Pat. R. 1225–32*, 7
Dec. 28	Salisbury cathedral and bp's palace, king's visit	*Reg. S. Osm.*, ii, 44
Dec. 30	Clarendon, r. c.	*RLC*, ii, 91

1226

? Jan. 7	London, ecclesiastical council	See no. 366; *Councils & Synods*, II, i, 155–6[11]
Jan. 8–9, 14–16	Marlborough, r. c.	*RLC*, ii, 92–3; *Pat. R. 1225–32*, 10–11
Jan. 22	Marlborough, r. c.	*RLC*, ii, 94–5; *Pat. R. 1225–32*, 12
Jan. 28	Marlborough, r. c.	*RLC*, ii, 96
Feb. 11, 13, 16, 18	Westminster, r. c.	*RLC*, ii, 98–99; *Pat. R. 1225–32*, 16
Feb. 20–26	Westminster, r. c.	*RLC*, ii, 100–1; *Pat. R. 1225–32*, 18, 20–1
March 7	Salisbury	No. 304
March 8	Salisbury, new cathedral, burial of William, earl of Salisbury	*Reg. S. Osm.*, ii, 48
March 15	? Salisbury, blessing of Adam, abbot of Reading	Ibid., 48
March 21, 23	Westminster, r. c.	*RLC*, ii, 103; *Pat. R. 1225–32*, 24
May 3	London, St Paul's, provincial council	*Councils & Synods*, II, i, 155–8
May 5	Westminster, r. c.	*RLC*, ii, 108
? May 5	London	See no. 313[10]
May 10–11, 15–17	Westminster, r. c.	*RLC*, ii, 110–1, 113; *Pat. R. 1225–32*, 34
May 19–21, 24–5, 27, 30	Westminster, r. c.	*RLC*, ii, 114–118; *Pat. R. 1225–32*, 37–8
June 14	? Salisbury, transln of three bps' remains from old cathedral	*Reg. S. Osm.*, ii, 55
June 17	Winchester, r. c.	*Pat. R. 1225–32*, 41
June 23	Winchester, king's wardrobe	Foreign Accounts, 92
June 25	New Salisbury	No. 294
June 30	Windsor, r. c.	*Pat. R. 1225–32*, 48
July 2, 4–7	Westminster, r. c.	Ibid., 50, 52; *RLC*, ii, 126–7
Aug. 8	Ramsbury	No. 354

Aug. 15	Salisbury, chapter meeting	*Reg. S. Osm.*, ii, 60
Oct. 13	London, ecclesiastical council	*Councils & Synods*, II, i, 163–4
Oct. 16–17	Westminster, r. c.	*RLC*, ii, 142
Oct. 20–21	Westminster, r. c.	*Pat. R. 1225–32*, 64; *RLC*, ii,143–4
Oct. 26–27	Westminster, r. c.	*Pat. R. 1225–32*, 66, 69
Nov. 5	Westminster, r. c.	Ibid., 89–90; *RLC*, ii, 158
Nov. 13	Westminster, r. c.	*RLC*, ii, 159
Nov. 20	Westminster, r. c.	*Cal. Liberate R. 1226–40*, 5
Dec. 16, 18	Westminster, r. c.	*RLC*, ii, 162; *Pat. R. 1225–32*, 99
Dec. 20	London, r. c.	*Pat. R. 1225–32*, 153

1227

Jan. 22	Westminster, r. c.	*Pat. R. 1225–32*, 109
March 30	Ramsbury	No. 351
June 7	Ramsbury	No. 260
prob. July 5	Salisbury	*Salisbury Charters*, 183–4[9]
Aug. 15, 17	Salisbury	Nos. 374, 383; *Reg. S. Osm.*, ii, 79
Sept. 3	Monkton Farleigh priory	No. 330
Oct. 1, 3	Salisbury	Nos. 332, 283
Oct. 7	London	No. 317
Oct. 15	Westminster, r. c.	*Pat. R. 1225–32*, 148
Dec. 25–28	Salisbury	*Reg. S. Osm.*, ii, 81, 95

1228

Jan. 1	Amesbury	*Reg. S. Osm.*, ii, 81, 95
Jan. 26	St Bride's, London	No. 299
March	Salisbury	No. 376
March 31	Sonning	No. 269
Apr. 8	St Bride's, London	No. 347
Apr. 11	Sonning	No. 319
Apr. 22	Westminster, r. c.	*C.Ch.R.*, i, 72
May 3	Westminster, r. c.	Ibid., 72
July 6	New Salisbury/Salisbury	Nos. 334, 377

1. The source is a letter from Archbp Hugh of Rouen to Dean A(zo)—not R(obert), as incorrectly pd in *Salisbury Charters*—and the chapter of Salisbury notifying them of the Empress's restoration of [Bishop's] Cannings and Potterne to Bp Jocelin and the cathedral. The original is dated: *anno ab incarnatione domini M.C.xlviii, mense Iunio, x. kl' Iulii apud Falesiam.* The Empress's charter (*Regesta*, iii, no. 794) is not dated, either in the original or in copies (despite *Salisbury Charters*, no. 15), but should be assigned the date 22 June as in Archbp Hugh's letter. The correct text of the latter also shows that Azo was still dean of Salisbury in June 1148, requiring an important amendment to *Fasti Salisbury*, 9, which cites no date for him after 1145 and, following *Salisbury Charters*, misattributes the 1148 reference to his successor, Dean Robert.

2 Diceto reports Archbp Hubert Walter's crossing from Shoreham on 14 Dec. at the king's

summons, adding that four bps, including Salisbury, and three abbots were also summoned (Ralph de Diceto, ii, 173). Which of these actually went, however, and on which date(s) is unknown. There is no other evidence that Herbert was in Normandy early in 1202, but on the other hand his whereabouts in 1202 are unknown before 18 June.

3 The bp is named in all the final concords made during the eyre, but whether he was present on every day of the eyre cannot be proved (see also n. 5).

4 The bp is named in each of the nine final concords made on this day.

5 Letters close of 12 Feb. 1219 referring to the bp's summons, with the bps of Lincoln and Bath, to the great council (on which see Carpenter, *Minority of Henry III*, 104), but whether the bp attended is uncertain.

6 It is not possible to determine whether this act belongs to 1219 or 1220 (see no. 341 n.).

7 The bp is named in all final concords made on these days.

8 This is the date of the letters patent, but the event described involving the bp probably happened on the same day.

9 Reference to the use of the bp's seal only.

10 These dates assume that the bp was present at the times and places stipulated in these acts.

11 There is no certain evidence that the bp attended this council; the Close Roll evidence suggests that he was with the royal court at Marlborough on Jan. 8, which, if correct, would probably rule out his presence in London the day before.

APPENDIX VI

ADDITIONAL ACTA OF ROGER AND JOCELIN DE BOHUN
(These acta came to light while the present edition was in the press)

ROGER

1. London, St Martin-le-Grand church

Notification to R(ichard), bishop of London, the dean and canons of St Paul's, and the barons of London, that Thurstan, priest of St Botolph's [Aldersgate], has given that church in alms to the church and canons of St Martin[-le-Grand], London; and order that the canons shall hold it as freely as they hold the other churches and possessions of St Martin's. [July 1108 × 1122]

> B = Westminster Abbey Muniments, no. 13167 (cartulary roll of St Martin-le-Grand), no. cxx. s. xiii.

R. episcopus Sar' R. London' episcopo et decano et canonicis Sancti Pauli et omnibus baronibus Lond' francis et anglicis, salutem. Sciatis quod Turstinus presbiter de sancto Botulfo dedit et concessit deo et sancto Martino London' et canonicis eiusdem loci in elemosinam in perpetuum ecclesiam sancti Botulfi cum parochia et omnibus consuetudinibus ei pertinentibus. Et ideo precipio ut eam bene et in pace teneant canonici predicti et ita honorifice et libere sicut tenent alias ecclesias et alias res eidem ecclesie sancti Martini pertinentes. T'.

> During the pontificate of Richard de Belmeis I, bp of London (*Fasti St Paul's,* 1), and no doubt contemporary with Henry I's confirmation of Thurstan's gift, witnessed by Rannulf the king's chancellor, who died *c.* 1 Jan. 1123 (*Regesta,* ii, p. ix and nos. 1106–7). Since Roger was also dean of the collegiate church of St Martin-le-Grand (Kealey, *Roger of Salisbury,* 73–5), it is noteworthy that here, and in the following act, he issued a ministerial writ in the interests of his own church.

2. London, St Martin-le-Grand church

Order to R(ichard), bishop of London, the dean and canons of St Paul's, and the barons of London, that the canons of St Martin[-le-Grand], London, are to hold the church of St Alphege, London, as well and honourably as they hold the other churches and possessions of St Martin's; and that no one shall harm or reproach them regarding either the church or the parish.

[July 1108 × Jan. 1127]

> B = Westminster Abbey Muniments, no. 13167 (cartulary roll of St Martin-le-Grand), no. cxxxviii. s. xiii.

R. [episcopus]*ᵃ* Sar' R. London' episcopo et decano et canonicis Sancti Pauli [et omni]bus baronibus London' francis et angl(icis), salutem. Precipio quod canonici sancti Martini Lond' ita bene et in pace et honorifice teneant ecclesiam sancti Alfegi Lond' et parochiam et omnes res eidem ecclesie pertinentes sicut tenent omnes alias ecclesias et alias res eidem ecclesie sancti Martini pertinentes. Et super hoc nullus eis inde faciat iniuriam vel contumeliam de ecclesia neque de parochia. T' et c'.

> *ᵃ Letters in square brackets supplied; hole cut in ms.*

> During the pontificate of Richard de Belmeis I, bp of London (*Fasti St Paul's*, I).

JOCELIN DE BOHUN

3. London, St Paul's cathedral

Letter to [Richard], archbishop of Canterbury, recounting the history of a case which has been appealed to the archbishop's audience: Hugh de Marigny, former dean of St Paul's, London, brought a complaint in the bishop's presence against Hugh de Plugenai, who for some time had withheld what he owed annually to the dean's church of Lambourn, namely, [the crop of] two acres in autumn, one wey of cheese at Michaelmas, one pig and two loads of corn, and the bishop sentenced him to make full restitution; the matter was thus ended and no further complaint on this score came to the bishop during the dean's time. However, when Ralph [de Diceto] became dean, the said items were again withheld and Ralph placed Hugh's chapel under interdict, a sentence which the bishop confirmed. Hugh has appealed to the archbishop's audience.

[Jan. 1180 × 16 Feb. 1184]

B = BL, Harley ms 6956 (notes by Dr Matthew Hutton, *c*. 1699, from *inter alia* Liber B of St Paul's, London, mostly now lost), fos. 83v–84r (pp. 162–3). s. xvii ex. Text incomplete.[1]

Cant(uariensi) archiepiscopo Iocelinus Sar'[a] episcopus. Constitutus in presentia nostra pie memorie Hugo de Marini quondam decanus ecclesie Sancti Pauli Lund', adversus Hugonem de Plugenai querelam deposuit quod, cum ipse teneretur annuatim solvere ecclesie sue de Lamburn duas[b] acras in autumno et unum pondus casei ad festum sancti Michaelis et unum porcum et duas summas bladi – [c] quas detinuit Hugo de Plugenai, eadem iam aliquamdiu reddere cessaverat – in restitucionem omnium ablatorum – condemnavimus, sicque negotium coram nobis finem accepit, ut nunquam toto tempore eiusdem decani super memoratis articulis ad nos querela defferetur. [fo. 84r] Quo subtracto de medio, successor suus Rad(ulfus) decanus, amicus noster dilectus, pro repetita supradictorum detentione capellam ipsius Hugonis interdicto supposuit, quam sententiam et nos confirmavimus – memoratus H. ad audientiam vestram appellavit.

[a] *Ms* Sarum   [b] *Most numerals given in ms as Arabic numbers*   [c] *All dashes as in ms*

After the earliest possible date when Ralph de Diceto could have become dean (*Fasti St Paul's*, 5–6) and before the death of Archbp Richard (of Dover) of Canterbury (*Fasti Monastic Cathedrals*, 5). This act provides the first certain indication that Lambourn church was assigned to the dean of St Paul's by Dean Hugh de Marigny's time, ?*c*. 1158–?1179 (*St Paul's Charters*, xxxi; *Fasti St Paul's*, 5). From at least 1166 to his death in 1202 Hugh de Plugenai (or Plukenet) held an estate in Lambourn, later known as the manor of Plukenets, part of the former holding of Josce de Dinan (*VCH Berks*, iv, 253). The reason for the annual payment due to Lambourn church is unclear, but it may perhaps have arisen as a result of Josce de Dinan's gift to Gloucester abbey, later confirmed by Hugh de Plugenai, of land in Lambourn formerly held by Edward the priest (*Gloucester Cartulary*, i, 367–8). The bp's reference to Ralph de Diceto as 'our beloved friend' should be noted.

1. This ms contains notes and extracts made by Dr Hutton in *c*. 1699 from certain sources formerly in St Paul's, many of which are now lost (*Fasti St Paul's*, xiii); extracts from Liber B begin on fo. 82v. For comments on Liber B and on what survives of it, see *St Paul's Charters*, xi and n. 4.

INDEX OF PERSONS AND PLACES

Arabic numerals refer to the numbers of the acta in this edition. Small Roman numerals refer to the pages of the introduction. The appendices in volume 19 are indexed by appendix and number, or by page number. The letter W following a number indicates a witness. Conventional abbreviations for the ancient English counties have been used. In addition the following abbreviations for religious orders have been used:

Aug.	Augustinian
Ben.	Benedictine
Cist.	Cistercian
Clun.	Cluniac
Font.	of Fontevrault
Hosp.	Hospitaller
Prem.	Premonstratensian

A., treasurer of Salisbury, lxxvi, 242W, 250W

Aaron, parson of Wimendon' (?Wimbledon), 262W

Abbas Combe (Som.), *see* Combe, Abbas

Abbotsbury, Abbidesbur' (Dorset), Ben. abbey of, xxxi, xli, cix, 293n

—. abbot of, *see* Geoffrey

—, Gilbert of, 214W

Abel, clerk (of Bp Richard Poore), 299W, 319W, 347W, 383W

Abingdon, Abbendon', Abbendun', Abendon' (Oxon, formerly Berks), p. 411; letters dated at, 2, 199, 219, 254–5, pp. 400–1, p. 409, p. 411, p. 413

—, Ben. abbey of, xxxii, xxxvii, liv, 2, 5, 42–4, 157–8, 253–5, 285n., p. 402

—, —, abbey church, 310, 311n., p. 415

—, —, —, abbot of, xxxvii, xliv n. 62, liv, lxii, 248n, *and see* Adelelm; Hugh; Reginald

—, —, —, steward of, *see* Fernham

—, —, almoner, almonry of, 254

—, —, carpenter of: Walter, 254; William, 254

—, —, cellar, cellarer of, 254

—, —, chamberlain of, 254

—, —, convent of, seal of, 254

—, —, curtarian of, 254

—, —, fueller (*lignarius*) of, 254

—, —, gardener (*gardinarius*) of, 254

—, —, guests of, 254

—, —, infirmarian, infirmary of, 191, 254–5

—, —, kitchen, kitchener of, 254

—, —, manors of, 254

—, —, master of works of, 254

—, —, monk in, 253; monk of, *see* Godric

—, —, pittancer of, 254

—, —, precentor (*cantor*) of, 254

—, —, prior of, *see* Walter

—, —, refectorer, refectory of, 254

—, —, sacrist of, 254

—, —, steward (seneschal) of, 254

—, dean of (rural), 248n, *and see* Ilbert; Robert

—, St Helen's church, 157

—, St Nicholas' chapel, 157, 312, p. 415

Abingdon, Edmund of (St), Mr, treasurer of Salisbury, lxxxi, 267W, 276, 283W, 298, 303W, 304W, 364, 377W, 379W, 395W; rector of Calne, 276; archbp of Canterbury, lxxxi, 364

Ablington, Albeldint'en' (in Figheldean, Wilts), land in, 171

Abraham, chaplain of Bp Herbert Poore, later canon of Salisbury, lxxvii, 191W, 193W, 197W, 206W, 212W, 214W, 215W, 220W, 223W, 224W, 227W, 232W, 233W, 240W, 248W, 251W, 252W, p. 397

Abredus, maledoctus, 141W

'Abzolom', Mr (fictitious), lxxvii n. 98, p. 397

Acelin, Robert son of, *see* Robert son of Acelin

Acford', *see* Child Okeford

—, Andrew de, App. II, no. 1W

—, Odo de, and wife Mabel, 200

—, Ralph de, 200

—, Richard de, 200

—, *see also* Robert son of Ingram

—, manor and tithes of, 103n; Aston Priors in, 103n.

Aston Upthorpe, Eston' (Oxon, formerly Berks), 7n.; chapel of, dep. on Blewbury, 351

Athelhampton, Athelameston' (in Puddletown, Dorset), 274

Athelney (Dorset), Ben. abbey of, 192; lost cartulary of, 192 and n.

Atio, Atso, see Azo

Athelyntone, see Allington

Aubigny, Philip d', chaplain of, see Ralph

Aucher, Henry son of, see Henry son of Aucher

Audiburna, see Aldbourne

Auffay, Altifagum, Altiphagum (Seine-Maritime), Ben. priory of, dep. on Saint-Evroul, 242

Augum, see Eu

Aula, William de, 2W

Auvers, de, see Dauvers

Avalon, Hugh of, bp of Lincoln, li

Avebury, Avebir', Avebur' (Wilts), court of Boscherville abbey at, 51

—, oratory at, 51–2

—, Ben. priory of, dep. on Boscherville, xxxii, 51n.

—, church of 51–2

—, —, parish of, 51

—, —, vicar of, see Asketill

—, —, chapel of, see Beckhampton

Avenant, John, clerk, vicar of Dalwood chapel, 210, 329; ? =Avenant, John, canon of Salisbury, 210n.

Avenel, Nicholas, 234, 352

Avers, de, see Dauvers

Avon, Avene (identity uncertain), tithes of, 49

Avranches (Manche), xxxviii

—, Hugh d', earl of Chester, 3W

Awelton', see Alton

Axford, prebendary of, see Gregory

Aylesford, Eyleford (Kent), church of, 232

Aystun, Walter de, abbot of Hyde, 398

Azo, archdn of Salisbury, lxix, lxxi, 64W, 93n., 94W, 114W, 136W, 140W, 150W, 151W, 173W, 179W, App. II, no. 2W

—, Atio, Atso, archdn of Wiltshire, 15n.; dean of Salisbury, xliii, lxiii ter, lxiv; 7W, 9W, 10W, 11W, 19W, 120, 127, 355n., p. 394, p. 418 n. 1

—, canon of Salisbury, 63W

—, reeve, see Sonning

B., 303W

—, clerk, 270

Bachampton', see Beckhampton

Bacun, Richard, clerk, 383W

Badbury, Baddebury, Badebyr' (Wilts), manor of, 286

Badesdon', Badestone, William de, Mr, precentor of Salisbury, lxxxi, 325W; papal judge-delegate, 386

Bagnor, Baggenore (Berks), Henry of, 285W

—, Michael of, 346(A)W bis, 346(B)W bis

Bagot, Henry, 49

Bagpuize, Bacepuiz, Bachepuzi, Robert de, 5

Baldamashal', Baldemashale, Alexander de, usher of Bp Richard Poore, lxxxviii, 260, 271W, 299W

—, Henry de, 271W

—, Picot de, 271W

Baldenhall (lost name in Great Malvern, Worcs), App. I, no. 6n.

Baldwin, chancellor of Salisbury, lxix, lxxi, lxxv, 62, 64W, 94W, 112W, 113W, 130W, 136W, 150W, 170W, 173W, 179W, 184W, 185W, 188W, 195W, 218W

—, clerk, incumbent of Keevil, 133

—, son of Walter 'dispensator' junior, 261, 342n; grandson of Walter dispensator', 261n.

—, Fitz, see Fitz Baldwin

Balsham, Hugh of, bp of Ely, cxv

Banastre, Banhestr', Alard, 61W

—, William de, 269W; Henry his brother, 269W

Bardolfeston, Bardolfueston' (in Puddletown, Dorset), 274

Barenton', Baremtun', Barentun' (?Barrington, Glos or Som.), Robert de, 220W

Barking, Richard of, abbot of Westminster, 396

Barnack, Bernak' (Northants), church of, 220a

—, —, advowson of, 220a.

Barre, Richard, archdn of Ely, 220n; canon of Salisbury, 220

Bartholomew (of Mosterton, Dorset), 331

—, Mr, 164W, 170W, 173W, 177W, 182; official and proctor of Bp Hubert Walter, xlix, lxxiii, 182 and n., App. II, nos. 1–5; official of Hubert Walter as dean of York, lxxiii.

—, bp of Exeter, 43, 78, 226

—, chaplain of Bp Herbert Poore, lxxvii, 191W, 203W, 219W, 224W, 227W, 251W, 252W

—, chaplain, parson of Bucklebury, App. II, nos. 4–5; education of in Reading abbey, App. II, no. 4

Barton, Berthona, Berton' (in Abingdon, Oxon, formerly Berks), land in, 254

—, tithes in, 157

Barton, Bertuna (Glos), vill of, 155

Basingham, see Bassingham

—, church of, 325

—, —, rector, rectory of, cxvi, 325, *and see* Courtenay, Henry de

—, —, chapels of, *see* Eastcourt; Hankerton

—, Tothull' in, 325

—, *and see* Chedglow; Chelworth

Cuddesdon (Oxon), manor of, 254n.

Culmeton' (? Cullompton, Devon), Henry de, 268W

Cumba, *see* Combe; Coombe

Cumenora, *see* Cumnor

Cumin, John, Mr, archbp of Dublin, 63n.

—, William, Mr, 114W

—, — (? another), parson of White Waltham and rural dean, 390

Cumnor, Comenora, Cumenora (Oxon, formerly Berks), letters dated at, 278, p. 401, p. 413

—, church of, 157, 386a n.

—, tithes in, 157

Cumpton', Cumptun', Cumton', *see* Compton

Cumptona, *see* Chilcompton

Cunai, Gilbert de, parson of Downton, 141

Cundicota, *see* Condicote

Cuneir', John, *iuvenis*, 97W

Cunseil, William, 180W

Curridge, Chuserugg', Coserugge, Cuserugge (in Chieveley, Berks), Gervase of, 346(A)W *bis*, 346(B)W*bis*

—, Philip of, 285W

—, Roger of, 285W

Curtenay, *see* Courtenay

Cuserugge, *see* Curridge

Cuthbert, William, knight, 379W

Cygon', *see* Cigogné

Cynegils, king of Wessex, xxix

Dacus, Richard, 247W

Dalwood, Dalwd', Dalwode (Devon, formerly Dorset), chapel of, dep. on Stockland church, 210, 329; vicar of, *see* Avenant, John

Damerham, Domerham (Hants, formerly Wilts), Adam of, historical work by, 66, 286–7, App. I, no. 1

—, William of, holder (incumbent) of Winfrith Newburgh church, 66

Damietta (Egypt), 295n.

Daneis, Richard, 278W

Daniel, canon of Salisbury, 77W; ? = Ponte, Daniel de (q.v.)

Darley, Derleg (Derbys.), abbot of, *see* Repton, Henry of

Dauvers, de Auvers, de Avers, Nicholas, clerk, 375; parson of Sherston, 375n.

—, de Alverso, Roelendus de, 103n.

Delestre, Jordan, knight, 19W

Delisle, L., transcripts of, 214n.

Denchworth, Dencesworth', Denchesworth' (Oxon, formerly Berks), 49

Dene (near Bradenstoke, Wilts), 165

Denesd(ena), *see* Dunsden

Deram, *see* Dereham

Derby, *see* Kingsmead priory

—, earl of, *see* Ferrers

Dereford, *see* Durford

Dereham, Deram, Derham (in West Dereham, Norfolk), Prem. abbey of, xlviii, 170

—, Elias of, Mr, canon of Salisbury, lxxxiii–lxxxiv, 257, 283W, 287, 292W, 294W, 299W, 319W, 327n., 330W, 334W, 347W, 363W, 364W, 376W, 379W, 383W, 391W, 395W; judge-delegate of Bp Richard Poore, 276; 'master of works' of new cathedral, 363n.; prebendary of Potterne, p. 397; proctor for the chapter (1226), lxxxiv; 371; steward of Archbps Hubert Walter and Stephen Langton, lxxxiii n. 136; steward (seneschal) of Bp Richard Poore, lxxxiv, lxxxviii, 269W, 382W

—, Nicholas of, 170W

—, Richard of, parson (? of West Dereham), 170W

Derleg, *see* Darley

Deverel, *see* Longbridge Deverill

Deverell', *see* Brixton Deverill

Devizes, Divisis (Wilts), lxv, p. 406, p. 411

—, castle of, xlii, xliv–xlv, lxvi, 297n., App. I, no. 2, pp. 404–5

—, Ernald of, clerk, 59

—, Richard of, knight, 19W

Devon, xxx

—, collector of, *see* Serlo

—, earl of, *see* Redvers, Richard de

—, sheriff of, *see* FitzBaldwin, Richard; Furnellis, Geoffrey de

—, Geoffrey of, 364W

Dewlish (Dorset), tithes of, 20

Diceto, Ralph de, dean of St Paul's, App. VI, no. 3

Dinan, Josce de, App. VI, no. 3n.

Disce, Disci, Dissche, Thomas de, Mr, canon of Salisbury, 214W, 241W, 247W, 250W, 262W; official of Bps Herbert and Richard Poore, lxxvii, lxxxvii, 234; prebendary of Heytesbury, p. 397

Divisis, *see* Devizes

Docleg' (outside Sherborne park, Dorset), 342

Dolling', William, of Sherborne, 342

Domerham, *see* Damerham

Donnington, Dunituna (Berks), demesne tithes of, 147

Dorchester, Dorcestra (Dorset), p. 411; letters dated at, 266

Purley, Purleg' Purleia (Berks), church of, 104, 180, 227

Purse Caundle, *see* Caundle, Purse

Pusey, Pesi, Peseya (Oxon, formerly Berks), church of, 177, 219, 335

Putte, William de la, 347W

Pynkenia, *see* Pinkeny

Quarr (Isle of Wight), Cist. abbey of, 90n.

Quemerford, Kemerford' (Wilts), lands in, 341

—, chapel of, dep. on Calne church, 340

—, —, parson of, *see* Calstone, Walter of

—, Bartholomew of, 341

Quency, Margaret de, countess of Winchester, 295; co-heir of Robert FitzPernel, earl of Leicester, 295n.

—, Saher de, earl of Winchester, 295n.

R., chamberlain (?of Shaftesbury abbey), 268W

—, cbaplain, 294W

—, parson, rector or vicar of Painswick, 298

—, prior of Kingsmead, 309

—, prior of Monk Sherborne, 139W; ? = Roger, prior of same (q.v.)

Racolf', *see* Reculver

Rade (identification unknown), priest of, *see* Ralph

Rading', *see* Reading

Ralegh, William de, archdn of Berkshire, 282n.

Ralph, abbot of Bindon, 288n.

—, chaplain, of Chaddleworth, 346(A)W *ter*, 346(B)W *ter*; brothers of, Roger, 346(A)W, 346(B)W, *and see* Harwell, Robert of

—, chaplain of Bp Roger, lxii–lxiii, 18W, 19W

—, chaplain of Philip d'Aubigny, parson (?) of Shinfield and Swallowfield, 318

—, Mr, clerk of William archdn of Rochester, 232W

—, dean of Hereford, 155W

—, Mr, parson of Patney, assistant judge, 270

—, priest of Hungerford, 96

—, priest of *Rade*, 94W

—, vicar of Hankerton, 325

Ralph, Roger son of, *see* Roger son of Ralph

Ralph son of Robert, son of Robert son of Ingram, 168n.

— son of Savaric, 99W

— son of Theoderic, 347W

— son of Warin, 18W

Ramsbury, Ramesberia, Ramesbir', Rammeb', Remmesbir' [etc] (Wilts), cii, p. 412; letters dated at, 215, 246–7, 260, 273, 290, 346B,

351, 354, pp. 400–1, pp. 408–9, pp. 412–13, pp. 417–18

—, bp of, xxx, *and see* Hereman

—, —, called bp of Berks or of Sonning, xxx

—, cathedral of, xxx, xxxvi

—, church of, 3

—, diocese of, xxix–xxx

—, —, land at, 73–4

—, manor of, xxxi, lix, lxviii, lxxxviii, 115n., 260, 271; market at, lix

—, men of, 73–4

—, see of, xxx

—, servant/serjeant of, *see* Nicholas

—, *and see* Baydon; Membury

Ramsbury, Roger of, archdn of Wiltshire, xliii, lxiv n. 13, lxv–lxvi, 15, 19W?, 99W, 120–1, 128W?, 131W?, 141, 155W, p. 395

Ramsey (Cambs, formerly Hunts), Ben. abbey of, 32–6; abbot of, 32, 34–6, *and see* Reginald

Rann(ulf)?, chaplain, 215W

Rannulf, Mr, 85W

—, chancellor of Henry I, App. VI, no. 1n.

—, clerk, lxxiv, 173W; 177W (? later treasurer of Salisbury)

—, treasurer of Salisbury, lxxi, lxxiv, 157W, 158W, 159W, 160W, 161W, 163W, 165W, 166W, 167W, 176W, 180W, 183W, 184W, 185W, 188W, 189W, 225; claims of in Figheldean church, 225; formerly notary of Rannulf de Glanville, lxxiv

Rascun, R., 254

Ratfyn (Wilts), prebendary of, *see* Ebbesborne, Thomas of

Raymond, Ramundi, Remondi, William, 215W; datary of Bp Herbert Poore, lxxix, 194–5, 197, 206–7, 209, 212, 218, 220, 226–8, 251–2, p. 400

Reading, Rading', Redingia (Berks), 13, 37–8, pp. 412–3, p. 414, p. 416; manor, vill of, 105, 179

—, Ben. abbey of, xxxii, xxxix, xli, xlvii, liv, lvii, lxxii, xcv, cvi, cix, cxii, cxiv, 13–4, 37–8, 104–14, 179–81, 182n., 226–31, 348–50, App. II, nos. 4–5, p. 405, pp. 410–11; dedication of, 106n., 109, 226; hospitality of, 227; indulgences for, 106–10, 226, 348–9

—, —, abbot of, lix, cxxii, 179, 229, 351, App. I, no. 11; papal judge-delegate, 392; *and see* Hugh (I); Hugh (II); Lathbury, Adam of; Reginald; Roger; Simon; William (I)

—, —, almoner of, 231

—, —, infirmary chapel in, consecration of, 226

—, churches in, 105; priest of, *see* William

—, St Giles' church in, 180, 227; vicar of, 227

—, St Laurence's church/chapel in, l, 179, 227;

deacon for, 227; vicar of, 227, *and see*
Philip
—, St Mary's church in, 13, 104n., 180, 227;
vicar of, 227
—, dean of (rural), *see* Wigod
—, Franciscan friary at, xxxiii n. 21
—, hospital at abbey gate in, l, lxxii, xcviii,
179, 181, 227, App. II, no. 5; foundation of,
181n.
—, hundred of, lvii, 37
—, lepers in, 181
—, mint and moneyer at, 37
—, nunnery of (Anglo-Saxon), xxxii
—, school at, 14, 180
Reculver, Racolf' (Kent), parson of, *see*
Richard
Redclyffe (Som.), prebend of, *see* Bedminster
and Redclyffe
Redvers, Reveris, Rivariis, Hawise de, sister of
Richard earl of Devon, 90, 212
—, Henry de, 90n.
—, Richard de (d. 1107), 57, 212; wife of, *see*
Adeliza
—, — (d. 1162), earl of Devon, 90
Regenbald, priest, dean of secular college of
Cirencester, 7n., 51n., 196n.
Reginald, 73W
—, abbot of Abingdon, 2
—, abbot of Pershore, 155W
—, abbot of Ramsey, 34, 35n.
—, abbot of Reading, 155W
—, abbot of Saint-Wandrille, and canon of
Salisbury, 236
—, archdn of Wiltshire ('Salisbury'), xlvii,
lxix–lxx, 50W, 77n., 81n., 95n., 154W; bp
of Bath xlvi n. 71, lxiv n. 15, lxix–lxx, lxxv
n. 85, xcvii n. 25, 65W, 81W, 81n., 94W,
95, 95W, 130W, 136W, 148n., 151W,
App. II, no. 2W; archbp-elect of Canterbury,
xlvii n. 79, lxxix n. 111; son of Bp
Jocelin de Bohun, xlii n. 53, App. I, no. 5;
called 'the Lombard', xliii
—, constable of Lincoln castle, 28
—, earl of Cornwall, 59; clerk of, *see* Osbert
—, monk of Boscherville at Avebury, 52
—, steward (seneschal) of Bp Herbert Poore,
lxxix
Reims (Marne), lxv, p. 414
Reiner, Mr, 163W
Reinni, Roger de, 18W
Remigius, bp of Lincoln, 3W
Remmesbir', *see* Ramsbury
Reneward', Henry, 16W
Repton, Henry of, abbot of Darley, 315 and n.
Restold, sheriff of Oxford, 30
Revel, Robert, 29
Reveris, *see* Redvers
Ria, *see* Rye

Richard, 94W
—, Mr, 214W; canon of Salisbury, 250W
—, abbot of Battle, 262
—, abbot of Cirencester, 164
—, abbot of Montebourg, 91
—, abbot of Waltham, 388, 389
—, archbp of Canterbury, *see* Dover, Richard
of
—, archdn of Coutances, 63W
—, archdn of Taunton ('Bath'), 81W
—, archdn of Wiltshire, *see* Wilton, Richard of
—, chamberlain of Bp Jocelin, lxix
—, chaplain, 191W; datary of Bp Herbert
Poore, lxxix, 205, p. 400; canon of
Salisbury, lxxix, 214W, 241W, 247W;
prebendary of Grantham Borealis, p. 397; *cf.*
Richard, *persona*
—, chaplain and vicar of Blewbury, 351
—, clerk, *see* Wilton, Richard of
—, clerk of William archdn of Dorset, App. II,
no. 1W
— I, king of England, xlii n. 49, xlviii–xlix, li,
liii, cii, 142n., 164n., 169n., 170n., 174n.,
186; chaplain of, *see* Nicholas;
vice-chancellor of, *see* Alençon, John of
—, medicus, Mr, lxxiv, 163W, 189W
—, parson of Reculver, 232W; chaplain of,
Philip, 232W
—, *persona*, Mr, canon of Salisbury, 290W; *cf.*
Richard, chaplain
—, Mr, rector of St Mary's, Battle, 262W
—, —, rector of Bremhill, 360n., 362; ? =
Bremhill, Richard of, Mr (q.v.)
—, sheriff of Wiltshire, *see* Wilton, Richard of
—, treasurer of Wells, 380W, 395W
—, vicar of Painswick, 298n.
—, vicar of New Windsor, 390n.
—, vice-archdn of Berkshire, *see* Shrivenham,
Richard of
Richard, Thomas son of, *see* Thomas son of
Richard
Richard son of Ellen, 269W
— son of Ernald, 73W
— son of Everard, canon of Salisbury, p. 396;
? = Calne, Richard of (q.v.)
— son of Hildebrand, lxii n. 2, 99W, 115
— son of Hugh, 275W
— son of Odo, knight, 97W
— son of Richard, *see* Chiddingfold, Richard
of
— son of William, lxiii, 10W, 11W, 17W;
(?another), 132W; (another), 380W
Richinghal', Ryngehal' (? Rickinghall,
Suffolk), Adam de, 232W *bis*
Richmond (Yorks), archdn of, *see* Osbert
Ripa, Walter de, 346(A)W *bis*, 346(B)W *bis*
Riparia, William de, knight, 253, 285W
Rivariis, *see* Redvers

Stan', Stanes, *see* Stone

Stanf', Reiner de, Mr, canon of Salisbury, 180W

Stanford-in-the-Vale, Stanford' (Oxon, formerly Berks), church of, 44n.

—, tithes in, 246, 387

Stanley, Stanleg' (Wilts), Cist. abbey of (formerly Drownfont, *alias* Loxwell), xxxi, xxxiii, lxxxii n. 129, xcvii, cvii, cix, 142, 241, 384–5; grey monks of Worth of, 142n.

—, —, abbot of, *see* Lexington, Stephen of; abbot of, investigator of Bp Osmund's life and miracles, 378n.

Stapelbrigg, Stapelebrigg', *see* Stalbridge

Stavensby, Alexander, bp of Coventry, 313n., 314–7; investigator of Bp Osmund's life and miracles, 378n.

Steepleton Iwerne (Dorset), church of, 76n.

Stephen, Mr, 175W

—, of the wood (*de nemore*) (of Mosterton), 331

—, butler (pincerna), lxxx, 214W, 247W

—, chaplain of Bp Gilbert de Glanville of Rochester, 232W

—, clerk, *see* Burton, Stephen of

—, dean (rural), 248W

—, king of England, xxxix, xliii, cxviii, cxxi, 7, 9, 25, 28n., 45n., 127n.

—, nephew of Gerbert (de Percy), *iuvenis*, 97W

—, priest/rector of Brightwalton, cv, 262W, 347W

—, rector of Harwell, 199; *and cf.* Harwell, Stephen of

—, scribe, de Rad', 94W

Stephen son of Adam, *see* Tisbury, Stephen of

— son of Estmund, 280

— son of Sewal, tenant in Arborfield, 269

Steventon (Oxon, formerly Berks), alien priory of (Ben.), xxxii n. 13

Stichel', Robert de, Mr, canon of Salisbury, 247W, p. 398

Stigand, archbp of Canterbury, lxi

—, chaplain, 137

Stinsford, Stintesford' (Dorset), church of, 202

Stockbridge (Hants), agreement dated at, App. I, no. 2, p. 406

Stockbury, Stokingeberi, Stokingebir' (Kent), Thomas of, lxxiii, 157W, 160W, 173W, 177W

Stockland, Stocland' (Devon, formerly Dorset), church of, 210, 329

—, —, parson of, 210, *and see* Wareham, Thomas of

—, —, rector of, 329

—, —, chapel of, *see* Dalwood

Stockton, Stoct', Walter of, canon of Salisbury, 180W

—, Stokton' (Wilts), church of, 154, 190

Stodley, *see* Studley

Stodmarsh, Stodmersa, Stotmersa (Kent), 23

Stoke, William of, abbot of Sherborne, App. II, nos. 2–3

—, (?Kent), chaplain of, *see* Osbert

Stoke(s), William de, clerk, parson of Keevil, 238, 381

Stoke Abbott (Dorset), church of, 182n., App. II, nos. 2–3

—, —, ?incumbent of, *see* Gerruddus

—, —, vicar, vicarage of, App. II, no. 3

Stoke-by-Clare (Suffolk), priory of, 265

Stokes, *see* Erlestoke

Stone, Stan', Stanes (Kent), William of (?clerk of bp of Rochester), 232W *bis*

Stotmersa, *see* Stodmarsh

Stourpaine, Stures (Dorset), church of, 76n., 275

—, —, vicarage of, 76n.

—, manor of, 275n.

Stow Longa, *see* Long Stow

Stratfield Saye (Hants), 70n.

—, Ben. priory of (in Beech Hill, Berks), dep. on Valmont, xxxii n. 13, 70n.

Stratford-sub-Castle (Wilts), land at, 3, 361–2; men of, 369

—, chapel of, 299

—, dean of (rural), 369

—, prebend of, 369; prebendary of, *see* Templo, Hugh de; vicarage of, 369

—, *and see* Sarum, Old

Stratleia, *see* Streatley

Stratton (Dorset), prebendary of, *see* Longchamp, Daniel de

Stratton (? East or West, Hants), church of, 45 and n.

Stratton St Margaret, Strettona (Wilts), 105

Streatley, Stratleia (Berks), church and vicarage of, cxiv, 247

—, Grenelinch' in, 247; de Plotto in, 247

—, *and see* Coombe; Kiddington

Strigenel, Gilbert de, clerk, parson of Long Wittenham, 208a

Strood, Strod' (Kent), hospital of, 232

—, —, steward of (*iconomus*), 232

—, St Nicholas' church of, 232

Strug, Walter, 121W; ? = Sturgim, Walter, 74W

Studley, Stodley (Oxon), priory and nuns of, 386a

Stures, *see* Stourpaine

Sturgim, *see* Strug

Sturminster Marshall, Esturmenistr', Sturministria [etc] (Dorset), church of, cxiv, cxvii n. 35, 12, 100, 221–3, 343–4

—, —, clerk of, *see* Walter

—, —, chapel of, *see* Warfield
—, tithes of, 203, 301
Waltham, White, West Waltham (Berks), 112n.
—, parson of, *see* Cumin, William
Walton (in Oxford), land in, 9
Waltone, Henry de, Mr, 232W
Wanborough, Ganberga, Wamberga, Wanberga
(Wilts), church of, cxiv, 3, 174, 215, 332
—, —, parson of, 332
—, —, vicarage of, cxiv, 215
—, demesne of prior of Nogent in, 332
—, land in, 132
—, bp's servant in, *see* Segar
—, Elias of, 132W
—, Robert of, 99W
—, William of, 184W, 185W; brother of,
Jocelin, 184W, 185W
Wantage, Wanenting, Waneting' [etc] (Oxon,
formerly Berks), tithes in, 157
—, church of, 49–50, 161–2, 193, 264
Wardeford', *see* Woodsford
Wareham, Varh(am), Warham (Dorset); letters
dated at, 212, p. 400, p. 408
—, burgage in, 194
—, eastern gate of, 167
—, Ben. priory of, dep. on Lire, xxxii, 80
—, St Mary's church of, formerly of secular
canons, 80
Wareham, Girard of, tithes of, 167
—, Thomas of, parson of Stockland, 210
Warengeford, *see* Wallingford
Warenne, Warenna, William de, 3W; (another),
170W
Warfield, Warefeld (Berks), chapel of, dep. on
Waltham St Lawrence church, cxiv, 203
—, Geoffrey of, chaplain, 395W
Wargrave, Waregrava, Weregrava (Berks),
church of, 13, 105, 180, 227
—, —, vicar of, 227
Warham, *see* Wareham
Warin, abbot of Malmesbury, xxxvii
—, cook, lxviii–lxix, 132W, 271
Warin, Ralph son of, *see* Ralph son of Warin
Warminster, Werministr' (Wilts), church of,
234, 352
—, —, incumbent of, *see* Ruffinus
Wasingeham, Adam de, clerk, 189W; parson
of Over Compton chapel, App. II, no. 1; *and
cf.* Walsingham
Watavilla, Robert de, 155W
Watchfield, Wachenefeld (Oxon, formerly
Berks), land in, 254
Wateden', *see* Whaddon
Waterston, Waltereston' (in Puddletown,
Dorset), chapel of, and land and mill in, 274
Watford (Herts), Robert of, dean of St Paul's,
London, papal judge-delegate, 276
Wathamstede, *see* Wheathampstead

Wauci, William de, 300W
Waude, Henry de, 383W; brother of, Robert,
383W
—, John de, canon of Heytesbury, 383W
—, William de, precentor of Salisbury, lvii n.
141, lxxxi–lxxxii, 268W, 321W, 326n.,
331W, p. 394; **dean of Salisbury**, lxxx–
lxxxii, 187, 260, 267W, 269, 277–8, 280W,
283W, 285, 294, 294W, 297–8, 301, 303W,
304W, 306–8, 325W, 327W, 335W, 336W,
338–9, 351, 359–62, 363W, 364W, 366–73,
375–6, 377W, 378–9, 379W, 380, 382, 391,
394–5, 397, 398W, p. 394; act by, 383;
papal judge-delegate, 386; prob. author of
narrative of cathedral's removal, lii–liii, lvi,
356n., 366n., 367n.
Waverley, Waverleye (Surrey), Cist. abbey of,
copies of documents deposited in, 323–4
—, —, abbot of, *see* Adam
Wdel', Wdeleg', *see* Woodley
Welford, Weleford', Weliford (Berks), *see*
Easton; Weston
—, Geoffrey of, 347W; sons of, Gilbert,
Osbert, William, 347W
—, William of, 347W
Wells, Welles, Wellis (Som.), lxxix n. 111,
p. 399
—, archdn of, *see* Eustace; Robert; Simon son
of Robert
—, bp of, *see* Bath and Wells
—, cathedral of, canonry of, li
—, —, canons of, *see* Alfred; Chichester,
Henry of; Gilbert; Greneford, Hugh de;
Lechlade, Ralph of; Roger, chaplain; Wells,
Jocelin of
—, —, chancellor of, 249n., *and see* Winsham,
Roger of
—, —, chapter of, lxvi n. 23
—, —, dean of, 192n., *and see* Ivo; Lechlade,
Ralph of; Peter
—, —, dean and chapter of, 281, 302; seal of,
286
—, —, precentor of, *see* Tessun, Henry
—, —, treasury of, 281; treasurer of, *see*
Richard
—, Hugh of, bp of Lincoln, 353, 392
—, Jocelin of, bp of Bath, lvii, lix, lxi, 234,
286–7, 297n., 302, 352, 380n., 392, 395W,
396, App. I, nos. 9–10, p. 411; investigator
of Bp Osmund's life and miracles, 378n.;
seal of, 286; canon of Wells, App. I, 9–10
—, Roger of, 248W
—, Walter of, Mr, vicar of Bradford Peverell,
259
—, William of, Mr, parson of Whitchurch
Canonicorum, 250, 293n.; vicar of Wootton
Abbas chapel, 250n., 293
Wembury (Devon), 31n.

INDEX OF SUBJECTS

Arabic numerals refer to the numbers of the acta in this edition. Small Roman numerals refer to the pages of the introduction. The appendices in volume 19 are indexed by appendix and number, or by page number.

—, private, 398
gutters, repair of, 254

hall (*aula*), in monastery, 254
hamsochna, 37
handling (charters, etc.), 219
harvest, time of, 274
havedacra, 199
hay, for horse, 383
—, for monastic dormitory, 254
—, stock of, 25
—, *and see* tithes
hearth (*focus*), of vicar, 274, 331
hemp, *see* tithes
hens (*galline*), 254; *and see* tithes
hermitage, 70, 172, 224n.
Holy See, tribute to from Malmesbury abbey, 321
—, visit to for absolution, 337
homage, from tenant, 36, 99
—, to William I at Salisbury (1086), xxxvii
honey (*mel*), tithes of, 274
horse(s), 227, 254 *bis*, 383
—, seized, App. I, no. 6
—, shoeing of, 327
hospitals, l, lxxii, xcviii, cxii, cxiv, cxvii, cxxiii, 154, 174, 179, 181, 190, 215, 221–3, 227, 258, 291, 326, 328n., 330, 332, 343–4
hospitality, of archdn, 223
—, of monasteries, 66–9, 88, 163, 211, 227–8, 232, 240, 247, 325, 330, 335, 354, 392, 397
Hospitallers, Knights of the Hospital of St John of Jerusalem, xxxiii, 202, 394n.
hospites, *see* guests
hospitium, *see* lodging
hosteler (*hospitarius*), monastic, 392
hostiarius, *see* usher
hours, canonical, 283; of the Virgin, 283
households, of bps, lxii–lxxxviii
houses, 131
—, of bp of Salisbury in London, 306–8
—, of rectors, 327
—, *and see* canons' houses
hundred, xxxix, lxvi, cxxii *bis*, 22, 30, 32, 37, 60, 188, 254, 284
—, court of, 3
—, 'foreign', lvii
—, pleas of, 37
—, suit of, 286
hunting, 23
hutfangentheof, see *utfangentheof*

iconomus, *see* steward
illegitimacy, xlvii, li, lv

illiteracy, of parochial candidate, lviii n. 149
imprisonment, in chains, App. I, no. 6
incense, as ecclesiastical render, 227, 246
—, as lay render, 101–2, 294
incisor, *see* tailor
inculpatio, 99
induction (of parsons, etc., into churches), 150, 189, 223, 275n., 292, 299, 318, 340, 388
—, mandate for, 234, 244 ('institution')
— (into tithes), 328
indulgences, episcopal, 54–5, 106–10, 226, 272, 309, 348–9, 384
—, papal, 258, 309n.
indult, papal, 94, 163
infangentheof, 37
infirmary, infirmarian, monastic, 191, 226, 254–5, 325
inheritance, 97, 99, 131
inn, of bp of Salisbury in London, 306n.
'inparsonation' (of parsons, etc.), cxi, 150, 189, 269n.
inquest, inquiry, ? *de iure patronatus*, 213, 354
—, about lands of bpric, cxxii, 188, 237
—, about priory's spiritual rights, 336
inscriptio (diplomatic), xci–xcii
inspeximus, xcvi–xcviii, 241, 255, 262–3, 265, 268, 275, 278, 280, 289, 320, 330n., 344, 346A–7, 351, 383, 388, 391
Institutio (of Osmund), xxxvi, 123n.
institution, constitution (of rectors, vicars, etc.), xlvii, cii, cv, cxi–cxiii, cxv, cxix n. 39, 58, 68–9, 76n., 77–8, 89, 91, 116, 140, 148, 150, 158, 174, 176, 179, 189, 193, 195, 197, 203, 206–7, 210n., 213, 215, 220n., 222, 224, 227–8, 232–3, 240, 242, 244 (= induction), 250, 259, 273, 275n., 281, 289–90, 292–3, 299, 304, 325, 327, 329, 332, 334, 340, 380, 383, 386, 388, 391–2, 398n., App. II, nos. 1, 5
—, in canonries of Heytesbury, 120
—, in prebends, 6
interdict, episcopal, App. I, no. 11, App. VI, no. 3
—, papal, lii, liv n. 130, lvi, lxxvii, lxxx, lxxxiii n. 136
intitulatio (diplomatic), xc–xci
investiture, of bps, xxxviii–xxxix, 4n.
—, of rectors, etc., cxi, 82, 137, 298n.
Investiture Contest, xxxix
invocatio (diplomatic), lxxxix
ius advocationis, *see* advowson
ius archidiaconale, *see* archidiaconal jurisdiction
ius instituendi, cxviii, 158
ius parochiale, *see* churches, parish, parochial rights of
ius patronatus, *see* advowson
iusta, *see* ale